Kulturanthropologie
NOTIZEN

Die Schriftenreihe des Instituts für
Kulturanthropologie und Europäische Ethnologie
der Universität Frankfurt am Main

Band 78

März 2009

Projekte der Europäisierung

Kulturanthropologische Forschungsperspektiven

Herausgegeben von
Gisela Welz und Annina Lottermann

Mit Beiträgen von
Enikö Baga, Aron Buzogány, Karina Goldberg, Sandra Haars, Gesa Heinbach, Sabine Hess, Catharina Karn, Katharina Kipp, Ramona Lenz, Hsin-Yi Li, Annina Lottermann, Regina Römhild, Christoph Schindler, Katharina Schwab, Katja Seifarth, Gisela Welz

Redaktion:
Gisela Welz, Annina Lottermann

Satz:
Frank Penner, Annina Lottermann

Titelbild:
© Hsin-Yi Li

Druck:
Druckkollektiv GmbH
Am Bergwerkswald 20–24
35392 Gießen

Gedruckt mit Unterstützung der Wilhelm-Hahn-und-Erben-Stiftung in Bad Homburg.

Grüneburgplatz 1, 60323 Frankfurt am Main
Tel: ++49 (0)69 798-32911, Fax: ++49 (0)69 798-32922
http://www.uni-frankfurt.de/fb/fb09/kulturanthro/

Bibliographische Information der Deutschen Bibliothek:

Die Deutsche Bibliothek verzeichnet diese Publikation in der Deutschen Nationalbibliographie; detaillierte bibliographische Informationen sind im Internet unter http://dnb.ddb.de abrufbar.

ISBN 3-923992-80-7 ISSN 0724-4169

Inhalt

Einleitung

Projekte der Europäisierung

Einleitung

Gisela Welz und Annina Lottermann

Europa ist vielfach zum selbstverständlichen Synonym geworden für die Europäische Union. Europäisierung ist der Prozess, in dem dieses EU-Europa gemacht wird. Insbesondere die neuen Mitgliedsländer nahmen im Beitrittsprozess die tiefgreifenden Veränderungen durch die langjährige Angleichung ihrer Gesetze und Institutionen an EU-Normen bereitwillig in Kauf, erhofften sie sich doch von der EU-Mitgliedschaft den Anschluss an westliche Prosperitätsentwicklungen, gesellschaftliche Öffnung und die Stabilisierung demokratischer und rechtsstaatlicher Strukturen. Unter Europäisierung kann man, so argumentiert der Politikwissenschaftler Claudio Radaelli, die Gesamtheit aller Prozesse verstehen, in denen formelle und informelle Regeln, Vorgänge, politische Zielsetzungen, Handlungsstile, habituelle „ways of doing things" und geteilte Werte und Normen zunächst von den entsprechenden Akteuren der Europäischen Union generiert, definiert und konsolidiert werden, um dann auf vielfältige Weise in die Logik jeweils inländischer Diskurse, Identitäten, politischer Strukturen und Öffentlichkeiten eingebunden zu werden (vgl. Radaelli 2001, 110).

Europäisierung als Gegenstand der Kulturanthropologie

Aus der Perspektive der Kulturanthropologie ist die politische Integration Europas ein kultureller Prozess, der oft unmerklich im alltäglichen Funktionieren und Handeln der beteiligten Organisationen und Akteure geschieht. Die ethnologischen Wissenschaften bringen für die Untersuchung dieses Prozesses die ethnographische Perspektive ein, die mit qualitativen Methoden der empirischen Forschung die Alltagswirkungen und Praktiken solcher Veränderungen ermittelt. Eine Reihe von Sozial- und Kulturanthropologen aus Großbritannien, den USA und Frankreich haben in den 1990er Jahren Forschungen in Büros, Gremien und Sitzungen der Europäischen Kommission und des Europäischen Parlaments durchgeführt. Als Organisationsethnologen und Elitenforscher machten unter anderem Marc Abélès (1992), Andrew

Barry (2002), Maryon McDonald (1996 u. 2006), Douglas Holmes (2000) und Cris Shore (2000) das Innenleben und die Außenwirkung der EU-Institutionen zum Gegenstand langfristiger Feldforschungsprojekte. Ihr Vorteil gegenüber der Politikwissenschaft, die das Monopol auf die Analyse solcher Zusammenhänge behauptet, lag dabei im Zugang der langfristigen teilnehmenden Beobachtung. Die Stärke dieser Forschungsmethode ist es, durch die andauernde Kopräsenz von Forscher und Erforschten, die dem Ethnographen das Mitvollziehen von Handeln und Erfahrungen in situ ermöglicht, eine Sozialwelt erfahrungsnah und zugleich an den Kategorien wissenschaftlichen Wissens orientiert beschreiben zu können.

Das im letzten Jahrzehnt zunehmende Forschungsinteresse der deutschsprachigen Europäischen Ethnologie am europäischen Integrationsprozess bezieht sich vor allem auf die Frage nach der Herstellung einer europäischen Identität und den Voraussetzungen, unter denen sie identitäre Bindungskraft für die Bürger der Europäischen Union entwickeln kann (vgl. u. a. Johler 2002; Poehls/Vonderau 2006; Kaschuba 2008). Die englischsprachige Sozial- und Kulturanthropologie hatte schon vor einigen Jahren begonnen zu untersuchen, wie Kulturpolitik und kulturelle Angebote von der EU als Steuerungsinstrument, als Mittel der Akzeptanzherstellung und als Identitätsressource genutzt werden (vgl. z. B. Shore 2000; Bellier/Wilson 2000a). Die Forschungsfragen der Ethnologen und Anthropologen im Feld der Europäisierungsforschung gelten also vordringlich der symbolischen Dimension europäischer Identitätsprozesse und beschränken sich damit oft auf die Analyse der Ausgestaltung und Wirkung von Bildern, emblematischen Symbolen und identitätsstiftenden Narrativen. Einige wenige Forscher haben angeregt, sich stattdessen stärker auf die alltäglichen Praxisformen zu beziehen und zu untersuchen, wie Europa im Alltagshandeln seiner Bürger hergestellt wird (vgl. z. B. Borneman/Fowler 1997), was jedoch bisher eher selten aufgegriffen wurde.

Die im vorliegenden Band versammelten Studien gehen demgegenüber davon aus, dass die soziale Konstruktion von EU-Europa auch gerade vor Ort, in den in den Europäisierungsprozess einbezogenen Gesellschaften, zu untersuchen sei (vgl. auch Welz 2005). Die umstrittene Grenze EU-Europas und die europäische Peripherie ist zusätzlich ein wichtiges Beobachtungsfeld einer Perspektive, die wir „Europa von den Rändern denken“ nennen. Die EU selbst wird aus diesem Blickwinkel zum kulturellen Artefakt, dessen Herstellung durch unterschiedliche soziale Akteure in lokalen gesellschaftlichen Kontexten es zu untersuchen gilt. Diese „Europäisierung von unten“ geschieht im Handeln der Durchschnittsbürger ebenso wie im Berufsalltag von Menschen, die bei EU-Institutionen beschäftigt sind. Auch die Koproduktion Europas durch Akteure, die von außerhalb der EU kommen oder dort leben, gehört als Perspektive hierzu. Die wichtigsten Akteure, die eine solche Europäisierung von außen anstoßen und tragen, sind Migranten aus sogenannten Drittländern und ihre Vorstellungen von Europa.

Die in der EU vorangetriebene Vereinheitlichung, Formalisierung und Verrechtlichung von Verfahrensweisen und Maßstäben im ökonomischen und gesellschaftlichen Leben wird von den Akteuren vor Ort unterschiedlich aufgenommen und umgesetzt. Tatsächlich setzen die neuen Formen des Regierens auf das „Mitmachen" der Bürger und der ökonomischen Akteure; an die Stelle einer Top-down-Durchsetzung von Gesetzen tritt in vielen Fällen das Aushandeln von Umsetzungsvarianten. Die Europäische Kommission nennt den Prozess der Angleichung von nationalen Gesetzen an die Vorgaben der EU deswegen auch „Harmonisierung" – nationale Regularien sollen in widerspruchsfreiem Einklang mit den Vorgaben stehen, ohne sie einfach zu kopieren. Je mehr sie an lokale Voraussetzungen angepasst sind, desto größer ist die Aussicht, dass sie wirkungsvoll sind.

In diesem Zusammenhang entsteht etwas, das wir als „europäische Produkte" (Welz 2007) bezeichnen, nämlich eine neue Kategorie nicht nur von Konsumartikeln, sondern auch von Organisationsformen, Produktionsweisen, Regulationsmechanismen und Wissensbeständen. Deren Entwicklung und Regelung stellt ein zentrales Tätigkeitsfeld der europäischen Politik dar und wird von den Bürgern in erheblichem Maße mit der Europäischen Union assoziiert – im positiven wie im negativen Sinne. Die Materialität dieser Praktiken und Artefakte, ihre Herstellungs-, Nutzungs- und Aneignungsformen sowie die damit einhergehenden Transformationen von sozialen Beziehungen und institutionellem Handeln gilt es zu analysieren. Dabei müssen die kulturellen Mechanismen und Effekte der Standardisierung ernst genommen werden, „gouvernementale" Formen der Durchsetzung transnationaler Regulation bedacht und neue kulturelle Selbstbeschreibungen, die mit einer reflexiven Europäisierung experimentieren, aufmerksam beobachtet werden.

Zur Diskussion steht auch, inwiefern in den letzten Jahren für die internationale Kultur- und Sozialanthropologie zentral gewordene Paradigmen wie „Transnationalisierung" auf die untersuchten Prozesse anwendbar sind beziehungsweise für die Analyse von Europäisierungsphänomenen modifiziert und spezifiziert werden müssen.

Projekte der Europäisierung

Projekte, verstanden als temporäre Handlungszusammenhänge von Akteuren, die ein gemeinsames Interesse realisieren und dann wieder auseinander gehen, beschäftigen die Sozialwissenschaften seit einiger Zeit. Sie werden als Symptome eines grundlegenden Wandels der sozialen Beziehungen und ihrer räumlichen Bezüge begriffen (vgl. Grabher 2002; Faßler 2008). Die amerikanische Kulturanthropologin Anna Tsing hat den Terminus des Projektes aufgenommen, um kurzzeitige „Zusammenballungen" von Deutungen und Strategien begrifflich zu fassen. In ihren Worten sind Projekte

> "relatively coherent bundles of ideas and practices that are realized in particular times and places [...]. Projects may articulate with each other, creating moments of fabled stability and power. They may also rub up against each other awkwardly, creating messiness and new possibilities." (Tsing 2002, 472)

Diesen Momenten der Reibung („friction") zwischen Projekten gilt die besondere Aufmerksamkeit der in diesem Band versammelten Studien. Die hier publizierten Beiträge sind alle von Nachwuchswissenschaftlerinnen und -wissenschaftlern des Instituts für Kulturanthropologie und Europäische Ethnologie an der Johann Wolfgang Goethe-Universität Frankfurt am Main verfasst worden. Sie sind entweder auf der Basis von in den letzten Jahren abgeschlossenen oder zur Zeit entstehenden Magister- oder Doktorarbeiten verfasst oder dokumentieren Postdok-Projekte von mit dem Institut verbundenen Wissenschaftlerinnen und -wissenschaftlern. Die Beiträge behandeln je spezifische „Projekte der Europäisierung" in unterschiedlichen alltäglichen Zusammenhängen und spiegeln die verschiedenen Perspektiven der kulturanthropologischen Europäisierungsforschung wider. Dabei beleuchten sie Prozesse in der Bundesrepublik Deutschland und in den Ländern Griechenland, Portugal, Rumänien, Spanien, der Republik Zypern sowie mit Blick auf die spezifische Situation von chinesischen Migrantinnen und Migranten und von Muslimen in Europa. Wir haben die einzelnen Beiträge ihren Forschungsfeldern entsprechend den Kapiteln „Europäische Kulturpolitik", „Migration, Grenzregime", „Umweltpolitik, Regionalentwicklung", „Wissen, Medien, Öffentlichkeiten" und „Reflexive Europäisierung, Identitäten" zugeordnet.

Im Kapitel „Europäische Kulturpolitik" werden lokale Auswirkungen und Aneignungspraktiken europäischer Kulturpolitik dargestellt. *Annina Lottermann* zeigt am Beispiel der Bewerbung der ostdeutschen Stadt Görlitz und ihrer polnischen Nachbarstadt Zgorzelec um den Titel „Kulturhauptstadt Europas 2010", dass die Veranstaltung „Kulturhauptstadt Europas" nicht nur bevölkerungswirksame Europäisierungseffekte, sondern auch zahlreiche lokale Konflikte mobilisieren kann. *Katja Seifarth* beschäftigt sich mit der gescheiterten Kunstbiennale „Manifesta 6“ in Nicosia und den enttäuschten Erwartungen von zypriotischen Künstlerinnen und Künstlern und analysiert die Gründe des Scheiterns als eine Konsequenz aus europäischen Visionen und komplexen politischen Bedingungen vor Ort. Der Aufsatz von *Katharina Kipp* thematisiert die Strategien der Programmarbeit des Goethe-Instituts Barcelona im Spannungsfeld zwischen lokalen, nationalen und europäischen Anforderungen und dessen Folgen für die Handlungskonzepte und das Selbstverständnis von Mitarbeiterinnen und Mitarbeitern des Instituts.

Die Aufsätze im Kapitel „Migration, Grenzregime“ handeln von alltagskulturellen Auswirkungen und Charakteristiken EU-europäischer Grenzpolitik. *Karina Goldberg* beschreibt am Beispiel von undokumentierten bolivianischen Migrantinnen im privaten Dienstleistungssektor in Barcelona die Ambivalenz des EU-Migrationsregimes, das weniger auf Abschottung als vielmehr auf ein strategisches Zusammenwirken mit lokalen Arbeitsmärkten und auf die Veränderungen von Subjektpositionen setzt. *Ramona Lenz* beleuchtet die unterschiedlichen Auswirkungen des EU-Beitritts Zyperns auf den Arbeitsalltag und die Zukunftsplanung von 20 jungen in der Gastronomie tätigen Wanderarbeiterinnen aus verschiedenen europäischen und nichteuropäischen Staaten und zeigt auf, dass EU-Richtlinien und neue Aufenthaltsstatus quer zu der offiziellen Hierarchisierung ausländischer Arbeitskräfte weitere alltäglich bedeutsame Grenzziehungen verursachen. *Hsin-Yi Li* behandelt in ihrem Beitrag, wie der EU-Beitritt Zyperns nicht nur die Struktur des lokalen Hochschulsystems, sondern auch die Erwartungen und Lebensbedingungen von chinesischen Studierenden verändert hat.

Im Kapitel „Umweltpolitik, Regionalentwicklung“ analysieren *Enikö Baga und Aron Buzogány* anhand verschiedener Dimensionen des Bergbaukonfliktes in der Ortschaft Roşia Montană in den rumänischen Westkarpaten die Rolle der Europäischen Union als Vision, „Ökokolonialist“ und politische Möglichkeitsstruktur für lokale und transnationale Konfliktparteien. Der Beitrag von *Gisela Welz* untersucht, wie Teilregionen von EU-Mitgliedsstaaten als gemeinsames Naturerbe aller EU-Bürger neu definiert werden und zeigt zugleich, welche Konfliktlinien und Machtverhältnisse in der postkolonialen Gesellschaft Zyperns im Zuge des Widerstands gegen eine „Europäisierung der Umwelt“, die von lokalen Akteuren als Enteignung verstanden wird, verstärkt werden. *Catharina Karn* stellt in ihrem Aufsatz dar, wie sich EU-Verordnungen in der Lebensmittelproduktion auf den Alltag hessischer Landwirte auswirken, welche Probleme der Anpassung, aber auch welche emanzipatorischen und gegenläufigen Verhaltensmuster sie hervorrufen.

Das Kapitel „Wissen, Medien, Öffentlichkeiten" betrachtet Praktiken und Prozesse EU-europäischen Regierens und ihre Auswirkungen sowie die Konstruktion von „europäischen" Öffentlichkeiten. Der Beitrag von *Sabine Hess* beschäftigt sich anhand eines führenden Think-Tanks im migrationspolitischen Bereich mit den Regierungsweisen der EU und analysiert dabei die politischen Praktiken, Diskurse und Rationalisierungen, aber auch die Rolle von Expertenwissen und die Bedeutung von Wissenspraktiken für die EU-Politik. *Katharina Schwab* widmet sich anhand öffentlicher Diskussionsforen in Deutschland den Aushandlungsprozessen über einen „europäischen" Islam und zeigt die Heterogenität der daran teilnehmenden Akteure und die Differenziertheit auf, mit der dieser Diskurs geführt wird. *Christoph Schindler* untersucht in seinem Beitrag am Beispiel der Europäisierung des sogenannten audiovisuellen Sektors auf Zypern die mit der Umsetzung des Acquis Communautaire, des Gesamtbestands der für die Mitgliedstaaten der EU verbindlichen Rechte und Pflichten, verbundenen Standardisierungs- beziehungsweise Durchsetzungsprozesse, die entgegen einer staatenüberwindenden Absicht der Europäischen Union auch in einen unintendierten „Anschlussnationalismus" münden können.

Das letzte Kapital „Reflexive Europäisierung, Identitäten" versammelt Studien zu zentralen Fragen der europäischen Fremd- und Selbstbeschreibung. Der Beitrag von *Gesa Heinbach* setzt sich mit der durch Habermas und andere angestoßenen Debatte um „Kandidaten" einer europäischen Identität auseinander und fragt, inwiefern der Kosmopolitismus-Begriff zu ihrer Beschreibung gerechtfertigt ist und was ein kulturanthropologischer Kosmopolitismus-Begriff in dieser Hinsicht leisten kann. *Sandra Haars'* Aufsatz beschäftigt sich mit den Alltagsstrategien und Lebensentwürfen von Mitarbeitern zweier dezentralisierter, in Lissabon ansässiger EU-Agenturen, dem European Monitoring Centre for Drugs and Drug Addiction und der European Maritime Safety Agency, und fragt nach ihren Praktiken der Ortsaneignung und selbstreflexiven Formen des Europäisch-Seins. *Regina Römhild* beschreibt im letzten Aufsatz dieses Bandes den Mittelmeerraum am Beispiel Kretas als ein Laboratorium gegenläufiger, reflexiver Projekte der Europäisierung und als ein Zentrum von produktiven Mobilitäten, die im Windschatten der offiziellen Politik ein anderes, mediterranisiertes Europa imaginieren und praktizieren.

Europäische Kulturpolitik

Von der Mitte an den Rand

Die lokale Umsetzung der Bewerbung von Görlitz/Zgorzelec zur „Kulturhauptstadt Europas 2010“ und ihre Folgen

Annina Lottermann

Kulturpolitische Programme und Aktionen der Europäischen Kommission, wie die Veranstaltung „Kulturhauptstadt Europas“, sind von zahlreichen Kultur- und Sozialwissenschaftlern als Methoden des „Europa-Bauens“ beschrieben worden (vgl. z. B. Shore 2000). EU-Strategen entwickeln für diese Kriterien, um mit ihrer Hilfe den Prozess der Europäisierung in eine gewünschte Richtung voranzutreiben. Ob hierbei die gewünschten Effekte eintreten oder wie sich solche Maßnahmen stattdessen auswirken, entscheidet sich aus kulturanthropologischer Perspektive aber nicht in den Machtzentren der Europäischen Union. Diese „kulturellen Konsequenzen der politischen Integration Europas“ (Welz 2005, 20), so die zentrale Annahme, zeigen sich vielmehr dort, *wo* diese Programme und Aktionen aufgegriffen und lokal eingebettet werden.

Dass es sich dabei weder um einen gradlinigen noch um einen konfliktfreien Vorgang handelt, ist in der Kulturanthropologie und Europäischen Ethnologie spätestens seit den Debatten um die kulturelle Seite der Globalisierung eine unumstrittene Annahme (vgl. z. B. Hannerz 1996; Appadurai 1996). Kultur- und Sozialanthropologen, die sich als Anhänger einer transnationalen Theorie verstehen, gehen davon aus, dass sich bei diesen Prozessen „glokale“ (vgl. Robertson 1998), das heißt eigenständige und kontextspezifische, kulturelle Formen von global verbreiteten Konzepten entwickeln. Diese Annahme lässt sich auch auf Europäisierungsprozesse übertragen, wie der Europäische Ethnologe Reinhard Johler mit dem Begriff „eu-lokal“ (Johler 2005, 35) deutlich gemacht hat. „Eu-lokal“ bezeichnet nach Johler den besonderen Charakter der Beziehungen zwischen der europäischen und der lokalen Ebene, die sich gleichzeitig durch einen Prozess der „Ent- und Reterritorialisierung“ (ebd.) auszeichnen und in komplementärer, meist uneindeutiger Weise aufeinander beziehen. Aus dieser relationalen Perspektive, die auch hier eingenommen werden soll, zeichnet es sich also vor Ort ab, wie EU-inszenierte Prozesse kulturell angeeignet werden und welche spezifischen lokalen Formen und Folgen sich dabei entwickeln.

In diesem Beitrag soll das anhand der gemeinsamen Bewerbung der sächsischen Stadt Görlitz und ihrer polnischen Nachbarstadt Zgorzelec um den Titel „Kulturhauptstadt Europas 2010“ exemplarisch aufgezeigt werden. [1] Görlitz und Zgorzelec hatten mit dem Motto ihrer Bewerbung angekündigt, sich von “the Middle of Nowhere to the Heart of Europe” [2] entwickeln zu wollen. Vor diesem Hintergrund wird hier die These vertreten, dass die Veranstaltung „Kulturhauptstadt Europas“ kein oberflächliches Phänomen oder rein symbolisches Unterfangen darstellt, sondern ein weitreichendes Regime der Europäisierung [3] ist, das an lokalen Bedingungen und Möglichkeiten ausgerichtet wird und dabei nicht nur positive lokale Entwicklungen, sondern auch tiefgreifende lokale Konflikte mobilisiert. Im Fall der Bewerbung der Städte Görlitz und Zgorzelec, von denen sich insbesondere Görlitz durch seine Lage in einer strukturschwachen Region an der ehemaligen EU-Außengrenze auszeichnet, wurden diese Konflikte als Modernisierungs- und Akteurskonflikte sichtbar, wie noch zu zeigen sein wird.

Die hier vertretenen Annahmen gründen sich auf eine mehrwöchige Feldforschung in Görlitz und Zgorzelec [4], die während der sogenannten „heißen Bewerbungsphase“ im Frühling 2005 durchgeführt wurde. In dieser Zeit wurden mehrere kulturhauptstadtspezifische Veranstaltungen teilnehmend beobachtet sowie leitfadengestützte Interviews mit insgesamt 17 sich im engeren Umfeld der Bewerbung bewegenden Akteuren geführt, die sich als Organisatoren, Sponsoren, Künstler und interessierte Privatpersonen für die Kulturhauptstadtbewerbung engagierten oder entsprechende Veranstaltungen besuchten. [5]

Im Folgenden werden zunächst die historischen, wirtschaftlichen und sozialen Bedingungen in Görlitz und Zgorzelec zum Zeitpunkt der Bewerbung vorgestellt und die Anforderungen der EU an die Bewerber und Titelträger einer „Kulturhauptstadt Europas“ skizziert. Dann werden anhand des empirischen Materials die Lokalisierungspraktiken der Vorgaben durch die verantwortlichen Akteure vor Ort nachgezeichnet, verschiedene Akteure im Bewerbungsumfeld näher beschrieben und abschließend die soziokulturellen Folgen und Konflikte aufgezeigt, die im Bewerbungskontext auftraten.

Görlitz und Zgorzelec: Nachbarstädte am ehemaligen „Rand Europas“

Görlitz und Zgorzelec sind Nachbarstädte an der deutsch-polnischen Grenze entlang des Flusses Neiße. Sie waren eine Stadt, bis sie im Zuge der Nachkriegsordnung von 1945 von den Alliierten in einen deutschen Teil (Görlitz) und einen polnischen Teil (Zgorzelec) aufgeteilt wurden. Mit dieser politischen Teilung ging eine soziale

Neuordnung einher. Aus dem an Polen fallenden Stadtteil wurde die deutsche Bevölkerung zwangsausgesiedelt und Vertriebene aus den polnischen Ostgebieten, die an die Sowjetunion fielen, zwangsangesiedelt. Ein Kontakt zwischen den beiden Bevölkerungen blieb aufgrund politischer Differenzen zwischen Polen und der DDR und aufgrund eines rigiden Grenzregimes über fast 40 Jahre hinweg weitgehend aus (vgl. Schultz 2003, 37ff.; Jajesniak-Quast/Stokłosa 2000). Als die Grenze Anfang der 1990er Jahre durchlässig wurde, standen sich zwei mehr oder weniger entfremdete Bevölkerungsgruppen gegenüber, was zudem durch das erschütterte deutsch-polnische Nachkriegsverhältnis, die Erfahrungen mit Besetzung, Holocaust und Vertreibung verstärkt wurde (vgl. Bartoszewski 2002; Bender 2005).

Zum Zeitpunkt der Forschung, ein Jahr nach dem EU-Beitritt Polens, ließ sich die Grenze zwar mit einem einfachen Personalausweis überqueren, aber noch immer wirkten die Folgen der Teilung nach. Außer im Bewusstsein der Bevölkerungen spiegelte sie sich auch im Erscheinungsbild der Städte wider, in dem sich die unterschiedlichen politischen Systemzugehörigkeiten nach 1989 optisch weiter manifestiert hatten. Während Görlitz mit seinen über 3.600 historischen Bauten aus den Epochen Gotik, Renaissance, Barock und Gründerzeit von dem Land Sachsen und dem Bund mit mehr als 400 Millionen Euro subventioniert wurde und seine Altstadt im Jahr 2005 fast komplett restauriert hatte, war in Zgorzelec der Verfallsprozess an den in sozialistischen Zeiten weitgehend sich selbst überlassenen Gebäuden noch deutlich zu sehen. Auch wirtschaftlich hatten die Städte verschiedene Entwicklungen genommen, im Vergleich zur Stadtsanierung allerdings in umgekehrter Tendenz. 2005 war Görlitz mit einer Arbeitslosenquote von knapp 25 Prozent und einer stetigen Abwanderungsquote das, was Soziologen als überalterte und „schrumpfende Stadt“ (Matthiesen 2002) bezeichnen. In der Stadt lebten noch etwa 60.000 Menschen. Circa 18.000 überwiegend junge Leute, ein Viertel der Einwohnerzahl von 1989, waren seit der Wende abgewandert. Der Altersdurchschnitt lag bei 45 Jahren. Jede vierte Wohnung stand leer. In Zgorzelec hingegen lebten zum gleichen Zeitpunkt circa 40.000 Personen. Die Anzahl der Einwohner stieg kontinuierlich an. Die im innerpolnischen Vergleich relativ niedrige Arbeitslosenquote von 13,5 Prozent und nicht zuletzt die Nähe zu Deutschland machten Zgorzelec zu einem attraktiven Wohnort vor allem für jüngere Menschen. Freie Wohnungen waren hier eher Mangelware. [6]

Im Jahr 1991 begannen die Stadträte von Görlitz und Zgorzelec an einer Überwindung dieses in vielerlei Hinsicht asymmetrischen Verhältnisses zu arbeiten und trieben ihre Zusammenarbeit kontinuierlich voran. 1993 gründeten sie eine gemeinsame städtische Koordinierungskommission, der im Jahr 2002 eine regionale Kommission folgte. 1998 ernannten sich die beiden Städte zur „Europastadt Görlitz/Zgorzelec“ und legten sich damit mehr und mehr ein „europäisches“ Profil zu. Diese Prozesse wurden durch die Veröffentlichung zweisprachiger Publikationen in Deutsch und Polnisch, die Einrichtung einer grenzüberschreitenden Buslinie, die Errichtung eines deutsch-polnischen Kindergartens und den Wiederaufbau der 1945 zerstörten Altstadtbrücke als Fußgängerbrücke begleitet. Aus diesen Entwicklungen speisten sich auch die Ideen, die schließlich zu einer gemeinsamen Bewerbung zur „Kulturhauptstadt Europas 2010“ führten. [7]

Die Veranstaltung „Kulturhauptstadt Europas“: Ein kulturpolitisches Regime der Europäisierung

Die Veranstaltung „Kulturhauptstadt Europas“ geht auf die Initiative der Schauspielerin und ehemaligen griechischen Kultusministerin Melina Mercouri zurück und ist im Jahr 1985 erstmals von den für Kulturfragen zuständigen EG-Ministern eingesetzt worden. Zielsetzung war ursprünglich, „die Völker der Mitgliedstaaten einander näher zu bringen“ sowie ein europäisches Kulturverständnis zu etablieren, das sich „sowohl durch Gemeinsamkeiten als auch durch einen aus der Vielfalt hervorgegangenen Reichtum auszeichnet“, wie im Amtsblatt Nr. C 153 vom 22.6.1985 zu lesen ist. Diese Zielsetzung lässt sich als Identitätsbildungsstrategie interpretieren und so ist die Veranstaltung in den Folgejahren auch weitgehend als Mittel einer EU-europäischen Identitätspolitik gehandelt worden.

Während das Auswahlverfahren und die Anforderungen an eine „Kulturhauptstadt Europas“ in den Anfangsjahren noch weitgehend offen und undefiniert waren, wurden diese im Zuge der Veranstaltungsgeschichte immer weiter ausdifferenziert und formalisiert. Zwar wurden dabei keine konkreten Inhalte vorgeschrieben, aber es wurden Zuständigkeiten festgelegt und Schwerpunkte gesetzt, die mit den Entwicklungen und kulturpolitischen Zielen der Europäischen Union konform liefen. Mit dem Beschluss 1419/1999/EC wurde beispielsweise das Auswahlverfahren erstmals in den Kompetenzbereich des Europäischen Rats gelegt, ein Rotationssystem festgelegt, nach dem zukünftige „Kulturhauptstädte Europas“ auf der Basis nationaler Vorentscheide ernannt werden sollten, und erste Anforderungskriterien formuliert. Ein Folgebeschluss regelte die Beteiligungsmöglichkeit der EU-Beitrittsländer. Der jüngste und aktuell gültige Beschluss, 1622/2006/EC, der rückwirkend bereits für die Bewerberstädte um den Titel für 2010 galt, verlangt von den Städten gezielt einen hohen Beteiligungsgrad ihrer Bürger sowie einen nachhaltigen Effekt für die eigene soziale und kulturelle Entwicklung. Außerdem fordert er mittlerweile explizit die Einlösung einer „European dimension“ sowie eines „European added value“ ein. Diese Zielsetzung wird seit dem 1.1.2007 von einem „monitoring und advisory panel“ bereits in der Vorbereitungszeit ernannter Kulturhauptstädte überwacht und kontrolliert. [8]

Die Entwicklung der Veranstaltung „Kulturhauptstadt Europas“ zeigt, dass die Europäische Union sie immer mehr in ihren Dienst gestellt hat. Dabei hat die Veranstaltung eine Veränderung und Qualifizierung erfahren, indem sie von ihrer ursprünglich identitätspolitischen Ausrichtung hin zu einer Art „zivilgesellschaftlichem Europäisierungsmotor“ und Kreativwerkstatt für zukünftige europäische Entwicklungen wurde. Künftige „Kulturhauptstädte“ sollen zum einen einen verstärkten Beitrag zur Herausbildung einer „europäischen Bürgerschaft“ und europaweiten Vernetzung leisten, was hinter dem Begriff der „European dimension“ steckt. Sie sollen zum anderen aber auch nachhaltige und innovative Impulse zur Lösung gesellschaftlicher Problemlagen in Europa erarbeiten, was der „European added value“ impliziert. Der Europawissenschaftler und Kulturpolitikforscher Olaf Schwencke fasst diese Entwicklung folgendermaßen zusammen:

> „Künftige Kulturhauptstädte sollen weniger Schaufenster des gesellschaftlich und kulturell Errungenen, als vielmehr solche des kulturell und gesellschaftlich Leistbaren sein und fähig sein, die kulturelle Kompetenz und gesellschaftliche Kraft zur Führung dieser Auseinandersetzung zu entwickeln und daraus Lösungen für gesellschaftliche Probleme zu erarbeiten.“ (Schwencke 2006, 348)

Aus diesen Veränderungen lässt sich schließen, dass die „Kulturhauptstadt Europas“ kein „Volksfest“ oder ein oberflächliches „Event“ darstellt. Sie ist vielmehr eine Europäisierungsmaßnahme beziehungsweise ein Regime der Europäisierung mit weitreichenden sozialen und kulturellen Folgen und setzt Bewerber und Titelträger sowie die jeweils beteiligten Bevölkerungen unter einen hohen Anforderungs- und Leistungsdruck. Dieser wird in der Bewerbungsphase zudem noch durch einen national initiierten Wettbewerb verstärkt. All das hier Genannte waren Bedingungen, mit denen sich Görlitz und Zgorzelec bereits im Bewerbungsprozess auseinandersetzen und die sie lokal bearbeiten mussten.

„Görlitz/Zgorzelec 2010“: Die Lokalisierung der EU-Anforderungen an eine „Kulturhauptstadt Europas“

Im Jahr 2000 brachte der damalige Görlitzer Kulturbürgermeister die Idee für eine Bewerbung zur „Kulturhauptstadt Europas 2010“ zum ersten Mal ein. Dem EU-

Rotationsprinzip gemäß konnte sich eigentlich nur eine deutsche Stadt um den Titel für 2010 [9] bewerben, aber eine Bewerbung ohne die polnische Nachbarstadt erschien vor dem Hintergrund der sich positiv entwickelnden kommunalen Beziehungen undenkbar und kontraproduktiv zugleich. Auch vermutete man in der grenzüberschreitenden Zusammenarbeit der Städte einen wichtigen Wettbewerbsvorteil. Aufgrund dieser Überlegungen wurde Zgorzelec in die Bewerbung einbezogen, wenngleich der Stadt dabei nur eine unterstützende und ideelle Rolle zukam. [10]

Als 2001 der Beschluss für eine gemeinsame Bewerbung stand, wurden in Görlitz entsprechende Strukturen für ihre Durchführung geschaffen. Dazu gehörte die Einstellung eines geeigneten Managers, die Einrichtung eines Bewerbungsbüros und die Bereitstellung finanzieller Mittel. In der Managerfrage einigte man sich nach langen Berufungsstreitigkeiten schließlich auf einen externen Bewerber, einen aus Westdeutschland stammenden Intendanten und Kulturmanager, der sich laut einem Zeitungsbericht der Sächsischen Zeitung Görlitz neben persönlichen Qualifikationen durch exzellente kulturpolitische Kontakte und Erfahrungen mit internationalem Veranstaltungsmanagement auszeichnete. Er wurde als Leiter der neu gegründeten „Geschäftsstelle Kulturhauptstadt Europas 2010“ eingesetzt, der ein lokaler Beirat, bestehend aus dem Görlitzer Oberbürgermeister, dem Görlitzer Kulturbürgermeister sowie Vertretern aus den Bereichen Kultur, Wirtschaft und dem Stadtparlament zugeordnet wurde. Die Finanzierungsfrage konnte erst nach der Genehmigung des Görlitzer Haushalts für das Bewerbungsjahr durch den Sächsischen Landtag geklärt werden. Als dieses Hindernis aus dem Weg geräumt war, einigte sich die Stadt auf die Bereitstellung finanzieller Eigenmittel in der Höhe von einer halben Million Euro pro Jahr. [11]

Auf Basis dieser Arbeitsgrundlagen wurde ein Bewerbungskonzept entworfen, das weitgehend vom Bewerbungsmanager und seinem neu konstituierten Team erstellt wurde. Eine wesentliche Quelle des Konzepts war die sogenannte „Denkschrift zum Projekt Kultur 2010“, die vom Görlitzer Kulturbürgermeister und anderen Amtsträgern aus dem Kulturbereich verfasst worden war. Darin waren neben der symbolischen und geographischen Lage Görlitz' an der Grenze zu den EU-Beitrittsländern und der kunsthistorischen und architektonischen Substanz der Stadt insbesondere auch die Notwendigkeit zur Stärkung einer lokalen und regionalen Identität und der wirtschaftliche Entwicklungsbedarf als Argumente für eine Bewerbung genannt. Der genaue Wortlaut hierzu lautete:

> „Für die Stadt Görlitz selbst ist mit dieser Bewerbung ein Entwicklungsschub verbunden, den die Stadt und die Region, besonders im Hinblick auf den wirt-

> schaftlichen und strukturellen Entwicklungsbedarf, den sozialen Ausgleich und die demographische Entwicklung dringend benötigt.“ [12]

Außer der „Denkschrift“ floss eine öffentliche Ideensammlung in das Bewerbungskonzept ein. Auch ließen sich diverse, im Rahmen des Stadtentwicklungsprogramms „Stadt 2030“ erarbeitete Leitbildstrategien für Görlitz und Zgorzelec finden, die die Stärkung eines gemeinsamen Profils als regionaler Impulsgeber und Vorreiter in der EU-Integration Polens, die Neugestaltung des innerstädtischen Grenzgebiets zur Überwindung der Teilung sowie die Etablierung grenzüberscheitender Zusammenarbeit in Form eines modernen Bildungs-, Kultur- und Dienstleistungsstandorts vorsahen. [13] Städtebaulich waren diese Empfehlungen in das symbolträchtige Projekt „Brückenpark“ überführt worden, das auch das Kernstück der Bewerbung darstellte.

Der „Brückenpark“ sollte nach seiner Fertigstellung Kultureinrichtungen auf beiden Seiten der Neiße auf einem etwa zwei Kilometer langen Areal miteinander verbinden. Dazu zählten bereits vorhandene Einrichtungen; geplant waren aber auch neue Gebäude in moderner Architektur und eine Neunutzung stillgelegter Fabrikgebäude am Flussufer. In diesem Zusammenhang wurde vor allen Dingen dem noch zu gründenden „Forum für Kunst und Medien (FAM)“ eine zentrale Bedeutung zugeschrieben, das zur Aufgabe haben sollte, die „Moderne in das Bild der Stadt“ zu integrieren. Im Rahmen der Bewerbung zur „Kulturhauptstadt Europas 2010“ wurde der „Brückenpark“ in Form von grenzübergreifenden Festen, den sogenannten „Brückenparkfesten“, einer breiten Öffentlichkeit vorgestellt und feierlich inszeniert. [14]

In diesem Sinne präsentierten sich Görlitz und Zgorzelec im Rahmen der Bewerbungsschrift als „Brückenstadt zwischen Ost und West“ und als Vorbild für eine „lebenswerte und gelebte Einheit“. In der Einleitung der Bewerbungsschrift war das Hauptziel der Bewerbung wie folgt zusammengefasst:

> „Die Hauptsache ist die politische Vision. Wir wollen uns als ein Laboratorium der europäischen kulturellen Integration vorstellen, als eine Stadt, deren Bürger nach einer neuen, gemeinsamen Identität streben und auf einer geschichtlich neuen Stufe ihre Teamfähigkeit über die noch existierenden Grenzen hinweg erproben und entwickeln. Alle unsere Projekte gehen von dieser Vision aus.“ [15]

Dieses Bewerbungskonzept mobilisierte in sich alle kommunalen Entwicklungsstrategien von Görlitz und Zgorzelec und präsentierte die Städte als zukünftig modernen Bildungs- und Kulturstandort von europäischem Format in einer sich konstituierenden Region im erweiterten Europa. Dabei wurden vor allem dem grenzüberschreitenden Vorhaben und der geografischen Lage an der Schnittstelle zu den Beitrittsländern eine „europäische Bedeutung" zugemessen. Görlitz und Zgorzelec stellten hier ihre grenzüberschreitende kulturpolitische Zusammenarbeit als zukunftsträchtiges Modell für ganz Europa heraus. Auf diese Weise arbeitete das Bewerbungskonzept sukzessive alle Anforderungskriterien an eine „Kulturhauptstadt Europas" ab, was vor allen Dingen darin zum Ausdruck kam, dass die innovative, zukunftsorientierte und nachhaltige Ausrichtung der geplanten Vorhaben und ihre „europäische Dimension" in jeder Hinsicht betont wurden.

Aber das Konzept zielte auch auf eine Bearbeitung lokaler Problemlagen und auf eine Aufwertung der Städte in der Wahrnehmung einer breiten Öffentlichkeit und in der der lokalen Bevölkerung ab. So enthielt bereits die „Denkschrift zum Projekt Kultur 2010" die Zielsetzung, den „Bekanntheitsgrad" Görlitz' zu steigern und die negative Stimmung in der Stadt positiv zu beeinflussen. Die Bewerbungsschrift zur „Kulturhauptstadt Europas" verkündete sogar eine „Einladung an Visionäre, denen die Entwicklung der Region in europäischen Dimensionen am Herzen liegt". [16]

Vor diesem Hintergrund lässt sich die Bewerbung von Görlitz/Zgorzelec zur „Kulturhauptstadt Europas 2010" als eine entwicklungspolitische Doppelstrategie begreifen, die gleichzeitig Europäisierungsanforderungen und ökonomische und demographische Transformationsfolgen zu bearbeiten versuchte, verbunden mit dem Ziel, die lokale Bevölkerung zu mobilisieren (vgl. Becker 2005, 94). Feststellen lässt sich aber noch mehr. Denn die EU-Anforderungen an eine „Kulturhauptstadt Europas" wurden hier zwar aufgegriffen, aber nicht zwangsläufig in der von der EU intendierten Weise. Der Wettbewerb und seine Kriterien erhielten auf lokaler Ebene einen neuen Sinn und wurden als kommunale Entwicklungsstrategie und „Modernisierungskonzept" kontextspezifisch verhandelt. Das kann als eine Praxis der Lokalisierung von Europäisierungsprozessen begriffen werden. Damit zeichnete sich die Bewerbung von Görlitz und Zgorzelec zur „Kulturhauptstadt Europas 2010" genau durch jenen eu-lokalen Charakter aus, der eingangs mit den Worten des Europäischen Ethnologen Reinhard Johler beschrieben wurde. Denn auf diese Weise wird das Lokale durch die Ausrichtung an den Bewerbungskriterien sowohl europäisiert als auch das Europäische durch die kontextspezifische Einbettung lokalisiert (vgl. Johler 2005, 34f.; Johler 2002). Die Beziehungen zwischen der lokalen und der europäischen Ebene gestalten sich dabei gleichermaßen autonom als auch durch EU-europäische Normen beeinflusst und formalisiert.

Dass diese Praktiken der Lokalisierung von Europäisierungsmaßnahmen auf lokaler Ebene nicht folgenlos blieben, deuteten bereits die innerstädtischen Strukturveränderungen an. So sind im Aufbau neuer lokaler Institutionen, wie der „Geschäftsstelle Kulturhauptstadt Europas 2010", im Ringen um ein Finanzierungskonzept und in der Entscheidung für einen externen, konkurrenzfähigen Manager bereits erste lokale Auswirkungen der mit einer „Kulturhauptstadt Europas" verbundenen Anforderungen zu erkennen. Diese Neuerungen brachten aber nicht nur Konsequenzen für den städtischen Verwaltungsapparat, sondern auch für die lokale Bevölkerung mit sich, was abschließend anhand verschiedener lokaler Konfliktdimensionen im Bewerbungsumfeld aufgezeigt werden soll.

„Konflikthauptstadt Görlitz/Zgorzelec 2010": Soziokulturelle Folgen der Kulturhauptstadtbewerbung

Im engeren Bewerbungsumfeld ließen sich in Görlitz sehr heterogene Akteure finden. Einige hatten bereits zu DDR-Zeiten in der Stadt gelebt und die politische Wende von 1989 sowie ihre Folgen miterlebt. Im Zuge der damit verbundenen Umwandlungsprozesse hatten viele einschneidende persönliche Veränderungen erfahren und sahen sich gezwungen, ihre Lebensentwürfe und Berufsbiographien neu auszurichten. Die Stadt verlassen wollten die meisten von ihnen jedoch unter keinen Umständen. Zwar schilderten sie die Stimmung in Görlitz als frustrierend; sie unternahmen aber im Gegenzug zahlreiche Anstrengungen, um sich ein Leben an diesem von ihnen geschätzten Ort zu ermöglichen.

Andere waren aus dem Westen zugezogene, überwiegend junge Menschen und Familien, die sich erst nach der Wende als Künstler oder Existenzgründer in Görlitz niedergelassen hatten. Viele von ihnen hatten sich für wenig Geld ein renovierungsbedürftiges Haus in der Görlitzer Altstadt erworben und sahen in den leerstehenden Gebäuden eine Option, lang ersehnte Projekte und Lebensträume verwirklichen zu können. Einige taten das ihren Angaben nach ausschließlich aus Gründen der Selbstverwirklichung. Andere hofften darauf, etwa mit der Gründung eines Hotels, eines Tages Profit erwirtschaften zu können. Im Unterschied zu den aus Görlitz stammenden Personen sahen diese Akteure in der Stadt einen perspektivenreichen Raum voller Möglichkeiten und hatten einen Wohnsitz dort mit viel Idealismus selbst gewählt.

Im Görlitzer Alltag gestalteten sich die Beziehungen dieser beiden Akteursgruppen in vielerlei Hinsicht als komplex. Nicht nur brachen entlang herkunftsbezogener Linien immer wieder altbekannte Ressentiments zwischen „Ossis" und

„Wessis" auf. Auch wiesen sich viele der Zugezogenen in der Stadt als „lokale Avantgarde" oder „Unternehmerelite" eine vergleichsweise übergeordnete soziale Rolle zu. Das Verhältnis zum polnischen Zgorzelec schilderten Vertreter beider Akteursgruppen gleichsam als ambivalent und vorurteilsbehaftet.

Was diese heterogenen Akteure im Kontext der Bewerbung jedoch einte, war die Tatsache, dass sie alle an positiven Veränderungen in der Stadt interessiert waren, die Bewerbung befürworteten und sich und ihre Projekte – mitunter gemeinsam – in den Kulturhauptstadtprozess einzubringen versuchten. Sie unterstützten die Bewerbung mit Besuchen von öffentlichen Veranstaltungen im Kulturhauptstadtrahmen, wie dem „Brückenparkfest", sie diskutierten in Internetforen über „ihre Kulturhauptstadt" und sie pflegten als Helfer, Unterstützer oder Sponsoren eigene Kontakte zu den Kulturhauptstadtorganisatoren.

Lokale Krisenbewältigung

Eine Konfliktdimension, die sich im Gespräch mit diesen Interviewpartnern feststellen ließ, machte sich an den finanziellen Aspekten der Bewerbung fest. Dazu sollen zunächst zwei Situationen geschildert werden, die sich während der „Brückenparkfeste" ereigneten.

Eine Situation war der nächtliche Auftritt einer sogenannten „Voice Artistin" während des ersten „Brückenparkfestes" im Mai 2005. Mit einer hohen, schrillen Stimme und unregelmäßigen Tonfolgen begleitete sie die Aufstellung einer Kunstskulptur im öffentlichen Raum. Umstehende Zuschauer kommentierten diese Aktion mit bissigen Bemerkungen, wie *„und dafür geben sie das ganze Geld aus. Das hätte man aber besser investieren können"*. Eine andere Situation ereignete sich während des zweiten Brückenparkfestes im Juli 2005. Hier waren als eine Kunstinstallation echte Schweineherzen neben Worten wie zum Beispiel „Liebe" platziert. Eine Besucherin regte sich über diese Inszenierung auf. Sie war selbst Künstlerin und Kunstinteressierte. Diese Kunst aber kritisierte sie mit den Worten: *„Wir haben hier keine Arbeit. Wozu brauchen wir Schweineherzen?"* Die hier geäußerten Kritiken könnten auf den ersten Blick als Geschmacksäußerung oder „mangelndes Kunstverständnis" gedeutet werden. Sie verwiesen aber auch auf tieferliegende Gründe, die sich auf die ökonomische Situation insbesondere der Stadt Görlitz bezogen.

Vor allen Dingen die letzte Äußerung zeigt, dass Investitionen in den Kunst- und Kulturbereich von einigen Bürgern der Stadt als Provokation angesichts ihrer eigenen wirtschaftlichen Lebenslage aufgefasst wurden. Die Kulturhauptstadtbewerbung mit ihrer Ausrichtung wurde hier nicht als ein angemessenes kommunales Entwicklungskonzept für alle angesehen. Sie teilte die lokale Bevölkerung vielmehr in solche, die daran anknüpfen konnten, und andere, die in der symbolischen und künstlerischen Aufwertung ihrer Stadt keine angemessene Bewältigungsstrategie für die Problemlagen vor Ort sahen, diese sogar als eine „gegen die ansässige Bevölkerung gerichtete Politik“ (Becker 2005, 98) betrachteten. Ein aus Görlitz stammender Interviewpartner, der sich als Sponsor für die Bewerbung engagierte und die „Brückenparkfeste“ ebenfalls besucht hatte, brachte es auf den Punkt: *„Das kostet sicherlich alles Geld, die Geschichte, und da wird, fürchte ich* [...] *wirklich Geld rausgeschmissen ohne Ende und die Frage ist halt, ist es denn wirklich richtig ausgegeben?“*

Passive Mitbürger

Eine andere Konfliktdimension im Zusammenhang mit der Kulturhauptstadtbewerbung machte sich an den Beziehungen einzelner Akteure zueinander fest. So schilderte ein Interviewpartner, der gebürtig aus Görlitz stammte und als selbstständiger Galerist das Bewerbungsvorhaben unterstützte, welche Veränderungen er als Bewerbungskonsequenz auf die Görlitzer zukommen sah:

> *„Und ich bin auch heute noch der Meinung, wenn Görlitz Kulturhauptstadt wird, kommt nämlich ein Mechanismus in Gang, dann müssen hier viele Leute aus ihrer Deckung rausgehen, aber auch aus ihrer Lethargie, dann müssen die richtig arbeiten und richtig was machen und dann werden die den Tag noch bereuen, dass sie sich für die Kulturhauptstadt entschieden haben. Ja, dann müssen die Faulen nämlich, sage ich mal, fleißig werden.“*

Der Mann bezog sich hier direkt auf seine Mitbürger und machte zumindest einen Teil von ihnen als „faul“ und „lethargisch“ aus. Während man die Benennung eines lethargischen Zustands noch als unfreiwillige Folge von Arbeits- und Perspektivlosigkeit interpretieren könnte, spielte die Betonung der „Leute“, die aus ihrer „Deckung“ heraus müssten, auf einen als selbstverschuldet wahrgenommenen Zustand an. Hier klang eine scharfe Kritik an solchen Personen an, die selbst nichts unternahmen, um ihre Situation eigenhändig zu verändern.

In dieser Äußerung lässt sich deutlich eine Zuschreibung erkennen, die einem Teil der Bevölkerung die Fähigkeit absprach, an den städtischen Entwicklungsprozessen angemessen partizipieren zu können. Die Unterscheidungslinie wurde hier aber nicht herkunftsbezogen etwa zwischen „Ost-“ und „Westdeutschen“ gezogen. In dieser Unterscheidung zeichneten sich deutlich erkennbar kulturelle Argumente ab, die einen Teil der Bevölkerung als aktiv und fortschrittlich, den anderen als passiv und rückständig festschrieben. Damit mobilisierte die Bewerbung zur „Kulturhauptstadt Europas 2010“ Konflikte, die eine Modernisierungsdimension aufwiesen und die Bevölkerung entlang kultureller Merkmale in einen „modernisierungsfähigen“ und einen „modernisierungsunfähigen“ Teil teilte. Das brachte sowohl neue, herkunftstunabhängige Allianzen zwischen Aktiven und Engagierten zum Vorschein; es verschärfte aber auch bestehende Konflikte zwischen einzelnen Bevölkerungsteilen, die sich dieser Unterscheidungen bereits bedienten.

Ortsfremde Praxen

Was die Interviewpartner vermeintlich „passiven“ oder „desinteressierten“ Bürgern vorwarfen, dass sie nämlich auf die Kulturhauptstadtbewerbung nicht reagierten oder sich nicht an ihr beteiligten, führten sie gleichzeitig kritisch auf die Herangehensweise der Kulturhauptstadtorganisatoren zurück. Der bereits zitierte aus Görlitz stammende Galerist betonte beispielsweise ein fehlendes „Feingefühl“ des Kulturhauptstadtbüros gegenüber der lokalen Bevölkerung, das mit aller Macht die lethargische Stimmung in der Stadt aufzubrechen versuche:

> *„Um diese Dinge bei der Bevölkerungsstruktur zu durchbrechen durch bestimmte Aktionen, wie zum Beispiel Kulturhauptstadt, bedarf es sehr, sehr viel Fingerspitzengefühl. Auch Dinge, was man machen kann, und wie man die mitnimmt, das ist ganz, ganz schwierig, das weiß ich auch, aber auf alle Fälle kann man es nicht so machen, dass man vollkommen autonom Dinge plant, wie das Kulturhauptstadtbüro, und die den Leuten vorsetzt. Man muss die Bevölkerung einfach mit einbinden.“*

Der Gesprächspartner kritisierte hier eine von der lokalen Bevölkerung losgelöste, quasi autoritäre Planung als „unpassend“ und vor dem Hintergrund hoher an sie gerichteter Erwartungen auch als „arrogant“. Er schätzte, dass diese Pläne der Bevölkerung zwar zugutekommen sollten, bemängelte aber, dass sie zunächst unvermittelt damit konfrontiert würde. Diese Kritik zeigte ein Spannungsverhältnis zwischen einer durchaus erwünschten Absicht – nämlich der Veränderung der Stadt – und der aus Sicht des Kritikers missglückten Umsetzung – nämlich der fehlenden Auseinandersetzung mit den Menschen, dem Ort und seinen Bedingungen. Darin lag keine grundlegende Kritik der Bewerbung, sondern vielmehr eine Kritik an ihrer konkreten Durchführung beziehungsweise an ihrer Konzeption, die hier als eine ausschließende und ortsfremde Praxis verstanden wurde.

Diese Konfliktdimension zeigt, dass in die Bewerbung Ideen und Konzepte eingelagert waren, die nicht oder zu wenig an die Lebenswelten der lokalen Bevölkerung anschlussfähig waren. Das lässt sich als eine mögliche Folge des in die Veranstaltung „Kulturhauptstadt Europas“ eingeschriebenen Modell- beziehungsweise Wettbewerbscharakters interpretieren, und damit als eine Folge von Europäisierungsprozessen verstehen, die zu stark an formalisierten externen Standards ausgerichtet sind.

Neue Akteure

Diese und ähnliche Problematiken führten die Interviewpartner auf einen hohen Wettbewerbsdruck im Rahmen der Bewerbung, aber auch auf die überwiegend ortsfremden Akteure, die mit der Durchführung der Bewerbung betraut waren, und auf ihre Herangehensweise zurück. Der aus Görlitz stammende Galerist sagte dazu: *„Das ist irgendwie eine vollkommen autonome Einheit, die also ihr Ding macht, und die anderen Einheiten in der Stadt machen auch ihre Dinge, aber das verzahnt sich nicht.“* In diesem Zusammenhang kritisierte er auch, dass er seine eigenen Kompetenzen und Vorstellungen in den Bewerbungsprozess nicht einbringen könne:

> *„Das ist ja für alle eine Chance, es ist einfach, ich sage mal, bedauerlich, dass die Leute, die hier wirklich vor Ort sind und seit Jahren eine Kulturarbeit ja auch machen, anerkannte Kulturarbeit, dass man die einfach, dass man dieses Potenzial so einfach außer Acht lässt.“*

Diese Problemwahrnehmung schilderten auch andere Gesprächspartner, die sich als engagierte Personen bezeichneten. Sie kritisierten, dass sie sich von den Kulturhauptstadtorganisatoren in ihrer Rolle und Funktion verdrängt, missverstanden und ausgeschlossen fühlten. In den Worten eines aus dem Westen zugezogenen Künstlers, für den die Kulturhauptstadtbewerbung ein direkter Anlass war, nach Görlitz zu ziehen, klang diese Kritik besonders scharf an:

> *„Ich bin auch skeptisch, weil ich hier sehe, es werden von außen Leute eingekauft* [...]. *Und wie kann jemand diesen Slogan prägen ‚From nowhere to the*

> *heart of Europe'? Das darf doch nicht nur ein Spruch sein. Ich bin davon überzeugt, dass wir hier im Herzen Europas sind.* [...] *Ich stehe dazu und gehe jetzt mit meinem ganzen Lebensrisiko auch da hin, ich mache das jetzt wirklich. Ich kann mir ja jetzt nicht nächste Woche was überlegen mit einem Engagement in einer anderen Stadt. Aber die Leute, die dort arbeiten, die können das."*

Diese hier beschriebenen Konflikte spielten sich in der „heißen Bewerbungsphase" zur „Kulturhauptstadt Europas" ab und setzten sich mit der Präsenz und Programmatik von Akteuren auseinander, die der Einlösung der EU-Kriterien für eine „Kulturhauptstadt Europas" ihren eigenen Aussagen nach oberste Priorität einräumten und in der Ausrichtung der Bewerbung entlang dieser Kriterien einen Prozess sahen, der für die zukünftige Entwicklung in der Stadt initiiert werden muss. Dies verweist auf eine Konfliktdimension, die der Präsenz neuer Akteure auf der lokalen Plattform zuzurechnen ist, die als eine neue lokale Definitionselite auftraten, mit dem Anspruch, die Europäisierungs- und Modernisierungsansprüche der Stadt und der EU im Rahmen des Bewerbungswettbewerbs zur „Kulturhauptstadt Europas 2010" durchzusetzen und Görlitz/Zgorzelec angemessen auf europäischer Plattform zu repräsentieren.

Fazit: Die Notwendigkeit der lokalen Rückbettung von Europäisierungsanforderungen

In diesem Beitrag wurde gezeigt, dass sich die Bewerbungsstrategie von Görlitz und Zgorzelec zur „Kulturhauptstadt Europas 2010" sowohl an den von der EU ausgegebenen Kriterien ausrichtete als diese auch als Entwicklungs- und Modernisierungskonzept lokalspezifisch verhandelte. Dies lässt sich als eine Praxis der Lokalisierung von Europäisierungsmaßnahmen beschreiben, die die lokale Ebene gleichsam europäisiert wie auch das Europäische lokal ausformt. Diese Aneignungsweise kann mit den Worten von Reinhard Johler als eine eu-lokale Praxis der Europäisierung bezeichnet werden, in der sich Europäisierungsanforderungen und Lokalspezifika in komplexer Weise aufeinander beziehen. Sie zeichnet sich aber nicht nur durch eine relationale Beziehung zwischen der europäischen und der lokalen Ebene, sondern auch durch weitreichende soziokulturelle Folgen aus, die im Prozess der Aneignung auf lokaler Ebene entstehen.

Im Rahmen der Kulturhauptstadtbewerbung von Görlitz und Zgorzelec wurden diese Folgen auch als Konflikte sichtbar, die sich zwischen nahezu allen Bevölkerungsteilen entspannten. Diese Konflikte machten sich an unterschiedlichen

Gestaltungs- und Rollenvorstellungen und an der Präsenz neuer Akteure auf der lokalen Plattform fest. Sie lassen sich als Modernisierungs- und Akteurskonflikte deuten, die häufig quer zu den etablierten lokalen Konfliktfeldern, wie etwa „Ost- und Westdeutsche“ oder „Deutsche und Polen“, verliefen.

Die Bewerbung von Görlitz und Zgorzelec zur „Kulturhauptstadt Europas 2010“ beinhaltete damit sowohl integrative als auch desintegrative und so sowohl angestrebte als auch nichtintendierte Effekte. Sie zeigte aber auch, dass die beschriebenen lokalen Auswirkungen und Konflikte nicht nur ein Nebeneffekt der Bewerbung waren, sondern ein fester Bestandteil der Veranstaltung „Kulturhauptstadt Europas“ und in die Ausrichtung ihrer Kriterien eingelagert und damit ein Bestandteil der damit verbundenen Europäisierungsprozesse sind. In jedem Fall zeigen sie eine Notwendigkeit, die mit der Veranstaltung verbundenen Anforderungen nicht nur lokal ein-, sondern auch an die lokale Bevölkerung zurückzubetten.

Anmerkungen

[1] Dieses Erkenntnisinteresse spiegelt sich im Titel des Beitrags wider, der das Motto der Kulturhauptstadtbewerbung von Görlitz und Zgorzelec ("From the Middle of Nowhere to the Heart of Europe") aufgreift, umdreht und damit nach der lokalen Dimension der Veranstaltung „Kulturhauptstadt Europas“ fragt.

[2] Nähere Angaben zum Bewerbungsmotto sowie zur Kulturhauptstadtbewerbung von Görlitz/Zgorzelec insgesamt können nachgelesen werden in: Geschäftsstelle Kulturhauptstadt Europas 2010 (Hg.) (2004) From The Middle of Nowhere to the Heart of Europe. Bewerbungsschrift Europastadt Görlitz/ Zgorzelec Kulturhauptstadt Europas 2010, Görlitz.

[3] Für den Regimebegriff vgl. auch Goldberg und Hess in diesem Band.

[4] Der Schwerpunkt der Forschung lag in Görlitz, was forschungspragmatische Gründe hatte, aber auch damit zusammenhing, dass die Bewerbungsinitiative und ihre Durchführung überwiegend von dort ausgingen.

[5] Davon kamen sieben gebürtig aus Görlitz oder einer anderen ostdeutschen Stadt (vier Männer, drei Frauen), vier waren aus dem „Westen“ Zugezogene (drei Männer, eine Frau), eine Interviewpartnerin kam aus Zgorzelec, lebte aber in Görlitz. Von diesen Interviewpartnern unterstützten vier die Bewerbung finanziell und ideell als lokale Unternehmer und sogenannte „Paten“, drei waren als freie Künstler im Bewerbungsumfeld aktiv, eine Interviewpartnerin war Mitglied des Stadtparlaments, vier verfolgten das Geschehen aus eigenem Interesse oder kommentierten es in einem Internetforum. Außerdem

wurden Interviews mit dem damaligen Oberbürgermeister von Görlitz sowie den damaligen Kulturbürgermeistern von Görlitz und Zgorzelec, dem Geschäftsführer der „Geschäftsstelle Kulturhauptstadt Europas 2010" sowie dem Kulturhauptstadt-Projektleiter geführt. Diese empirischen Daten bildeten die Grundlage für eine Magisterarbeit, die 2006 am Institut für Kulturanthropologie und Europäische Ethnologie an der Johann Wolfgang Goethe-Universität Frankfurt am Main eingereicht wurde. Einzelne Ergebnisse können auch in Lottermann (2007) nachgelesen werden.

[6] Bevölkerungsstatistische Angaben zu Görlitz und Zgorzelec können folgenden Publikationen entnommen werden: Stadt Görlitz (Hg.) (2005) Zahlen und Fakten, Görlitz; Publikation in Anmerkung [2], 20.

[7] Zur Chronik der Entwicklungen vgl. Publikation in Anmerkung [2], 47.

[8] Alle amtlichen Dokumente zur „Kulturhauptstadt Europas" sind unter http://ec.europa.eu/culture/our-programmes-and-actions/doc437_en.htm, (Zugriff 29.12.2008) einzusehen.

[9] Die nordrhein-westfälische Stadt Essen ist schließlich, stellvertretend für das Ruhrgebiet, am 13.11.2006 vom EU-Ministerrat zur „Kulturhauptstadt Europas 2010" gekürt worden.

[10] Für Vorüberlegungen zur Bewerbung vgl. Großmann, Ulf u. a. (2001) Projekt „Kultur 2010", Görlitz.

[11] Zur Entwicklung der Bewerbung vgl. Seibel, Frank (2002) Expo-Experte für Görlitz. In: Sächsische Zeitung Görlitz, 18.12.2002; SZ Görlitz Online, 11.3.2005: „Chronik der Bewerbung".

[12] Siehe Publikation in Anmerkung [10], 12.

[13] Für nähere Angaben zum Projekt siehe http://www.stadt2030-goerlitz-zgorzelec.de, (Zugriff 29.12.2008) und Knippschild/Kunert (2003).

[14] Für nähere Angaben zum Brückenpark vgl. Geschäftsstelle Kulturhauptstadt Europas 2010 (Hg.) (2005) Der Brückenpark. Eine neue Urbanität, Görlitz/Zgorzelec. Für weitere Bewerbungsprojekte siehe Publikation in Anmerkung [2].

[15] Siehe Publikation in Anmerkung [2], 12.

[16] Siehe Publikation in Anmerkung [10], 7 und Publikation in Anmerkung [2], 53.

Die gescheiterte „Manifesta 6“ in Nicosia

Eine europäische Kunstbiennale im Spannungsfeld zwischen lokalen Konflikten und internationalen Ansprüchen

Katja Seifarth

> *“In this country everything is about living on a divided island and having a political problem. You can give twenty different explanations why ‘Manifesta’ was cancelled, but the truth it is all about politics.* [...] *‘Manifesta’ is more a reflection of the whole the* [political and societal] *situation.”*

Mit diesen Worten kommentierte eine lokale Journalistin die Absage der „Manifesta 6“. Diese sechste Ausrichtung der europäischen Wanderkunstbiennale „Manifesta“ sollte 2006 in Nicosia, der Hauptstadt der Republik Zypern, stattfinden. Drei Monate vor Beginn der Veranstaltung wurde sie jedoch abgesagt. Der Kommentar der Journalistin zeigt ein Spannungsfeld auf, das für die aktuelle Situation in Zypern charakteristisch ist. Denn hier traf ein visionäres europäisches Kunstprojekt auf einen strapazierten alltäglichen Kontext. Hier zeichneten sich die Auswirkungen des Zypernkonflikts ab, der nicht nur die öffentlichen Diskurse dominiert, sondern auch das alltägliche Handeln und Denken der Akteure beeinflusst und in allen Bereichen – auch im Kunstbereich – seine Wirkung zeigt (vgl. Mavratsas 1998).

Seit den 1950er Jahren gab es gewalttätige Konfrontationen zwischen griechischen und türkischen Zyprioten, die schließlich 1974 in die Teilung der Insel mündeten. [1] Seither sind die Auswirkungen und die Lösungsversuche des Zypernkonflikts zentrales politisches Anliegen. Seit der überraschenden Öffnung der „Green Line“ – der Demarkationslinie, die die Insel teilt – in 2003, können sich griechische und türkische Zyprioten wieder frei treffen und die jeweils andere Seite besuchen, jedoch haben bisher lediglich die Hälfte der griechisch-zypriotischen Bevölkerung den Norden überhaupt betreten. Im April 2004 erreichten die internationalen Bestrebungen, den Zypernkonflikt zu lösen, ihren Höhepunkt: Griechische und türkische Zyprioten erhielten die Möglichkeit über einen Friedensplan der UN, den sogenannten „Annan Plan“, abzustimmen, der die Wiedervereinigung Zyperns und damit den Beitritt der gesamten Insel zur EU intendierte – nicht nur den Teil der mehrheitlich griechisch-zypriotischen Republik Zypern. Obwohl die türkischen Zyprioten mit 66 Prozent für den Plan stimmten, scheiterte die Wiedervereinigung, da die griechischen Zyprioten mit einer Mehrheit von 76 Prozent dagegen votierten (vgl. Papadakis/Peristianis/Welz 2006).

Die Entscheidung, die europäische Wanderbiennale „Manifesta" 2006 in Nicosia durchzuführen, wurde zu einem Zeitpunkt getroffen, zu dem noch beträchtliche Hoffnungen bestanden, dass Zypern als wiedervereinigte Insel der EU beitreten wird. Die griechisch-zypriotische Kunstmanagerin Argyro Toumazou beschrieb die Emotionen, nachdem der „Annan Plan" scheiterte:

> *"They decided that 'Manifesta 6' will take place in Nicosia before the 'Annan vote'. So everybody was hoping, the local* ['Manifesta'] *coordinator Yiannis Toumazis was hoping, 'Manifesta' was hoping, the whole world was hoping. 76 percent of Greek Cypriots voted against the plan. Everybody was frozen."*

Hier wurde bereits angedeutet, dass das politische Ergebnis Konsequenzen für die Implementierung des renommierten europäischen Kunstprojektes hatte.

Der vorliegende Aufsatz wird den Implementierungsversuch der europäischen Wanderbiennale „Manifesta 6", die entstandenen Konflikte und deren Konsequenzen aus kulturanthropologischer Perspektive untersuchen und dabei besonders auf die Reaktionen der ortsansässigen Akteure eingehen. Die empirischen Daten wurden während zwei Feldforschungsphasen in Zypern in den Jahren 2005 und 2006 erhoben. So konnten Entwicklungen im nationalen zeitgenössischen Kunstbereich verfolgt werden. Außerdem wurden Eindrücke der Konferenz „Manifesta VI Ghost: A specter is haunting Europe" Ende Oktober 2006 in Berlin, bei der die Absage der „Manifesta 6" diskutiert wurde, Artikel der englischsprachigen nationalen und internationalen Presse, Ausstellungskataloge, Internetauftritte der InterviewpartnerInnen und deren Organisationen und Diskussionsforen in die Analyse einbezogen. Besuche von Vernissagen und Kulturveranstaltungen in Nicosia sicherten zusätzliches Hintergrundwissen. Die empirischen Daten basieren vorwiegend auf qualitativen, leitfadengestützten Interviews mit Künstlern, Galeristen, Kunstmanagern, Kuratoren, Mitarbeitern von Nichtregierungsorganisationen, Journalisten, Wissenschaftlern, Politikern und Beamten. [2]

Im Folgenden werde ich zunächst das Konzept der „Manifesta" erläutern und auf die geplante sechste Ausgabe der Biennale in Nicosia eingehen. Danach werde ich den Implementierungsversuch der „Manifesta 6" und die aufgetretenen Spannungen zwischen lokalen und internationalen Akteuren analysieren. Anschließend werde ich die Gründe für die Absage und die öffentliche Wahrnehmung der „Manifesta 6“ untersuchen. Zum Schluss werde ich auf die Auswirkungen der (abgesagten) Biennale eingehen. [3]

Die „Manifesta 6“ in Nicosia

Die durch Europa wandernde „Manifesta“ [4] wurde konzipiert, um kulturelle und künstlerische Kanäle zwischen Ost- und Westeuropa zu öffnen und um eine Plattform für kulturellen Austausch nach dem Fall der Berliner Mauer und dem Zusammenbruch der Sowjetunion in einem vereinten Europa zu schaffen. Auf diese Weise sollten intellektuelle und künstlerische Auseinandersetzungen mit diesen neuen Realitäten ermöglicht und ein europäisches Netzwerk aufgebaut werden. Die „Manifesta“ repräsentiert sich nicht nur als Alternative zum musealen Raum, sondern auch als alternative Form zur „normalen“ Biennale [5] und zu bisherigen internationalen Ausstellungen. Existierende internationale Ausstellungen wie „Documenta“ und „Biennale di Venezia“ wurden von den „Manifesta“-Initiatoren als zu bürokratisch, ineffizient und implizit nationalistisch betrachtet. „Manifesta“, die in Städten abseits der europäischen Kunstzentren im Zweijahresrhythmus verortet wird, soll dem entgegenwirken und auf diesem Wege gegenwärtige Strukturen und Hierarchien der internationalen Kunstwelt in Frage stellen: Die Teilnahme von jungen, noch nicht international renommierten Künstlern, Kuratoren und Professionellen aus ganz Europa wird gerade deshalb gefördert und soll ihnen eine Chance bieten, sich auf dem internationalen Parkett zu etablieren (vgl. Manifesta Online [6]; Hlavajová 2005; Boutoux 2005; Vanderlinden/Filipovic 2005; van Winkel 2005). [7] Insofern präsentieren sich die „Manifesta“-Aktionen als ein Versuch, Einfluss auf dominante Diskurse in der zeitgenössischen Kunstszene zu nehmen, diese zu verschieben und neue „Subjektivitäten“ zu eröffnen (vgl. Mahon 2000). Die europäische Biennale „Manifesta“ tritt aber auch als eine Art Wissensgenerator auf, der einerseits Vorstellungen über Europa auf lokaler Ebene verhandelt und andererseits durch EU-Kulturdiskurse „von oben“ beeinflusst wird, etwa durch die Teilnahme der „Manifesta“ am EU-Programm „Kultur 2000“, das den transnationalen künstlerischen Austausch in Europa fördert. [8]

Die geopolitische Lage Zyperns an der Peripherie Europas zwischen drei Kontinenten und die politisch prekäre Situation der Insel waren die Hauptgründe, weshalb Nicosia als Ort für „Manifesta 6“ ausgewählt wurde. Der Zypernkonflikt an sich sollte jedoch inhaltlich nicht thematisiert werden. Die Stadtverwaltung von Nicosia fungierte als lokaler Kooperationspartner, die zusammen mit dem Ministerium für Bildung und Kultur den größten Teil der Finanzen bereitstellte. Speziell für die Umsetzung der „Manifesta 6“ wurde die lokale Organisation Nicosia for Arts Ltd. (NFA) gegründet. Den Vorsitz hatte der damalige Bürgermeister der Stadt Nicosia. Das „Manifesta 6“-Konzept präsentierten die drei Kuratoren Mai ElDahab, Anton Vidokle und Florian Waldvogel während einer dreitägigen Konferenz – dem sogenannten „Coffee Break“ – in Nicosia im Januar 2006, die auch als Plattform für eine öffentliche Diskussion fungieren sollte: Die drei Kuratoren planten anstatt einer Großausstellung eine dreimonatige Schule mit drei verschiedenen Instituten an verschiedenen Orten in Nicosia, die ein breites Themenspektrum von Politik, über Soziales, Ästhetik und Poetik abdecken sollte (vgl. ElDahab/Waldvogel 2006). Durch dieses inhaltlich, zeitlich und räumlich breitgefächerte Konzept sollten viele Projekte wie Konferenzen, Ausstellungen, Konzerte und Paraden in Nicosia realisiert werden, auch *„damit eine Infrastruktur aufgebaut wird, die dann auch von den Lokalen langfristig genutzt werden kann“*, erläuterte einer der Kuratoren. Vor allem das Institut des deutschen Kurators Florian Waldvogel intendierte, sich durch ein Internetprojekt mit den komplexen gesellschaftlichen Realitäten Zyperns wie Migration auseinander zu setzen.

Der Implementierungsversuch: Schwierigkeiten und Spannungen bei der Umsetzung der „Manifesta 6“

Die aufgetretenen Konflikte zwischen der lokalen Administration und den internationalen Akteuren müssen im politischen Kontext analysiert werden. Sobald Projekte in Kooperation mit lokalen zypriotischen Behörden durchgeführt werden, wird die Umsetzung auf administrativer und organisatorischer Ebene durch die politische Situation beeinflusst. Bereits Anfang 2006 deuteten sich bürokratische Hürden und administrative Probleme an: Obwohl eine vertragliche Vereinbarung zwischen der International Foundation Manifesta (IFM) und der Stadt Nicosia bestand, dass „Manifesta 6“ teilweise auch im Norden von Nicosia realisiert werden könnte, waren plötzlich rechtliche Prüfungen notwendig, ob dies möglich sei. Nicosia ist die letzte geteilte Stadt Europas und der Norden der Stadt liegt im türkisch kontrollierten Teil der Insel. Einer der Kuratoren beschrieb die damalige Situation:

> *“Well, first they said: ‘The building in the North is too expensive.’ Then we found somebody who would give us a building free of charge. [...] Then they said: ‘It has to go from our bank account and we cannot transfer more than a certain amount of money to the North, because it is illegal.’ Then we found out that it*

is not illegal. [...] *Then they said: 'We cannot do it, because we cannot insure it, because the companies cannot insure places in an illegal state.'* [...] *Then we found some insurance companies that would have insured it.* [...] *So it was a series of things and we offered compromises. We tried to resolve all these problems and at some point they said: 'We cannot officially operate there.'* [...] *We suggested that we could work with an organisation from Turkey. It was like a game for three months, they would put a block and we would figure out how to get around."*

Als Ende Mai die „Manifesta 6“ abgesagt wurde, lautete die Begründung des Direktors der Nicosia for Arts Ltd. Michael Zampelas: Die Kuratoren hätten darauf beharrt, einen Teil der Schule im Norden von Nicosia zu realisieren. Da griechisch-zypriotische Bürger türkisch-zypriotischen Grenzpolizisten ihren Personalausweis zeigen müssten und im türkisch-zypriotischen Computersystem registriert werden würden, um in den Norden Zyperns passieren zu können, wäre kein „free access“ zu dem „Manifesta“-Institut im Norden für die griechisch-zypriotische Bevölkerung gewährt. Dieser Akt wird von griechisch-zypriotischer Seite als politisch betrachtet, da er die Anerkennung der Grenze und damit eines türkisch-zypriotischen Staates implizieren würde. Weitere organisatorische Probleme ergaben sich bereits im Vorhinein: Die Kuratorin Mai ElDahab musste bereits vor der Absage, am 27.5.2006, die Insel verlassen – ihr Touristenvisum war abgelaufen und sie hatte keine Arbeitsgenehmigung; ihr Assistent erhielt nie sein Gehalt, obwohl es durch die Ford Foundation gesichert wurde, und musste auch abreisen. Die Kuratoren beklagten auch, dass der lokale Koordinator Yiannis Toumazis keinen Überblick über das Budget lieferte und kritisierten die mangelnde Transparenz.

Um einen lokalen Bezug herzustellen, sollte „Manifesta“ als bikommunales und zugleich internationales Projekt realisiert werden. Vor der Öffnung der „Green Line“ in 2003 waren bikommunale Aktivitäten die einzige Möglichkeit für griechisch- und türkisch-zypriotische Kulturproduzenten, grenzüberschreitende Kontakte herzustellen. [9] Während und nach der Referendumszeit erhielt das Label „bikommunal“ eine negative Konnotation, da die Regierung Teilnehmer von bikommunalen Gruppen als politisch unzulässig oder als Verräter der griechisch-zypriotischen Sache brandmarkte. Aus vielfältigen Gründen hat sich die Bedeutung von bikommunalen Aktivitäten innerhalb der lokalen Kunstszene verändert. Die Reaktionen der ortsansässigen Akteure auf die „bikommunale“ Ausrichtung der „Manifesta 6“ muss vor diesem Hintergrund betrachtet werden. Denn „bikommunal“ bedeutet nicht nur, dass Kulturproduzenten der beiden Bevölkerungsgruppen in

Projekten partizipieren, sondern ist mit komplexen Bedeutungen aufgeladen. Während die Kuratoren vielfach davon ausgingen, dass das Attribut „bikommunal“ auf eine gleichwertige Partizipation aller verweise, rief die „bikommunale“ Komponente der „Manifesta 6“ bei den lokalen Akteuren Argwohn und Irritation hervor. Haris Pellapaisiotis, ein ausgewählter lokaler Teilnehmer für die „Manifesta 6“, kommentierte irritiert: *“‘Bi-communal’ – in what sense?”* Ebenso kritisierte eine griechisch-zypriotische Künstlerin die bikommunale Ausrichtung der „Manifesta 6“:

> *“First of all, if you are ‘international’ – there is no need to be ‘bi-communal’. If you are ‘international’, everybody can participate.* [...] *I think that nowadays the term ‘bi-communal’ tends to have the exact opposite meaning of what it wants to be. It can say: We include locals, meaning all the locals, we include Armenians – there are other communities as well in Cyprus.* [...] *This bi-polarization does a lot of harm.”*

Der Terminus „bikommunal“ werde nach ihrer Auffassung speziell dann obsolet, sobald ein Projekt auf internationalem Niveau realisiert werde, da der ethnische Hintergrund für die Auswahl der partizipierenden Akteure irrelevant sei. Sie verdeutlicht auch, dass sich innerhalb der lokalen Kunstszene teilweise ein verstärktes Bewusstsein für eine pluralistische Gesellschaft entwickelt hat, in der nicht nur türkische und griechische Zyprioten leben, sondern auch andere ethnische Minderheiten und Zuwanderer aus vielen Ländern.

Ebenso müssen Spannungsverhältnisse zwischen lokalen und internationalen Akteuren, die aufgrund von divergierenden Bedeutungszuschreibungen bestimmter Termini entstanden, im politischen Kontext untersucht werden. In den griechisch-zypriotischen Diskursen sind Begriffe wie beispielsweise „bi-communal“ aber auch „frontier“ auf komplexe Weise mit politischen Inhalten geladen. Die Verwendung dieser Begriffe impliziert immer auch die Einnahme einer bestimmten politischen Haltung. Eine Künstlerin beschrieb die Reaktionen lokaler Akteure auf eine „Manifesta“-Pressemitteilung: *“The press release mentioned the word ‘frontier’: Oh my God! Many people accused the curators of landing here and acting insensitive. They neither did take the locals into account nor their feelings.”* Der Terminus „Grenze“ ist im griechisch-zypriotischen Diskurs ein Synonym für „Staatsgrenze“ und die Verwendung impliziert in diesem Verständnis die Anerkennung, dass zwei Staaten auf Zypern existierten – eine Sichtweise, die als inakzeptabel gilt und vehement abgestritten wird, denn völkerrechtlich sei lediglich die Republik Zypern als einziger Staat der Insel anerkannt. Diese Bedeutungszuschreibungen verdeutlichen, wie stark das soziale Leben politisiert ist und die öffentlichen Diskurse vom Zypernkonflikt dominiert werden (vgl. Mavratsas 1998).

Durch die europäische Wanderbiennale „Manifesta 6“ erhofften sich lokale Künstler auch, Anschluss an die europäische und internationale Kunstszene und somit neue Perspektiven zu erhalten. Derartige Projekte bieten zwar einigen Kunstproduzenten die Chance, sich international zu etablieren, jedoch ist der profitierende Akteurskreis begrenzt und das selektive Auswahlverfahren wird trotz der ambitionierten Ziele von „Manifesta“, vor allem junge Kunstschaffende zu involvieren, am Beispiel der sechsten Ausgabe der Biennale besonders deutlich. Lokale Kunstschaffende erwarteten, insbesondere die weiterhin bikommunal Aktiven, dass sich die Kuratoren über lokale Projekte informierten und sie in irgendeiner Form mit einbinden würden – Erwartungen, die mehrheitlich enttäuscht wurden. Eine lokale Künstlerin kritisierte: *“It was like ignoring us somehow. The curators didn’t find anything interesting, they were not inspired in Cyprus.”*

Insbesondere da sich öffentliche zypriotische Einrichtungen mit hohen Summen an der Finanzierung der „Manifesta 6“ beteiligten, erwarteten lokale Kunstproduzenten, in irgendeiner Form in das Projekt eingebunden zu werden.

> *“We are angry with the fact, that all the money had been given to ‘Manifesta’, but the local artist community was left out.* [...] *A very limited amount of artists would benefit.* [...] *And when I see that the municipality through the Ministry of Education and Culture gave all the okays and all the money for the ‘Manifesta’ and not a cent for something which is more permanent and something that promotes art here.* [...] *They never have money for us”,*

kommentierte ein lokaler Künstler. Da die Vergabe öffentlicher zypriotischer Gelder eher willkürlich erfolgt, erhofften sich gerade die „nicht staatlich geförderten Künstler“ von „Manifesta“ zu profitieren. Der Anthropologe Thomas Boutoux belegt die Ansicht des Künstlers. Der lokale Bezug müsse oft hinter dem exklusivem internationalen Renommee der Biennale zurückstecken: “While biennials are recognized as successful and relevant artistic events almost exclusivity on the international level, they consistently fail to meet local expectations.” (Boutoux 2005, 212)

Der Kurator Florian Waldvogel verdeutlichte die divergierenden Erwartungen: *„Die Idee, was ‚Manifesta‘ für Zypern bedeutet, war natürlich für die Lokalen eine ganz andere Geschichte wie für uns.“* Mehrheitlich kritisierten lokale Künstler, dass die Kuratoren die Idee und das Konzept der Schule unzureichend vermittelten und ihnen deshalb die Erwartung der Kuratoren an Bewerber für die Schule unklar gewesen sei. Der Kurator Anton Vidokle hingegen ist der Auffassung: *"They didn't really want to know what it is about. [...] The local artists were interested what this project brings for them and how they could display their work in some way. There was not much of curiosity, except for few people."* Indem die Kuratoren diverse öffentliche Veranstaltungen wie den „Coffee Break" und Vorträge organisierten, haben sie aus Vidokles Perspektive das Konzept ausreichend vermittelt. Die divergierenden Vorstellungen über die Bedeutung und die Realisierung der „Manifesta 6" lösten jedoch nicht nur ein Spannungsverhältnis zwischen lokalen Kunstschaffenden und internationalen Akteuren aus, sondern daraus resultierte auch das spätere Desinteresse lokaler Kunstproduzenten für die Absage.

„Manifesta 6" – Von Anfang an zum Scheitern verurteilt?

Die Ursachen und Gründe für das Scheitern der „Manifesta" sind zwar facettenreich [10], aber im Endeffekt reflektiert die Absage vor allem die politische Situation auf Zypern. Der Zypernkonflikt dominiert jegliche Diskurse des öffentlichen Lebens. In der überpolitisierten zypriotischen Gesellschaft ist für gesellschaftliche Kritik und künstlerische Autonomie wenig Freiraum. Obwohl zwischen IFM und der Stadt Nicosia eine vertragliche Vereinbarung bestand, dass „Manifesta" auch im türkischen Norden von Nicosia realisiert werden könnte, sagte der Bürgermeister der Stadt Nicosia im Juni 2006 das Projekt ab, weil die Kuratoren intendierten, einen Teil der Schule im Norden zu lokalisieren. Der Bürgermeister Michael Zampelas und der lokale „Manifesta"-Koordinator Yiannis Toumazis dementierten jedoch die Vorwürfe der Kuratoren, dass die Absage der „Manifesta" politisch motiviert gewesen sei und es politische Interventionen gegeben hätte. [11] In einem offiziellen Statement wurden die Kuratoren und IFM sogar beschuldigt "of making 'every effort in creating a political issue out of a purely legal matter' and 'assigning political dimensions to a cultural event [...]'". [12] Angeblich sei ein Institut im Norden aus rechtlichen Gründen nicht möglich gewesen. Jedoch erscheint die Wende eher paradox: Yiannis Toumazis war Anton Vidokle zunächst bei der Suche nach einem geeigneten Ort für sein Institut im Norden behilflich. Einer der Kuratoren evaluierte:

> *„Ich glaube, dass NFA [Nicosia for Arts Ltd.] davon ausgegangen ist, dass wir auf beiden Seiten was machen können. Davon bin ich absolut überzeugt. Ab einem bestimmten Zeitpunkt muss es einen politischen Druck gegeben haben, den wir nicht sehen konnten."*

Inwiefern tatsächlich politische Interventionen „von oben" erfolgten, ist unklar. Da die lokale „Manifesta"-Organisation Nicosia for Arts Ltd. innerhalb der städtischen Strukturen operierte, agierte sie auch in einem offiziellen Rahmen: Und in den Medien sind griechisch-zypriotische politische Eliten und insbesondere der damalige zypriotische Präsident Tassos Papadopoulos gegen bikommunal Aktive vorgegangen und beschuldigten sie sogar des „Verrats". Die bikommunale Ausrichtung, die Intention der Kuratoren einen Teil der Schule im Norden zu lokalisieren und die Tatsache, dass „Manifesta" größtenteils durch öffentliche zypriotische Gelder finanziert werden sollte, ließ auch einige lokale kritische Stimmen spekulieren, dass politische Interventionen „von oben" erfolgten. Eine türkisch-zypriotische Kunstmanagerin äußerte sich hierzu wie folgt: *"I think this project was a victim of hard line policy.* [...] *I mean there had to be something political."* [13]

Wie bereits erläutert, erhielt „Manifesta 6" generell auch nur eine geringe Unterstützung durch griechisch-zypriotische Kunstschaffende: Etliche griechisch-zypriotische Künstler waren auch gegen die Realisierung eines „Manifesta"-Instituts im Norden und einige haben bereits im Vorhinein dagegen protestiert. In einem Artikel in der Cyprus Mail im Juni 2006 hieß es: "Greek Cypriot artists [...] publicly stated that they were not prepared to show passports at the checkpoint in order to attend the art school in the north." [14] Wie bereits erläutert, gilt diese Prozedur des Passzeigens an der Grenze verbunden mit einer Registrierung seitens der Behörden im offiziellen griechisch-zypriotischen Diskurs als inakzeptabel. Eine Künstlerin erläuterte: *"If you make people show their passports, it's a completely political action. Half of the Greek Cypriot artists do not go to the other side, because they feel that they have a right to be in the whole country without having to show a passport."*

IFM und die Kuratoren betonten permanent, dass „Manifesta 6" *nicht* intendiere, den Zypernkonflikt zu thematisieren, und auch *nicht* als Vermittler zwischen griechischen und türkischen Zyprioten agieren wolle. [15] Die Künstlerin verdeutlichte, dass, indem ein Teil der Schule im Norden der Insel etabliert werden sollte, „Manifesta 6" hinsichtlich des Zypernkonflikts politisch geworden sei, da bereits der Prozess des Passierens in den Norden als eine politische Aktion gewertet würde. Außerdem verbreitete sich zusätzlich innerhalb der lokalen Kunstszene die Auffassung, dass der hauptsächliche Teil der Schule im Norden realisiert werden würde. Eine griechisch-zypriotische Künstlerin kommentierte: *"You cannot come to a country and do not give any glory to the country and give all the glory to the other side. Isn't it a bit funny?"*

Künstlerische Projekte, die häufig von bikommunal aktiven Künstlern initiiert wurden, konnten in der Vergangenheit im Norden von Zypern realisiert werden, jedoch erhielten sie keine derartige internationale Aufmerksamkeit wie „Manifesta 6". Das bikommunale Projekt „Open Studios within the Walls of Nicosia" wurde sogar von dem Ministerium für Bildung und Kultur finanziell unterstützt. [16] Einer der Kuratoren argumentierte jedoch: *"They didn't expect 1000s of people to come for the 'Open Studios' to Cyprus. 'Manifesta' is an official project, its an international project."* Die Tatsache, dass „Manifesta" eine renommierte europäische Wanderbiennale ist, die internationales Publikum angezogen hätte und auch innerhalb der Bevölkerung eine breite Aufmerksamkeit erhielt, betrachtet er als einen Grund, weshalb der Konflikt um „Manifesta" derartig eskalierte.

War „Manifesta 6" von Anfang an zum Scheitern verurteilt? Eine lokale Journalistin resümierte: *"There are a lot of explanations why 'Manifesta' is not taking place here, but if you just look at the bottom of what was supposed to take place, actually everybody who knows Cyprus would tell you impossible."* In einem Punkt scheinen sich jedenfalls alle lokalen Akteure einig zu sein: Wäre von Anfang an verdeutlicht worden, dass ein Institut im Norden von Nicosia unmöglich ist, hätte „Manifesta 6" stattfinden können. Durch den „Manifesta"-Konflikt, der durch den bestehenden Konflikt herausgefordert wurde, wurden genau diese Probleme und die Spannungsverhältnisse auf lokaler Ebene sichtbar und somit reflektierbar.

Auch die bisher nur in Ansätzen vorhandene, intellektuell-kritische Diskursarena auf Zypern beeinflusste direkt und indirekt die Umsetzung von „Manifesta". Der griechisch-zypriotische Künstler Haris Pellapaisiotis betrachtet das Fehlen einer konstruktiven Kunstkritik als einen Grund, weshalb „Manifesta 6" scheiterte:

> *"The absence of art criticism in Cyprus is also a contributing fact to the collapse of 'Manifesta'. It wasn't debated and discussed prior to its coming, it wasn't debated and discussed after it had collapsed. That's a serious absence. You cannot have an artistic community without debate. Art grows out of that. [...] There was nobody to carry and to instigate a debate both with the 'Manifesta'-people, but also within the community itself."*

Es verbreitete sich sogar die Ansicht, die Kuratoren und IFM tragen allein die Verantwortung für die Absage. [17] Die ehemalige Parlamentsabgeordnete Katie Clerides, Mitglied der Oppositionspartei DISI, berichtete:

> *“I’ve seen some letters by artists in the newspaper and most of them were critical of the ‘Manifesta’-people* [curators and IFM] *and none of them were critical of our side.* [...] *I was expecting some kind of criticism, at least of the municipality which was the board that was handling it, but I haven’t personally seen any.”*

In der lokalen Presse wurde generell eher negativ über „Manifesta 6“ berichtet: In den öffentlichen Diskursen dominierte dabei die politische Dimension der „Manifesta“, aber selten die tatsächlichen künstlerischen Intentionen und Inhalte der geplanten Schule: Der Artikel „Will art be hijacked by the politics?“, publiziert am 26.2.2006 in der Cyprus Mail, gibt eine gute Zusammenfassung über die Diskurse in der lokalen Presse: In der lokalen Presse wurde behauptet,

> “that [...] both Amsterdam-based International Foundation Manifesta and the curators were planning to exploit the political situation in Cyprus, ‘colonise’ the Green Line and bring in an ‘international clique’ who by getting involved in the project will ‘add valuable points to their CV’s’”. [18]

Die Kuratoren planten jedoch weder das Projekt innerhalb der „Green Line“ zu lokalisieren noch den Zypernkonflikt inhaltlich zu thematisieren. Abgesehen davon, dass Fehlinformationen durch die lokale Presse geliefert wurden, verdeutlicht dieser Auszug auch die Dominanz des Zypernkonflikts in den öffentlichen Diskursen: Deutungen werden im Kontext des politischen Konflikts vorgenommen und zugleich werden „Außenseiter“ beschuldigt, die zypriotische Situation für eigene Zwecke zu verwenden und durch ihr Handeln zu einer Eskalation des Konflikts beizutragen. [19] Jedoch impliziert der Zeitungsausschnitt auch eine berechtigte Kritik an den Kuratoren, die lokale Akteure unzureichend in das Projekt einbezogen haben und anscheinend auch ungenügend über die politische Lage informiert waren.

Es wurden speziell für die „Manifesta 6“ drei verschiedene internetbasierte Foren eingerichtet, um eine Plattform für Austausch und Diskussion zu ermöglichen: ein Forum auf der offiziellen „Manifesta“-Webseite, das „Department3“-Forum, initiiert von ausgewählten Teilnehmern für das Institut 3, und das „NeMe“-Forum, gegründet von der zypriotischen Nichtregierungsorganisation „NeMe“. [20] Jedoch erfolgte auch in den Foren – in denen meistens unter Pseudonymen diskutiert wurde – selten eine konstruktive inhaltliche Auseinandersetzung mit dem geplanten Projekt. Die Diskussionen beschränkten sich häufig auf verschiedene „Narrative“ über den Zypernkonflikt, aber auch auf persönliche Anschuldigungen und Denunzierungen der verantwortlichen „Manifesta"-Akteure. Auch eine lokale Journalistin verdeutlichte diesen Aspekt:

> *"There were no rational discussions neither about what had happened or what actually will be away forward.* [...] *There were very few proper voices about what happened to 'Manifesta', not in terms of political definitions or discussions, but just basically carrying discussion on a proper level which will be objective and helping to achieve something. There was a lot of political garbage and people believing things and not checking."*

Ein kritischer Austausch über die Inhalte und die Absage der „Manifesta 6" erfolgte also auch in den verschiedenen Foren eher nicht.

Als Reaktion auf die Absage der „Manifesta 6" und die Schadensersatzklagen durch Nicosia for Arts Ltd. gegen die International Foundation Manifesta und den Kurator Florian Waldvogel haben ausgewählte „Manifesta"-TeilnehmerInnen des Institut 3 der geplanten Schule und die türkisch-zypriotische Kunstmanagerin Rana Zincir Celal jeweils eine eigene Petition formuliert: Rana Zincir Celals Petition *"was trying to see if there is a way to organize 'Manifesta' together with the support of the International Foundation Manifesta being organized on an independent basis in Cyprus"*. Aufgrund ihrer Erfahrungen mit dem internationalen Kunstprojekt „Leaps of Faith", welches als unabhängige Initiative in der Bufferzone, dem Grenzgebiet in Nicosia, realisiert werden konnte, hoffte sie, dass „Manifesta 6" als unabhängiges Projekt doch noch umgesetzt werden könnte. Die Petition fand jedoch kaum Resonanz und wurde größtenteils von türkischen Zyprioten unterzeichnet. Die Petition der ausgewählten „Manifesta"-TeilnehmerInnen hingegen erhielt auch eine breite internationale Aufmerksamkeit. Allerdings unterzeichneten sie nur einige wenige lokale Akteure. Haris Pellapaisiotis erläuterte die Gründe hierfür: *"If you are for 'Manifesta' you are against NFA* [Nicosia for Arts Ltd.]*, if you are against NFA you are against the government of Cyprus. Therefore you are a traitor. It's a simple connection, totally bizzare. But this climate was created."* Auch befürchteten lokale Künstler, dass die Unterstützung der Petition negative Konsequenzen für spätere staatliche Unterstützung ihrer Projekte haben könnte. Aber auch die Tatsache, dass sich lokale Kunstschaffende von dem „Manifesta"-Projekt ausgeschlossen fühlten, führte zu einer Art Gleichgültigkeit gegenüber der Absage innerhalb der lokalen Kunstszene.

Die Konsequenzen der Absage wurden also kaum diskutiert. Um diesem Defizit entgegen zu wirken, initiierte der Kurator Anton Vidokle die Konferenz „Manifesta

VI Ghost: A specter is haunting Europe“ Ende Oktober 2006 in Berlin. [21] Zum ersten Mal schien eine öffentliche Diskussion möglich: Die Referenten – türkische wie griechische Zyprioten – diskutierten mit dem Publikum die politischen Hintergründe und die kulturell-infrastrukturellen Rahmenbedingungen auf Zypern.

Rückblick und Ausblick: Die Konsequenzen der gescheiterten „Manifesta 6“

Kulturschaffende in der Republik Zypern erwarteten, dass sie durch den EU-Beitritt verstärkt Anschluss an die europäische Kunstbühne erhalten würden. Diese Hoffnungen wurden durch die Aussicht, dass die *europäische* Wanderbiennale „Manifesta 6“ in Zypern realisiert werden sollte, bestärkt. Biennalen sind zwar bedeutende und relevante Events auf internationaler Ebene (vgl. Boutoux 2005), aber das Beispiel der gescheiterten „Manifesta 6“ zeigt, dass aufgrund des selektiven Auswahlverfahrens derartiger Projekte nur ein kleiner lokaler Künstlerkreis profitiert. Diejenigen, die aber die Möglichkeit erhalten, an derartigen Projekten zu partizipieren, erhalten internationale Aufmerksamkeit: Die Teilnahme an internationalen Ausstellungen ist mittlerweile zum Indiz für den Erfolg eines Künstlers geworden.

Durch transnationale Praktiken konstituieren sich neuartige Bedeutungsverbindungen, die den jeweiligen lokalen Kontext, aber auch das Denken und Handeln der Akteure beeinflussen (vgl. Pries 1998; Ong 2006; Hannerz 1995): Obwohl „Manifesta 6“ abgesagt wurde, hatte die Biennale sowohl positiven als auch negativen Einfluss auf die lokale Kunstszene. Innerhalb der lokalen Szene führte die Absage der „Manifesta 6“ zu einer verstärkten Polarisierung zwischen türkisch- und griechisch-zypriotischen Kunstschaffenden: Die Unklarheit über die tatsächlichen Gründe der Absage und die kursierenden Gerüchte, verunsicherten türkisch-zypriotische Kunstschaffende erneut. Da die Absage in der lokalen Öffentlichkeit nicht diskutiert wurde, entstand hier viel Raum, eigene Schlussfolgerungen zu ziehen, was sich auch in meiner Forschung als ein kompliziertes Netz von verschiedenen Meinungen widerspiegelt. Interessant ist hierbei, dass es zu keinem Zeitpunkt um eine inhaltliche Auseinandersetzung mit dem Kunstprojekt an sich ging, sondern lediglich die *politische Dimension* der „Manifesta 6“ die Diskussion dominierte.

Die Kuratoren der „Manifesta 6“ wählten mit Bedacht das Format „Kunstschule“, um ihr Projekt an die lokalen Rahmenbedingungen anzupassen, und einer fehlenden kulturellen Infrastruktur entgegenzuwirken. Gerade deshalb hätte ein renommiertes europäisches Projekt wie „Manifesta“ das Potenzial gehabt, zum Entstehen einer kunstkritischen Diskursarena sowie zu einem verstärkten Austausch und Wissenstransfer zwischen der lokalen und internationalen Kunstszene beizutragen. Die europäische Wanderbiennale „Manifesta 6“ hätte außerdem nicht nur als Anzugspunkt für internationale Kunstschaffende fungieren – gerade aufgrund der geographischen Lage Zyperns – und damit der Stadt ein internationales künstlerisches Flair verleihen können (vgl. Hannerz 1996). Sondern sie hätte auch aufgrund der geplanten künstlerischen Projekte in der teilweise verwahrlosten Altstadt zu einem urbanen Aufwertungsprozess beitragen können. Jedoch traf das visionäre europäische Kunstprojekt auf einen äußerst angespannten lokalen Kontext. Der Zypernkonflikt dominiert nicht nur die öffentlichen Diskurse, sondern zeigt seine Wirkungen im alltäglichen sozialen Leben und beeinflusste somit auch die Wahrnehmung und Umsetzung der „Manifesta 6“: Kunst wird hier zum Spielball der Politik, denn nicht die *künstlerische*, sondern die *politische Dimension* der geplanten „Manifesta“-Schule dominierte die öffentliche Diskussion und führte Konflikte herbei. So führten auch divergierende Bedeutungszuschreibungen politisch geladener Termini zu Missverständnissen zwischen lokalen und internationalen Akteuren. Durch die gescheiterte „Manifesta 6“ wurde der Zypernkonflikt auf einer anderen Ebene sichtbar und diese zugleich zu einem Terrain, auf dem er ausgetragen wurde. Aber auch gerade weil ein europäisches Projekt wie „Manifesta“ internationale Öffentlichkeit erhält, wählten lokale Entscheidungsträger ihre Strategien mit Bedacht.

Trotz der Absage hatte die „Manifesta 6“ auch einen positiven Einfluss auf die lokale Kunstszene. Manche Künstler wurden durch das Projekt inspiriert und entwickelten neue Visionen. So plant beispielsweise die Künstlergruppe des Projekts „Open Studios“ eine Veränderung: Zukünftig sollen auch europäische Akteure in die Veranstaltung einbezogen werden. Projekte, die ursprünglich als parallele Aktionen geplant waren, wie beispielsweise das Kunstmagazin „UNDO“, das Künstler speziell aufgrund der erwarteten „Manifesta 6“ entwickelten, wurden trotzdem realisiert. Die autonome Künstlergruppe „Noize of Coincidence“ hatte sich aufgelöst, da die Kunstproduzenten erwarteten, dass „Manifesta 6“ die Szene ausreichend beleben würde und sie ihre Energie auf die Biennale konzentrieren wollten. Nachdem „Manifesta 6“ abgesagt wurde, haben die Künstler wieder begonnen sich zu treffen und neue Projekte und Visionen entwickelt.

Anmerkungen

[1] Die bis heute nicht aufgehobene Teilung ist Resultat der Invasion durch die Türkei und die Besetzung des Nordens der Insel 1974. Für detaillierte Infor-

mationen über den Zypernkonflikt siehe u. a. Papadakis/Peristianis/Welz (2006); Dodd (1999 u. 2002); Joseph (1999); Mavratsas (1998).

[2] Aus Anonymitätsgründen werde ich Eigennamen nur nennen, wenn es aufgrund der Funktionen der Personen im öffentlichen Leben angebracht ist.

[3] Vertiefende Einblicke in diese Untersuchung können in meiner Magisterarbeit „Kunst transnational – Eine kontrastierende Untersuchung in den zwei europäischen Städten Prag und Nicosia“, die 2008 am Institut für Kulturanthropologie und Europäische Ethnologie an der Johann Wolfgang Goethe-Universität Frankfurt am Main eingereicht wurde sowie in meinem Aufsatz „Arts and Politics – A Contradiction? Bi-communal Artist Activities and the Significance of European Cultural Programmes and Projects in Cyprus“, der im Rahmen des Lehrforschungsprojekt „Neue Europäer. Zypern nach dem Beitritt zur Europäischen Union“ 2006 entstanden ist (vgl. Seifarth 2007), nachgelesen werden.

[4] „Manifesta“ wurde von Mitarbeitern des niederländischen Außenministeriums initiiert, und wird mittlerweile von der gemeinnützigen Stiftung International Foundation Manifesta (IFM) mit Sitz in Amsterdam organisiert.

[5] In vielen Städten weltweit wird inzwischen zeitgenössische Kunst in Form von internationalen Ausstellungen – den sogenannten Biennalen – alle zwei Jahre gezeigt. Das Konzept „Biennale“ repräsentiert ein Gegenformat zur konventionellen Museumsausstellung: Da zeitgenössische experimentelle Kunst oft nicht adäquat in musealen Räumen repräsentiert werden kann, verwendet man häufig (zusätzlich) alternative Orte wie ehemalige Industriehallen und öffentliche Räume für die internationalen Ausstellungen (vgl. Filipovic 2005). Denn “these large-scale exhibitions attempt to give a voice to cultures, histories, and politics underrepresented within that institution” (ebd., 68). Die Initiierung zahlreicher Biennalen ist auch eine Reaktion auf fehlende lokale Kunstinstitutionen, die infrastrukturell in der Lage sind, experimentelle zeitgenössische Kunst zu repräsentieren (vgl. ebd., 66). Indem das Konzept „Biennale“ verstärkt weltweit verbreitet wird, erfolgt allerdings auch eine zunehmende Kommerzialisierung des „alternativen“ Modells.

[6] Vgl. http://www.manifesta.org, (Zugriff 20.1.2008).

[7] Inwiefern die ambitionierten Ziele der „Manifesta“ bisher realisiert worden sind, ist umstritten (vgl. u. a. Hlavajová 2005).

[8] Für „Manifesta 6“ wurden schließlich auch einige Kunstproduzenten und Kuratoren ausgewählt, die nicht EU-europäischer Herkunft sind.

[9] Deshalb war zu diesem Zeitpunkt die grenzüberschreitende Kontaktherstellung und das gegenseitige Kennenlernen zentrales Anliegen der Künstler.

Nach der Öffnung der „Green Line“ in 2003 konnten sich die Kunstschaffenden ohnehin frei treffen und die künstlerische Komponente der Kooperation rückte in den Mittelpunkt; es wurden neue Initiativen gegründet und deren Projekte wurden öffentlich zugänglich. Dadurch blieben sie nicht nur auf Künstlergruppen beschränkt, jedoch partizipierte lediglich ein limitierter Akteurskreis. Die Ablehnung des „Annan Plans“ 2004 durch die Mehrheit der griechischen Zyprioten bedeutete nicht nur einen Rückschlag für den generellen Friedensprozess, sondern hatte auch einen negativen Einfluss auf die bikommunalen Aktivitäten: Die anfänglichen Hoffnungen der Kunstschaffenden durch ihre Projekte einen Beitrag zu einem Friedensprozess „von unten“ leisten zu können, wurde durch eine Form der Resignation ersetzt. Die freundschaftlichen Beziehungen zwischen den Künstlern halfen jedoch zumindest in ihren Kreisen das Ergebnis diskutieren zu können. Zusätzlich wurden bikommunale Aktivitäten insbesondere durch griechisch-zypriotische politische Eliten attackiert und öffentlich bloßgestellt. Vier Monate nach der Ablehnung des „Annan Plans“ 2004 startete der damalige zypriotische Präsident Tassos Papadopoulos eine Kampagne gegen den Hauptsponsor der bikommunalen Aktivitäten „UNOPS“ und gegen lokale Akteure, die während der Referendumszeit aktiv waren. Im Oktober 2006 wurde sogar eine parlamentarische Untersuchung gegen Personen und Institutionen, die Geld von „UNOPS“ während der Referendumszeit 2004 erhielten, eingeleitet (vgl. Theodoloulou, Jacqueline (2006) House reopens controversy on UNOPS cash. In: Cyprus Mail, 6.10.2006; Christou, Jean (2006) UNOPS witch hunt ‘poisoning the atmosphere’. In: Cyprus Mail, 22.10.2006). Ein derartiges Vorgehen der griechisch-zypriotischen Politiker beeinflusste die bikommunalen Aktivitäten negativ: Auch erscheint dieses Vorgehen der politischen Eliten deshalb paradox, weil einige griechisch-zypriotische Politiker selbst versuchten, die Meinung der Bürger zu beeinflussen, indem sie für die Neinstimme zum „Annan Plan“ warben (vgl. Bryant 2006, 63).

[10] Lokale Akteure berichteten beispielsweise von finanziellen Schwierigkeiten sowie administrativen und organisatorischen Problemen der „Manifesta 6“.

[11] Ein Informant berichtete, dass für das letzte Verhandlungsgespräch (zwischen Nicosia for Arts Ltd. und den Kuratoren) der offizielle Sprecher der Nicosia for Arts Ltd. Nicholas Efstathiou *“was already instructed to say ‘no’ to everything that the curators were demanding at that time”*. Es bestand also scheinbar von vornherein kein Interesse mehr dafür eine Lösung zu finden.

[12] Rakoczy, Agnieszka (2006) How Manifesta was lost. In: Cyprus Mail, 4.6.2006.

[13] Ein Beispiel für Eingriffe der politischen „Hardliner“ ist der Film „Akamas“, der zu dem Venedig Film Festival 2006 vorgestellt werden sollte. Die Regierung, die lediglich 20 Prozent des Films finanzierte, postulierte, dass eine Szene, die griechisch-zypriotische Befreiungskämpfer zeigt, wie sie einen verdächtigen Terroristen in einer Kirche töten, aus dem Film geschnitten werden sollte. Der Filmemacher Panicos Chrysanthou wurde aufgrund dieser Szenen und weil er angeblich von einer ursprünglich vereinbarten Filmlänge abweiche, aufgefordert, den Film zu dem Festival nicht zu zeigen (vgl. Cyprus Mail, 9.8.2006: “Scrant regard for artistic freedom”).

[14] Cyprus Mail, 6.6.2006: “Heavy-handed tactics that sunk Manifesta”.

[15] Vgl. u. a. Publikation in Anmerkung [12].

[16] Wobei hierbei unklar ist, ob das Ministerium auch die türkisch-zypriotischen Projekte finanziell unterstützt hat. Auf einer Konferenz in Berlin berichtete eine griechisch-zypriotische Galeristin, dass bei gemeinsamen Projekten häufig lediglich die Präsentation von griechisch-zypriotischen Projekten im Süden finanziert werde.

[17] Im Rahmen der Seminarreihe FUNDAMENTA 06 der ARTos Foundation wurde zwar die Absage der „Manifesta 6“ Ende September 2006 in Nicosia öffentlich thematisiert. Besucher berichteten jedoch, dass der lokale Koordinator Yiannis Toumazis einen sehr einseitigen Vortrag über die Absage der „Manifesta 6“ hielt und die Schuld allein IFM und den Kuratoren zuwies.

[18] Rakoczy, Agnieszka (2006) Will art be hijacked by the politics? In: Cyprus Mail, 26.2.2006.

[19] Eine Informantin berichtete, dass sogar griechisch-zypriotische Akteure versuchten, Druck auf die lokale Presse auszuüben, indem sie forderten, dass Journalisten, die kritisch über die Handlungen der lokalen „Manifesta“-Verantwortlichen (beispielsweise Yiannis Toumazis) berichteten, gekündigt werden, da sie angeblich subjektiv und „pro-türkisch“ schrieben.

[20] Vgl. http://www.department3.org, (Zugriff 20.1.2008); http://forum.neme.org, Zugriff 20.1.2008); http://www.manifesta.org, (Zugriff 20.1.2008).

[21] Die Berliner Konferenz war eine Auftaktveranstaltung für eine mehrmonatige Kunstschule. Nachdem „Manifesta 6“ abgesagt wurde, hat Anton Vidokle sein Projekt in einer veränderten Form in Berlin realisiert.

„Wenn ‚Barça' gewinnt, dann ist die Welt in Ordnung!"

Die Programmarbeit des Goethe-Instituts Barcelona im Spannungsfeld zwischen Europäisierung, nationalen Interessen und katalanischer Selbstbestimmung

Katharina Kipp

„Wenn Barça [1] *gewinnt, dann ist die Welt in Ordnung, und wenn nicht, dann ist der Rest den Katalanen ziemlich egal!"*, beschreibt der deutsche Generalkonsul in Barcelona im April 2007 treffend den regionalen Patriotismus der Katalanen. In Wahlkampfzeiten ist der Präsident des FC Barcelona, Joan Laporta, in Katalonien ein begehrter Mann. Selbst Spitzenpolitiker reißen sich um ein gemeinsames Foto mit ihm. Ein Wahlbeobachter in Madrid spekuliert sogar: „Wenn ‚Barça' gewinnt, dann gibt es eine höhere Wahlbeteiligung." [2] Diese Beispiele zeigen, wie sich katalanische Selbstbestimmungsbestrebungen auf alle öffentlichen und privaten Bereiche des Lebens in Barcelona auswirken und auch die auswärtige Kulturpolitik der Bundesregierung vor Ort berühren.

Das Goethe-Institut – zentrales Organ auswärtiger Kulturpolitik der Bundesrepublik Deutschland – wirkt seit mehr als 50 Jahren als Mittler deutscher Kultur und Sprache in Barcelona und versucht, mit interkultureller Vermittlungsarbeit Verknüpfungspunkte zwischen Deutschland und Katalonien herzustellen. Das Goethe-Institut tritt dabei als ein Medium auf, das auf der einen Seite „von oben" durch die EU beeinflusst wird und auf der anderen Seite aktiv Kulturpolitik vor Ort durch Veranstaltungen und sein Netzwerk mitgestaltet. Die Arbeit des Instituts ist in drei Schwerpunkte gegliedert: Neben der kulturellen Programmarbeit (Veranstaltungen im Bereich Film, Literatur, Ausstellungen und Theater) bilden die Förderung der deutschen Sprache und Kultur im Ausland (Förderung der Mehrsprachigkeit, interkulturelles Lernen) sowie die Bibliotheksarbeit (Informationsvermittlung, kultureller Wissenstransfer, Informationsnetz) die wichtigsten Aufgabenbereiche des Instituts. Insbesondere auf die Programmarbeit des Instituts kommt dabei – so die hier vertretene Annahme – die komplexe Aufgabe zu, innerhalb eines Spannungsfelds zwischen einem nationalstaatlich geprägten Kulturkonzept, einem ethnisch regionalen Diskurs und Europäisierungsprozessen agieren zu müssen. Die Programmarbeit kann dabei als eine Schnittstelle betrachtet werden, an der Bedeutungen verschiedener Konzepte, wie Kultur und Europa, verhandelt und die Interaktionen mit lokalen Partnern vor Ort gestaltet werden. „Kultur" stellt dabei ein strategisches Mittel dar, welches das Institut einsetzt, um Beziehungen zwischen Katalonien beziehungsweise Spanien und Deutschland, zu konstruieren.

Im vorliegenden Aufsatz möchte ich darstellen, wie dieses Spannungsverhältnis zwischen deutschen, spanischen, katalanischen und europäischen Interessen den Arbeitsalltag und die Praktiken der Mitarbeiter der Programmabteilung des Instituts beeinflusst und wie sie Europa gestalten. Ich gehe hierbei von zwei zentralen Fragestellungen aus: Wie werden „Europa" und die „deutsch-katalanischen Beziehungen" durch die handlungsleitenden Konzepte und Strategien der Mitarbeiter der Programmabteilung des Goethe-Instituts Barcelona konstruiert? Wie wirken diese Konzepte und Strategien auf ihr Selbstverständnis und in der Zusammenarbeit mit Künstlern und regionalen Kooperationspartnern vor Ort?

Aus dem Bereich der kulturanthropologischen Europaforschung setze ich die verschiedenen theoretischen Ansätze, Europäisierung „von oben" (vgl. z. B. Shore 2000), „von unten" (vgl. z. B. Johler 2002) und „face to face" (vgl. z. B. Römhild 2000) in Verbindung mit meinen zentralen Fragestellungen ein. Diese Ansätze werde ich nicht getrennt behandeln, sondern in Beziehung setzen, um so die Wechselwirkungen zwischen den verschiedenen Ebenen und Akteuren betrachten und aufzeigen zu können, wie sich das Goethe-Institut positioniert und welche Rahmenbedingungen die Arbeit vor Ort bestimmen. Ich vertrete hier die These, dass das Goethe-Institut nicht nur als Objekt der Europäisierung, sondern vielmehr als ein Wissensvermittler betrachtet werden muss, der auf der einen Seite „von oben" beeinflusst wird und auf der anderen selbst als „Agent der Europäisierung" in verschiedenen Bereichen arbeitet und steuert.

Im Folgenden werde ich zuerst allgemein auf die Zielsetzung der Goethe-Institute und auf die spezifische Arbeit des Goethe-Instituts Barcelona sowie auf seine Rolle in Europa eingehen, dann anhand einiger empirischer Beispiele verschiedene Formen der europäisch ausgerichteten Arbeit des Instituts in Barcelona vorstellen und abschließend meine Ergebnisse zusammenfassen. Mein Datenmaterial habe ich während eines mehrwöchigen Feldforschungspraktikums im Goethe-Institut Barcelona 2007 erworben. Ich habe dabei teilnehmende Beobachtung bei Abendveranstaltungen des Instituts, wie zum Beispiel während der Filmreihe „Berlin Berlin" und eines Symposiums mit dem deutschen Sänger Blixa Bargeld, durchgeführt. Des Weiteren habe ich Interviews mit Mitarbeitern des Goethe-Instituts Barcelona selbst sowie mit den Kooperationspartnern des Instituts vor Ort gemacht. [3]

Die Arbeit des Goethe-Instituts Barcelona

Das Goethe-Institut Barcelona agiert als selbständige Mittlerorganisation der Bundesrepublik Deutschland im Ausland und ist so Teil eines internationalen Netzwerkes deutscher Auslandsvertretungen weltweit. Im Bericht der Bundesregierung zur auswärtigen Kulturpolitik 2005/06 werden die zentralen Aufgaben des Goethe-Instituts wie folgt beschrieben: (1) die Förderung der Kenntnis der deutschen Sprache durch eigene Sprachkurse und die enge Zusammenarbeit mit ausländischen Einrichtungen, die sich ihrerseits der Verbreitung der deutschen Sprache widmen; (2) die Pflege der internationalen kulturellen Zusammenarbeit, vor allem durch die Durchführung von Kulturprogrammen, in enger Zusammenarbeit mit ausländischen Partnern; (3) die Vermittlung eines umfassenden Deutschlandbildes durch Informationen über das kulturelle, gesellschaftliche und politische Leben. [4]

Das Institut in Barcelona feierte 2005 sein 50-jähriges Bestehen. Der Rückblick auf die deutsche auswärtige Kulturpolitik der 1950er Jahre zeigt deutlich Veränderungen in der Ausrichtung des Instituts. In Zeiten der Globalisierung und eines zusammenwachsenden Europas stellt es sich neuen Herausforderungen. In den 1950er Jahren war für die Arbeit des Instituts in Barcelona die Übernahme von Verantwortung für die eigene deutsche Geschichte von besonderer Bedeutung sowie die Aufgabe, Deutschlands Rückkehr in die internationale Staatengemeinschaft voranzutreiben. Während die Bundesrepublik Deutschland sich in der Anfangszeit bemühte, die Folgen des zweiten Weltkrieges zu überwinden, kämpfte Spanien mit der Kontrolle durch das totalitäre System der Franco-Diktatur. Dies setzte eine besonders vorsichtige Herangehensweise der Kulturarbeit des Goethe-Instituts Barcelona voraus und machte dessen Arbeit nur in Grenzen möglich. In den 1960er Jahren wurden das Ansehen und der heutige Ruf des Goethe-Instituts Barcelona begründet. Man sprach von dem Goethe-Institut als „Bollwerk von Freiheit und Toleranz" [5], da zu dieser Zeit die damaligen Institutsleiter es Intellektuellen und Künstlern ermöglichten, aktuelle Tendenzen aus Kunst und Kultur (die nur über das Goethe-Institut ins Land gelangten und die außerhalb des Instituts in Barcelona und ganz Spanien verboten waren) in den Räumen des Instituts zu diskutieren. Besonders durch diese Kooperation mit Künstlern und Intellektuellen jener Zeit entstanden Beziehungen, die über die Jahre wuchsen und von denen das Goethe-Institut noch bis heute profitiert.

Das Institut arbeitet heute in enger Kooperation mit anderen ausländischen Kulturinstituten, wie dem British Council oder dem Institut Français und Spaniens Instituto Cervantes, an gemeinsamen Projekten, zum Beispiel zur Förderung der Mehrsprachigkeit innerhalb Europas. Neben den anderen deutschen Partnern, wie dem Generalkonsulat oder der Bertelsmann Stiftung, fügt sich das Institut so in die kulturpolitische Landschaft der Stadt ein.

„Spanien liegt am Rande Europas" – Das Goethe-Institut Barcelona zwischen regionalen, nationalen und europäischen Interessen

In einem Interview mit dem deutschen Generalkonsul in Barcelona, Wolfgang Daerr, über die Rolle Spaniens in Europa bezieht er sich auf den niederländischen Lyriker und Romanautor Cees Noteboom, der seiner Meinung nach die Rolle und das Selbstverständnis Spaniens in Europa treffend umschreibe:

> *„Spanien liegt am Rande von Europa, abgenabelt, ihr müsst mal zur Kenntnis nehmen, dass man nicht von Einwanderung in Andalusien spricht, sondern von Mobilität in Europa, und dass ihr euren Leuten die Chance gebt, Sprachen zu lernen."*

Daerr charakterisiert Mehrsprachigkeit und Mobilität als etwas Positives und typisch Europäisches. Er kritisiert, dass die spanische beziehungsweise die katalanische Gesellschaft gegenüber dem Erwerb von Fremdsprachen nicht offen sei. In diesem Zusammenhang thematisiert er die Rolle der ansässigen großen deutschen Firmen. Bei den deutschen Pharma- und Chemiefirmen, wie zum Beispiel Bayer oder BASF, arbeiten Katalanen im Management, die er als *„gut betucht"* und *„mehrsprachig"* hervorhebt.

Die Rolle der großen deutschen Unternehmen [6] in Katalonien wird im Zusammenhang mit der Sprachenfrage in mehreren meiner Interviews thematisiert. Der Germanistikprofessor der Universitat de Barcelona Javier Ordnuña, der sich selbst als Kenner des Goethe-Instituts Barcelona bezeichnet, kritisiert beispielsweise die Einstellung dieser Unternehmen zur deutschen Sprache, da diese Deutsch nicht als Einstellungskriterium forderten. Während des Interviews formuliert er die Forderung nach einer deutlicheren Stellungnahme der deutschen Außenvertretung in Barcelona, Deutsch neben Französisch als zweite Fremdsprache in den katalanischen Schulen zu etablieren. Das Goethe-Institut, das seien die *„Techniker"*, und an dieser Stelle müssten die Diplomaten Druck machen, betont er seine Position. Diesen fehlenden Einsatz für die deutsche Sprache führt er auf das mangelnde deutsche Nationalbewusstsein zurück:

> *„Manchmal hat man den Eindruck, die Deutschen trauen sich nicht zum Deutschen zu stehen, auf Grund der Vergangenheit. Unsere Perspektive ist keine nationalbedingte Perspektive, unsere Kinder können mehr haben, wenn sie Deutsch haben."*

Orduña verweist mit diesen Worten auf die prekäre Frage nach dem Konstrukt einer deutschen Nationalidentität, dem „Deutschsein", welchem durch den deutschen Faschismus jede Selbstverständlichkeit genommen wurde (vgl. Römhild 1998, 324). Des Weiteren entnehme ich seinen Ausführungen, dass Sprache von ihm als Ausdruck des Nationalbewusstseins definiert wird und auch dazu dient, als Machtmittel eigene Karrierechancen zu steigern. So berichtet Orduña, dass Deutsch für Europa eine wichtige Sprache sei und eine wichtige Rolle in einem *„einheitlichen Europa"* spiele.

Die Mitarbeiterin der Programmabteilung des Goethe-Instituts Barcelona, Bettina Bremme, bezeichnet die Rolle Kataloniens in Europa als eine *„Zwitterrolle"*.

> *„Ich denke, Katalonien hat da so ne komische Zwitterrolle, es versucht ja auch immer in Europa eine Rolle zu spielen. Man hat eine Initiative gestartet, dass auch ‚catalá'* [7] *eine offizielle Sprache in der EU wird. Katalonien hat als sehr wichtige Region eine wichtige Rolle in Europa, aber viele offizielle EU-Projekte werden dann doch in Madrid gemacht, aber das hindert uns nicht daran, hier in Barcelona Projekte zu Europa zu machen."*

Diese Beispiele der Sprachenfrage zeigen bereits, dass sich den Mitarbeitern des Instituts im Alltag komplexe Anforderungen stellen und sie sich mit ihrem Handeln stets auch in einem Spannungsfeld zwischen regionalen, nationalen und europäischen Interessen bewegen. Besonders die Positionierung in diesem Interessenkonflikt zwischen Spanien und Katalonien wird alltäglich ausgehandelt. Hierbei tendiert das Goethe-Institut zu einer Unterstützung des ethnischen Diskurses, der von einer katalanischen Bildungselite, wie zum Beispiel Professor Orduña, „von oben" gemanagt wird.

Katharina Kipp

„Gelebte europäische Zusammenarbeit im Feld" – Möglichkeiten einer Konstruktion Europas auf lokaler Ebene

Die Zeit meiner Feldforschungsphase fiel mit der deutschen EU-Ratspräsidentschaft zusammen sowie mit der 50-Jahrfeier der Römischen Verträge. Obwohl alle Themen, die mit Europa zusammenhängen, von Bedeutung für die deutsche kulturpolitische Arbeit in Barcelona sind, verdeutlicht der deutsche Generalkonsul Wolfgang Daerr, dass dennoch die Region Katalonien mit Projekten, wie beispielsweise dem Gastauftritt auf der Frankfurter Buchmesse, im Mittelpunkt stehe. Der Gastauftritt Kataloniens auf der Frankfurter Buchmesse im Jahr 2007 bot Katalonien die Möglichkeit, ihre Kultur als besonders einzigartig zu präsentieren und gehört zu einer der wichtigsten regionalen Veranstaltungen im Jahr 2007:

> *„Wir versuchen, alle die schönen Segnungen Europas zu verbreiten, mit den wenigen Mitteln, die wir haben. Mir ist wichtiger, dass sich Katalonien mit der katalanischen Kultur in diesem Jahr in Frankfurt präsentiert, dass einige registrieren, dass es das überhaupt gibt. Davon habe ich mehr* [...]. *Es gibt hier mit Sicherheit nichts, was extra europäisch im Kulturbereich gepuscht wird."*

Diese regional ausgerichteten Projekte haben vor europäisch ausgerichteten Projekten, die durch die EU finanziert werden, in der kulturpolitischen Arbeit des Goethe-Instituts Barcelona Priorität. Die von der EU finanzierten Projekte sind meist speziell auf die Landeshauptstädte ausgerichtet, wie ich noch an dem Beispiel des Fotoprojektes „Europäerinnen" erläutern werde.

Ein weiterer Punkt, den Wolfgang Daerr im Interview anspricht, ist der Umgang mit einem europäischen Selbstverständnis. Als Repräsentant der Bundesrepublik Deutschland sieht er seine Arbeit in erster Linie als eine bilaterale Aufgabe:

> *„Europäische Kulturprogramme habe ich hier wenig gesehen, da kann ich nicht viel zu sagen. Da bin ich erst mal sehr skeptisch. Ich vertrete Deutschland und das bleibt auch erst mal so. Europäisch ist da nicht viel. Wir Europäer* [...], *da wird viel erzählt. Da bin ich sehr skeptisch. Wir vertreten die BRD im Kontext der anderen europäischen Staaten, aber das ist primär unsere bilaterale Aufgabe."*

Die Problematik eines gemeinsamen europäischen Bewusstseins wird in diesem Zitat angesprochen. Hierbei bezieht er sich auf die Erwartungen der EU, dass die Identifikation der Bürger der EU-Länder mit der Union, die ursprünglich ein Wirtschaftsbündnis war, automatisch erfolgen würde. Cris Shore schreibt hierzu: "The 'peoples of Europe' have simply not embraced the 'European idea' in the way that was hoped for, or indeed, predicted by neofunctionalist models of integration." (Shore 2000, 19) Der Versuch der EU, mit Kulturprogrammen diese gemeinsame Identität zu fördern, gestaltet sich in der Praxis eher schwierig. Zwar verneint Daerr zum Beispiel die Identifizierung eines „Wir-Europäer-Gefühls", dennoch spricht er von einer „gelebten europäischen Zusammenarbeit" im Feld:

> *„Europäisch, da ist viel wichtiger, und das ist nachhaltig, dass die Institute zusammenarbeiten, und das wird getan. Das pflegen und fördern wir und das macht Herr Braeß, der Institutsleiter des Goethe-Instituts Barcelona, mit seiner Truppe. Der arbeitet mit den europäischen Instituten zusammen. Das ist gelebte europäische Zusammenarbeit im Feld. Ich kann verschiedene Seifenblasen jetzt beschreiben, die können wir eh nicht umsetzten. Aber das bisschen, was man kann, ist auch zu tun."*

Christoph Bartmann, der Leiter der Abteilung Wissen und Gesellschaft der Goethe-Zentrale in München, antwortet in einem Zeitungsinterview auf die Frage, ob das Goethe-Institut vor allem die binationalen Kulturbeziehungen im Fokus hat oder ob es europäisch agieren möchte, wie folgt:

> „Das Goethe-Institut hat nicht vor, sich aus bilateralen Fragestellungen zu verabschieden. Es gibt Kulturprogramme, die von vorne herein multilateral angelegt sind, bei denen der Gedanke der nationalen Herkunft ins Hintertreffen gerate. Diese exemplifizieren den europäischen Gedanken auf ganz andere Weise." [8]

Bettina Bremme, die für die Programmgestaltung Film und Wort im Goethe-Institut Barcelona zuständig ist, berichtet in diesem Zusammenhang von einem internationalen Projekt des Instituts in Zusammenarbeit mit Frankreich und Spanien, bei dem deutsche, französische und spanische sowie katalanische Experten zum Thema „Diktatoriale Vergangenheitsbewältigung" in den Ländern Deutschland, Frankreich und Spanien diskutierten. Das hatte eine *„europäische Dimension, ohne dass es ein EU Projekt"* gewesen wäre, betont sie.

Eine „gelebte europäische Zusammenarbeit" wurde mehrfach von meinen Interviewpartnern hervorgehoben. Diese Projekte sind zwar keine EU-finanzierten Projekte, dennoch besitzen sie eine europäische Perspektive, die gezielt ein europäisches Bewusstsein „von unten" mitgestaltet. Es gibt innerhalb der Programmarbeit also eine Unterscheidung von Projekten, die eine „europäische Dimension" haben, ohne direkt von der EU finanziell gefördert zu werden, da sie von mehreren europäischen Staaten getragen werden, und Projekten, die direkt von der EU initiiert und finanziert werden. Europa wird aus der Perspektive der Mitarbeiter des Goethe-Instituts Barcelona demnach als ein sich im Entstehungsprozess befindendes Objekt verstanden, als eine Vision, an der unterschiedliche Akteure auf lokaler Ebene gemeinsam arbeiten und mitgestalten. Darüber hinaus bleiben die Mitarbeiter in der Gestaltung Europas stets auch auf ihren nationalen Vermittlungsauftrag fokussiert.

„Europäerinnen" in Madrid – Ein europäisches Hauptstadtprojekt

Das Fotoprojekt „Europäerinnen", das im Goethe-Institut Madrid und Brüssel ausgestellt wurde, gehört im Gegensatz zu den bereits erwähnten Projekten zu den EU-finanzierten Projekten, die gezielt für Hauptstädte entworfen werden. Diese unterscheiden sich von den von mir genannten Projekten des Instituts in Barcelona, die eine „europäische Dimension", beziehungsweise einen „europäischen Gedanken", wie zum Beispiel der Mehrsprachigkeit, umsetzten, aber nicht direkt von der EU initiiert und finanziert werden. Die Rolle des Goethe-Instituts in Europa und die Themenschwerpunkte im europäischen Bereich werden von der Zentrale der Goethe-Institute in München definiert. Dies verdeutlicht Lupe García, die für die Programmgestaltung Musik und Ausstellung im Goethe-Institut Barcelona zuständig ist, in einem Interview mit mir, in dem sie sich wie folgt über das Projekt „Europäerinnern" äußert:

> *„Zum Beispiel die Ausstellung ‚Europäerinnen' in Madrid. Man arbeitet viel mit sozialen Themen. Alle kulturellen Produkte sind Spiegelungen, ein Abglanz der politischen Bedenken, sagen wir alle. Einige realisieren es mit anderer Politik, einer alternativen Politik* [...]*, weil sie neue Modelle präsentieren. Aber die Mehrheit trägt sich in die stereotypische Kultur ein, die stereotypisierte Politik."*

García geht in diesem Zitat darauf ein, wie eine stereotypisierte Kultur und alte Modelle in der Kulturpolitik Einfluss auf Inhalte und die Umsetzung der Kulturprojekte des Instituts nehmen. Der Begriff Europäisierung bezeichnet in diesem Zusammenhang den Prozess, in dem verschiedene Akteure Europa konstruieren und mit Bedeutung belegen. Hinter diesem Konstruktionsprozess steht die Kulturpolitik der EU, die Kultur einsetzt, um ein „gemeinsames europäisches Bewusstsein" (Huropp 2000) zu schaffen. Der britische Sozialanthropologe Cris Shore zählt beispielsweise auch die Einführung von Symbolen, wie die europäische Flagge oder Kampagnen wie „Europa der Bürger", zu Strategien der EU, um durch Kultur eine gemeinsame „europäische Identität" zu etablieren.

Die Inhalte und Zielvorstellungen europäischer Kulturpolitik werden so durch EU-Projekte des Goethe-Instituts lokal umgesetzt. Dennoch möchte ich in diesem Zusammenhang auch darauf hinweisen, dass die Kulturpolitik der EU im Vergleich zu Themen, wie beispielsweise der ländlichen Strukturförderung oder dem Bologna-Prozess, über ein viel geringeres Budget verfügt und somit vergleichsweise weniger Einflussmöglichkeiten hat. In den EU-Projekten der Goethe-Institute sehe ich daher die gemeinsame Linie, mit der Umsetzung dieser Idee ein gemeinsames europäisches Bewusstsein zu schaffen.

„Mehrsprachigkeit" in Katalonien – Eine „europäische Vision"

Die „gelebte europäische Zusammenarbeit", von der der deutsche Generalkonsul Wolfgang Daerr spricht, findet sich in verschiedenen gemeinsamen Projekten der Kulturinstitute europäischer Länder in Barcelona wieder. Ein Beispiel sind gemeinsame Projekte zur Förderung der Mehrsprachigkeit in Katalonien. Der Institutsleiter des Goethe-Instituts Barcelona, Ulrich Braeß, erläutert dieses Projekt wie folgt:

> *„Konkretes Beispiel: Alle Leiter der hiesigen europäischen Kulturinstitute hier vor Ort treffen sich bei mir zuhause zu einer Feier. In allen Goethe-Instituten stimmt auch die Zusammenarbeit mit den europäischen Partnern* [...]. *Wir haben ein gemeinsames Projekt, im Rahmen des ‚Sant Jordi'* [9] *vereinbart. Wir werden sicherlich auch die gemeinsame U-Bahn-Werbung machen, die europäische Zusammenarbeit handfest beschreiben lässt. Wir machen viel Werbung vor dem großen Einschreibetermin im Herbst zum Thema Sprachenlernen, Mehrsprachigkeit. Für ein einzelnes Kulturinstitut wäre das nicht finanzierbar und in der U-Bahn überlegt sich keiner, ob er nun Deutsch oder Französisch lernt. Wir setzten damit eine qualitative Benchmark, wenn die vier Kulturinstitute hier gemeinsam werben, dann ist das ein Qualitätssignal per se."*

Braeß betont, dass besonders diese Zusammenarbeit im Rahmen einer europäischen Zukunft wichtig sei und die Bekanntheit der Mehrsprachigkeit nur Vorteile für alle bringen könne. Daher würden die Institute gemeinsam „europäische Aktivitäten" vorantreiben.

Die Mehrsprachigkeit war von Anfang an Teil des europäischen Projektes. Bereits in der ersten Verordnung von 1958 wurde die Gleichberechtigung aller Amtssprachen der zehn Mitgliedsländer der Europäischen Wirtschaftsgemeinschaft festgelegt. [10]

„Llegir ens porta lluny" – Die Kinder- und Jugendbuchwoche in Barcelona

> „Llegir ens porta lluny – Lesen bringt weiter. Ende Januar 2007 stand Barcelona, die Hauptstadt Kataloniens, ganz im Zeichen der Kinderliteratur. Die von der Frankfurter Buchmesse in Zusammenarbeit mit dem Goethe-Institut Barcelona, der Generalitat de Catalunya und dem Institut Ramon Llull organisierte Internationale Kinder- und Jugendbuchwoche war in der ganzen Stadt sichtbar. Rund 15.000 Besucher strömten innerhalb einer Woche zu den zahlreichen Veranstaltungen ins Katalanische Kulturzentrum CCCB, wo es eine Ausstellung mit über 2.000 Büchern aus katalanischen, deutschen, österreichischen, schweizerischen, französischen, englischen und portugiesischen Verlagen zu bestaunen gab." (Wengeler 2007)

So berichtet einer der zahlreichen Zeitungsartikel über die Kinder- und Jugendbuchwoche, die im Rahmen des katalanischen Gastauftrittes auf der Frankfurter Buchmesse durchgeführt wurde. Die Programmleiterin berichtet, dass *„Europa zwar nicht das Thema war, dass es aber diese europäische Dimension hatte, und dass es eben nicht nur Bücher auf Katalanisch und Deutsch gab, sondern auch auf Portugiesisch, Französisch und Englisch."*

In diesem Projekt des Instituts wird besonders die Mehrsprachigkeit durch Literatur aus verschiedenen europäischen Ländern hervorgehoben. Das Institut könne nur einen kleinen Beitrag bei der Einigung Europas leisten, erklärt Herr Braeß.

> *„Wir werden die Einigung Europas nicht entscheidend beeinflussen oder verhindern können als Goethe-Institut, aber wir können bei Multiplikatoren einen Eindruck machen, sowohl im Gastland wie auch mit EU-Partnern, die nicht aus dem Gastland sind."*

Durch die gemeinschaftlichen Projekte sieht er die Möglichkeit, mit gemeinsamer Stimme wachsende Gemeinsamkeit zu erzeugen und die Einigung Europas voranzutragen und so ein europäisches Bürgerbewusstsein zu entwickeln. Borneman und Fowler bezeichnen Europa als „object-in-the-making" (Borneman/Fowler 1997, 487) und Europäisierung als „both a vision and a process" (ebd.), als soziales und kulturelles Projekt, das erst in Folge von Konstruktionsprozessen entworfen und mit Bedeutung versehen wird. Diese Idee wird auch von anderen Kultur- und Sozialwissenschaftlern aufgegriffen. „Europa" wird zum Beispiel als "an arena of debate and negotiation as well as of potential shared experiences and interests"(Macdonald 2000, 98) beschrieben. Harmsen und Wilson schreiben hierzu auch:

> "Europeanization is about the practices involved in 'being and becoming more European', whether it be among farmers, factory workers, homemakers, civil servants or politicians, or more particularly within and between organs of power and decision-making." (Harmsen/Wilson 2000, 24)

In der Zusammenarbeit der Institutionen werden diese Vision und der Konstruktionsprozess Europas vorangetrieben und dennoch werden auch Werte, wie die Mehrsprachigkeit als Leitsätze „von oben" in der Arbeit des Instituts aufgegriffen und in einem lokalen beziehungsweise nationalen Kontext umgesetzt. Das Goethe-Institut positioniert sich im Zusammenhang mit der Vergabe von Fördergeldern für die Umsetzung der Kinder- und Jugendbuchwoche neu. Durch die Subvention der katalanischen Regierung, der Generalitat de Catalunya, konnte das Institut zum ersten Mal wie ein lokales Kulturinstitut vor Ort agieren. Eine verbesserte Stellung des Instituts sowie die Möglichkeit, weitere neue Projekte zu initiieren und zu organisieren, sehe ich als Chancen für das Institut, sich in der Region neu zu positionieren. Durch diesen Positionswechsel begibt sich das Institut aber auch gleichzeitig in eine größere Abhängigkeit von der katalanischen Regierung. Indirekt werden mit der Vergabe der Fördergelder auch Forderungen verbunden, die eine Eingrenzung der Einflussmöglichkeiten des Instituts zur Folge haben können. Diese Forderungen können im Zusammenhang mit der Sprachenfrage in Katalonien gesehen werden, die ich bereits erläutert habe.

Kulturaustausch – Eine mobile, ortsübergreifende Praxis der Europäisierung

Neben den verschiedenen europäischen Projekten des Instituts möchte ich noch kurz auf den Kulturaustausch von deutschen und katalanischen Künstlern eingehen, der durch das Institut gefördert wird. Diesen möchte ich mit dem Begriff der Europäisierung von Regina Römhild als eine „transnationale, mobile und ortsübergreifende Praxis“ (Römhild 2000, 17) begreifen. Römhild zeigt auf, dass besonders im Alltag der Menschen Europa durch Mobilität und die Erweiterung der Lebensbezüge über lokale, regionale und nationale Grenzen hinaus entsteht. Sie beschreibt diese Erfahrungen mit und die Verbindungen zu Menschen, die ich eben als Kulturaustausch beschrieben habe, als „soziales und kulturelles Kapital“, das weiter transportiert werde und andernorts neue Verwendungen finde, als „eine Art von Europäisierung“ (Römhild 2000, 17).

Dieser Austausch, der mit direkter Mobilität in Verbindung steht, entsteht über ein transnationales Netzwerk hinaus auch in einem europäischen Rahmen. Hier treffen Menschen mit unterschiedlichen beruflichen, politischen, sozialen, ethnischen und räumlichen Vorstellungen zusammen. Der Erfahrungsaustausch durch „Face-to-Face“-Kontakte kann als eine „laufende kulturelle Konstruktionsarbeit“ verstanden werden. Deutsch-katalanische Beziehungen und das Verständnis von Europa werden durch die Arbeit des Instituts immer wieder neu konstituiert (vgl. Hannerz 1995).

Die Vermittlung von Künstlern aus Deutschland nach Katalonien und umgekehrt gehört zu einem wichtigen Arbeitsaspekt des Instituts. Sie leistet einen Beitrag zu der Konstruktion deutsch-katalanischer Beziehungen auf einer interaktiven Ebene. Das Goethe-Institut ist so nicht nur Objekt der Europäisierung, sondern beteiligt sich aktiv an der Gestaltung Europas über Grenzen hinweg.

Schlussbemerkung

Die hier beschriebenen Praktiken von Mitarbeitern der Programmabteilung des Goethe-Instituts Barcelona verdeutlichen Folgendes: Eine Europäisierung „von oben“ wird hier durch bestimmte Vorgaben in der Kulturpolitik in Bezug auf Europa erzeugt. Diese finden sich zum Beispiel auch in den Vorgaben der Europäischen Kommission zur Finanzierung europäischer Projekte im Goethe-Institut wieder. Durch die Zusammenarbeit der „europäischen“ Kulturinstitute vor Ort entwickelt sich – über eine transnationale Zusammenarbeit hinausgehend – eine „europäische Perspektive“. Dies wird zum Beispiel deutlich in gemeinsamen Projekten der „europäischen“ Kulturinstitute zur Förderung der Mehrsprachigkeit in Barcelona. Dennoch bleibt bei diesen Projekten der jeweilige nationale Auftrag der Auslandsvertretungen im Vordergrund.

Mit der Praxis des Goethe-Instituts, deutsche Künstler mit spanischen und internationalen Künstlern vor Ort zusammenzubringen, möchte ich Europäisierung mit den Worten der Frankfurter Kulturanthropologin Regina Römhild als eine „transnationale, mobile und ortsübergreifende Praxis“ (Römhild 2000, 17) begreifen. Über einen transnationalen Austausch hinausgehend kann hier eine „Alternative" zur Europäisierung „von oben" entstehen beziehungsweise über neue Bedeutungsinhalte dieser Konzepte verhandelt werden.

Anmerkungen

[1] Der Fußballclub Barcelona, auch unter dem Kürzel ‚Barça' bekannt, ist ein Fußballverein aus der katalanischen Stadt Barcelona.

[2] Die Zeit, 3.11.2006: „Barça und die Machtfrage".

[3] Ich stelle hier speziell die Ergebnisse zum Thema Europa als einen Teilaspekt meiner Magisterarbeit vor, die ich am Institut für Kulturanthropologie und Europäische Ethnologie an der Johann Wolfgang Goethe-Universität Franfurt am Main geschrieben habe. Neben den Interviewpartnern im Goethe-Institut wurden weitere Gesprächspartner aus verschiedenen Bereichen des kulturellen Lebens in Barcelona gewählt, die auf meist langjährige Arbeitserfahrung mit dem Institut zurückblicken können.

[4] Insgesamt verfügt das Goethe-Institut über 721 Anlaufstellen in 108 Ländern (129 Kulturinstitute und 5 Außenstellen in 80 Ländern, ferner 13 Goethe-Institute in Deutschland, 56 geförderte deutsch-ausländische Kulturgesellschaften/Goethe-Zentren, 57 deutsche Lesesäle, 11 Dialogpunkte, 161 Lernmittelzentren, 33 Sprachlernzentren und 259 lizenzierte Prüfungspartner (vgl. Jahrbuch des Goethe-Instituts 2005/06; Auswärtiges Amt online (2007) Bericht zur Auswärtigen Kulturpolitik 2005/06 der Bundesregierung. Als elektronisches Dokument in: http://www.auswaertigesamt.de/diplo/de/Infoservice/Broschueren/AKBP-Bericht0506.pdf, Zugriff 13.6.07; dieser Link ist mittlerweile nicht mehr gültig).

[5] Goethe-Institut Barcelona (2005) 50 Jahre Dialog, Mig segle d'intercanvi cultural, Barcelona, 16; vgl. auch Goethe-Institut Barcelona (2005) 50 Jahre Dialog. Mig segle d'intercanvi cultural, Barcelona, 20–21.

[6] Katalonien gehört zu den reichsten Regionen Südeuropas und Spaniens. Dort sind Daimler Chrysler, Bosch, Siemens VDO, Mahle oder Behr mit Produktionsstätten vertreten. Mehr als 1.100 Tochtergesellschaften deutscher Unternehmen sind nach Angaben der AHK Madrid in Spanien aktiv, rund 250 davon mit einer Produktion (vgl. Industrie- und Handelskammer Frankfurt am Main (2004) Spanien beim Wachstum weiter vorn. Als elektronisches Dokument in: http://www.frankfurtmain.ihk.de/presse/ihkwirtschaftsforum/2004/0406/spanien/index.htm, (Zugriff 20.10.2007; dieser Link ist mittlerweile nicht mehr gültig).

[7] Vgl. Generalität de Catalunya (2007) Katalanisch – eine Sprache in Europa, Salamanca.

[8] Christoph Bartmann, Leiter der Abteilung Wissen und Gesellschaft sowie der Abteilung Künste in der Zentrale des Goethe-Instituts im Interview mit „GI aktuell" (vgl. Goethe-Institut (2007) Goethe-Institut aktuell. Ein vierteljährlicher Presseservice, Eins 2007, Januar 2007, München).

[9] „Sant Jordi" ist ein Feiertag, der jedes Jahr am 23.4. zu Ehren des Heiligen Georgs in Katalonien gefeiert wird. An dem Tag werden Rosen und Bücher verschenkt. Das Goethe-Institut Barcelona veranstaltet jedes Jahr mit den anderen ausländischen Kulturinstituten sowie den katalanischen Partnern eine Veranstaltung.

[10] In der Europäischen Union gibt es 23 Amtssprachen, die gleichzeitig auch Arbeitssprachen sind. Länder wie Irland und Luxemburg besitzen mehr als eine Amtssprache, diesen Status beantragte 2004 auch der spanische Ministerpräsident für Spanien mit den existierenden Amtssprachen: Spanisch, Katalanisch, Galizisch und Baskisch. Die spanische Regierung hat in den Jahren 2005 und 2006 ein Verwaltungsabkommen mit verschiedenen EU-Institutionen abgeschlossen, die eine beschränkte Nutzung des Katalanischen, Baskischen und Galizischen anerkennen.

Migration, Grenzregime

EU-Grenzregime und lokale Arbeitsmärkte

Konturen des Migrationsregimes am Beispiel von bolivianischen Migrantinnen im privaten Dienstleistungssektor in Barcelona

Karina Goldberg

Vor der Kirche der Sagrada Familia in Barcelona tummeln sich wie jeden Tag die Touristen. Antoni Gaudís unvollendetes Bauwerk ist zum Wahrzeichen der Stadt geworden und darf in keiner Sightseeing-Tour fehlen. Die Stadtbesucher bewundern die Fassaden, machen Fotos und reihen sich in die lange Besucherschlange ein, um die Kirche auch von innen zu besichtigen. Zur gleichen Zeit bildet sich auf der Rückseite der Kirche ebenfalls eine Menschenschlange. Die Leute, die am Hintereingang stehen, kommen allerdings nicht her, um die Innenarchitektur zu bewundern, sondern weil sie Arbeit suchen. Es sind MigrantInnen „ohne Papiere", die zur informellen Arbeitsvermittlung kommen, die die Hilfsorganisation Caritas hier im Pfarrhaus betreibt. Die meisten in der Schlange sind Frauen aus Lateinamerika, hauptsächlich aus Bolivien. Sie alle wollen so schnell wie möglich einen Job finden, denn deshalb sind sie nach Spanien gekommen: um Geld zu verdienen und so das Überleben ihrer Familien im Herkunftsland sichern zu können.

In der Schlange steht auch Victoria [1]. Sie ist 34 Jahre alt und kommt aus Bolivien. Heute ist sie nicht selbst auf Arbeitssuche, sondern begleitet eine Bekannte, die vergangene Woche angekommen ist. Victoria ist schon seit Januar 2006 in Barcelona. Sie ist zum Arbeiten hergekommen und hat ihre drei Kinder von zehn, neun und drei Jahren in Bolivien bei ihrer Schwester gelassen. Von den eigenen Kindern getrennt zu sein, sei zwar unendlich schmerzhaft, aber leider der einzige Weg, um ihnen eine bessere Zukunft zu ermöglichen:

> *„Da Bolivien ein so armes Land ist, kann man dort nicht wirklich viel verdienen. Ich glaube, wenn man jung ist, sollte man es daher wagen, sich bemühen herzukommen und versuchen, hier etwas Geld zu verdienen, um den Kindern, wenn sie einmal groß sind, ein besseres Leben bieten zu können als das, was wir hatten."* [2]

Beispiele, wie das von Victoria, zeigen Folgendes: Während die Regierungen EU-europäischer Staaten der illegalen Migration und der „Schwarzarbeit" den Kampf erklären, findet irreguläre Migration nach wie vor statt. Mehr noch: Die Präsenz irregulärer Arbeitskräfte scheint für ganze Wirtschaftssektoren unverzichtbar zu sein. Dieses Phänomen lässt sich in Barcelona vor allem im privaten Dienstleistungssektor („domestic service") beobachten, wo die Nachfrage nach ausländischen Haushaltshilfen, Kinder- und Altenbetreuerinnen kontinuierlich steigt. Basierend auf diesen Beobachtungen soll sich der folgende Aufsatz mit der Frage beschäftigen, wie EU-Grenzregime und lokale Arbeitsmärkte zusammenwirken und wie sich am Beispiel Barcelonas dadurch ein ambivalentes Migrationsregime entwickelt. [3]

EU-Migrationsregime ethnografisch erforschen

Um die Komplexität des hier skizzierten Phänomens zu analysieren, greift das weit verbreitete Bild einer „Festung Europa" zu kurz: Es verkennt nämlich nicht nur die transnationalen Praktiken und Strategien der MigrantInnen, die es sehr wohl immer wieder schaffen, die Grenze zu überwinden, sondern auch die eigentliche Wirkungsweise und Macht der Grenze. Das Hindernis sind nämlich längst nicht mehr nur die physischen Grenzen, sondern die verschiedenen Mobilitätskategorien, entlang derer MigrantInnen bevölkerungstechnisch geordnet und kontrolliert werden (vgl. Lenz 2007, 141). Die Macht der Grenze reicht heute außerdem tief in den Alltag der Gesellschaften hinein, nämlich in Form von Straßenkontrollen, hierarchisierten Rechten und Ökonomien (vgl. Hess/Tsianos 2003, 6f.).

In Anlehnung daran werden im Folgenden Grenz- und Migrationspolitik nicht als einheitliche Ordnungen, sondern als höchst ambivalente „Regime" (Karakayali/Tsianos 2007, 14) betrachtet. Anhand dieses sozialwissenschaftlichen Gouvernementalitäts-Ansatzes (vgl. Foucault 1987; Bröckling u. a. 2000) lässt sich zeigen, dass das EU-Grenzregime nicht auf völlige Abwehr, sondern vielmehr auf die Steuerung, Hierarchisierung, Illegalisierung und selektive ökonomische Verwertung von Arbeitsmobilitäten zielt (vgl. Düvell 2002, 49).

Dem kulturanthropologischen Ansatz der Erforschung der sozialen Konstruktion EU-Europas „von unten" folgend (vgl. Welz 2005, 26), habe ich europäische Grenz- und Migrationsregime anhand konkreter Arbeits- und Lebenssituationen von undokumentierten bolivianischen „domestic workers" in Barcelona analysiert. Ich stützte mich dabei auf Konzepte der „multisited ethnography" (vgl. Marcus 1995, 105) und nahm, gemäß dem Modell der „ethnografischen Regimeanalyse"

(Karakayali/Tsianos 2007, 13), auch „machtvollere" Akteure (Regierungsentitäten, Arbeitsagenturen, NGOs, u. a.) in den Blick, um die Alltagspraktiken der Akteurinnen in den Kontext von Macht- und Herrschaftsbeziehungen zu stellen. Weiter waren für mich transnationale Forschungsansätze bedeutend, die Migration nicht als unidirektionalen Wohnortswechsel verstehen, sondern hervorheben, dass MigrantInnen ihre Lebenspraxis zwischen Aus- und Einwanderungsgesellschaften aufspannen (vgl. Pries 1997 u. 1998; Basch u. a. 1994 u. 1997) und beide Seiten des Migrationsspektrums beleuchten (vgl. Hannerz 1998, 240). So knüpfe ich an Theorien an, die Migration als „Familienstrategie" untersuchen, zu der sowohl Migrierende als auch Daheimgebliebene als Teil eines „transnationalen Haushalts" (Pries 2005, 397) gehören. In diesem Zusammenhang muss auch der geschlechtsspezifische Aspekt von Migration und die „Feminisierung des Überlebens" (vgl. Sassen 2003) thematisiert werden, denn als Familienversorgerinnen werden Frauen zunehmend zu Protagonistinnen des Migrationsprojekts. Dieser Aufsatz schließt sich deshalb der Forderung eines „gendering migration" an (vgl. z. B. Anthias/Lazaridis 2000; Gregorio 1998; Hess/Lenz 2001; Kofman 2004; Pessar/Mahler 2003) und versucht zu zeigen, dass "patterns, causes, experiences and social impacts of migration are gendered" (Morokvasic u. a. 2003, 11).

Im Folgenden werde ich zunächst auf die Besonderheiten des Einwanderungslandes Spanien eingehen, dann die Migrationsmotive bolivianischer Frauen, ihre Grenzüberwindung sowie ihre Wohn- und Arbeitssituation in Barcelona analysieren. Hier werde ich insbesondere den Arbeitsplatz Privathaushalt und zum Schluss die Rolle der Hilfsorganisationen anhand zweier Beispiele, PRAHU [4] und Caritas, beleuchten.

Spanien als neues Einwanderungsland

Viele südeuropäische Staaten, die lange Zeit nur als „Entsender" von ArbeitsmigrantInnen galten, haben sich in den letzten 30 Jahren selbst zu Einwanderungsgesellschaften entwickelt. Ihre rasante wirtschaftliche Entwicklung, Lebensqualitätssteigerung und EU-Eingliederung, aber auch die verschärfte Einwanderungspolitik nordeuropäischer Staaten, haben diesen „migration turnaround" (vgl. King 2000, 6) vorangetrieben. Heute hat Spanien mehr als vier Millionen MigrantInnen und die höchsten jährlichen Einwanderungszahlen der EU (vgl. Vicente 2005, 1). Kennzeichnend für die Migration in Spanien sind die Gender-Asymmetrie entlang der Nationalitäten und die hohe Irregularität. So weisen Migrationen aus einigen Ländern einen besonders hohen Frauenanteil – zum Beispiel Dominikanische

Republik (62 Prozent) [5] – und andere einen hohen Männeranteil – zum Beispiel Senegal (81,12 Prozent) [6] – auf. Die Nachfrage nach billigen, flexiblen und unregulären Arbeitskräften ist sehr hoch, vor allem für Tätigkeiten in der Landwirtschaft, im Baugewerbe oder im Dienstleistungsbereich – insbesondere im „domestic service" – (vgl. Arango 2000, 263), die zunehmend von einheimischen Arbeitskräften abgelehnt werden (vgl. Escrivà 2000, 208). So sind etwa 85 Prozent der MigrantInnen aus Entwicklungsländern in "low skilled, poorly paid, and low prestige jobs" (Arango 2000, 264) beschäftigt. Die hohe Nachfrage nach ausländischen Haushaltsarbeiterinnen hat aber auch soziodemografische und geschlechtsspezifische Gründe. Die zunehmende Eingliederung von Frauen in den Arbeitsmarkt, welche nicht mit einer Partizipation der Männer an den Hausarbeiten einherging (vgl. Oso 2003, 213), die alternde Gesellschaft, die Auflösung traditioneller Familienstrukturen sowie der schwache Sozialstaat (vgl. Ribas-Mateos 2000, 174) tragen dazu bei, dass die weiblich konnotierten Versorgungsarbeiten zunehmend von bezahlten ausländischen „domestic workers" übernommen werden.

Mittlerweile hat auch die Politik die Versorgungslücke in der Gesellschaft erkannt, doch anstatt das öffentliche Angebot auszubauen, wird die Verantwortung für die Wohlfahrt zunehmend auf den Markt und die Zivilgesellschaft delegiert. Dieses „welfare mix" (Ribas-Mateos 2005, 47f.) deutet aber nicht auf den Rückzug, sondern vielmehr auf die Transformation oder „Gouvernementalisierung" des Staates hin (vgl. Bröckling u. a. 2000, 26f.). Die neue Regierungsform kann verstanden werden als "process of management of society resulting from the systematic collaboration between government and the citizenry with its civic organisations" (Però 2005, 1).

Diese Gouvernementalisierung lässt sich auch bei der „Regierung" der Migration beobachten. Einerseits verschärfte Spanien im Rahmen des Schengener Abkommens Grenzkontrollen, Visa-Anforderungen und den Kampf gegen „Schwarzarbeit". Andererseits wurde 1993 ein Quoten-System („cupos") beschlossen, um Arbeitskraft legal einführen und Migration nach Bedarf steuern zu können. Seitdem wird für verschiedene Wirtschaftssektoren jährlich ein Kontingent an Arbeitskräften angeworben. Diese erhalten temporäre Aufenthalts- und Arbeitserlaubnisse, welche aber nur für die Ausübung einer festgelegten Tätigkeit innerhalb einer bestimmten Region gelten. Neben den staatlich organisierten Massenanwerbungen, können auch private ArbeitgeberInnen einzelne ausländische Arbeitskräfte, etwa für den „domestic service", direkt anwerben. [7] Dieses Verfahren wird in der Praxis allerdings größtenteils von bereits arbeitenden „Illegalen" zur nachträglichen Regularisierung genutzt (vgl. Arango 2000, 270). „Papiere" erhielten viele aber auch bei den offiziellen Regularisierungsprozessen in den Jahren 1991, 1996, 2000/2001 und 2005 [8], und seit 2000 haben alle MigrantInnen, unabhängig ihres legalen Status, Anspruch auf öffentliche Gesundheitsversorgung, Schulbildung und andere soziale Leistungen. Hilfsleistungen werden dabei immer häufiger von Organisationen des dritten Sektors – Gewerkschaften, NGOs, Kirchen – vermittelt, die oft durch öffentliche Gelder subventioniert sind. Sie spielen im Umgang mit irregulären MigrantInnen eine immer wichtigere Rolle und agieren teils als „government's flexible arm" (Arango 2000, 272).

Das Migrationsprojekt bolivianischer Frauen: Eine Familienstrategie und ihre Motive

Mit den neoliberalen Umstrukturierungsprozessen in Bolivien hat sich für weite Teile der Bevölkerung die Lebenssituation dramatisch verschlechtert, wobei Frauen hier auf spezifische Weise betroffen sind. Die Schließung von Industrien führte nämlich zu einer massiven Arbeitslosigkeit der Männer und somit zu einer „female proletarization" (vgl. Ribas-Mateos 2000, 177), die ambivalente Auswirkungen für Frauen hat (vgl. Hess/Lenz 2001, 17f.): Mit dem eigenen Einkommen entstehen sowohl neue Möglichkeitsräume als auch neue Ungleichheiten. Frauen werden meist niedriger entlohnt als Männer, und, obwohl sie oftmals genauso viel Zeit für ihre Erwerbstätigkeit aufwenden wie ihre Partner, bleibt die unbezahlte Hausarbeit meist allein an ihnen hängen. Dass diese Reproduktionsarbeit immer noch vorwiegend von Frauen übernommen wird, muss im Kontext von machtbesetzten „Genderregimes" (vgl. Nickel 1999, 10) betrachtet werden, wobei „Macht" hier weniger *gegen*, als vielmehr *durch* Subjekte wirkt (vgl. Foucault 1987, 255; Bröckling u. a. 2000, 29).

Die Rolle der „Fürsorgerin der Familie" kommt den bolivianischen Frauen also nicht nur durch äußeren Zwang zu, sondern wird auch von ihnen selbst als eigene Subjektposition entworfen. Dies wird deutlich, wenn die Frauen über ihre Lebenswünsche sprechen, die alle das materielle und immaterielle Wohl der Familie, insbesondere der Kinder, betreffen: genug zu Essen haben, ein Dach über dem Kopf, ausreichende Gesundheitsversorgung und Zugang zu Bildung. Der Wunsch nach einem eigenen Haus spielt oft eine besondere Rolle, denn es bedeutet materielle wie immaterielle Sicherheit und steht als Symbol für Unabhängigkeit. Die Wünsche der Frauen sind zugleich auch die Gründe für ihre Migration, denn zu Hause in Bolivien sehen sie meist keine Chance für deren Erfüllung.

Da ihr Migrationsprojekt familiengebundene Ziele verfolgt und gemeinsam von der Familie geplant wird, muss es hier als Familienstrategie analysiert werden (vgl. Ribas-Mateos 2000, 185; Gregorio 1998, 31). In Bolivien erfährt man von Bekannten, die bereits nach Spanien ausgewandert sind, dass Frauen dort, aufgrund der hohen Nachfrage im „domestic service“, bessere Arbeitschancen haben. Somit liegt es nahe, dass die Frauen die Protagonistinnen der Migration werden. Zugleich erscheint es problematischer, dass die Mutter und nicht der Vater das Haus und die Kinder verlässt. Die Migrationsentscheidung bringt die Frauen somit in eine ambivalente Position zwischen verschiedenen Verantwortungen: Können sie für das Wohl der Kinder eher zu Hause oder durch den Gelderwerb im Ausland besser sorgen? Obwohl es ihnen aus emotionaler Perspektive unerträglich erscheint, entscheiden sich viele Frauen letztlich *für* die Migration, da der „transnationale Haushalt“ (Pries 2005, 397), also die geografische Aufteilung von ökonomischer und sozialer Reproduktion, die effektivste Überlebensstrategie darstellt. Die reproduktiven Aufgaben und Verantwortungen der Migrantin werden dabei meist von weiblichen Familienmitgliedern übernommen. Die Kinder bleiben oft bei den Großmüttern oder Tanten, und selbst wenn sie bei den Vätern bleiben, gibt es im Hintergrund meist doch noch eine Frau, die ihnen zu Hause unter die Arme greift.

Die Grenze überwinden

Die Grenzüberwindung der bolivianischen Frauen, ein elementarer Bestandteil des Migrationsprojekts, muss im Kontext des bestehenden EU-Grenzregimes betrachtet werden. Das zentrale Instrument der EU-europäischen Grenzpolitik bildet heute das Schengener Abkommen [9], welches seit dem Amsterdamer Vertrag von 1999 zum Rechtsrahmen der EU gehört. Schengen steht einerseits für die Abschaffung der Binnenkontrollen, und andererseits für die Verlagerung und Verschärfung der Kontrollen an den EU-Außengrenzen. Während EU-BürgerInnen Freizügigkeit genießen, ist BürgerInnen so genannter „Drittstaaten“ die Einreise ins Schengenland nur für höchstens drei Monate, und auch dann nur unter bestimmten Voraussetzungen gestattet: Sie müssen ein gültiges Reisedokument haben, ihren Reisezweck sowie ausreichende Mittel für ihren Lebensunterhalt nachweisen können. Viele „Drittstaatler“ brauchen für einen dreimonatigen Aufenthalt allerdings erst ein Visum. Die Liste der visumspflichtigen Drittländer wird von der EU unter anderem nach Kriterien, „die insbesondere die illegale Einwanderung“ betreffen, je nach Bedarf erweitert. [10]

Seit dem 1.4.2007 gilt auch für bolivianische Staatsangehörige die Visumspflicht. [11] Sie wurde vor allem mit der steigenden Zahl „illegaler“ bolivianischer

Einwanderer im EU-Mitgliedsstaat Spanien begründet. Dort wird die Zahl der BolivianerInnen auf 132.400 und die der „Irregulären" unter ihnen auf 81.660 [12] geschätzt. Mit der Visumspflicht werden „Grenzkontrollen" in die Herkunftsländer verlagert und MigrantInnen bereits dort an einer Grenzüberschreitung gehindert. Viele BolivianerInnen wollten daher die Ausreise nach Spanien noch schnell versuchen, bevor die letzte noch offene Tür, die Einreise als „Tourist", auch noch geschlossen wurde.

Meine Interviewpartnerinnen kamen alle vor dem 1.4.2007 nach Spanien, doch auch die „normalen" Einreisevoraussetzungen für „Touristen" stellen große Hindernisse dar. Viele hatten vor ihrer Ausreise nie einen Reisepass gehabt und mussten ihn für 100 US-Dollar neu erstellen lassen. Dann mussten sie – für mindestens drei Tage – eine Unterkunft in Barcelona buchen und im Voraus bezahlen, um so den Reisezweck „Tourismus" nachzuweisen. Wenn sie angaben, dass sie jemanden besuchten, mussten sie einen beglaubigten Einladungsbrief dieses Gastgebers vorlegen. Von dieser Strategie konnten aber nur wenige Gebrauch machen, denn nur jemand mit „Papieren" kann jemand anderen „einladen". Die größte Hürde war für sie aber der Nachweis der „ausreichenden Mittel für den Lebensunterhalt", denn konkret geht es um einen Betrag von 1.000 US-Dollar, den man als Bargeld bei sich haben muss. Rechnet man Ticket, Hotel, Reisepass und „Vorzeige-Geld" zusammen, so benötigt man für das Migrationsprojekt einen Betrag von circa 3.000 US-Dollar. Die Frauen müssen sich das Geld meistens leihen, entweder von Banken oder Privatpersonen.

In den Reisebüros in Bolivien werden die Voraussetzungen der „Migration als Tourist" erklärt und nicht bloß Flüge *verkauft*, sondern nach bestimmten Strategien *organisiert*. Empfohlen wird meist eine Flugroute mit vielen Zwischenstopps, damit der Herkunftsort nicht mehr so leicht auszumachen ist. Victorias Flugroute etwa lautete: Cochabamba – Santa Crúz – Buenos Aires – Madrid – Barcelona. Auch wird dazu geraten, Europa zunächst durch einen anderen Staat (z. B. Frankreich) zu betreten, wo „illegale" Einwanderung aus Bolivien bislang nicht als „Problem" gesehen werde. Gut sei etwa eine Route wie: La Paz – Lima – Caracas – Paris – Barcelona, denn wer von Paris nach Barcelona fliegt, kommt in den weniger kontrollierten Flughafenterminals der EU-Binnengrenzen an.

Aber selbst wenn die Migrantinnen alle offiziellen „Beweise" erbringen, um der Kategorie „Tourist" zugeordnet zu werden, haben sie längst keine Einreisegarantie. Elena und ihr Bruder wurden über sechs Stunden im Flughafen Barcelonas verhört. Obwohl sie Einladungsbrief, gebuchtes Hotel und das erforderliche Geld vorzeigen konnten, hielt man sie zusammen mit anderen LateinamerikanerInnen fest, und versuchte sie mit Fragen psychologisch unter Druck zu setzen. *„Sie wollen, dass man zugibt, dass man zum Arbeiten kommt“*, äußerte sich Elena über diese Verhörtaktik, *„und uns als Migranten entlarven.“* Die beiden wurden schließlich durchgelassen, doch viele der anderen Personen womöglich gleich zurück in ihre Heimat abgeschoben. Das ist in spanischen Flughäfen zurzeit eine gängige Praxis, doch sie ist immer auch vom Vorhandensein bestimmter Flüge und freier Plätze abhängig. Auch Victoria verbrachte eine ganze Nacht in der „Passkontrollstation“ und durfte erst am nächsten Tag einen der am Flughafen beschäftigten Pflichtverteidiger sprechen. Nachdem sie ihm all ihre „Beweise“ gezeigt und er diese als „einwandfrei“ erachtet hatte, setzte er schließlich ihre Einreise als „Touristin“ durch.

Aber die „Grenze“ geht auch nach dem Passieren der Flughafenkontrolle weiter, denn nach Ablauf der drei Monate, rutschen die Frauen von der Kategorie „Touristin“ in die der „Illegalen“ ab. Mittels dieses Status bekommen sie das Grenzregime weiter zu spüren: in Form prekärer Arbeits- und Wohnverhältnisse.

Wohnen und Arbeiten in Barcelona

Die meisten bolivianischen Migrantinnen haben entweder Familienangehörige oder Bekannte, die bereits in Barcelona wohnen und zur ersten Anlaufstation werden. Die „Alten“ unterstützen die „Neuen“ bei der Wohnungssuche und beherbergen sie oft, bis diese ein eigenes Zimmer gefunden haben. Da für einen richtigen Mietvertrag ein regulärer Aufenthaltsstatus und Kautionsgeld nötig sind, suchen undokumentierte MigrantInnen eher nach informellen Untermieteangeboten. Die Hauptmieter solcher Wohnungen sind oft selbst MigrantInnen, die „Papiere“ haben und daher einen Vertrag abschließen können. Sie bewohnen häufig eines der Zimmer selbst und vermieten die restlichen weiter. Die Zimmermietpreise liegen bei circa 200 bis 350 Euro pro Person. Gewöhnlich teilen sich zwei bis vier Personen ein Zimmer, so dass in einer Vierzimmerwohnung oft zehn Personen zusammenleben. Viele Frauen leiden unter dem Mangel an Privatsphäre, beklagen die Kontrollpraxen und Diskriminierungen der Vermieter, doch halten dies, aus Angst obdachlos zu werden, aus.

Informelle Mietverhältnisse erschweren zudem die offizielle Wohnanmeldung, das „empadronamiento“, und damit den Zugang zu einer Reihe von Rechten, wie der öffentlichen Gesundheitsversorgung und Schulbildung. Jeder, der seinen Wohnsitz in Spanien hat, kann sich nämlich – unabhängig seiner Nationalität und seines legalen Status – beim Wohnbezirksmeldeamt anmelden [13], und zwar ohne Gefahr als „Illegaler" entdeckt und abgeschoben zu werden. Das Problem besteht vielmehr darin, einen Mietvertrag vorzuweisen, oder dass der Hauptmieter bestätigt, dass man sein Untermieter ist. Da sich viele Vermieter weigern, dies zu tun, werden Migrantinnen oft von hilfsbereiten Bekannten oder ArbeitgeberInnen „angemeldet", bei denen sie aber gar nicht wohnen.

Nicht nur bei der Wohnungs-, sondern auch bei der Arbeitssuche spielen informelle migrantische Netzwerke eine wichtige Rolle. Die Bekannten vermitteln meist die ersten Stellen – häufig kurze Krankheits- oder Urlaubsvertretungen für andere Migrantinnen – und erklären, wie und wo man sonst noch Arbeit finden kann, nämlich bei Arbeitsagenturen, Hilfsorganisationen und Kirchen. Diese Orte werden für die „Neuen" zu ersten Anlaufstellen, an denen sie wiederum andere Migrantinnen treffen, die ihnen neue Adressen für die Arbeitssuche geben, oder sie einfach dorthin mitnehmen.

Arbeitsagenturen, NGOs und Kirchen, auf den ersten Blick sehr unterschiedlichen Entitäten, agieren bei der Arbeitsvermittlung von MigrantInnen in ähnlicher Weise. Sie betreiben alle eine Art Arbeitsbörse, in der sie Angebote von ArbeitgeberInnen aufnehmen, und an arbeitssuchende MigrantInnen weitervermitteln. Während Agenturen aber vordergründig wirtschaftliche Unternehmen sind, handelt es sich bei Kirchen und NGOs um „Non-Profit-Organisationen", die ihre Arbeitsbörsen eher im Sinne von humanitärer oder sozialer Hilfe verstehen. Die Arbeitsvermittlung ist bei ihnen nur *ein* Teil eines breiteren Angebots für MigrantInnen. Dieses reicht von Informationsveranstaltungen zu Arbeitsmarkt und Aufenthaltsrecht, über psychologische und rechtliche Beratung, Lebenslauferstellung und Bewerbungstraining, bis hin zu diversen Befähigungs- und Fortbildungskurse für die Chancenerweiterung auf dem lokalen Arbeitsmarkt.

Diese „Hilfsangebote" werden dabei oftmals von der Generalitat, der katalonischen Landesregierung, subventioniert. Ihre „Integrationspolitik" besteht nämlich weniger aus der Durchführung eigener Maßnahmen als größtenteils daraus, finanzielle Mittel an bürgernahe Entitäten weiterzugeben, damit diese verschiedene Integrationsprojekte realisieren können. So flossen 2006 circa 1.500.000 Euro [14] an gemeinnützige Organisationen, darunter auch an PRAHU und Caritas.

Bei PRAHU meldeten sich letztes Jahr etwa 7.000 MigrantInnen an [15], um die verschiedenen Angebote nutzen zu können. Die Anmeldung ist zwar kostenlos, doch es werden täglich nur 35 Nummern vergeben. Bei der Registrierung werden die Personalien der MigrantInnen aufgenommen und ein professioneller Lebenslauf auf dem PC erstellt. Hierfür wird eine Art „Kennenlern-Interview" geführt, um aus der Biographie der MigrantInnen so viele Fähigkeiten und Erfahrungen wie möglich herauszuholen und sie dann später „arbeitsmarkttauglich" zu präsentieren. So werden aus einfachen Alltagspraxen (die eigenen Kinder/Eltern betreut zu haben) kurzerhand berufliche Qualifikationen (Tätigkeit als Betreuerin/Altenpflegerin) gemacht, und reziproke Beziehungen (dem Onkel beim Renovieren/bei der Ernte helfen) als Beschäftigungsverhältnisse (Aushilfestelle in der Bau-/Landwirtschaft) ausgegeben. Es gehe schließlich darum, Kenntnisse und Erfahrungen der MigrantInnen in Bezug auf die real existierende Arbeitsmarktnachfrage nutzbar zu machen, erklärt mir ein Mitarbeiter. In welchen Sektoren sie etwas finden können, wird ihnen bei der Einführungsveranstaltung mitgeteilt: Gastronomie, Bau, Landwirtschaft, und vor allem im „domestic service". Die Nachfrage nach migrantischer Arbeitskraft ist dabei höchst vergeschlechtet: Während Männer hauptsächlich im Baugewerbe Arbeit finden, werden Frauen meist für den „domestic service" gesucht.

Arbeitsplatz Privathaushalt

Auch in Spanien bleiben die Reproduktionsarbeiten hauptsächlich an den Frauen hängen und die Vereinbarung von Beruf und Familie wird immer noch als Problem der Frau gesehen. Wenn *sie* die Versorgungsarbeiten nicht mehr selber ausführen kann oder will, muss *sie* sich eben um eine Alternative kümmern. Angesichts des öffentlichen Angebotmangels entscheiden sich die „spätmodernen Hausmanagerinnen" (Hess 2005, 197) zunehmend für die Einstellung bezahlter Hausarbeitskräfte. Die Frau des Haushalts, die „Señora" [16], ist also diejenige, die die Arbeitskräfte auswählt, einstellt und ihnen die Arbeitsanweisungen gibt. Die *zwischen*geschlechtliche Auseinandersetzung um die Aufteilung der Reproduktionsarbeiten wird nun also auf die *inner*geschlechtliche Beziehung von Arbeitgeberin und Arbeitnehmerin verlagert.

In Spanien werden „domestic workers" entweder als „fijas" (im Haus lebend), „interinas" (ganztags), oder „por horas" (stundenweise) [17] beschäftigt. Die Arbeitsform der „fija" wird hauptsächlich von den neueren Migrantinnen gewählt, da hier Unterkunft und Verpflegung im Arbeitsplatz eingeschlossen sind, und man dadurch auch höhere Sparmöglichkeiten hat. Der Nachteil ist hier, dass persönliche Freiheit, Privatsphäre und Freizeit stark eingeschränkt sind. Migrantinnen, die schon länger da sind und ökonomisch besser dastehen, entscheiden sich deshalb eher für Jobs auf Stundenbasis, die mit mehr Flexibilität, Mobilität und Unabhängigkeit assoziiert werden. Um jedoch auf den Monatslohn einer „fija" (ca. 750 Euro) zu kommen, sind „Stundenarbeiterinnen" auf mehrere Beschäftigungen angewiesen.

Auch Victoria übt mehrere Jobs aus. Sie ist in verschiedenen Häusern als Putzhilfe tätig und betreut außerdem eine 91-jährige Frau.

Die Arbeit mit alten Menschen wird vielen Frauen auf Dauer zu belastend, doch auch als Haushaltshilfe kann man physischem oder psychischem Druck ausgesetzt sein, und zwar durch die „Señoras". So klagen viele Migrantinnen über sehr strenge, penible Arbeitgeberinnen, die alles glänzen sehen wollen und kontrollierend hinter ihnen herlaufen. Da undokumentierte „domestic workers" fast nie einen Arbeitsvertrag erhalten, sind sie am Arbeitsplatz der Willkür der Arbeitgeberinnen unterworfen, und diese sind nicht alle aufrichtig und verständnisvoll. Viele nutzen die Geldnot und den irregulären Status der Migrantinnen aus, um Löhne zu drücken und unwürdige Arbeitsbedingungen zu etablieren: Einige Migrantinnen werden tagelang „zur Probe" eingestellt, um dann ohne einen Cent abgelehnt zu werden, anderen wird wochenlang ihr Ruhetag verweigert. Victoria sagt dazu:

> *„Da wir keine Papiere haben, wo sollen wir uns dann beschweren? Denn würden wir uns irgendwo beschweren, so würden wir uns eher selbst schaden statt etwas Gutes zu tun. Man würde uns dann doch abschieben oder einen Ausweisungsbefehl ausstellen! Also halten wir alles aus."*

Die Arbeit der Hilfsorganisationen: Zwischen Empowerment und Integrationsanforderung

Hilfsorganisationen wie PRAHU und Caritas wollen MigrantInnen nicht nur dabei helfen, eine Arbeit zu finden, sondern sie auch insgesamt „stark machen" für das Arbeits- und Sozialleben in der Einwanderungsgesellschaft. Sie bieten Qualifizierungskurse an, um die MigrantInnen „fit" für den Arbeitsmarkt zu machen sowie Informationsveranstaltungen, um sie über ihre Rechte aufzuklären. Bei PRAHU legt man großen Wert darauf, die MigrantInnen darüber zu informieren, dass sie trotz irregulären Status Zugang zu Gesundheit und Bildung haben, und sich keineswegs Willkür von Polizei und Staatsgewalt gefallen lassen müssen. Hier wird ein emanzipativer Diskurs entwickelt und die Illegalisierung dekonstruiert: *„Niemand soll Euch sagen, Ihr hättet keine Papiere!"*, ruft der *Padre Julián* [18], der Gründer von PRAHU, den MigrantInnen bei der Einführungsveranstaltung zu, *„Papiere haben wir doch alle! Geburtsurkunde, Reisepass, Führerschein. Das einzige, was Ihr nicht habt, ist eine Aufenthalts- und Arbeitserlaubnis, aber Papiere habt Ihr jede Menge!"* Julián geht es darum, das Selbstbewusstsein der MigrantInnen zu stärken, und sie dazu zu „ermächtigen", sich gegenüber der spanischen Bevölkerung als gleichwertige und gleichberechtigte Subjekte zu fühlen.

Dieses „Empowerment" ist aber zugleich auch an bestimmte Subjektanforderungen gekoppelt. Man will die Möglichkeiten der MigrantInnen zwar maximieren, doch diese müssen dafür eine bestimmte „sozioökonomische Realität" als gegeben hinnehmen und sich ihr anpassen. Sie haben sich auf bestimmte Arbeitsmarktsektoren, Arbeitsbedingungen und „Regeln" der Arbeitssuche einzustellen. Für eine effektive Jobsuche, so rät man ihnen, sollte sich jeder einen Wochenplan machen, sich täglich etwas vornehmen und ein kleines Notizbuch anschaffen, um Telefonnummern oder Vorstellungstermine festzuhalten. Es sei wichtig, die sozialen Netzwerke auszubauen, da etwa 80 Prozent der Arbeitsplätze über persönliche Kontakte vermittelt werden. Außerdem sollten sie katalanisch lernen, denn das werde als Zeichen für Integrationsbereitschaft gesehen. Die Migrantinnen werden auch aufgefordert, sowohl räumlich wie zeitlich höchst flexibel und mobil zu sein. Um ihre Arbeitsmöglichkeiten zu vergrößern, sollten sie auch offen für Wochenend- und Nachtschichten sowie für Jobs außerhalb von Barcelona sein. Zugleich sollten sie darauf gefasst sein, bei ihren Bewerbungsversuchen womöglich 300 Mal abgelehnt zu werden; sie müssten dann konstant bleiben und es weiter versuchen. Hinsichtlich des Gehalts sollten sie ihre Wünsche ebenfalls herunterschrauben: Erst müsse man zeigen, was man „wert ist", dann könne man selbst etwas fordern. Ihnen wird sogar vorgeschlagen, für den potenziellen Arbeitgeber ein paar Tage umsonst, zur Probe zu arbeiten. So könnten sie sich unter Beweis stellen und den Arbeitgeber dazu bewegen, sie trotz fehlender Papiere zu nehmen. Außerdem wird den MigrantInnen der Erwerb zusätzlicher Qualifikationen nahe gelegt. PRAHU bietet unter anderem Kurse in Altenpflege, Kellnern, Informatik und Bauarbeiten an. Mit den am Ende der Kurse ausgestellten Teilnahmezertifikaten könne man seine Ausgangslage auf dem Arbeitsmarkt erheblich verbessern.

Auch bei Caritas gibt es Kurse, wobei es sich hier nicht um professionelle Fortbildungen, sondern um so genannte „cursos de capacitación" – „Befähigungskurse" handelt. In diesen werden MigrantInnen theoretisch wie praktisch auf das Arbeitsleben in Barcelona, insbesondere auf den „domestic service", vorbereitet. Die Kurse sind kostenlos [19] und finden in den Gemeinderäumen der Sagrada Familia statt. Jeder Kurs geht über fünf Tage und besteht aus sechs workshopartigen Modulen: Einführung in die Arbeitsmarktlage, Katalanisch, Kochen, Altenbetreuung, Kinderbetreuung, und Haushaltsführung.

Viele MitarbeiterInnen aus Kirchen, NGOs oder Sozialämtern raten Migrantinnen zum Besuch solcher einwöchiger Kurse. Zum einen, um die Arbeitschancen zu erhöhen, aber auch weil sie die Kurse als eine Art „Empowerment" gegen Ausbeutung betrachten. Mit der nötigen Praxiserfahrung erhielten die Frauen nämlich auch ein gestärktes Selbstbewusstsein gegenüber den Arbeitgeberinnen, und würden Lohndrückerei und ausbeuterische Arbeitsverhältnisse weniger akzeptieren.

Aber die Kurse implizieren, wie ich beobachten konnte, nicht nur die Förderung von Handlungsoptionen, sondern auch die Forderung nach einem bestimmten Handeln (vgl. Bröckling u. a. 2000, 30). Während man den MigrantInnen auf dem ersten Blick nur die Tätigkeiten des „domestic service" beibringt, geht es dabei auch immer um das Erlernen einer bestimmten Subjektposition. „Domestic workers" üben nämlich nicht einfach nur einen Job aus, sondern nehmen auch eine bestimmte *Rolle* innerhalb der Familie ein (vgl. Anderson 2000, 21) und auf diese werden die Migrantinnen bei Caritas auch vorbereitet. Schon beim Bewerbungstraining wird ihnen etwa gesagt, dass man die „Señora" immer siezen muss, einen gewissen körperlichen Abstand zu ihr halten, und auf alle Fragen immer höflich und ehrlich antworten sollte. Es mache auch einen guten Eindruck, sich alle Haushaltsgeräte zeigen und erklären zu lassen, da sie so ihre Lernbereitschaft demonstrierten. Generell, so meinen die Kursleiterinnen, werde hier in Spanien schneller und gründlicher gearbeitet als in Südamerika. Die „Señoras" mögen es also nicht, wenn man trödelt oder schlampig ist. Sie müssten auch schauen, welche Tätigkeiten sich parallel abwickeln lassen, um effektiver zu arbeiten. Vor allem aber legten die „Señoras" Wert auf zwei Eigenschaften: Eigeninitiative und Verantwortungsbewusstsein.

Die Position, die die „domestic workers" hier einnehmen sollen, impliziert gewisse praktische Qualifikationen, Verhaltensnormen, aber auch körperliche Formen der Selbstdisziplinierung. So gibt die Kursleiterin auch Ratschläge für das Auftreten beim Vorstellungsgespräch:

> *„Was zieht man an? Die traditionelle Tracht? Nein! Die Kleidung, in der man samstags Tanzen geht? Nein! Minirock, um schick und modern auszusehen? Nein! Gehen wir als Shakira? Nein! Was ziehen wir an? So wie sie, und sie, ganz normal, jede nach ihrem eigenen Stil. Aber eine Sache ist sehr wichtig, nämlich: Nach Seife und Wasser zu riechen! Das hört sich vielleicht blöd an, aber es ist sehr wichtig* [...]. *Wichtig ist das Gesamtbild. Das Haar gut gekämmt und sauber. Ein angenehmes Erscheinungsbild."*

Obwohl die NGOs ihre Angebote vordergründig als „Hilfe für MigrantInnen" anbieten, profitieren auch Arbeitgeberinnen und Regierung davon. Die „Señoras" bekommen nicht nur billige Arbeitskräfte vermittelt, sondern auch „domestic workers", die hinsichtlich ihrer Rolle qualifiziert sind. Migrantinnen können durch die Kurse ihre Arbeitschancen zwar tatsächlich verbessern, doch sie sind zu solchen „Qualifizierungen" auch zunehmend gezwungen, da die Arbeitgeberinnen bestimmte Standards inzwischen einfordern. Dass auch die Generalitat einen großen Nutzen aus der Arbeit der NGOs mit irregulären MigrantInnen ziehen kann, lässt sich aus der Aussage einer PRAHU-Mitarbeiterin entnehmen:

> *„Wir hatten hier in der Stiftung Besuch von einem Migrationsbeauftragten von hier aus Katalonien, und der sagte: ‚Rechtlich gesehen, dürfen wir Euch für das, was Ihr macht, nicht offiziell beglückwünschen. Aber wir müssen Euch sehr wohl dafür danken, denn Ihr wisst gar nicht, wie viele Probleme Ihr uns dadurch abnehmt!' Warum? Weil eine Person, die arbeitet, logischerweise viel weniger Probleme macht als eine, die keine Arbeit hat!"*

Schlussbemerkung

Wenn man die Konstruktion der EU nicht nur von oben betrachtet, sondern auch „von den Grenzen her" denkt und „von unten" erforscht, so sieht man, dass wir es nicht mit einer sich komplett abschottenden „Festung Europa" zu tun haben, aber dennoch mit einem höchst effektiven Grenzregime. Mittels Einreisevoraussetzungen und Visumspflichten sowie entlang von Mobilitätskategorien werden Bevölkerungsgruppen hierarchisiert und entrechtet, und genau darin liegt die Effektivität des Regimes. Es handelt sich um eine neue gouvernementale Regierungsform, bei welcher Migrationsbewegungen nicht abgeblockt, sondern vielmehr nach einer neoliberalen ökonomischen Verwertungslogik gesteuert und ausbeutbar gemacht werden. Mit den illegalisierten Rechtsstatus wirkt die „Grenze" dabei auch nach dem physischen Grenzübertritt weiter: Straßenkontrollen, rassistische Diskurse, ethnisch und geschlechtlich segmentierte Arbeitsmärkte sowie prekäre Lebens- und Arbeitsverhältnisse prägen den Alltag der Undokumentierten in Barcelona.

Eine Ethnografie „von unten" zeigt aber auch, dass in europäischen Gesellschaften eine Reihe von Ökonomiesegmenten, wie der „domestic service", von der Präsenz irregulärer Arbeitskräfte „lebt". In Spanien wird die flexible Rekrutierung ausländischer ArbeiterInnen dabei von einer spezifischen Migrations- und Arbeitsmarktpolitik des Staates ermöglicht. Mit kontingentierten Anwerbeverfahren, temporären Arbeitsgenehmigungen sowie nachträglichen Regularisierungsmechanismen wird Migration, abhängig vom Bedarf des Arbeitsmarktes, reguliert. Da sich der neoliberale Staat zunehmend aus den Versorgungsaufgaben zurückzieht, trägt er zur steigenden Nachfrage nach ausländischen „domestic workers" sogar auch selbst bei.

Aber nicht nur die Wohlfahrt der BürgerInnen, sondern auch die „Integrationspolitik" wird immer häufiger an nichtstaatliche Akteure delegiert. Dass mit staatlichen Subventionen dabei auch Hilfsprojekte für „illegale" MigrantInnen realisiert werden, ist jedoch nicht als Implementierungsfehler, sondern als tolerierter und „nützlicher" Effekt zu interpretieren. Von der „NGOisierung" der Politik können nämlich sowohl die Regierung als auch die neoliberale Ökonomie profitieren. Die Arbeit der Hilfsorganisationen ist dementsprechend als höchst ambivalent zu betrachten: Mit der informellen Arbeitsvermittlung und den Kursangeboten, werden Migrantinnen hier einerseits, trotz fehlender „Papiere", zur Eingliederung in den lokalen Arbeitsmarkt und damit zur Unterwanderung bestehender Gesetze ermächtigt. Andererseits trägt die Vermittlungstätigkeit der NGOs, die oftmals verwaltungsähnliche Methoden impliziert, auch zur Reproduktion segmentierter, prekarisierter Arbeitsmärkte und der ihnen zugrunde liegenden Machtverhältnisse bei.

Zusammenfassend lässt sich sagen, dass Grenz- und Migrationsregime auf multiplen Ebenen – supranational, national und lokal – operieren und als gouvernementale „Regierung der Migration" zu verstehen sind. Dass irreguläre Migration aus Nicht-EU-Ländern nach wie vor stattfindet, sollte dabei nicht nur als „Unregierbarkeit" menschlicher Mobilitäten, sondern zugleich auch als einkalkulierter Effekt einer neoliberalen Konstruktion EU-Europas gesehen werden.

Anmerkungen

[1] Bei den Namen der bolivianischen Akteurinnen, Victoria und Elena, handelt es sich um aus Anonymisierungsgründen veränderte Namen.

[2] Alle Interviews wurden auf Spanisch geführt und von mir ins Deutsche übersetzt.

[3] Die Daten hierfür sind 2007 während einer sechswöchigen ethnographischen Forschung in Barcelona erhoben worden. Sie waren Grundlage für eine Magisterarbeit mit dem Titel „Bolivianische Migrantinnen im privaten Dienstleistungssektor in Barcelona – Alltagspraxis und Strategien im Kontext von Gender- und Migrationsregimen", die im Dezember 2007 am Institut für Kul-

turanthropologie und Europäische Ethnologie an der Johann Wolfgang Goethe-Universität Frankfurt am Main eingereicht wurde.

[4] PRAHU steht für Proyectos y Ayudas Humanitarias = Humanitäre Projekte und Hilfsangebote. Nähere Erläuterungen zu beiden Hilfsorganisationen werden später im Aufsatz folgen.

[5] Vgl. dazu auch Vicente Torrado (2005, 7).

[6] Diese Zahlen beziehen sich nur auf MigrantInnen mit Arbeitserlaubnis (vgl. Ministerio de Trabajo y Asuntos Sociales: Anuario Estadístico de Inmigración 2006, 13f.).

[7] Das Kontingentgesetz sieht sowohl „ofertas genéricas“ (Anwerbung mehrerer Arbeitskräfte z. B. für Firmen) als auch „ofertas nominativas“ (Einzelanwerbungen) vor. Erstere werden meist über staatliche Verfahren in den Ländern, mit denen es Abkommen gibt, durchgeführt und basieren auf Nachfragezahlen, die von der spanischen Industrie- und Handelskammer für jeden Sektor und jede Provinz ermittelt werden (vgl. Gesetzestext in: Secretaría de Estado de Inmigración y Emigración (2007) Resolución de 26 de diciembre de 2006. In: BOE núm. 8, Martes 9 enero 2007.

[8] Für eine ausführliche Darstellung der Regularisierungsprozesse vgl. auch Kostova Karaboytcheva (2006).

[9] Zum Schengener Abkommen siehe auch: http://europa.eu/scadplus/leg/de/lvb/l33020.htm, (Zugriff 4.1.2009).

[10] Zum Wortlaut der EU-Verordnung siehe: Verordnung (EG) Nr. 1932/2006 des Rates vom 21. Dezember 2006. Als elektronisches Dokument in: http://eur-lex.europa.eu/LexUriServ/LexUriServ.do?uri=OJ:L:2006:405:0023:0034:DE:PDF, (Zugriff 4.1.2009).

[11] Zum Wortlaut der EU-Verordnung siehe: Verordnung (EG) Nr. 539/2001 des Rates vom 15. März 2001. Als elektronisches Dokument in: http://www.aufenthaltstitel.de/euvisumvo.html, (Zugriff 17.8.2007).

[12] Diese Zahlen sind aus dem Jahr 2006 und stammen aus: Valdecantos, Camilo (2006) El fenómeno de la inmigración. España apoyará la exigencia de visado que propone la UE para ciudadanos bolivianos. In: El País, 8.9.2006.

[13] Die Möglichkeit des „empadronamiento” besteht für Undokumentierte erst seit einer „Integrationsgesetzgebung“ aus dem Jahr 2000. Über das Verfahren des „empadronamiento“ informiert auch die Stadt Barcelona auf ihrer Homepage: http://www.bcn.es/diversa/padro/cast/index.htm, (Zugriff 27.10.2007).

[14] Diese Zahlen stammen aus: Generalitat de Catalunya, Departament d’Acció

Social i Ciutadania, Secretaria per a la Immigració (2006) Resolució de la Convocatòria d'entitats ordre BEF 347/2006. Informe Corresponent a l'execici 2006.

[15] Davon waren 4.000 aus Bolivien, wie die Migranten-Zeitung Bolivia ES vom Februar 2007 berichtete (vgl. González Egüez, Maria Gabriela (2007) "Una gran acogida". Entrevista al Padre Julián Villalobos. In: Bolivia ES, Año 2, N°18, Febrero 2007).

[16] Der spanische Begriff „señora" steht einerseits schlicht für „Frau" doch wenn es um „La Señora" geht, impliziert er eine bestimmte Machtposition, und könnte mit „die (Haus-)Herrin" übersetzt werden. Aufgrund seiner Eigenheit werde ich in meinem Aufsatz weiter den spanischen Begriff verwenden.

[17] Laura Oso zeigt in ihrer Studie, dass berufstätige Frauen der Mittelschichten „domestic workers" meist stundenweise einstellen, während nichtberufstätige Frauen der Oberschichten sich eher für „fijas" entscheiden (vgl. Oso 1998).

[18] „Padre" heißt hier „Pfarrer". Julián hat nämlich früher als Pfarrer gearbeitet und wird bei PRAHU noch heute so genannt.

[19] Es wird zwar eine Teilnahmegebühr von 3,50 Euro erhoben, doch hierbei handelt es sich nur um die Materialkosten (Lebensmittel/Zutaten) für das Kochmodul.

"You are white now!"

Migrantische Arbeitskräfte in Zypern nach dem EU-Beitritt

Ramona Lenz

Zusammen mit neun anderen Ländern trat Zypern im Mai 2004 der Europäischen Union bei. [1] Nicht nur für die zypriotische Bevölkerung war der Beitrittsprozess mit Hoffnungen und Befürchtungen verknüpft. Auch migrantische Arbeitskräfte in Zypern waren auf verschiedene Weise mit seinen Konsequenzen konfrontiert. Während die einen nach der EU-Erweiterungsrunde plötzlich UnionsbürgerInnen waren und von der ArbeitnehmerInnen-Freizügigkeit profitierten, sahen die anderen sich mit restriktiveren Aufenthaltsbedingungen und prekäreren Arbeitsverhältnissen konfrontiert. Am Beispiel von 20 jungen Frauen aus Armenien, Bulgarien, China, Deutschland, Lettland, Österreich, Moldawien, Polen, Rumänien, Russland, der Slowakei und Sri Lanka, von denen die meisten ein gutes Jahr nach dem EU-Beitritt in einem Dorf in der Region Paphos im Nordwesten der Republik Zypern in Hotels und gastronomischen Betrieben tätig waren, sollen in diesem Beitrag die unterschiedlichen Auswirkungen des EU-Beitritts auf den Arbeitsalltag und die Zukunftsplanung von Menschen aus anderen europäischen sowie aus außereuropäischen Ländern verdeutlicht werden. [2]

Wie andere südeuropäische Länder auch hat sich Zypern in den letzten beiden Jahrzehnten zunehmend zu einem Einwanderungsland gewandelt. Die steigende Nachfrage nach Arbeitskraft führte 1990 zusammen mit der beginnenden Verlangsamung des Wirtschaftswachstums und dem Anstieg der Inflationsrate zu einem radikalen Wandel in der Migrationspolitik der griechisch-zypriotischen Regierung. Um die Wirtschaft anzukurbeln, erhielten MigrantInnen erstmals in großem Ausmaß die Erlaubnis, in Zypern zu arbeiten. Seither hat die Immigration von Menschen aus dem globalen Süden und Osten weiter zugenommen, wobei auch externe Faktoren wie das Ende der Blockkonfrontation eine entscheidende Rolle spielten (vgl. Trimikliniotis 2001, 57f.). Bei einer Gesamteinwohnerzahl von rund 790.000 [3] hat sich die Zahl der legal eingereisten ausländischen Arbeitskräfte von 20.713 in 1998 [4] auf 61.483 in 2006 nahezu verdreifacht. Davon kamen rund drei Viertel aus Drittstaaten [5], der Rest aus Ländern der EU. Offiziellen Schätzungen zufolge lebten Ende 2006 zudem über 40.000 MigrantInnen illegal in Zypern. [6] Insbesondere im Tourismus, Zyperns wichtigstem Wirtschaftszweig [7], gibt es einen hohen Bedarf an migrantischen Arbeitskräften. Hinzu kommen die internationalen Studierenden an den zahlreichen Colleges des Landes und Flüchtlinge, die in Zypern Asyl suchen. [8] Seitdem in 2003 die Grenze zwischen den beiden Landesteilen durchlässiger wurde, kommen zudem viele türkische ZypriotInnen zum Arbeiten in den Süden. Mit dem EU-Beitritt veränderte sich die Situation für einen Großteil der nichtzypriotischen Arbeitskräfte im Land, wie ich im Folgenden noch genauer darlegen möchte.

Der EU-Beitritt, die Regulierung der ArbeitnehmerInnen-Freizügigkeit und die Direktive 2003/109/EC

Seit der Mitgliedschaft Zyperns in der Europäischen Union können zypriotische BürgerInnen uneingeschränkt auf dem gesamten Gebiet der EU leben und arbeiten. Die von den alten EU-Ländern (außer von Großbritannien, Schweden und Irland) eingeführte Übergangsregelung, die Freizügigkeit von BürgerInnen aus den neuen Beitrittsländern für sieben Jahre auszusetzen, gilt nicht für Slowenien, Malta und Zypern. Die alten EU-Länder hatten diese Übergangsfrist eingeführt, um ihre Arbeitsmärkte gegen BilliglohnarbeiterInnen aus Mittel- und Osteuropa abzuschotten. Aufgrund der geringen Bevölkerungsgröße und vor allem wegen der ökonomischen Entwicklung in Slowenien, Malta und Zypern schloss man eine Emigrationswelle aus diesen Ländern aus und gestattete den BürgerInnen unmittelbar uneingeschränkte Freizügigkeit innerhalb der EU (vgl. Thomson 2006, 1f.).

Anders als die meisten alten EU-Länder hat Zypern unmittelbar nach dem Beitritt sämtliche Restriktionen der Freizügigkeit für EU-BürgerInnen aufgehoben. Auch für BürgerInnen aus den erst zum 1.1.2007 in die EU aufgenommenen Ländern Bulgarien und Rumänien wurden die Einreise- und Arbeitsbedingungen erleichtert. [9] Ziel war es, die im Land lebenden Arbeitskräfte aus Drittstaaten sukzessive durch EU-BürgerInnen zu ersetzen. Arbeitsgenehmigungen für Drittstaatenangehörige werden nur für einen begrenzten Zeitraum und nur für bestimmte Sektoren der Wirtschaft erteilt, wobei jetzt nachgewiesen werden muss, dass weder einE ZypriotIn noch einE BürgerIn aus einem anderen EU-Land dafür zur Verfügung stehen. Zudem sind die Arbeits- und Aufenthaltsgenehmigungen von Drittstaatenangehörigen an eineN bestimmteN ArbeitgeberIn geknüpft, so dass MigrantInnen nur schwer ihren Arbeitsplatz wechseln können und damit extrem ausbeutbar sind.

Diese unterschiedliche Behandlung kommentiert der britische Migrationsforscher Mark Thomson so:

> "This line of thought betrays an endemic aspect of the wider EU project that achieves inclusion partly by excluding others. At the scale of nation-states, the process of EU enlargement can change relations between countries that subsequently find themselves on either side of EU borders. [...] But this process also affects member-state relations with its resident migrant population as the recruitment of EU citizens is prima facie prioritised over others." (Thomson 2006, 7)

In Anbetracht der in Zypern beobachtbaren Konsequenzen für MigrantInnen aus Drittstaaten verläuft der „Harmonisierungsprozess", also die Angleichung der nationalen Gesetzgebung an EU-Richtlinien, alles andere als harmonisch. Die Verschlechterung der Situation von Drittstaatenangehörigen ist dabei nicht als Nebenprodukt der Europäisierung zu betrachten, sondern als ein zentrales Merkmal, wie der zypriotische Soziologe Nicos Trimikliniotis schreibt:

> "Europeanism in some contexts may play a protagonistic role in creating new configurations where the non-Europeans (usually migrants or ethnic minorities with 'questionable' European credentials) may be excluded or inferiorised or subordinated. It, therefore, makes little sense to view Europeanisation necessarily as 'conflict resolution' given that it may well operate in practice as a mechanism for exclusion." (Trimikliniotis 2001, 61) [10]

Wenig harmonisch gestaltete sich auch die Implementierung der EU-Direktive 2003/109/EC, die für Drittstaatenangehörige die Möglichkeit vorsieht, nach einem mindestens fünfjährigen legalen und ununterbrochenen Aufenthalt eine Daueraufenthaltsgenehmigung zu beantragen. [11] In Zypern war die maximale Verlängerungsfrist für Arbeitsgenehmigungen von Drittstaatenangehörigen vor wenigen Jahren auf sechs Jahre heraufgesetzt worden. Angesichts der bevorstehenden Implementierung der EU-Direktive 2003/109/EC wurde sie jedoch wieder auf vier Jahre reduziert, um sicherzustellen, dass zum Zeitpunkt des Inkrafttretens möglichst wenige Drittstaatenangehörige antragsberechtigt sein würden. Die Harmonisierung der nationalen Regelungen mit der EU-Direktive hätte eigentlich bis zum 23.1.2006 erfolgen sollen, doch in Zypern wie auch in anderen EU-Ländern zögerte sich die Umsetzung hinaus. Von Seiten des Innenministeriums wurde Unterbesetzung der entsprechenden Regierungsstelle als Grund angegeben. [12] Die Nichtregierungsorganisation KISA (Action for Equality Support and Antiracism in Cyprus) und das Büro der Ombudsfrau vermuteten jedoch eine Verzögerungstaktik, die darauf zielt, vor der Implementierung des Gesetzes noch so viele Drittstaatenangehörige wie möglich ausweisen zu können, welche ansonsten möglicherweise in den Genuss einer Daueraufenthaltsgenehmigung kommen würden. [13]

Es wurden eine Reihe von Fällen bekannt, in denen Menschen vor der Implementierung des Gesetzes abgeschoben wurden, obwohl beziehungsweise weil sie die erforderlichen Kriterien für den Antrag auf eine Daueraufenthaltsgenehmigung erfüllten. [14] Die Einwanderungsbehörde setzte sich dabei sogar eigenmächtig über die Verfügung des Innenministers vom Oktober 2006 hinweg, bis zur Implementierung des Gesetzes niemanden abzuschieben, die oder der fünf Jahre legalen Aufenthaltes in Zypern nachweisen konnte. [15] Obwohl das Gesetz Anfang Februar 2007 – über ein Jahr nach dem gesetzten Termin und nach der verspäteten Einbeziehung der Einwände zivilgesellschaftlicher Akteure wie Gewerkschaften und Nichtregierungsorganisationen – schließlich verabschiedet worden war [16], dauerte es noch bis November desselben Jahres, bis die Einwanderungsbehörde entsprechende Anträge akzeptierte. [17]

Inzwischen machten erste Fälle der Verweigerung von Daueraufenthaltsgenehmigungen die Schlagzeilen. So war der Antrag einer Migrantin, die als „domestic worker" fünf Jahre ununterbrochenen legalen Aufenthaltes in Zypern nachweisen konnte, abgelehnt worden. Diese Entscheidung wurde Mitte Januar 2008 vom Obersten Gerichtshof in Zypern mit der Begründung bestätigt, dass die EU-Direktive nur dann greife, wenn MigrantInnen gute Gründe für die Annahme hätten, ihr dauerhafter Aufenthalt sei erwünscht. Das sei jedoch bei StudentInnen, SaisonarbeiterInnen und Hausangestellten nicht der Fall, da sie explizit einen Status als „temporarily resident" hätten. Die Nichtregierungsorganisation KISA hatte auf dieses Urteil mit großer Sorge reagiert und angekündigt, Beschwerde bei der EU-Kommission einzulegen, da Zypern mit dieser Begründung im Prinzip allen ArbeitsmigrantInnen eine Daueraufenthaltsgenehmigung verweigern könne. [18] Bis der Fall in der Kommission verhandelt wird, wird einige Zeit vergehen und zahlreiche Anträge können vorher abgelehnt beziehungsweise potenzielle AntragstellerInnen in die Illegalität abgedrängt werden.

Mit der restriktiven Handhabung der Neuregelung reagiert Zypern vermutlich auf Befürchtungen, nach Umsetzung der neuen Direktive von Drittstaatenangehörigen „überschwemmt" zu werden. So hatte beispielsweise eine von mir interviewte Beamtin des Arbeitsministeriums mit Sorge die drohenden demographischen Veränderungen für Zypern ausgemalt. Wenn 50.000 MigrantInnen eine Daueraufenthaltsgenehmigung bekämen und dann auch noch ihre Familien nachholten, wären in kurzer Zeit 200.000 MigrantInnen dauerhaft in Zypern, rechnete sie mir vor. Wie meine empirischen Beispiele weiter unten zeigen werden, wollen viele Drittstaatenangehörige jedoch gar nicht in Zypern bleiben. Und selbst wenn sie eine Daueraufenthaltsgenehmigung beantragen, heißt das nicht, dass sie auch dauernd in Zypern leben werden.

Wenngleich die Bevorzugung von EU-BürgerInnen gegenüber Drittstaatenangehörigen auf dem Arbeitsmarkt explizit Teil der zypriotischen Migrationspolitik ist und sich in entsprechend unterschiedlichen rechtlichen Bedingungen äußert, sind die zwischen ausländischen Arbeitskräften im Alltag entstehenden Hierarchien nicht immer ganz so eindeutig. Beispielsweise sind MigrantInnen aus Drittstaaten inzwischen in manchen Sektoren der Wirtschaft – insbesondere im Bereich haushaltsnaher Dienstleistungen (vgl. hierzu Lenz 2006) – strukturell so stark eingebettet, dass sie nicht ohne weiteres durch EU-BürgerInnen ersetzt werden können. Auch ArbeitgeberInnen in anderen Bereichen, insbesondere im Tourismus, der wichtigsten Einkommensquelle des Landes, aber auch in der Landwirtschaft und im Bausektor, können oder wollen nicht auf Arbeitskräfte aus Drittstaaten verzichten. Und während für Drittstaatenangehörige – zumindest offiziell – die Tarifverträge gelten, können mit EU-BürgerInnen – unter häufig schlechteren Bedingungen – individuelle Arbeitsverträge abgeschlossen werden. Unmittelbar nach den EU-Beitritten in 2004 waren zudem einige neue EU-BürgerInnen nicht über ihre Rechte informiert und wurden von selbsternannten ArbeitsvermittlerInnen betrogen, die ihnen unrechtmäßig Geld für die Vermittlung von Jobs in Zypern abnahmen, welche dann oftmals gar nicht oder anders als vereinbart zustande kam. [19]

Der EU-Beitritt und die damit einhergehende ArbeitnehmerInnen-Freizügigkeit führte also nicht in jeder Hinsicht zu einer Privilegierung von EU-BürgerInnen. Eine Hierarchisierung entlang der offiziellen Arbeitsmarktprioritäten – 1. ZypriotInnen und sonstige EU-BürgerInnen, 2. BulgarInnen und RumänInnen, 3. Drittstaatenangehörige – ergibt sich jedenfalls nicht immer ohne weiteres, wie sich durch kulturanthropologische Forschung zeigen lässt.

Tourismus und Migration in Plagia

Der größte Teil meiner Interviews mit Beschäftigten in touristischen Betrieben fand 2005 in Plagia [20], einem Dorf im Norden der Region Paphos, statt. Die Gegend wurde erst spät touristisch erschlossen. Von der rasanten Ausdehnung des Tourismus in den 1980er Jahren blieb sie nahezu unberührt. Im Unterschied zu anderen Regionen Zyperns ist die touristische Ökonomie in Plagia stark von kleinen Betrieben geprägt, die überwiegend in der Hand lokaler UnternehmerInnen sind. Viele dieser KleinunternehmerInnen sind deshalb erfolgreich, weil sie aufgrund eigener Auslandserfahrung über „interkulturelle Kompetenzen“ verfügen, die es ihnen ermöglichen, die Erwartungen und Bedürfnisse der TouristInnen besser einzuschätzen und zu bedienen. Die meisten KleinunternehmerInnen in Plagia können zudem auf die Mitarbeit von Familienmitgliedern zählen. Oftmals handelt es sich um Familienbetriebe, in denen einzelne Familienmitglieder Vollzeit arbeiteten und andere neben einer Teilzeitbeschäftigung im Familienbetrieb noch einer anderen Tätigkeit nachgehen, so dass die Familie nicht nur vom Tourismus abhängig ist (vgl. hierzu Welz 1998 u. 2000).

Die touristische Erschließung der Region und die Zunahme von Unternehmensgründungen verliefen parallel zur zunehmenden Verfügbarkeit ausländischer Arbeitskräfte in Zypern. So konnten die Personalkosten in den kleinen touristischen Betrieben nicht nur durch die Mitarbeit von Familienmitgliedern, sondern auch durch die Beschäftigung von ausländischen Arbeitskräften gering gehalten werden. “The advantage of unpaid family labour over hired employees is minimized to the degree that severely underpaid, often illegal immigrant labour has become very widely available in Cyprus”, schreibt die deutsche Kulturanthropologin Gisela Welz (Welz 2000, 7). Wenn man Hilfe von außen brauche, greife man lieber auf MigrantInnen zurück als auf DorfbewohnerInnen, die nicht zur Verwandtschaft zählen. Dies liege zum einen an Neid und Misstrauen zwischen konkurrierenden Familien, zum anderen aber auch daran, dass AusländerInnen ohne Konsequenzen schlecht bezahlt und nach Ende der Saison entlassen werden könnten.

Migrantische Arbeitskräfte in touristischen Betrieben

Bei meinen Besuchen in Plagia im Sommer und Herbst 2005 hatten alle Restaurants und Cafés entlang der Fußgängerzone im Dorfzentrum mindestens eineN nichtzypriotischeN BeschäftigteN. In den elf gastronomischen Betrieben arbeiteten im Herbst 2005 vier EngländerInnen, eine pontische Griechin, sechs Polinnen, zwei Lettinnen, eine Slowakin, fünf BulgarInnen, fünf RumänInnen, eine Ukrainerin, eine Armenierin und zwei Männer aus Sri Lanka. Einige von ihnen habe ich intensiver befragt, darüber hinaus aber auch mit Beschäftigten in anderen gastronomischen Betrieben im Dorf gesprochen. Anhand einiger Beispiele sollen im Folgenden unterschiedliche Konsequenzen des EU-Beitritts für migrantische Arbeitskräfte verdeutlicht werden.

Illegalität und Schwarzarbeit

Im Unterschied zu den anderen Interviewten betrieb eine der beiden befragten Deutschen selbst ein Café. Sie war vor einigen Jahren als Touristin nach Plagia gekommen und hatte dort ihren jetzigen Mann kennen gelernt, einen Zyprioten, der nach mehreren Jahren in Deutschland wieder in Plagia lebte. Anfangs hatte sie das Café gemeinsam mit einer Verwandten aus dem Dorf geführt. Diese wurde jedoch schwanger und stieg aus, so dass Thea [21] ausländische Arbeitskräfte einstellte. Im Sommer 2005 arbeitete Steffi bei ihr, eine Österreicherin, die seit fünf Jahren zwischen Plagia und Wien pendelte und sich mit verschiedenen Jobs durchschlug. Als ich ein Jahr später nochmals vorbeikam, war Steffi für längere Zeit zurück nach Wien gegangen und Lilly aus China hatte bei Thea angefangen. Es sei in diesem Sommer nicht leicht gewesen, jemanden zu finden, erzählte Thea. Drei Frauen hätten zunächst zugesagt und seien dann kurzfristig wieder abgesprungen. Thea nahm an, dass ihre vorherigen ArbeitgeberInnen sie unter Druck gesetzt und ihnen mit Anzeige gedroht hatten, wenn sie ihren Job wechselten. Es habe sich zwar bei allen um Europäerinnen gehandelt, die ihren Arbeitsplatz frei wählen dürfen. Die Einschüchterungsversuche ihrer ArbeitgeberInnen hätten offenbar dennoch gewirkt.

Genauso wie Steffi arbeitete Lilly schwarz, was für beide Seiten Vorteile hatte. Sie war vor zwei Jahren mit einem Studierendenvisum nach Zypern gekommen und hatte an verschiedenen Orten als Putzfrau und Haushaltshilfe gearbeitet. [22] Ihr Visum war inzwischen abgelaufen und ihr Aufenthalt in Zypern illegal, eine legale Beschäftigung kam für Lilly daher nicht in Frage. Sie wollte nun so lange in Zypern bleiben, bis man sie ausweisen würde und in dieser Zeit so viel Geld wie möglich verdienen. Über die Arbeit bei Thea war sie sehr froh, hier verdiente sie drei bis vier Mal so viel wie bei ihren vorherigen ArbeitgeberInnen. Zusätzlich arbeitete sie den Sommer über an ihrem freien Tag noch in anderen Jobs. Sie brauchte das Geld, damit sie die Schulden zurückzahlen konnte, die sie bei ihrer Mutter gemacht hatte. Außerdem plante sie, nach ihrer Rückkehr in China selbst ein Café aufzumachen. Daher war sie auch sehr an den deutschen Kuchenrezepten interessiert, die Thea ihr beibrachte. Thea war sehr zufrieden mit Lilly und hoffte, dass sie auch in der nächsten Saison wieder bei ihr arbeiten würde.

EU-BürgerInnen zuerst: Ausbeutung trotz Arbeitsvertrag

Anders als in Theas Café arbeiteten die Angestellten einer Bar etwas außerhalb des Dorfzentrums zwar nicht schwarz, dafür aber zu ungleichen Konditionen und keinesfalls frei von Ausbeutung. Zum Zeitpunkt meiner Forschung waren zwei Polinnen, eine Moldawierin und zwei Frauen aus Sri Lanka in der Bar beschäftigt. Die beiden Polinnen (Bibiana und Brygida) und die Moldawierin (Tamara) arbeiteten im Service, die beiden Frauen aus Sri Lanka (Beena und Shalini) in der Küche. Der Betreiber lege Wert darauf, im Service junge, attraktive Osteuropäerinnen zu beschäftigen, um Kunden anzuziehen, erzählte eine der Frauen. Einmal habe er von ihnen verlangt, Miniröcke zu tragen. In Zypern gibt es zahlreiche Frauen aus Osteuropa, die in der Sexindustrie tätig sind (vgl. hierzu Lenz 2006). Offenbar wollte der Barbetreiber bei den Kunden den Eindruck erwecken, auch seine Beschäftigten seien für sexuelle Dienstleistungen zu haben. Die Frauen haben sich jedoch erfolgreich gewehrt. Da sie oftmals nachts alleine in der Bar arbeiteten, sei das zu gefährlich.

Die unterschiedliche aufenthaltsrechtliche Situation der fünf Frauen in dieser Bar machte sich ganz konkret in ihrem Arbeitsalltag bemerkbar. Während die beiden Polinnen sich darauf verlassen konnten, dass die Bedingungen ihres Arbeitsvertrages weitgehend eingehalten wurden, sah die Situation für die Frauen aus Moldawien und Sri Lanka schon anders aus. Tamara aus Moldawien berichtete, dass sie zwölf Stunden am Tag arbeiten müsse, ihre polnischen Kolleginnen hingegen nur zehn. Es nütze jedoch nichts, sich zu beschweren, sagte sie. Dann werde sie entlassen.

Tamara, Bibiana und Brygida waren alle unzufrieden mit ihrem Arbeitsplatz. Brygida plante, nach Saisonende zurück nach Polen zu gehen, Bibiana wollte sich im neuen Jahr in der Stadt einen anderen Arbeitsplatz suchen. Da sie aus einem EU-Land kam, würde sie dies auch ohne rechtliche Probleme realisieren können. Tamara aus Moldawien bedauerte hingegen: *"I need visa, I can't change for another work."* Als Drittstaatenangehörige war ihre Aufenthaltsgenehmigung an ihren konkreten Arbeitsplatz geknüpft. Damit gewährleistete sie die Kontinuität, die ArbeitgeberInnen an Drittstaatenangehörigen schätzen, wie verschiedene UnternehmerInnen in Interviews betonten.

Ebenso wie Tamara mussten sich auch die beiden Frauen aus Sri Lanka, die in der Küche arbeiteten, mit schlechten Arbeitsbedingungen abfinden. Bibiana hatte sich von einer der beiden den Arbeitsvertrag zeigen lassen. Sie sagte: *"I saw one contract from a woman from Sri Lanka. It said eight hours work and a salary of 400 pounds* [23]*, but really she worked twelve hours and got only 250 pounds."* Shalini war froh, dass sie mit ihrem Ehemann zusammen sein konnte. Der arbeitete als Koch bei einem anderen Arbeitgeber. Zwar müsse er wie alle anderen Sri LankerInnen auch etwas mehr arbeiten als vertraglich vereinbart, sein Arbeitgeber sei dennoch in Ordnung. Er habe ihnen auch eine schöne Wohnung zur Verfügung gestellt. Shalini selbst arbeitete mit zwölf Stunden ohne Pause doppelt so viel wie im Vertrag vorgesehen. Ihre Ausbeutbarkeit erklärte sie folgendermaßen:

> *"You know, my boss knows that I need the money. So he tells me: 'You must work twelve hours.' These girls from Europe they work ten hours. The boss says: 'I don't have to make visa for them, but I have to make visa for you, so you must work. You are Asian people.'"*

Mit dem EU-Beitritt Zyperns sei es für AsiatInnen schwieriger geworden, nach Zypern zu kommen: *"It's difficult, very difficult.* [...] *Now they stop visa and the European people they can come. They don't give a chance for Asian people."* [24]

Shalini war noch nicht lange genug in Zypern, um von der EU-Direktive 2003/109/EC profitieren zu können. Vielmehr würde die Reduzierung der maximalen Verlängerungsmöglichkeit von Visa auf vier Jahre sie bald betreffen, da sie bereits seit drei Jahren in Zypern war. Noch zweimal könnte sie ihr Visum erneuern, dann müsste sie gehen. *"We had every time six months visa, because we are from restaurant.* [...] *But now you can work only until four years.* [...] *I will have four years in next October. Then I must go to Sri Lanka."* Sie wollte allerdings auch nicht langfristig in Zypern bleiben. Zu oft sei sie mit Rassismus konfrontiert worden. *"Some people are okay, but some…* [...] *They call us 'black', not men, black. They think too much about this colour. What can I do? This is my colour."* Außerdem hätten sie und ihr Mann inzwischen genug verdient, um sich in Sri Lanka ein komfortableres Leben leisten können. Ein Hauptgrund für die Migration nach Zypern war gewesen, dass sie und ihr Mann beengt bei ihrer Familie leben mussten und es deshalb zu Konflikten gekommen sei. In der Zwischenzeit hatten sie Geld in ein Haus investiert, in das sie nach ihrer Rückkehr einziehen wollten.

Illegale Jobvermittlungen und Europäerinnen ohne Arbeitsvertrag

Der Arbeitgeber von Tamara, Bibiana, Brygida, Beena und Shalini setzte die mit dem EU-Beitritt verstärkte Hierarchisierung von EU-BürgerInnen, Noch-nicht-EU-BürgerInnen und Drittstaatenangehörigen unmittelbar in entsprechend unterschiedliche Arbeitsbedingungen um. Nicht immer sind jedoch die EU-BürgerInnen besser gestellt als Drittstaatenangehörige. Die ArbeitnehmerInnen-Freizügigkeit wurde in einigen Fällen von ArbeitgeberInnen als Begründung dafür benutzt, EU-BürgerInnen ohne jegliche vertragliche Absicherung zu beschäftigen. Außerdem zogen illegale ArbeitsvermittlerInnen Nutzen aus der neuen rechtlichen Situation, mit der viele noch nicht vertraut waren.

Viele der aus den neuen EU-Ländern kommenden Arbeitskräfte waren über bereits dort arbeitende FreundInnen oder Verwandte auf Zypern aufmerksam geworden. Manche griffen jedoch auch auf die Dienste von kommerziellen JobvermittlerInnen zurück. Julia aus Polen erzählte, dass es in Plagia einen illegalen Jobvermittler gebe, der mit einer Polin verheiratet sei und in polnischen Dörfern junge Leute für Jobs in Zypern anwerbe. Eine Vermittlung koste 200 Euro. *“This is not legal, there is no agency, no office, nothing, only this man. And if you want a job here, he tells you first, it’s a good job, eight hours a day, good cash, one day off, legal job, insurance. But that’s not true.”* Julias Freund hatte die Dienste dieses Vermittlers in Anspruch genommen und einen Job als Automechaniker in Plagia angetreten, den er aber schon bald wieder aufgab, weil die Arbeitsbedingungen so schlecht waren. [25] Julia kam vor zehn Monaten nach. Seitdem hat auch sie mehrmals ihren Job gewechselt. Zunächst arbeitete sie in der Küche einer Taverne im Dorfzentrum, allerdings nur für zwei Wochen. Nachdem ihr Chef sie sexuell belästigte, kündigte sie. Von ihrem letzten Lohn bekam sie daraufhin nur die Hälfte. Einer Kollegin erging es ähnlich. *“We went to Paphos, to one office and spoke about this, but nothing was done, because this is a Cypriot man.”* Danach war es nicht leicht für sie, einen neuen Job zu finden. *“I had many problems”*, erklärte sie, *“because I’m Polish, because I’m European, I’m a different human here, somebody to have sex with.”*

Inzwischen arbeitete sie in einer neu eröffneten Cafébar in einem Hotel. Einen Arbeitsvertrag hatte sie nicht. Die Hälfte aller PolInnen arbeite illegal hier, auch ihr Freund, sagte sie. Um ihn machte sie sich Sorgen, weil er einen gefährlichen Job habe und nicht versichert sei:

> *“My boyfriend has a very dangerous job and he doesn’t have insurance, too, because these people speak to you: ‘You are in the European Union, you don’t need anything.’ This is not true. I called my embassy here and they told me, if you want to stay, you must have an aliens’ book. If you have this book, your boss must pay for you.”*

Julia fühlte sich nicht wohl in Zypern und plante, in zwei Monaten mit ihrem Freund zurück nach Polen zu gehen.

Zukunft in Zypern?

Bis auf Thea, die ihr eigenes Café betrieb und mit ihrer Familie zusammen in Plagia lebte, hatten die bisher erwähnten Frauen alle nicht die Absicht und/oder die Möglichkeit, langfristig in Zypern zu bleiben. Andere hatten jedoch durchaus längerfristige Pläne in Zypern oder waren schon seit längerer Zeit dort, oftmals hing dies wie bei Thea damit zusammen, dass die Frauen vor Ort einen Lebensgefährten kennen gelernt hatten oder wegen der Beziehung dorthin gezogen waren. So erzählte Sandra aus Deutschland, die seit zwei Jahren in Zypern war und an der Rezeption eines Hotels in Plagia arbeitete, sie sei aus zwei Gründen nach Zypern gegangen, zum einen aufgrund der wirtschaftlichen Situation in Deutschland – ihre Firma hatte kurz vor der Insolvenz gestanden, und sie hatte befürchten müssen, in naher Zukunft arbeitslos zu werden – und zum anderen wegen der Liebe. Ihr Mann war Grieche und hatte Arbeit im boomenden Bausektor in Plagia gefunden. Sobald er jedoch in Griechenland Arbeit hätte, würden sie dorthin gehen, vielleicht auch wieder nach Deutschland. Vorerst würden sie jedoch in Zypern bleiben.

Auch Marenka blieb wegen ihres Lebensgefährten in Zypern. Sie kam aus der Slowakei und arbeitete während der Saison 2005 als Kellnerin in Plagia. Dort lernte sie ihren Freund kennen, einen Kurden, der sein Geld als Bauarbeiter verdiente. Sie hatte nicht vorgehabt, langfristig in Zypern zu bleiben, doch da ihr Freund das Land nicht einfach verlassen konnte, war sie nach einem kurzen Aufenthalt in der Slowakei wieder nach Zypern zurückgekehrt. Ein Jahr später erfuhr ich, dass sie mit ihrem Freund zusammen in eine andere Gegend Zyperns gezogen war, wo seine Firma Arbeit für ihn hatte. Die prekäre aufenthaltsrechtliche Situation ihres Freundes hatte dazu geführt, dass Marenka sich für einen längeren Aufenthalt in Zypern entschied.

Katinka aus Lettland, die in einer Pizzeria in Plagia arbeitete, war es ähnlich gegangen wie Marenka. Sie hatte eigentlich nur ein Jahr in Zypern bleiben und dann ihr Studium in Lettland fortsetzen wollen. Dann hatte sie sich aber in einen Zyprioten verliebt und war geblieben, inzwischen seit zwei Jahren. Anfangs war das nicht so einfach gewesen, da sie keine lettische Staatsbürgerschaft hatte. Ihre Mutter war Polin und ihr Vater Russe. Sie hatten sich in Lettland kennen gelernt und Katinka kam dort zur Welt. Das war jedoch noch zu Sowjetzeiten. Daher bekam sie nicht die lettische Staatsbürgerschaft, sondern die russische. Zum Zeitpunkt unseres Gespräches bemühte sie sich darum, offiziell Lettin und damit EU-Bürgerin zu werden. Sie plante, in einigen Monaten nach Lettland zu gehen, dort noch ein paar Prüfungen abzulegen und dann mit neuen Papieren zurückzukehren. Sie wollte Lettin werden, um in Zypern bleiben zu können.

Für Aida aus Armenien war es schwieriger, ihren Aufenthalt in Zypern auf legale Weise unbegrenzt zu verlängern. Sie hoffte, dass sie eine Daueraufenthaltserlaubnis bekommen würde. Bereits seit fünf Jahren arbeitete sie in Zypern. Sie arbeitete viel, war aber mit ihren Arbeitsbedingungen und ihrer Unterbringung sehr zufrieden. Sie sagte: *"I'm the luckiest one here. Usually, they don't give you nice apartments, you have to live in one small apartment with several people."* Obwohl sie sich eigentlich in Plagia wohl fühlte, hatte sie in letzter Zeit immer öfter Heimweh nach Armenien gehabt. Sie wollte jedoch auch nicht unbedingt zurück. *"Every day I change my mind: I'm going to go to Armenia and stay. No, I'm going to go only on holidays. Maybe I go to another country"*, meinte sie.

In Zypern hatte sie in den letzten Jahren ein sehr selbst bestimmtes Leben geführt. Sie erinnerte sich noch an die Anfangszeit:

> *"I was an independent person. It was a very strange feeling for me, when I stayed here, because in our family in Armenia I wouldn't go out at night. To go out, even for a walk, to decide what I am going to wear – everything the family decide for you."*

Sie fürchtete, ihre Unabhängigkeit nach einer Rückkehr nach Armenien wieder zu verlieren. Da sie aber auf jeden Fall im Winter zu Besuch nach Armenien wollte, arbeitete sie den Sommer über hart, um sich das Ticket zu finanzieren. Ihre Familie würde ihr zwar sofort Geld schicken, aber das wollte sie nicht. Das würde wie eine Niederlage wirken. Ihr Großvater hatte ihr bereits häufiger Vorwürfe gemacht, dass sie ihre gute Ausbildung mit Aushilfsjobs in Zypern vergeude, und auch ihre Mutter war damit nicht einverstanden. Für Aida war die Migration nach Zypern auch ein Weg gewesen, sich der Kontrolle ihrer Familie zu entziehen. Sie konnte sich jedoch nicht vorstellen, dauerhaft in Zypern zu bleiben, obwohl sie in Plagia sehr gut integriert war:

> *"I have a lot of friends here. I know everybody as if we were friends. If I go alone somewhere, I know, I won't stay alone. I go, I have my company, I sit and talk, but close friends I don't have.* [...] *I think, for Cypriots we will always stay foreigners, they let you know every time."*

Gerne hätte sie eine dauerhafte Aufenthaltsgenehmigung, so dass sie ohne Probleme immer wieder nach Zypern kommen und ihre FreundInnen besuchen könnte. Daher versuchte sie, ihr Visum nochmals um ein Jahr zu verlängern. Dann wäre sie sechs Jahre in Zypern und würde sich um eine Daueraufenthaltsgenehmigung bemühen. Sie habe zwar in der Zeitung gelesen, dass die Visa für Drittstaatenangehörige momentan nicht verlängert würden. Ein Anwalt habe jedoch gemeint, dass sie als Armenierin trotzdem gute Chancen auf Verlängerung hätte, da sich die griechischen ZypriotInnen mit dem armenischen Volk verbunden fühlten. [26] Aidas Interesse an einer Daueraufenthaltsgenehmigung war also weniger dadurch begründet, dass sie dauerhaft in Zypern bleiben wollte, vielmehr wollte sie die Möglichkeit haben, problemlos pendeln zu können. Ihre lettische Freundin habe es gut, meinte sie. Seit der EU-Erweiterung in 2004 könne sie problemlos reisen und ihren Arbeitsplatz wechseln. Manchmal sage Aida zu ihr: *"You are white now!"* Im Scherz habe die Freundin ihr angeboten, sie zu heiraten. [27]

Schlussbemerkung

Der EU-Beitritt Zyperns brachte neue arbeits- und aufenthaltsrechtliche Bedingungen für migrantische Arbeitskräfte mit sich. Die durch restriktivere Lizenzvergabe für die Beschäftigung von Drittstaatenangehörigen vom Arbeitsministerium durchgesetzten Arbeitsmarktprioritäten – 1. ZyptiotInnen und andere EU-BürgerInnen, 2. BulgarInnen und RumänInnen, 3. (beziehungsweise perspektivisch dann gar nicht mehr) Drittstaatenangehörige – wurden von einigen ArbeitgeberInnen dieser Hierarchie entsprechend in ungleiche Arbeitsbedingungen übersetzt, wie bei Bibiana, Brygida, Tamara, Beena und Shalini. Die Tatsache, EU-Bürgerin zu sein oder bald zu werden, schützte jedoch nicht immer vor Ausbeutung. Ein Arbeitsvertrag oder tarifliche Vereinbarungen nutzten den Beschäftigten häufig nichts, da die wenigsten im Falle von Zuwiderhandlungen durch ArbeitgeberInnen eine Beschwerde einlegen würden beziehungsweise damit Erfolg hätten. Die Befragten fürchteten, ihren Job zu verlieren, und/oder trauten den Behörden nicht. Einige hatten bereits schlechte Erfahrungen gemacht, wie beispielsweise Julia. Schwarzarbeit war daher für manche – so zum Beispiel für Lilly, die ihr Studierendenvisum überschritten hatte – die bessere Lösung und im konkreten Fall nicht unbedingt ausbeuterischer als ein vertraglich geregeltes Arbeitsverhältnis.

Mehrere meiner Interviews machen deutlich, dass weder die neue EU-Bürgerschaft noch die Möglichkeit, eine Daueraufenthaltsgenehmigung zu beantragen, automatisch dazu führen, dass ausländische Arbeitskräfte sich dauerhaft in Zypern niederlassen wollen. Viele unterschiedliche Faktoren spielen bei einer solchen Entscheidung eine Rolle. Oftmals ging es darum, mit dem Lebensgefährten zusammen sein zu können oder auch um die Zukunft eines Kindes. Kaum eine der Befragten wollte jedoch für immer in Zypern bleiben. BürgerIn eines EU-Landes zu sein oder – wie Katinka, die die lettische Staatsbürgerschaft beantragte – zu werden, schien vielmehr eine Möglichkeit darzustellen, sich frei über Grenzen hinweg bewegen und ohne Einschränkungen Arbeit suchen zu können. Im Falle Marenkas verlockte nicht die Tatsache, dass sie selbst EU-BürgerIn war, zur längerfristigen Niederlassung in Zypern, sondern paradoxerweise führte der prekäre Aufenthaltsstatus ihres kurdischen Freundes, der ein Verlassen des Landes für ihn erschwerte, zu dieser Entscheidung.

Dass im Zuge der Implementierung der EU-Direktive 2003/109/EC sich massenhaft Drittstaatenangehörige in Zypern niederlassen wollen, ist daher wohl nicht zu befürchten. Zum einen sind nur wenige lang genug in Zypern, um einen Antrag auf eine Daueraufenthaltsgenehmigung stellen zu können, und zum anderen muss die Beantragung einer Daueraufenthaltsgenehmigung nicht unbedingt in einen tatsächlichen Daueraufenthalt in Zypern münden, im Gegenteil. So dachte Aida eigentlich schon länger über eine Rückkehr nach Armenien nach. Sie blieb jedoch, unter anderem weil sie eine Daueraufenthaltsgenehmigung haben wollte, die es ihr ermöglichen würde, das Land zu verlassen, aber potenziell jederzeit zurückkommen zu können. Die Möglichkeit einer Daueraufenthaltsgenehmigung würde also in einigen Fällen Pendelmigration begünstigen und weniger einen neuen Siedlungs- als einen erweiterten Handlungsraum eröffnen.

Aida ist zudem ein Beispiel dafür, dass wirtschaftliche Gründe nicht immer ausschlaggebend sind für eine Entscheidung zur Arbeitsmigration. Selten sind sie der einzige Grund. So betonten sowohl Aida als auch Shalini – und auch bei anderen war dies als ein Migrationsgrund erkennbar –, dass die Migration für sie Unabhängigkeit von ihrer Familie bedeutete und insofern auch ein Schritt der Emanzipation war. Umgekehrt ist auch Migration aus einem westeuropäischen Land wie Deutschland nicht allein mit einer Lebensstilentscheidung zu begründen, sondern kann durchaus auch wirtschaftliche Gründe haben. So war die drohende Arbeitslosigkeit für Sandra ein wesentlicher Auslöser dafür, nach Zypern zu gehen.

Hinzu kam allerdings bei Sandra der Wunsch nach dem Zusammenleben mit dem Lebensgefährten, der in Zypern im Bausektor arbeitete. Eine entsprechende Paarkonstellation fand sich in mehreren Fällen in Plagia, wo sich in den letzten Jahren sowohl touristische Infrastruktur entwickelt hat als auch zahlreiche Bauprojekte begonnen wurden. Die teilweise geschlechtsspezifische Nachfrage nach

Arbeitskräften in verschiedenen Sektoren begünstigt es offenbar, als Paar Arbeit zu finden. Während Frauen vorwiegend im Dienstleistungssektor arbeiteten – im Rahmen dieser Untersuchung waren es insbesondere Beschäftigte im Hotel-, Restaurant- und Cateringsektor, aber auch in haushaltsnahen Dienstleistungsjobs sind vorwiegend migrantische Frauen zu finden –, waren Männer zudem im Bausektor gefragt.

Die geschlechtsspezifische Nachfrage nach Frauen für Servicejobs im Hotel-, Restaurant- und Cateringsektor muss allerdings weiter ausdifferenziert werden. So scheinen Frauen aus Osteuropa offenbar gerne im Service eingesetzt zu werden, während Frauen aus Südostasien eher im Hintergrund, in der Küche oder in Putzjobs, zu finden sind. Osteuropäerinnen scheinen unter anderem aufgrund der relativ großen Zahl osteuropäischer Frauen, die in Nachtclubs und Bars in Zypern sexuelle Dienstleistungen anbieten, häufig kollektiv als „willige Sexualobjekte“ wahrgenommen zu werden. Mehrere Frauen berichteten von sexuellen Belästigungen durch Arbeitgeber oder Gäste.

Quer zu der offiziellen Hierarchisierung ausländischer Arbeitskräfte in EU-BürgerInnen, Noch-nicht-EU-BürgerInnen und Niemals-EU-BürgerInnen werden also noch eine Reihe weiterer Grenzziehungen im Zuge der EU-Erweiterung bedeutsam, wie dieser Auszug aus meiner Forschung verdeutlicht. Am Beispiel des Hotel-, Restaurant- und Cateringsektors in Zypern wurde gezeigt, inwiefern zusätzlich zu EU-Bürgerschaft oder Drittstaatenangehörigkeit, ethnische und geschlechtliche Zugehörigkeiten auf dem Arbeitsmarkt zum Tragen kommen. Hinzu kommen unterschiedliche unternehmerische Entscheidungen und individuelle Lebensentwürfe, die von neuen Arbeits- und Aufenthaltsbedingungen zwar beeinflusst, aber nicht vollständig kontrolliert werden können. EU-Bürgerschaft beziehungsweise Drittstaatenangehörigkeit kommen in einzelnen Fällen unterschiedlich zum Tragen ebenso wie ethnische und geschlechtliche Zugehörigkeiten. Eine kulturanthropologische Erforschung Europas „von den Rändern her“ (vgl. Welz 2005, 28), wie sie hier im neuen EU-Land Zypern durchgeführt wurde, kann daher beispielhaft die vielschichtigen und widersprüchlichen Auswirkungen verdeutlichen, die der europäische Integrationsprozess mit sich bringt und die sich nicht unmittelbar aus Gesetzestexten, Policy-Papieren und Statistiken ablesen lassen.

Anmerkungen

Dieser Text ist ein bearbeiteter Auszug aus meiner Dissertation zum Thema „Mobilitäten in Europa: Migration und Tourismus auf Kreta und Zypern im Kontext des europäischen Grenzregimes“, die ich im Januar 2009 zur Begutachtung am Fachbereich Sprach- und Kulturwissenschaften der Johann Wolfgang Goethe-Universität Frankfurt am Main eingereicht habe.

[1] Die anderen neuen Mitgliedsstaaten sind die Tschechische Republik, die Slowakei, Slowenien, Ungarn, Polen, Estland, Lettland, Litauen und Malta. Seit dem 1.1.2007 sind auch Bulgarien und Rumänien Mitgliedsstaaten der Europäischen Union.

[2] Nicht alle Befragten werden in diesem Text explizit erwähnt. Es fließen jedoch Erkenntnisse aus rund 30 Interviews in den Text ein, auch solche aus Gesprächen mit VertreterInnen von Arbeitsministerium, Tourismusbehörde, ArbeitgeberInnenverbänden und Gewerkschaften.

[3] Dem demographischen Bericht der Statistikbehörde zufolge war die zypriotische Bevölkerung Ende 2007 auf 789.300 angestiegen (vgl. Statistical Service of the Republic of Cyprus: Population of Cyprus, 2007. Als elektronisches Dokument in: http://www.mof.gov.cy/mof/cystat/statistics.nsf/All/FC5F3AB325D6 BEEAC22574D7002DB767?OpenDocument&sub=1&e=, Zugriff 6.10.2008).

[4] Vgl. Statistical Service of the Republic of Cyprus: Labour Statistics, 2003, 59.

[5] Als DrittstaatenangehörigeR gilt, wer weder EU- oder EWR-BürgerIn noch freizügigkeitsberechtigteR AngehörigeR freizügigkeitsberechtigter EU-/EWR-BürgerInnen oder SchweizerIn ist.

[6] Vgl. Cyprus Mail, 14.10.2006: “How will Romania and Bulgaria affect our workforce?”.

[7] Dem Leiter der zypriotischen Tourismusbehörde zufolge ist der Tourismus die größte Einkommensquelle des Landes, da 13 bis 15 Prozent der zypriotischen Ökonomie direkt und weitere 20 Prozent indirekt vom Tourismus abhingen (vgl. Cyprus Mail, 20.9.2006: “Sun and sea are not enough”). Mit 8,9 Prozent der erwerbstätigen Bevölkerung, die im Hotel-, Restaurant- und Catering-Sektor arbeiteten, lag Zypern 2004 proportional um mehr als das Doppelte über dem EU-Durchschnitt und an erster Stelle im Vergleich der damals 25 EU-Mitgliedsländer (vgl. Eurostat zitiert nach Cyprus Weekly, 14.10.2005: “Cyprus tops in hotel employees league”).

[8] Aktuelleren Schätzungen zufolge liegt die Zahl der MigrantInnen in Zypern inzwischen bei insgesamt rund 150.000, 40.000 davon aus Ländern der EU und mehr als 80.000 legal aus Drittsaaten, hauptsächlich aus Sri Lanka und den Philippinen, der Rest illegal. Außerdem wird die Zahl der AsylbewerberInnen mit 8.010 angegeben (vgl. Cyprus Mail, 3.10.2007: “Migrant numbers pass 150,000 mark”).

[9] Mit dem Beitritt Bulgariens und Rumäniens zur Europäischen Union am 1.1.2007 gewährte Zypern ebenso wie Griechenland auch BürgerInnen aus diesen beiden Ländern volle Freizügigkeit. Großbritannien und Irland, die ihre Arbeitsmärkte bei den Beitritten in 2004 noch unmittelbar für die neuen EU-BürgerInnen geöffnet hatten, entschieden sich nun hingegen wie die meisten anderen EU-Länder für eine restriktivere Haltung (vgl. Cyprus Mail, 13.12.2006: "Bulgarians and Romanians given free labour market access").

[10] Mit „conflict resolution" bezieht Trimikliniotis sich hier auf das im Vorfeld des Beitritts häufig zur Legitimation von Angleichungsmaßnahmen bemühte Argument, Europäisierung bedeute eine Chance für die Lösung des Zypernkonflikts. Eine Lösung des Zypernkonflikts wurde jedoch bislang nicht erreicht. Der von UN-Generalsekretär Kofi Annan vorgelegte Plan zur Einrichtung einer bizonalen Föderation wurde von der Mehrheit der griechischen ZypriotInnen im April 2004 abgelehnt und die Wiedervereinigung der Insel damit auf unbestimmte Zeit vertagt. Zwar wurde dennoch die ganze Insel Mitglied der Europäischen Union, aber der Acquis Communautaire, der Gesamtbestand an Rechten und Pflichten für EU-Mitgliedsstaaten, gilt nur für den von der griechisch-zypriotischen Regierung kontrollierten Süden. Der Status der Grenze zwischen den beiden Landesteilen ist seither umstritten.

[11] Vgl. Council Directive 2003/109/EC of 25 November 2003. Als elektronisches Dokument in: http://eur-lex.europa.eu/LexUriServ/LexUriServ.do?uri=CELEX:32003L0109:en:NOT, (Zugriff 4.1.2009).

[12] Vgl. Cyprus Mail, 5.7.2006: "Immigration blames staff shortages for new law delay".

[13] Vgl. Cyprus Mail, 13.9.2006: "New extension for government to apply immigration law".

[14] Vgl. Cypurs Mail, 15.1.2006: "Authorities in the dock over treatment of immigrants".

[15] Vgl. Cyprus Mail, 15.5.2007: "Could Shakalli have the backing of an authority higher than the minister"; Cyprus Mail, 31.5.2007: "Shakalli's wings clipped pending probe".

[16] Vgl. Cyprus Mail, 1.2.2007: "Residency laws set to be passed today"; Cyprus Mail, 2.2.2007: "House passes residency law".

[17] Vgl. Cyprus Mail, 17.11.2007: "New residency procedures to come into force"; Cyprus Mail, 21.11.2007: "Foreign nationals start to apply for residency under new rules"; Cyprus Mail, 22.11.2007: "10,000 immigrants expected to apply for long-term residency".

[18] Vgl. Cyprus Mail, 23.1.2008: "NGO threatens court chaos over migrant ruling".

[19] Vgl. Cyprus Mail, 26.1.2006: "'Immigration has no intention of enacting EU law'".

[20] Der Name des Dorfes wurde anonymisiert.

[21] Die Namen der Befragten wurden anonymisiert. Ich verzichte auf die Angabe eines Nachnamens, wenn der Vorname unserer gegenseitigen Anrede entsprach.

[22] Dem öffentlichen Diskurs zufolge kommen junge Menschen aus Ländern wie Indien, Pakistan, Bangladesch, Sri Lanka und China nur deshalb mit einem Studierendenvisum nach Zypern, weil es ihnen die Möglichkeit verschafft, illegal in Zypern zu arbeiten. Viele von ihnen wählen Zypern jedoch tatsächlich als Studienort, weil die Studienbedingungen in ihren Herkunftsländern zu schlecht sind und weil sie nicht die Möglichkeit haben, in anderen europäischen Ländern zu studieren. In Zypern profitieren sie von den zahlreichen Privatcolleges mit ihren internationalen Studienprogrammen (vgl. hierzu Li 2007 und Li in diesem Band).

[23] Ein zypriotisches Pfund entsprach zum Zeitpunkt meiner Forschung circa 1,70 Euro. Am 1.1.2008 wurde in Zypern der Euro eingeführt.

[24] Vgl. hierzu auch Zinganel u. a. (2006, 46ff.) über die Konsequenzen des österreichischen EU-Beitritts 1995 für SaisonarbeiterInnen aus den ehemaligen Kronländern der Monarchie, die plötzlich EU-fremde BürgerInnen waren und sukzessive durch BürgerInnen aus dem erweiterten EU-Raum ersetzt wurden, zunächst von SkandinavierInnen und später von Deutschen aus den neuen Bundesländern.

[25] Dies ist kein Einzelfall. So traf ich beispielsweise in Nicosia vier Rumäninnen, die von illegalen JobvermittlerInnen betrogen worden waren. Sie arbeiteten unter extrem schlechten Arbeitsbedingungen in einer Wäscherei und versuchten, wenigstens das verlorene Geld wieder zu erarbeiten, bevor sie das Land verließen. Die beiden jüngeren verdienten sich gelegentlich mit Prostitution etwas dazu.

[26] Seit dem sechsten Jahrhundert gibt es eine armenische Minderheit in Zypern, allerdings in anderen Landesteilen. Aida war ihren eigenen Angaben zufolge in Plagia die einzige Armenierin.

[27] Als ich ein Jahr später wieder in Plagia war, arbeitete Aida nicht mehr in der Bar. Ihr ehemaliger Arbeitgeber sagte mir, sie sei nach Armenien zurückgegangen. Sie habe Besuch aus Armenien bekommen und sich in einen Schulfreund verliebt. Jetzt wollte sie in Armenien heiraten. Vorher hatte sie jedoch noch eine Daueraufenthaltsgenehmigung in Zypern beantragt.

„In Zypern angekommen, ist man bereits in Europa“

Eine ethnographische Fallstudie über chinesische Studenten auf Zypern

Hsin-Yi Li

Yatou weiß nicht, warum sie sich so müde und unglücklich fühlt. Nach Zypern zu kommen, war ihre eigene Entscheidung gewesen. Sie war damals noch sehr jung, gerade erst 20 Jahre alt. Zwar wollten die Eltern, dass sie auf diese Weise Geld für die Familie verdient; sie wollte aber auch ins Ausland gehen, um die Welt zu sehen. Das war immer ihr Traum. Aber Zypern ist nicht die Welt, die sie sich zu Hause vorgestellt hatte. *„Denk mal, die Währung in Zypern ist viel höher als der Renminbi.* [1] *Und wenn Zypern in die EU eintritt, dann ist es ein europäisches Land. Es wird bestimmt einige Richtlinien geben, die günstig für Ausländer sind.“* Yatou erinnert sich noch gut daran, wie eifrig der Vermittler vor zwei Jahren ihren Eltern erzählte, welche Vorteile es hätte, wenn man nach Zypern gehe. Er ist ein Bekannter einer Kollegin ihrer Mutter. *„Dann dürfen die Ausländer legal arbeiten. Mit dem Visum kann man sogar überall innerhalb Europas reisen.“* Er behauptete, der einfachste Weg sei, ein Studentenvisum zu beantragen. Man müsse nur ein Jahr Studiengebühren bezahlen, danach könne man sich frei entscheiden, wo man bleiben möchte, in Zypern oder in einem anderen EU-Land. Alles klang damals einfach und schön. Vielleicht zu einfach und zu schön. Yatou machte sich immer noch Sorgen wegen des Lebens in einem fremden Land. Sie sprach kein Englisch. Wie sollte sie mit den anderen kommunizieren oder Arbeit finden? *„Mach dir keine Gedanken! Meine Kusine ist da, sie wird sich bestimmt um dich kümmern und dir eine gute Arbeit vermitteln.“* Yatou weiß nicht mehr, wann sie schließlich die Entscheidung getroffen hat. Alles ging plötzlich sehr schnell. So schnell, dass sie keine Zeit hatte, zu überlegen. Dann war sie schon in Nicosia. [2]

Die Geschichte von „Yatou“ gleicht der von vielen mit einem Studentenvisum eingereisten chinesischen Migrantinnen in Zypern. Alle haben die gleichen Erfahrungen gemacht. Sie sind jung, zwischen 20 und 25 Jahre alt. Sie kommen hauptsächlich aus zwei Provinzen in der Volksrepublik China, der Provinz Fujian im Süden und der Provinz Liaoning im Norden, aus Gebieten, die sie in ihren Worten als *„Bauerndörfer“* bezeichnen. Obwohl ihre persönlichen Motivationen und Ziele, die sie zu einer Einreise in die Republik Zypern antrieben, sehr unterschiedlich sind, steht eines bei allen fest: Sie suchen Auslandserfahrungen, die ihnen eine bessere Zukunft bringen. Und sie glaubten, mit der Einreise nach Zypern seien sie bereits in Europa angekommen.

Die Volksrepublik China, wirtschaftlich von der Presse und den Politikern oft als „der asiatische Riese“ bewundert, besitzt in ihrer sozialen Entwicklung eine Ambivalenz: Durch das Wirtschaftswachstum ist einerseits eine sich in den Großstädten konzentrierende Mittelschicht entstanden, die der alten traditionellen chinesischen Gesellschaft ein neues Gesicht gegeben hat. Andererseits leidet die Mehrheit der Bevölkerung – überwiegend Bauern – immer noch unter der sozialen Ungleichheit und möchte mit allen Mitteln der Armut entkommen. Die durch die Globalisierung erleichterte Mobilität ermöglicht es vielen, sowohl der Mittel- als auch der Unterschicht, woandershin zu gehen, um dadurch ihren sozialen Status zu verbessern.

Die Republik Zypern [3], eines der Beitrittsländer der Europäischen Union, ist ein interessanter Schauplatz, um die Vielschichtigkeit globalisierter Mobilität zu untersuchen. Aufgrund seiner geographischen Lage als Brückenkopf zwischen Europa und dem Mittleren Osten sowie seinem aus der postkolonialen Situation entstandenen englischsprachigen Bildungssektor präsentiert sich Zypern seit einigen Jahren als „regional educational centre“, besonders für Studenten aus der sogenannten Dritten Welt. Angesprochen werden asiatische Studenten, vor allem aus der Volksrepublik China, aber auch aus Indien, Pakistan, Bangladesh und Sri Lanka, die nach Auslandserfahrungen in Europa suchen und mittlerweile einen beträchtlichen Anteil der Studenten in Zypern stellen. Ein Auslandsstudium kann als Vorwand für oder als Sprungsbrett in die Migration dienen. Dies zeigt sich deutlich in der in kurzer Zeit schnell angewachsenen, verhältnismäßig großen Zahl von Chinesen auf Zypern. Infolge des EU-Betritts 2004 wird Zypern von Menschen aus Drittländern als „ein europäisches Land“ betrachtet, das eine hohe Lebensqualität verspricht. Viele junge Menschen aus asiatischen Ländern, die mit einem Studentenvisum nach Zypern eingereist sind und in einem der vielen privatwirtschaftlich betriebenen Colleges in den großen Städten Zyperns eingeschrieben sind, arbeiten illegal als Arbeitskräfte in Privathaushalten, in der Gastronomie, im Tourismus, in der Landwirtschaft und im Baugewerbe. Oft verlassen sie nach spätestens einem Semester das College, um die Studiengebühren zu sparen. Sie sind somit nicht mehr als Studierende bei der Migrationsbehörde registriert und verlieren ihren legalen Aufenthaltsstatus.

Während für die Regierung Zyperns immer noch die wirtschaftliche Zusammenarbeit mit China im Vordergrund steht und man auf Investitionen der großen chinesischen Unternehmen in Zypern hofft, zeichnet die zypriotische Presse schon längst nicht mehr ein entsprechend harmonisches Bild des Zusammenlebens zwischen Zyprioten und Chinesen auf der Insel. Die sozialen Spannungen spiegeln sich in Themen wie illegale Migration, Schwarzmarktgeschäfte sowie von Chinesen begangenen Straftaten wider. [4] Darüber hinaus ermöglichen die unterbezahlten, ungesicherten Arbeitsverhältnisse in der Illegalität die Ausbeutung der chinesischen Migranten im zypriotischen Arbeitsmarkt und sind ein großes soziales Problem.

Die Kulturanthropologin Aihwa Ong fordert, dass "an anthropology of the present should analyze people's everyday actions as a form of culture politics embedded in specific power contexts" (Ong 1999, 5). Das EU-Grenzregime beziehungsweise die transnationale Mobilität der Studenten und Migranten zum einen und die Transformation der griechisch-zypriotischen Gesellschaft nach dem EU-Beitritt zum anderen sowie die neoliberale globale Ökonomie, die Hochschulpolitik und der Hochschulbildungsmarkt Zyperns bilden zusammen die Rahmenbedingungen, die das Leben der chinesischen Studenten auf Zypern bestimmen. Vor diesem Hintergrund ergeben sich folgende Fragen: Wie lässt sich die Rolle der ausländischen Studenten im Kontext eines durch den EU-Beitritt bedingten Strukturwandels neu definieren, sowohl in der Bildungs- als auch in der Einwanderungspolitik? Sind die ausländischen Studenten repräsentative Figuren für das globale Renommee der internationalen Hochschulpolitik Zyperns oder lediglich eine profitable Klientel für die privaten höheren Bildungsinstitutionen? Inwiefern belasten sie, wie manche kritische Stimmen auf Zypern behaupten, als „ökonomische Flüchtlinge“ die soziale Struktur, wenngleich die Gesellschaft von den billigen Arbeitskräften profitiert?

Das folgende Material und die daraus resultierenden Ergebnisse stammen aus einer einmonatigen Feldforschung in den drei zypriotischen Städten Larnaca, Nicosia und Pafos zwischen September und Oktober 2006. Es wird ergänzt durch die Eindrücke aus einem Lehrforschungsprojekt auf der Republik Zypern 2005. Die empirischen Daten wurden mittels ethnographischer Methoden, teilnehmender Beobachtung, offener Interviews und biographischer Gespräche mit den Studenten erhoben. Insgesamt kontaktierte ich mehr als 40 Chinesen auf Zypern, worunter sowohl „echte“ Studenten als auch „Scheinstudenten“ und Arbeitsmigranten waren. Um ihre Lebenspraxis im gesamten Kontext zu verstehen und zu erforschen, habe ich außerdem Expertenmeinungen aus unterschiedlichen Bereichen und „Experten im Alltag“ – sowohl die zypriotischen als auch die ausländischen Bewohner der Insel – befragt. Dabei hatte ich Kontakt mit zypriotischen Arbeitgebern, Repräsentanten und Lehrkräften in Colleges, Mitarbeitern von NGOs und des universitären Ombudsbüros sowie mit internationalen Missionaren der evangelischen Kirche und schließlich mit einem chinesischen Reisenden. Da ich Muttersprachlerin bin, konnten alle Gespräche mit Chinesen auf chinesisch geführt werden. [5] Die Gespräche mit den zypriotischen und anderen ausländischen Personen beziehungsweise Experten wurden auf Englisch geführt. [6]

Feststellen konnte ich vor allen Dingen eins: Weder die Studienprogramme der zypriotischen Hochschulen noch die Möglichkeiten auf den zypriotischen lokalen Arbeitsmärkten sind es, die die Chinesen motivieren, nach Zypern einzureisen, sondern es ist vielmehr die Vorstellung, in Zypern angekommen zu sein, als sei man bereits in Europa, wie dies in der Einstiegsgeschichte von Yatou deutlich zu lesen ist. Diese irrtümliche Vorstellung und ihre Wirkungen sind Gegenstand meines Beitrags.

Zypern als ein „regional educational centre“

1988 begann die zypriotische Regierung die Umsetzung des Konzepts, Zypern als ein „regional educational centre“ auszubauen, aufgrund seiner schönen Natur und seines reichen kulturellen Erbes, seiner geographischen Lage zwischen Europa, Asien und Afrika und seines englischsprachigen Bildungssektors. Betont wurden noch die mediterrane Gastfreundschaft sowie die wachsende Wirtschaft Zyperns. [7] An den etwa 30 privaten Hochschulen Zyperns sind dreimal so viele Studenten immatrikuliert wie an der University of Cyprus, der einzigen staatlichen Universität, die hauptsächlich griechischsprachige akademische Programme anbietet. Laut Statistik verzeichneten die privaten Colleges im Studienjahrgang 2004/05 insgesamt 15.546 Studenten. Dem gegenüber stand die staatliche Universität mit 4.532 Studenten. [8] Das kennzeichnet die wichtige Rolle der privaten Hochschulen, allerdings auch ihre Konkurrenzsituation mit der staatlichen Universität im Bereich „tertiary education“ auf Zypern. Die Spannungen resultieren hauptsächlich daraus, dass private Hochschulen auf Profitbasis operieren und im Unterschied zu anderen Ländern keine staatlichen Zuschüsse erhalten. [9]

Verschiedene Typen privater Hochschulen auf Zypern können unterschieden werden. Es wird oft eine Trennlinie zwischen „the leading colleges“ und „the remaining colleges“ gezogen (vgl. Shaelou 2004). Die „leading colleges“ sind solche, die nach Größe, Qualität des Angebots, Zahl der Studenten und Fachbereiche sowie Infrastruktur und Studiengängen mit der staatlichen Universität vergleichbar sind. Einige von ihnen haben seit Jahren den Universitätsstatus beantragt, was nach einem langen Prozess im September 2007 bewilligt wurde. [10] Mit „remaining colleges“ sind oft kleinere Colleges gemeint, die sich durch mangelnde Ressourcen auszeichnen. Die meisten der von ihnen angebotenen Studiengänge sind nicht von der Regierung anerkannt oder international akkreditiert, es fehlt oft die grundlegende Infrastruktur, und die Studenten sind größtenteils Ausländer, meistens aus China, Indien, Sri Lanka, Pakistan und Bangladesh. [11] Daher werden sie spöttisch von anderen Colleges als „visa-colleges“ oder „ghost-colleges“ bezeichnet. Ihr rein profitorientierter Charakter wird bemängelt. Ihre relativen niedrigen Studiengebühren locken jedoch stetig Studenten an. Während die „leading colleges“ etwa 4.000 CYP [12] pro Jahr von ihren Studenten verlangen, kostet ein Abschluss an kleinen Hochschulen nur rund 1.000 bis 1.500 CYP. [13]

Der EU-Beitritt veränderte die Situation der Studenten in Zypern fundamental. Berichte aus der griechisch-zypriotischen Presse zeigen, dass nach dem EU-Beitritt die Studentenzahlen in Zypern, sowohl was einheimische als auch ausländische Studenten betrifft, in den letzten Studienjahrgängen stark zurückgegangen sind. Etwa 53 Prozent der griechisch-zypriotischen Studenten (19.400) entschieden sich für ein Studium im Ausland nach dem EU-Beitritt [14] und die Zahl der ausländischen Studenten sank von 6.679 im Jahr 2003 auf nur 4.901 im Jahr 2004. [15] Dadurch erlitten sowohl die „tertiary education institutions“, zumeist private Hochschulen, als auch die zypriotische Wirtschaft große Verluste. Laut eines Berichtes der englischsprachigen Tageszeitung Cyprus Mail wird ein Verlust in Höhe von 31 Millionen Dollar im Studienjahr 2004/05 geschätzt. [16] Ein Grund für die gesunkenen Zahlen sind die identischen Studiengebühren für alle EU-Bürger, was eine verstärkte Abwanderung von zypriotischen Studenten nach England oder Griechenland zur Folge hat. Ein anderer Grund sind die neuen Visa-Regelungen für nicht EU-europäische Studenten, die nach dem EU-Beitritt nach Zypern kommen. Die zypriotische Regierung wies ihre Konsulate in Asien an, vor Ort die Antragsteller von Studentenvisa durch Bewerbungsgespräche zu überprüfen. Darüber hinaus machen die strengen Bestimmungen der Regulierung beziehungsweise die schwierigen und langwierigen Formalitäten beim Visumsantrag Zypern zunehmend unattraktiv für asiatische Studenten.

„Wenn man ins Ausland geht, wird man reich.“ Eine utopische Vorstellung mit sozialen Erwartungen und Verpflichtungen

Abgesehen von dem heterogenen sozialen Hintergrund der chinesischen Studenten auf Zypern: Jedes Mal, wenn ich sie fragte, warum sie nach Zypern kamen, hatte die Antwort nie mit „studieren" zu tun. Manche antworteten direkt, dass sie kamen, um Geld zu verdienen. Oft haben sie sogar zurückgefragt, wenn sie wirklich im Ausland hätten studieren wollen, warum dann auf Zypern? Der 23 Jahre alte chinesische Student Laoyan, der seit 2004 MBA auf Zypern studierte, fasste zusammen, warum seiner Ansicht nach chinesische Studenten nach Zypern kommen:

> *„Bei den chinesischen Studenten auf Zypern gibt es drei unterschiedliche Typen: Der erste Typ sind solche, die wirklich wegen des Studiums nach Zypern gekommen sind. Der zweite sind solche, die gekommen sind, weil ein zypriotisches Visum einfacher zu beantragen ist und weil sie hier arbeiten und Geld verdienen wollen. Die Löhne hier sind höher als die in China. Der dritte sind die Chinesen, deren Ziel eigentlich andere europäische Länder sind. Zypern ist dann das Sprungbrett."*

Dabei äußerte er auch seine Meinung über die Tendenzen der weiteren Entwicklung:

> *„Die Studenten, die wirklich nach Zypern zum Studieren kommen, werden garantiert immer weniger, denn sie können dies auch in anderen Ländern tun. Wenn sie wirklich ins Ausland zum Studieren gehen, bedeutet das, dass ihre Eltern es sich auch leisten können, sie in ein besseres Land zu schicken, zum Beispiel nach England. Die Zahl der zweiten Gruppe* [die Arbeitswilligen] *wird sowieso gleich bleiben, sogar steigen, weil die Konkurrenz um die Arbeitsplätze in China immer größer wird. Die dritte Gruppe* [die Zypern als Sprungbrett nutzt] *wird auch nicht kleiner. Die Menschen werden immer darauf warten, dass der Tag kommt, an dem sie mit ihrem Zypern-Visum die Grenzen innerhalb Europas überschreiten dürfen."*

Diese knappe Zusammenfassung enthält viele Faktoren, die für die Erklärung der Migration von Bedeutung sind: Zunächst werden die Auswirkungen der ungleichen Verteilung sozialer Ressourcen beziehungsweise des Konflikts zwischen Zentrum und Peripherie ausgewiesen. Die Angst der Menschen vor der Konkurrenz auf dem Arbeitsmarkt beziehungsweise ihre Angst vor einer aussichtslosen Situation aufgrund ihres schlechten sozialen Hintergrunds spielt hier eine entscheidende Rolle. China, dessen soziale Struktur durch Wirtschaftsreformen zwischen den 1970er und 1990er Jahren stark verändert wurde, zeigt das gleiche Problem. Laoyan drückte es folgendermaßen aus:

> *„Die Reformen brachten zwar viele positive Einflüsse vom Ausland nach China, zum Beispiel die ausländischen Investitionen, gleichzeitig aber auch den Neid. Die Bevölkerung ist neidisch auf die Sachen, die andere haben, sie aber nicht."*

Ein Aufenthalt im Ausland mit dem zu erwartenden großen Gewinn stellt den benachteiligten sozialen Schichten eine Alternative zum schnellen Ausweg aus dem hierarchischen Verhältnis zwischen Zentrum und Peripherie beziehungsweise dem harten „Klassenkampf" in China dar. Es lässt sich in der gesellschaftlichen Beeinflussung der bestimmten Zukunftsvorstellung gut betrachten. Der kollektive Gedanke, dass „wenn man ins Ausland geht, man reich wird", was fast bei allen meinen Informanten zu sehen ist, ist fest in der Tradition vieler Städte in der Peripherie der Volksrepublik China verwurzelt. Dabei sollte man nicht übersehen, dass auf diese Weise große soziale Erwartungen an die jungen Chinesen gestellt werden. Eine Karriere in der eigenen Heimat wird schließlich von Studenten und den Mitmenschen aus ihrer Heimat als „mei qiantu" (ohne Perspektive) von vornherein abgelehnt.

„Alles läuft plötzlich schneller!" Die Geschäftslogik der chinesischen „snake heads"

Viele glauben, Zypern sei ein europäisches Land, in dem man immer viel Geld verdienen könne. Dieser Glauben hängt mit der Rolle der sogenannten Migrationsvermittler zusammen, die einen Studienaufenthalt von Studenten aus dem Ausland in Zypern organisieren und oft zusammen mit den kleinen Colleges in Geschäfte mit ausländischen Studenten involviert sind. Der Vermittler oder die „snake heads" („shetou") [17], wie sie von chinesischen Studenten genannt werden, besitzen oft private Unternehmen. Die Besonderheit eines solchen Unternehmens liegt, so das Beispiel eines chinesischen „snake head", in der Geschäftslogik: Erst nachdem der Vermittler alle Prozeduren für seinen Mandanten durchgeführt hat und dieser das Visum in der Hand hält, wird die Vermittlungsprovision verlangt und bezahlt. Wenn der Visumantrag scheitert, muss der Mandant nichts bezahlen. In einem erfolgreichen Fall ist die Provision allerdings um ein mehrfaches höher als die Kosten, die aus den nötigen Anträgen entstehen. In manchen Fällen kann die Provision auf bis zu 6.500 Euro steigen. Diese Geschäftslogik spiegelt den typischen Charakter der „snake heads" wider, nämlich dass ihre Geschäfte auf der Basis persönlicher Netzwerke basieren und sich oft in der Grauzone von Geschäftsrecht und -ethik befinden. Nicht selten werden sie von chinesischen

Studenten selbst betrieben, die schon lange auf Zypern leben. Hier kann wegen der hohen Provisionen und der anschließend fehlenden Betreuung zumeist von reiner Profitmacherei ausgegangen werden. Es ist dabei nicht schwer, sich vorzustellen, dass viele Fälle den Tatbestand des Betruges erfüllen.

Es ist interessant zu fragen, warum trotz der Gefahr, solchen Betrügereien zum Opfer zu fallen, viele Chinesen lieber Geschäfte mit solchen „snake heads" machen, anstatt selbst die nötigen Anträge zu stellen:

> *„Es ist für uns sehr schwierig, all diese Anträge selbst zu stellen. Erstens wegen den mangelnden englischen Sprachkenntnissen. Zweitens ist es nicht leicht, sich über die Situation auf Zypern zu informieren. Drittens wissen wir nicht viel über die nötigen Prozeduren. Zum Beispiel: Du weißt nichts über Deutschland, wie beantragst du ein Visum? Du musst zuerst einigermaßen Deutsch können. Das heißt, wenn du selbst die Zulassung des Colleges und ein Visum beantragen willst, musst du schon einige soziale Erfahrungen und Wissen haben. Dann kannst du alles selbst machen. Aber wenn dir Erfahrung und Wissen fehlen, was dann? Es kostet Zeit und gelingt meistens nicht. Aber wenn du einen Migrationsvermittler beauftragst, dies für dich zu erledigen, gibt es eine Garantie. Der macht alles für dich. Was du machen musst, ist zu Hause zu warten."*

Nicht selbst die komplizierten Anträge stellen zu müssen, besonders im Hinblick auf die Sprachschwierigkeiten, sowie die Möglichkeit, das Risiko, dass der Visumantrag abgelehnt werden könnte, zu vermeiden, seien schließlich die entscheidenden Faktoren. Laoyans Hinweis auf die „mangelnde soziale Erfahrung und fehlendes Wissen" zeigt wiederum die gesellschaftlich benachteiligte Position vieler Migranten, wobei viele Studenten (oft solche, die ohne legale Aufenthaltsgenehmigung auf Zypern weilen) dies eher ihrer eigenen Naivität zuschreiben: *„Ich war dumm, nicht wahr? So naiv zu glauben, was die Leute über Zypern erzählt haben"*, sagte mir eine chinesische Studentin, als sie über ihre Erfahrungen mit einem „snake head" berichtete. Die Armut und der Informationsmangel im eigenen Land beziehungsweise den Heimatdörfern ermöglichen teilweise erst Schwindel und Betrug.

Der utopische Glaube an ein schönes reiches Leben durch einen Aufenthalt in Europa, die damit verbundenen hohen sozialen Erwartungen, die Verwicklung in die Geschäfte der Migrationsvermittlung und ein (im Vergleich zu anderen europäischen Ländern) leicht zu bekommendes Visum für Zypern: Zusammen führen alle diese Faktoren dazu, dass die Entscheidung für einen Aufenthalt in Zypern oft spontan und unüberlegt getroffen wird. Hinsichtlich der auf Vertrauen basierenden Geschäftslogik suchen die Migrationsvermittler oft ihre Klienten in der eigenen Verwandtschaft oder Bekanntschaft. Bevor diese jungen Chinesen, die gerade erst die Schule verlassen haben, realisierten, was wirklich dahinter steckt, hatten die Migrationsvermittler schon über alle möglichen Wege die Visa besorgt und konnten dafür hohe Provisionen von deren Familien verlangen. Eine Ablehnung sei, das berichteten viele, aufgrund der häufigen Vermittlung durch lokale Mafiosi nicht möglich. *„Ich hatte nicht wirklich realisiert, was dies bedeutet und auch nicht viel darüber nachgedacht. Nach ein, zwei Monaten war ich schon auf Zypern“*, erzählte mir ein Student aus Nordchina.

“Are you Chinese?” Rassistische kulturelle Begegnungen im Alltag

„Ich mag die Zyprioten nicht.“ Oft begannen die chinesischen Studenten mit dieser Aussage über die Zyprioten zu reden. Der Eindruck eines fehlenden Vertrauensverhältnisses zwischen Chinesen und Zyprioten entstand in vielen Gesprächen. Die Gründe dafür blieben allerdings unklar.

Ein Auto hält neben Yatou an, als sie auf die Ampel wartet. *“Are you Chinese?”* Ein alter zypriotischer Mann streckt seinen Kopf aus dem Fenster und fragt weiter: *“How much? 20 Pounds?”* Yatou atmet tief ein und versucht, nicht aufgeregt zu sein. Das gleiche ist ihr schon viele Male passiert. Diese zypriotischen alten Knacker wollen nur Sex, aber das einzige, was sie dagegen machen kann, ist, diese Männer zu ignorieren. Der Mann fragt noch einmal, dann fährt er weg. Yatou denkt wieder an den Tag, als das Flugzeug in Larnaca landete. Es war für sie mehr als eine Enttäuschung, als sie einen Flughafen erblickte, der viel kleiner und älter als der Provinzflughafen in Fujian war. Es war keine Stadt wie London oder Paris, wie sie erwartet hatte. Der Vermittler hatte insgesamt zehn Menschen aus ihrem Dorf nach Zypern geschickt, aber seine Kusine tauchte nicht auf, um sie abzuholen und in die Unterkunft zu bringen. Niemand wusste, wie es weiter ging. In diesem Moment hat sie erst verstanden, dass es Betrug war. Dafür hatten ihre Eltern aber 80.000 Yuan (circa 8.000 Euro) Schulden aufgenommen.

Die Lebenspraxis der chinesischen Studenten auf Zypern wird stark von bestimmten Vorstellungen und Imaginationen geprägt. Während die utopische Imagination über ein schönes Leben in Europa immer noch viele Chinesen nach Zypern lockt, blockiert die Macht der Vorurteile und Klischees die alltägliche kulturelle Auseinandersetzung mit der Gastgesellschaft. Es wird, zumindest zunächst, den jeweiligen ethnischen Gruppen wenig Verständnis entgegengebracht, um

Vorurteile zu beseitigen, die aus fehlenden Kontakten früherer Zeiten resultieren. Alle meine Gespräche mit griechischen Zyprioten bestätigen diese Macht der Vorurteile: *„Die Chinesen können nicht gut Englisch sprechen"*; *„sie bleiben gern unter sich"*; *„sie sind fleißig, freundlich, ruhig und beschweren sich selten."* Umgekehrt klang es aus dem Mund der Chinesen so: *„Die Zyprioten sind faul"*; *„sie sind unpünktlich"*; *„sie machen alles langsam"* und *„sie wollen nur Sex"*.

Der Rassismus, der die Menschheit in Gruppen oder Rassen teilt, die als homogen betrachtet, beurteilt und behandelt werden, zeigt sich schließlich in den alltäglichen kulturellen Begegnungen auf Zypern. Der Schutz der eigenen griechischen kulturellen Identität sowie Sprache und Religion, die einseitigen und unkritischen Berichte in den Medien und deren Verbreitung eines ausländerfeindlichen Bildes, die oft gehörten Misshandlungen durch Beamte der Migrations- und Arbeitsbehörden sowie die Diskriminierung und sexuellen Herabsetzungen: Alle dies sind Beispiele dafür. Der Rassismus spiegelt sich letztlich in den schlechten und unsicheren Arbeitsverhältnissen ausländischer Studenten auf Zypern wider. Bis Anfang des Jahres 2008 wurde den ausländischen Studenten immer noch nicht offiziell von der zypriotischen Regierung erlaubt, neben dem Studium zu arbeiten, obwohl solche illegalen Arbeitskräfte überall auf Zypern nachgefragt werden. [18] Laoyan erzählte mir einmal voller Ärger:

> *„Wenn wir arbeiten gehen oder einfach auf der Strasse laufen: Bevor irgendwelche Gespräche mit Zyprioten zustande kommen, denken sie immer, dass wir ‚die Chinesen' sind. Das ist aber keine positive Einschätzung.* [...] *Für sie sind ‚die Chinesen' gleich die Asiaten, die illegalen Einwanderer und untergeordneten Menschen!"*

„Chinesen sind kompliziert." Verunsicherung und Distanzierung durch Konflikte und Misstrauen

Er wäre einseitig zu behauptet, dass die Zyprioten allein schuld an dem schwierigen Leben der Chinesen auf der Insel sind. Vielmehr sahen die chinesischen Studenten ihre angespannte Situation aus den Problemen verursacht, welche sie nach Zypern mitgebracht haben. Die Migrationsvermittler schufen eine utopische Vorstellung von Zypern und lockten somit viele chinesische Arbeitswillige dorthin. Sobald letztere dann mit den schwierigen Lebens- und Arbeitsbedingungen vor Ort konfrontiert werden, geraten viele von ihnen in ein Dilemma: Weil sie kein Englisch sprechen, finden sie keine gut bezahlte Arbeit. Sie leiden unter einem enormen Verdrängungswettbewerb auf dem Arbeitsmarkt und sind daher bereit, jede billige Arbeit zu schlechtesten Bedingungen anzunehmen, was nicht nur die Wirtschaft Zyperns beeinflusst, sondern die Intoleranz der zypriotischen Gesellschaft gegenüber den Chinesen noch verstärkt. Laoyan erklärte dies so:

> *„Viele Zyprioten wollen die Chinesen anstellen, weil sie denken, dass sie uns nur geringe Löhne zahlen müssen, wir aber trotzdem immer noch sehr hart für sie arbeiten. Dies verursacht zwei Probleme. Zum einen denken sie, dass wir billige Arbeitskräfte sind. Sie können uns ausbeuten. Zum anderen stellen sie keine zypriotischen Arbeiter mehr ein. Das muss ein Problem für die zypriotische Gesellschaft sein.“*

Allerdings ist der sofortige Weg wieder nach Hause unmöglich, gerade nachdem schon viel Zeit und Geld investiert wurde und die Familien große Erwartungen haben.

> *„Selbst wenn wir unseren Freunden und Verwandten erklären, wie schlecht unser Leben auf Zypern ist, will uns niemand glauben, und immer noch wollen viele hierher kommen. Und sobald sie ankommen, ‚werden sie schwarz‘* [heixialai] *und erhalten keine Aufenthaltgenehmigung. Es ist traurig. Man sagt, das erste Verbrechen, den ersten Raub, den ersten Mord auf Zypern haben die Chinesen begangen. Chinesen berauben Chinesen. Denn sie wurden von den ‚shetou‘* [‚snake heads‘] *betrogen, finden hier keine Arbeit und keine Hoffnung. Darum gehen sie rauben.“*

In Laoyans Äußerung zeigt sich noch einmal das Dilemma, wobei Kriminalität die schlimmste, jedoch keineswegs übliche Folge der prekären Verhältnisse darstellt. Hier zeigt sich vielmehr, wie die chinesischen Studenten von ihrer Lage beeinflusst werden und darunter leiden. Der Verdrängungswettbewerb auf dem Arbeitsmarkt, die Kriminalität und die Prostitution, der manche Chinesen vor Ort nachgehen, verunsichern nicht nur die zypriotische Gesellschaft, sondern führen auch zu Spannungen unter den Chinesen. Die Reflexion, dass *„manche Chinesen in Zypern wirklich schlechte Sachen getan* [haben und] *die Zyprioten uns deswegen rücksichtslos behandeln und verachten“*, demonstriert die isolierte und einsame Situation der chinesischen Studenten. Während sie sich von den Zyprioten „irgendwie“ schlecht behandelt fühlen, ist die Konfrontation mit den anderen Chinesen vor Ort viel konkreter. *„Was die Schließung von Freundschaften unter den Chi-*

nesen hier betrifft, geht es dabei viel um Nutzen und Gewinn. Es ist schwer hier, echte Freunden zu finden", sagte eine Studentin. *„Es ist hier viel komplizierter* [als zu Hause]*, wie man hier miteinander umgeht"*, sagte eine andere. Dabei spielte zwar die Konkurrenz um Arbeit die größte Rolle, aber das andauernde Sich-Vergleichen und der viele Klatsch verursachen zum Teil auch die große Distanz vieler Chinesen gegenüber den anderen Chinesen auf Zypern. Manche halten sich von den anderen fern, um sich selbst zu schützen, manche konzentrieren sich auf die Arbeit und das Studium, um zu zeigen: *„Ich bin anders als die anderen."* Es erscheint ironisch und naiv von vielen Zyprioten und Ausländern zu hören, dass sie die eigene Abschottung der Chinesen als das Haupthindernis für eine erfolgreiche kulturelle Interaktion betrachten.

Isolation und ein generelles Misstrauen nach außen und nach innen zeigen sich häufig in den alltäglichen kulturellen Begegnungen. Die mangelnden Kenntnisse über die anderen, Stereotype und Vorurteile, führen schließlich zu einem rassistischen Umgang im Alltag. Letztlich sind die große Arbeitskonkurrenz, die Hilflosigkeit und Einsamkeit der signifikante Anlass der Entfremdung zwischen den Chinesen, zwischen den Chinesen und Zyprioten sowie zwischen vielen anderen ethnischen Gruppe auf der Insel. So sagte mir ein chinesischer Student, der erst seit einem halben Jahr auf Zypern wohnte: *„Jeden Tag passiert immer irgendwas, was du selbst verkraften musst. Es ist unmöglich, hier jemanden zu finden, auf den du dich wirklich verlassen kannst."*

„Ich bin stolz auf mich!" Selbstentwicklung und Selbstverwirklichung der Studenten

Die anfängliche Enttäuschung führt nicht unbedingt zu einer dauernden Unzufriedenheit mit dem Leben auf Zypern. Dies wird besonders deutlich in der Auseinandersetzung vieler chinesischer Studenten mit der Situation in ihren Heimatstädten: Schlechte Arbeitsstellen mit Löhnen weit unter zypriotischem Niveau, die sozialen Verpflichtungen zu Hause und die großen Erwartungen von ihren Familien, dies sind nur ein paar Beispiele von vielen, die diese jungen Studenten als Bedrohungen wahrnehmen. Oft sagten sie mir: *„Wenigstens ist die öffentliche Ordnung auf Zypern besser als zu Hause. Man braucht sich keine Sorgen wegen Diebstahls zu machen und muss keine Angst haben, dass man auf der Straße beraubt wird!"*

Es ist bewegend zu sehen, wie meine chinesischen Informanten ihre Enttäuschung zu verkraften versuchen. Im Umgang mit prekären Situationen entwickeln sie ein neues Selbstbewusstsein, wobei die jeweiligen Wege, mit solchen Lagen zurechtzukommen, unterschiedlich und individuell sind. Der persönliche Kontakt und kulturelle Austausch mit den Zyprioten und anderen Ausländern findet trotz des generellen gegenseitigen Misstrauens jeden Tag statt. Selbstentwicklung und Selbstverwirklichung wird fast von allen chinesischen Studenten, die ich kontaktierte, als der Ertrag betrachtet, den sie nach ihrem Aufenthalt auf Zypern mitnehmen. Eine Aussage wie: *„Ich kann mir jetzt mein eigenes Leben leisten“*; *„ich bin auch mal im Ausland gewesen, was viele nicht schaffen“*; *„ich weiß nun, wie die Welt draußen aussieht“,* hört man in fast allen Gesprächen. Sie enthalten einen optimistischen Blick auf die Zukunft. Laut der Aussage vieler Studenten hat die Auslandserfahrung zu einer positiven Entwicklung bei ihnen geführt, wenn schon nicht zu einer grandiosen Karriere im Ausland oder in China, dann wenigstens zu einer stärkeren Persönlichkeit. Ein gewisser Stolz, „es war nicht leicht im Ausland zu leben, aber ich habe es geschafft“, zeigt sich deutlich in vielen biographischen Erzählungen. Somit bemängelten sie auch einen fehlenden Charakter und fehlende Motivation bei solchen Studenten, die nach dem ersten Schock auf Zypern sofort die Hoffnung aufgaben und wieder nach China zurückkehrten.

Schlussbemerkung

Die Absicht, Zypern als ein „regional educational centre“ zu entwickeln, ermöglichte es den Colleges, aus den Studiengebühren ein einträgliches Geschäft mit Migration zu machen. Wie der Kulturanthropologe Pal Nyiri andeutet: “International education, with its promise of visa to desirable destinations, is part of the migration business.“ (Nyiri 2006, 35) Viele internationale Studenten kommen mit anderen Erwartungen nach Zypern: Sie sehen darin eine Chance, wirtschaftliches und soziales Kapital zu akkumulieren beziehungsweise Zypern als Sprungbrett in die westliche Welt zu nutzen.

Die Schaffung des EU-Grenzregimes stellte hier eine andere Dimension dar. Obwohl die Einreisebedingungen für Nichteuropäer nach dem EU-Beitritt aufgrund der zunehmenden Zahl an Einwanderern restriktiver geworden sind und die Arbeitsmöglichkeiten stark auf den EU-Bürger eingeschränkt wurden, entwickeln die chinesischen Migrationswilligen neue Strategien. Ein Auslandstudium in Zypern stellt schließlich eine Möglichkeit dar, wie man im Gegensatz zur Arbeitsmigration viel leichter ein Visum bekommen kann und dabei noch einen besseren sozialen Status besitzt.

Der EU-Beitritt trug zur Schaffung der „Utopie Zypern“ bei. Die Vorstellung, dass Zypern ein EU-Land wie England, Frankreich oder Deutschland sei, ließ tausende Chinesen nach Zypern einwandern. Die Hoffung, dass sie mit dem zypriotischen Visum innerhalb der EU reisen und auch in anderen Ländern studieren oder arbeiten könnten, mussten sie aufgeben, als sie realisierten, dass Zypern nicht zu den Ländern des Schengener Abkommens gehörte. Der EU-Beitritt hat laut vieler Chinesen im Hinblick auf den langwierigen Prozess der gesetzlichen Einbindung Zyperns in die EU bis jetzt an den Rahmenbedingungen des Lebens der ausländischen Studenten auf der Insel nicht viel geändert beziehungsweise ihre Lage sogar erschwert. Das Leben auf Zypern ist teuer. Die Arbeitskonkurrenz ist groß wegen der steigenden Zahl von Arbeitern aus Osteuropa und den neuen EU-Richtlinien, die den EU-Bürgern einen Vorrang bei der Arbeitssuche einräumen (vgl. auch Lenz in diesem Band). Die Abschlüsse der Colleges, an denen die meisten chinesischen Studenten registriert sind, wurden lange Zeit noch nicht einmal von der chinesischen Regierung anerkannt. Die Umwandlung großer Colleges zu Universitäten brachte dann zwar die staatliche Anerkennung in China, führte aber auch zu einer unabhängigen Entwicklung der Colleges, die bei ihren akademischen Programmen nicht mehr mit anderen europäischen Universitäten kooperieren wollen. Dies empfinden die chinesischen Studenten als große Enttäuschung, da sie von nun an lediglich einen „zypriotischen Abschluss“ erlangen können.

Während Zyperns Wirtschaftsleben immer mehr von Schwarzarbeitern abhängig wurde, entstanden so gleichzeitig auch Konflikte und Misstrauen zwischen den ethnischen Gruppen, was schließlich in einem weitgehend separierten Zusammenleben mündete. Nicht zuletzt erschweren Vorurteile, Stereotypen und rassistische Diskriminierungen die kulturelle Annährung im Alltag. Die andauernde Konfrontation mit der Frage „Woher kommst du?“ führt bei den meisten meiner chinesischen Informanten zu Wut und Enttäuschung sowie zu der Erkenntnis: „Ich bin ein Chinese.“ Dabei zeigt sich deutlich ein klassen- und nationalitätendifferenzierter Umgang der Menschen. Letztlich leben die jobbenden („echten“) Studenten und die Scheinstudenten keinesfalls harmonisch zusammen. Misstrauen statt Zusammenhalt bestimmt diese ethnische Gruppe aus Ostasien sowohl nach außen als auch nach innen, um sich selbst zu schützen, aber auch um neue Möglichkeiten ergreifen zu können.

Das Leben auf Zypern sei nur ein zeitlich begrenzter Aufenthalt, sagen viele chinesische Studenten. Die Enttäuschungen stammen nicht nur aus der falschen Hoffnung, in Zypern sein Glück in einem wohlhabenden europäischen Land zu finden. Vielmehr verzweifeln diese jüngeren Chinesen daran, dass sie in ihrem Leben auf Zypern weiterhin mit den sozialen Erwartungen und Verpflichtungen der Gesellschaft ihres Herkunftslandes konfrontiert sind. Diesen können sie sich nicht einfach durch den Gang ins Ausland entziehen. Die vielen positiven und negativen Erlebnisse auf Zypern wecken aber bei vielen die Bereitschaft, allen möglichen Schwierigkeiten auf dem Weg in die Zukunft zu begegnen und sich nicht mehr so leicht von Schwierigkeiten und Enttäuschungen davon abhalten zu lassen, ein glückliches Leben zu führen. Es sei egal, wo sie seien, sagen sie, zu Hause oder in einem anderen Land. Transnationalisierungseffekte hinterlassen offensichtlich deutliche Spuren in der weiteren Lebensgestaltung dieser jungen chinesischen Studenten.

Anmerkungen

[1] Renminbi ist die Währung der Volksrepublik China. Ein Euro entspricht ca. zehn Yuan.

[2] Dieses Portrait ist fiktiv, insofern es ein Kompositum aus Interviewaussagen und Beobachtungen darstellt, die ich aus meinen engen Kontakten mit mehreren jungen chinesischen Frauen gewonnen habe, die in einer ähnlich prekären Situation leben. Die Verwendung solcher Komposita, die typische Vertreter einer sozialen Gruppe beziehungsweise Kultur aus mehreren realen Personen abstrahieren, ist in den Diskussionen um das Genre der Ethnographie in den 1980er Jahren zwar kritisiert worden, hat aber gerade in der „postmodernen“ Ethnographie auch neue Anhänger gefunden (vgl. Faubion 1993).

[3] Im Folgenden wird „Zypern“ als die verkürzte Bezeichnung für die Republik Zypern verwendet; unter „Zyprioten“ sind im Folgenden Angehörige der griechisch-zypriotischen Gesellschaft zu verstehen.

[4] Vgl. Leonidou, John (2006) Police arrest Chinese murder suspect. In: Cyprus Mail, 12.7.2006; Markides, Constantine (2006) Pitching tiny Cyprus to the Chinese economic giant. In: Cyprus Mail, 6.12.2006; Cyprus Mail, 11.12.2005: “I'm honourable, I just don't pay foreigners”; Cyprus Mail, 17.7.2007: “Chinese man arrested with illegal documents”.

[5] Die Autorin kommt aus Taiwan und lebt seit 2002 in Deutschland.

[6] Aus Datenschutzgründen sind alle Namen der chinesischen Studenten in dieser Arbeit durch Pseudonyme ersetzt. Ebenso sind alle im Folgenden eingefügten Zitate aus den Interviews von mir ins Deutsche übersetzt worden.

[7] Vgl. Frederick Institute of Technology (2006) 2005/2006 Frederick Institute of Technology. In: http://www.fit.ac.cy/, (Zugriff 20.1.2008); Intercollege (2006/7) Prospectus 06-07 Intercollege. In: http://www.intercol.edu/nqcontent.cfm?a_id=1, (Zugriff 20.1.2008); Cyprus College (2005) Bulletin 2005. In: http://www.cycollege.ac.cy/, (Zugriff 20.1.2008).

[8] Vgl. Republic of Cyprus (2004/5) Statistics of Education 2004/5, Table 61.

[9] Einige der privaten Hochschulen sind 30 Jahre älter als die Universität Zypern, die erst 1990 gegründet wurde. Während die staatliche Universität sich zunächst im Bereich der Sozial- und Geisteswissenschaften (im Rahmen von „undergraduate" und „postgraduate" Studiengängen) etabliert hat, bieten private Colleges meistens berufsorientierte Studiengänge wie „business administration", „economics", „marketing", „information technologies", „engineering", „law", „psychology", „journalism" oder „hospitality studies" an. Es werden zweijährige Diplomstudiengänge, aber auch längere Bachelor- und Master-Studiengänge angeboten (vgl. Musyck/Hadjimanoli 2005).

[10] Das Verfahren einer staatlichen Anerkennung von privaten Colleges zu privaten Universitäten zog sich über einen Zeitraum von mehr als zehn Jahren hin. Die Kritik an dem langwierigen Prozess kam von zwei Seiten: Erstens meinten Kritiker der Erziehungspolitik, dass die zypriotische Regierung es ignoriert habe, dass einige der großen Colleges ein mit der staatlichen Universität vergleichbares Niveau hatten, und dass sie diesen Status aus rechtlichen und ökonomischen Gründen schon längst hätten erhalten müssen. Zweitens richtete sich die Kritik auf die generelle staatliche Vernachlässigung der privaten Bildungsinstitutionen, das Beharren auf deren staatlicher Kontrolle und die Verzögerung und Ineffektivität der Regierung beim Aufbau der Infrastruktur im Bildungssektor (vgl. Shaelou 2004). Im September 2007 wurde das Verfahren abgeschlossen und drei private Colleges sind seitdem als private Universitäten von der Regierung anerkannt. Dies sind die European University-Cyprus (Cyprus College), die Frederick University (Frederick Institute of Technology) und die University of Nicosia (Intercollege). Der veränderte Status führt allerdings zu einem Strukturwandel der angebotenen akademischen Programme sowie erhöhten Studiengebühren (vgl. Saoulli, Alexia (2007) Cabinet approves three new universities. In: Cyprus Mail, 13.9.2007; Dies. (2007) New universities: what it means for students. In: Cyprus Mail, 15.9.2007).

[11] Eine unveröffentlichte Statistik über die Antragszahl ausländischer Studenten beim Ministry of Education Zyperns zeigt, dass die kleinen Colleges deutlich

höhere Zulassungszahlen aufweisen. Während z. B. das Intercollege ca. 30 Zulassungen an chinesische Studenten für das Studienjahr 2006/7 erteilte, liegt die Zahl bei einem kleinen College bei rund 90 (vgl. Intercollege, http://www.intercol.edu/).

[12] Ein Euro entspricht ca. 0.58 CYP.

[13] Vgl. Evripidou, Stefanos (2005) Battling the bogus students. In: Cyprus Mail, 2.8.2005.

[14] Vgl. Hazou, Elias (2005) We're missing out on vital enrolment. In: Cyprus Mail, 9.3.2005.

[15] Siehe Publikation in Anmerkung [8], Table X.

[16] Vgl. Psyllides, George (2004) $31 million lost in revenue from foreign students. In: Cyprus Mail, 19.11.2004.

[17] Viele unterschiedliche Ausdrucksformen versuchen die Funktion eines Migrationsvermittlers zu beschreiben, den die Chinesen als ein „snake head“ („shetou“) bezeichnen: sowohl „Agentur“, „migration brokers/facilitators“ im neutralen Sinne als auch „human snake“, „human smuggler“ oder „human trafficker“ in der negativen Assoziation, oft verbunden mit unregelmäßigen oder illegalen Migranten (vgl. Pieke/Nyiri/Thuno/Ceccagno 2004, 296). Im Chinesischen wird es jedoch von den Chinesen relativ neutral gesprochen. Daher scheue ich mich nicht, seinem häufig negativen Eindruck zum Trotz, den Begriff zu benutzen, der meiner Meinung nach seine originale Form behalten und selbst zur Sprache kommen soll.

[18] Gemäß der EU-Richtlinie 2004/114/EG (vgl. Richtlinie 2004/114/EG des Rates vom 13. Dezember 2004. Als elektronisches Dokument in: http://eur-lex.europa.eu/LexUriServ/LexUriServ.do?uri=OJ:L:2004:375:0012:0018:DE:PDF, Zugriff 20.1.2009) haben alle Mitgliedstaaten den Studenten aus Drittländern eine Teilzeitbeschäftigung von bis zu zehn Stunden pro Woche zu genehmigen. Das Implementierungsverfahren in die lokale Gesetzgebung Zyperns blieb allerdings in den internen amtlichen Diskussionen bezüglich der Anpassungsfähigkeit der Richtlinie umstritten. Erst seit April 2008 wurde den ausländischen Studenten offiziell von der zypriotischen Regierung erlaubt, neben dem Studium in bestimmten Bereichen zu arbeiten (vgl. Stylianou, Nassos (2007) Bill to allow foreign students to seek work. In: Cyprus Mail, 26.4.2007; Saoulli, Alexia (2008), Foreign Students allowed to work. In: Cyprus Mail, 12.04.2008).

Umweltpolitik, Regionalentwicklung

Europa und das Gold der Karpaten

Lokale, nationale und transnationale Dimensionen des Bergbaukonfliktes in Roşia Montană

Enikö Baga und Aron Buzogány

Die Frage, wie transnational verbreitete Normen auf lokale Gegebenheiten treffen und sich durch wechselseitige Anpassungsprozesse verändern, bietet Möglichkeiten, verschiedene Forschungstraditionen aus der Anthropologie, Soziologie und Politikwissenschaft sinnvoll miteinander zu verknüpfen. Die mit der Transformation und der Europäisierung in Zusammenhang stehenden Prozesse schaffen für Akteure auf lokaler Ebene neue – rechtliche, wirtschaftliche und nicht zuletzt politische – Opportunitätsstrukturen und beeinflussen die Institutionenbildung sowohl auf der formellen als auch auf der informellen Ebene. Gleichzeitig ist diese Institutionenbildung in verschiedene Diskurse eingebettet, deren Referenzrahmen lokal, national, aber auch transnational bestimmt wird. Die Auswirkungen der äußeren Rahmenbedingungen auf der lokalen Ebene sind mehrfach ambivalent. Erstens ergeben sich aus der Vielzahl externer Vorgaben inhärente Widersprüche. Zweitens spielen die lokalen Resonanzstrukturen in Form von „transnational geprägten lokalen Handlungsräumen" (Baga/Buzogány 2006) die Rolle eines „Filters" für die Akzeptanz externer Normen.

Unser Beitrag konzentriert sich auf verschiedene Dimensionen des Bergbaukonfliktes in der Ortschaft Roşia Montană in den rumänischen Westkarpaten. Kern des Konfliktes sind die Pläne des neuen Besitzers der Goldmine, einem transnational agierenden kanadischen Unternehmen, die seit zwei Jahrtausenden bestehende Bergbausiedlung umzusiedeln, um die Erzgewinnung auszuweiten. Diese Pläne haben lokal und national einen heftigen Widerstand hervorgerufen und prägen den Diskurs um die Entstehung einer Umweltbewegung in Rumänien. Aus dem Blickwinkel einer „Anthropologie der Europäisierung" ist dabei die Vermischung von lokalen Traditionen einer multikulturell geprägten Bergbausiedlung mit der Dualität des globalen Diskurses der wirtschaftlichen versus nachhaltigen Entwicklung interessant. Internationale Akteure, wie die kanadische Bergbaufirma, die Weltbank, aber auch internationale Umweltgruppen haben dem Konflikt eine transnationale Dimension gegeben, was auf der lokalen Ebene allerdings oft Interpretationsschwierigkeiten hervorruft.

Dem Gegenstand unserer Untersuchung kommen wir über eine Reihe von theoretischen Zugängen näher. Als erstes schildern wir aus politikwissenschaftlicher Perspektive Transformationsprozesse als tiefgreifende institutionelle Veränderungen, die der Europäisierung in Osteuropa Vorschub geleistet haben. Als nächstes reflektieren wir die Ergebnisse der Europäisierungsforschung im Hinblick auf die EU-Beitrittsstaaten. In einem folgenden Schritt führen wir diese beiden Perspektiven zusammen und verweisen am Beispiel des Konfliktes um die Goldgewinnung in Roşia Montană auf konfligierende beziehungsweise sich ergänzende Momente dieser zwei theoretischen Ansätze. Das empirische Datenmaterial beruht auf Interviews mit Akteuren des Konfliktes auf der lokalen, nationalen und europäischen Ebene sowie einer zwischen 2005 und 2007 durchgeführten Presse- und Dokumentenanalyse.

Transformation und Europäisierung

Transformationsprozesse stellen in Osteuropa eine radikale institutionelle Innovation dar, als deren Folge die osteuropäischen Gesellschaften nach den Prinzipien von Markt und Demokratie neu geordnet werden. Gleichzeitig wird die Doktrin der ökonomischen Autarkie zugunsten der Weltmarktintegration aufgegeben (vgl. Tatur 1998). Tiefgreifende institutionelle Brüche wie die Beseitigung autoritärer Machtstrukturen in der Politik und die Vorherrschaft des rechtlich regulierten Marktes in der Wirtschaft vermögen es allerdings nicht, die postsozialistische Wirklichkeit an den Idealtypus der westlichen Modernität heranzuführen. Vielmehr bringen die osteuropäischen Gesellschaften eigene Varianten einer kapitalistisch verfassten Ordnung hervor. Abhängig vom Vorhandensein zivilgesellschaftlicher Ressourcen können sich postsozialistische Gesellschaften entweder in Richtung eines demokratischen oder auch eines kriminellen Kapitalismus fortentwickeln (vgl. ebd.). Zwischen diesen beiden – idealtypisch konstruierten – Polen entwickeln sich verschiedene Formen des politischen Kapitalismus, in denen sich der Klientelismus als Modus der Regulierung von Austauschbeziehungen innerhalb der Gesellschaft durchsetzt. Unter diesen Bedingungen wird das politische Geschehen vom Parteienklientelismus bestimmt (vgl. Kitschelt 1994), während sich in der Wirtschaft „state-capture“ und Korruption durchsetzen (vgl. Hellman 1998).

Der Transformationsprozess bringt eine doppelte Öffnung sowohl nach innen als auch nach außen mit sich. Durch die Öffnung nach innen werden im Zuge der Transformation Akteure und Handlungsarenen juristisch neu definiert und neue Gelegenheits- und Anreizstrukturen für individuelles und kollektives Handeln geschaffen, die durch die Ermöglichung von autonomem Handeln langfristig zur Entstehung einer internen Entwicklungsdynamik beitragen können. Die Öffnung nach außen setzt komplexe Dynamiken in Gang, die sich aus den unterschiedlichen, manchmal auch widersprüchlichen Integrationsmodi entlang der Dimensionen Politik, Wirtschaft, Sozialstruktur und Kultur ergeben.

Für ökonomische Akteure findet transnationaler Austausch entweder über den Weltmarkt oder durch den Anschluss an transnationale Produktionsnetzwerke statt. Für zivilgesellschaftliche Akteure bieten „assoziative Netzwerke" (Chalmers u. a. 1997) einen Erfolg versprechenden Rahmen für transnationale Kooperation. Als assoziative Netzwerke werden Gruppen von Personen oder Organisationen verstanden, die einerseits selber bestimmte gesellschaftliche Interessen vertreten, andererseits aber auch als gesellschaftliche Vermittlungsinstanzen fungieren, indem sie gesellschaftliche Interessen bündeln, umformulieren und an autoritäre Entscheidungsinstanzen weiterleiten. Assoziative Netzwerke bilden sich um bestimmte Themenbereiche, wie zum Beispiel Umwelt, Frauenrechte, Antirassismus, und bringen keine breiten Protestbewegungen hervor. Ihre Stärke besteht vielmehr in ihrer Offenheit, Vielfalt, Flexibilität und in ihrer nichthierarchisch gegliederten inneren Struktur. Diese Eigenschaften ermöglichen die aktive Kooperation verschiedener Akteure für die Verwirklichung gemeinsamer Ziele und bieten hierüber gute Rahmenbedingungen für gegenseitige Lernprozesse (vgl. ebd. 1997). Erfolgreiche Zusammenarbeit hilft, die eigene Ohnmacht zu überwinden und ermutigt die Akteure dazu, restriktive Rahmenbedingungen durch gemeinsames Handeln zu verändern (vgl. Baga 2002). Dank ihrer Offenheit können assoziative Netzwerke sowohl innergesellschaftliche als auch nationale Grenzen überwinden. Sie ermöglichen die Entstehung einer lebendigen Zivilgesellschaft durch das Zusammenspiel von autonomen gesellschaftlichen Akteuren, progressiven Segmenten der Staatsbürokratie und supranationalen Instanzen (vgl. Fox 1996).

In den Beitrittsstaaten Mittel- und Osteuropas überlappen sich Transformations- und Europäisierungsprozesse vielfach. War die klassische, mit dem Integrationsprozess der westeuropäischen Mitgliedsstaaten befasste Europaforschung in erster Linie von Ansätzen dominiert, die zu erklären versuchten, warum Staaten Souveränität an Brüssel abtreten, vollzieht sich seit einigen Jahren eine paradigmatische Wende, die durch die Verlagerung des Schwerpunktes auf die Untersuchung der Einwirkung der EU auf die politischen Systeme der Mitgliedsstaaten gekennzeichnet ist (vgl. Börzel/Risse 2003). Eine zentrale Rolle für die Erklärung des innerstaatlichen Wandels nehmen neo-institutionalistische Ansätze ein. Aus Sicht des rationalistischen Institutionalismus schafft die Europäisierung differenzierte politische Möglichkeitsstrukturen und neue Einflussmöglichkeiten für politische und gesellschaftliche Akteure. Aus Sicht des soziologischen Institutionalismus führt Europäisierung zu innerstaatlichem Wandel durch Sozialisationsprozesse, kollektives Lernen und Norminternalisierung. Eine zentrale Rolle spielen dabei „Normunternehmer", wie nichtstaatliche Akteure (NGOs), die nationale Regelungen oft indirekt, durch die Änderung der Überzeugungen und Präferenzen von nationalen Akteuren, beeinflussen (vgl. Finnemore/Sikkink 1998). In diesem Zusammenhang belegen empirische Untersuchungen, dass europäische Integration lokalen Akteuren Möglichkeiten eröffnet, ihre jeweiligen nationalen Regierungen durch die direkte Zusammenarbeit mit Brüssel zu umgehen oder unter Druck zu setzen. Die Fähigkeit lokaler Akteure, ihre neuen Handlungsmöglichkeiten im Rahmen eines Mehrebenensystems in strategische Chancen umzuwandeln, hängt allerdings von mehreren Faktoren ab. Dabei sind sowohl die finanziellen und organisatorischen Kapazitäten der Akteure und ihre Fähigkeit, politische Unterstützung zu mobilisieren, als auch die Offenheit der Entscheidungsstrukturen der einzelnen Politikfelder von Bedeutung.

Wie greifen diese – vor allem für den westeuropäischen Europäisierungsprozess entwickelten – Mechanismen im Fall der neuen Mitgliedsländer und Beitrittskandidaten? Die sich Ost- und Mitteleuropa zuwendende Europaforschung betont vor allem die hierarchische, auf Konditionalität beruhende Wirkung der EU in den neuen Mitgliedsstaaten. Institutionalistische Ansätze sind zwar auch in der Osterweiterungsforschung zunehmend vertreten, allerdings beschränken sie sich in den meisten Fällen auf die nationale Ebene und die institutionellen Anpassungsmechanismen an europäische Vorgaben (vgl. Grabbe 2001). Wenngleich die Rolle lokaler Akteure in Prozessen der politischen Sozialisierung und Norminternalisierung vielfach betont wird, so wird auch vorausgesetzt, dass lokale Akteure dabei auf eine strukturell vorbestimmte Weise auf Europäisierung reagieren. Dabei wird oft übersehen, dass sich eine Vielzahl von Akteuren „Europa aneignet" (vgl. auch die Beiträge in diesem Band) und Governance-Strukturen durch Redefinition, Interpretation, Ver- und Entschlüsselung (vgl. Jacquot/Woll 2003) kognitiv verändert. Daher ist eine auf Wahrnehmungen und Praktiken von nichtstaatlichen Akteuren fokussierte, empirisch und soziologisch orientierte Perspektive für das Verständnis von Europäisierungsprozessen unabdingbar. Eine besondere Rolle kommt dabei den kognitiven und ideationalen Dimensionen kollektiver Handlungsprozesse zu, welche von politischen Akteuren dazu verwendet werden, andere Akteure und die Öffentlichkeit von der Legitimität ihrer Forderungen zu überzeugen. Diese sind besonders dann Erfolg versprechend, wenn sie auf in der Gesellschaft bereits verankerte Meinungen und Werte treffen oder sich als anknüpfungsfähig an diese erweisen (vgl. Polletta/Jasper 2001). Damit nähert sich diese politikwissenschaftliche Fragestellung einer anthropologischen an, wo sich insbesondere die „transnationale Ethnographie" mit der Herausbildung von transnationalen Beziehungen aus einer Bottom-up-Sicht befasst (vgl. Gille/Riain 2002).

In ihrer Anwendung dieses Ansatzes auf Mittel- und Osteuropa identifiziert die ungarisch-amerikanische Anthropologin Zsuzsa Gille drei durchaus ambivalente Deutungsrahmen, mit deren Hilfe politische Akteure „Europa" interpretieren. Aus der einen Perspektive erscheint Europa als negative, übermächtige „globale Macht", die die Region überlagert. Aus der entgegengesetzten Perspektive wird Europa als eine Möglichkeitsstruktur gesehen, auf deren Grundlage neue Verbindungen und Netzwerke aufgebaut werden können. Gleichzeitig verkörpert Europa auch eine „Vision", worauf die Akteure Bezug nehmen, um politische Entscheidungen zu legitimieren oder delegitimieren (vgl. Gille 2004). Während diese Deutungsrahmen parallel existieren, bietet eine zunehmende Transnationalisierung auch die Möglichkeit, verschiedene Deutungsrahmen auf verschiedene Ebenen strategisch anzuwenden.

Ambivalenzen der Öffnung in Mittel- und Osteuropa

In Rumänien entsteht im Zuge des Transformationsprozesses ein modernisiertes semi-klientelistisches Regime, das zwar formell alle Züge einer pluralistischen Demokratie aufweist, in dem jedoch die politischen Eliten kontinuierlich bemüht sind, klientelistische Machtstrukturen aufzubauen. Politische Macht wird von „unrechtmäßigen Zusammenschlüssen" („unruly coalitions") (Verdery 1996) zwischen Segmenten alter Staatsbürokratie und neuen ökonomischen Eliten (vgl. Pasti 1995; 2006) ausgeübt, denen eine konsolidierte Klanmentalität basierend auf gemeinsamen ökonomischen Interessen und vielfältigen persönlichen Beziehungen zugeschrieben wird (vgl. Tanase 1996). Vor diesem Hintergrund wird die rumänische Wirtschaft als ein „chaotisches System" (Turlea/Mereuta 2002, 1) beschrieben. Einige Wissenschaftler heben dabei die klientelistische Inkorporation bestimmter Branchen hervor (vgl. Baga 2005), andere setzen den Schwerpunkt auf die „state-capture"-Strategien von sowohl einheimischen als auch ausländischen Unternehmen (vgl. Hellman/Jones/Kaufmann 2002).

Die Besonderheit eines semi-klientelistischen Regimes besteht jedoch darin, dass die Eliten Patronage nicht durch (militärische) Macht durchsetzen können. Daher hängt der Erfolg ihrer Bemühungen von der Akzeptanz klientelistischer Anreize innerhalb der Bevölkerung ab. Gleichzeitig bietet ein modernisiertes semi-klientelistisches Regime durchaus auch Raum für zivilgesellschaftliche Aktivitäten. Mehr noch, es ermöglicht die nichthierarchisch strukturierte Zusammenarbeit von Akteuren aus verschiedenen Interessengruppen innerhalb von thematisch gebundenen assoziativen Netzwerken. Diese ermöglichen es, klientelistische Schranken vor Ort zu überwinden und sich durch die Einbeziehung finanzstarker externer Partner Handlungsspielräume gegenüber dem politischen Zentrum abzusichern. Allerdings darf nicht übersehen werden, dass der Nationalstaat über die Festlegung der rechtlichen Rahmenbedingungen für transnationale Zusammenarbeit weiterhin eine zentrale Rolle als Vermittler zwischen verschiedenen lokalen und internationalen, zivilgesellschaftlichen und ökonomischen Akteuren beibehält.

Ambivalenzen der Öffnung ergeben sich daher aus dem Zusammenspiel zwischen den stark klientelistisch geprägten Politikbereichen des Transformationsstaates sowie aus der Dynamik der Einbindung in europäische politische und wirtschaftliche Zusammenhänge. In diesem Zusammenhang bietet die Europäisierung nicht nur die Chance, eigene Identitäten und Interessenlagen neu zu definieren und wirkungsvoller in politisch-ökonomische Praxis umzusetzen, sondern birgt auch die Gefahr, sich durch die unreflektierte Übernahme dominierender Diskurse langfristig in eine hierarchisch untergeordnete Position einzufügen (vgl. Baga 2007).

Roşia Montană zwischen El Dorado und Apokalypse

Die Ortschaft Roşia Montană liegt in den Westkarpaten und wurde durch ihre Goldvorkommen bekannt. Gold wurde hier bereits von den Römern geschürft, die hier die Stadt Alburnus Maior gründeten. Der Reichtum der Region an natürlichen Ressourcen war einer der Gründe für die Besetzung Dakiens [1] durch den römischen Kaiser Traian 101 n. Chr. Die Mythisierung des heroischen Kampfes des Dakerkönigs Decebal gegen die römischen Truppen und das darauffolgende friedliche Zusammenleben von Dakern und römischen Siedlern, woraus das rumänische Volk hervorging, gehören zu den wirkungsmächtigsten nationalen Gründungsmythen der rumänischen Historiographie (vgl. Boia 2001). Dabei ist die Symbolkraft des Kampfes um das Gold der Karpaten multivalent. Sie kann sowohl für den Widerstand als auch für die Fremdherrschaft und nicht zuletzt für den

Fortschritt und die historisch-kulturelle Anbindung des Landes an die westliche Zivilisation als rhetorische Begründung eingesetzt werden.

Nach dem Rückzug der römischen Legionen kam der Bergbau in Roşia Montană so gut wie zum Stillstand und wurde erst in der frühen Neuzeit während der Herrschaft Maria Theresas wieder in größerem Maßstab aufgenommen. Gemäß den Anforderungen der von den Habsburgern betriebenen merkantilistischen Politik wurde das Bergwerk zu einem der größten der Monarchie ausgebaut. Bergleute aus dem gesamten Gebiet der Monarchie wurden als Siedler angeworben. Dabei war nicht Ethnizität, sondern Fachkompetenz das entscheidende Kriterium.

Seine eigentliche Blütezeit erlebte Roşia Montană Ende des 19. Jahrhunderts, wovon die Kirchen der einst hier ansässigen neun Glaubensgemeinschaften und die prunkvollen Häuser der zum Wohlstand gekommenen Bergarbeiter zeugen. Nach dem Zerfall der Habsburger Monarchie wurde das Bergwerk zu einem wichtigen finanziellen Rückgrat des rumänischen Königreichs. Nach der kommunistischen Machtübernahme und der Nationalisierung der Goldminen geriet Roşia Montană für eine längere Zeit in Vergessenheit, womit sich eine schleichende Veränderung im Profil der Bergarbeitersiedlung hin zur Verarmung und der notgedrungenen Herausbildung einer Subsistenz-Landwirtschaft andeutete.

Ende der 1990er Jahre machte Roşia Montană als „neues Eldorado" erneut Schlagzeilen, als eine kanadische Investmentgesellschaft ihre Pläne für die Ausbeutung der im und um den Ort liegenden größten Goldvorkommen Europas bekannt gab. Bereits 1997 gründete die Gesellschaft Gabriel Resources die Joint Venture Rosia Montana Gold Corporation (RMGC) in Partnerschaft mit der staatlichen Bergbaugesellschaft Minvest Deva und begann, in den rumänischen Westkarpaten nach Goldvorkommen zu suchen. Drei Jahre später hieß es, dass 315 Tonnen Gold und 1.500 Tonnen Silber gefunden wurden, die in einem 1.300 Hektar umfassenden Tagebau abgebaut werden sollen. [2] Nach dem Abbau sollte das Erz mit Hilfe der sogenannten Cyanide Leaching Gold Recovery (CLGR)-Methode ausgewaschen werden. Diese Methode gilt zwar als höchst effizient, sie ist aber zugleich mit hohen Risiken für die Umwelt verbunden.

Laut Schätzungen der Bergbaugesellschaft RMGC ist in 17 Jahren das gesamte Edelmetallvorkommen erschöpft. Je nachdem, wie sich der Goldpreis entwickelt, dürfte die Investmentgesellschaft bis dann bis zu 4,8 Milliarden US-Dollar Gewinn verzeichnet haben. Dem rumänischen Staat steht allerdings aufgrund des nachteilhaften Privatisierungsvertrages nicht besonders viel zu. Theoretisch müsste er auch über seine 19,3-prozentige Beteiligung am Joint Venture RMGC profitieren, aber erst nach der Rückzahlung des Darlehens, das Gabriel Resources 2002 der staatlichen Bergbaugesellschaft Minvest zur Verfügung gestellt hat und über dessen Umfang nur Spekulationen bestehen. Die Summe, die sich aus Förderabgaben und Steuern ergibt, ist vergleichsmäßig gering, besonders wenn man auch die eventuellen Kosten für die Minenschließung und die Beseitigung ökologischer Schäden mit einberechnet. [3]

Die Pläne von RMGC, die nicht nur den technologisch fortgeschrittenen Metallabbau und die Schaffung von Arbeitsplätzen, sondern auch den Aufkauf und Abriss von Häusern mit Umsiedlung der Bevölkerung vorsehen, sind bis heute umstritten. Der Konflikt spaltet nicht nur die Bevölkerung Roşia Montanăs, sondern erlangte mittlerweile landesweite, sogar internationale Resonanz. Eine besondere Brisanz erhielt das Thema nach der Umweltkatastrophe in Baia Mare, wo in Januar 2000 infolge des Dammbruches an der Golderz-Aufbereitungsanlage des australischen Bergbauunternehmens Esmeralda 100.000 Kubikmeter Zyanidlauge austrat. Dies führte laut Umweltorganisationen zur größten europäischen Umweltkatastrophe seit Tschernobyl. Betroffen waren alle Anrainerstaaten der Flüsse Theiß und Donau, insbesondere Ungarn und Rumänien.

Im gleichen Jahr wurde in Roşia Montană auch die lokale NGO „Verein der Goldgräber aus Alburnus Maior“ gegründet, die seither die zentrale Rolle in der Aufrechterhaltung des Widerstandes gegen die Pläne von RMGC spielt. In ihrem Rahmen organisiert sich jener Teil der örtlichen Bevölkerung, der die Umsiedlung ablehnt. Alburnus Maior war seit ihrer Gründung in die transnationalen Netzwerke erfahrener Organisationen wie CEE Bankwatch Network, Friends of the Earth International, Greenpeace oder Miningwatch (Canada) eingebunden und etablierte sich als eine der bedeutendsten rumänischen Umwelt-NGOs. Eines ihrer Schlüsselerfolge bestand in der Sensibilisierung der nationalen und auch internationalen Öffentlichkeit für die potenziellen Risiken des Zyanid-basierten Abbaus in Roşia Montană. Zusammen mit anderen Nichtregierungsorganisationen konnte Alburnus Maior sogar den Rückzug der Weltbanktochter International Finance Corporation aus dem Projekt der RM Gold Corporation bewirken. [4]

Auf der nationalen Ebene verfolgte Alburnus Maior gleichzeitig eine konfrontative und eine kooperative Strategie. Einerseits reichte sie Dutzende von Klagen gegen die Bergbaugesellschaft, gegen die lokale und regionale Verwaltung und gegen verschiedene Ministerien ein. [5] Dabei ging es sowohl um Anfechtung der Rechtmäßigkeit bestimmter politischer und administrativer Entscheidungen als auch um Klagen, die durch das Aufzeigen von Verfahrensfehlern versuchten, das Vorankommen des Projektes zu verhindern.

Im Bereich der Absicherung der Rechtmäßigkeit des Verfahrens entwickelten sich Alburnus Maior und die mit ihr vernetzten Umwelt-NGOs gleichzeitig auch zu Partnern von Behörden, wie zum Beispiel dem Umweltministerium, dessen Beamten von den technischen Details des Vorhabens und der Komplexität der neuen EU-Anforderungen oft überfordert waren. In anderen Fällen appellierte Alburnus Maior an die europäische Ebene und verwies auf Unrechtmäßigkeiten in der rumänischen Umweltverwaltung, der mangelnden oder fehlerhaften Umsetzung der von der EU geforderten Umweltdirektiven sowie auf die mangelnden Kapazitäten der Rechtsdurchsetzung. [6] Zusammen mit führenden rumänischen NGOs wurde auch ein kritischer Ratgeber für mögliche Investoren der an den Börsen zeitweise hoch gehandelten RMGC veröffentlicht, der ein umfassendes Bild von den Risiken des Bergbauprojektes bot. [7] Zudem war eines der zentralen Themen der Lobbyarbeit von Alburnus Maior die Offenlegung der Besitzverhältnisse bei der RMGC, da sich hinter diesem offiziell als Geschäftsgeheimnis deklarierten Tatbestand politische Nutznießer des Konfliktes verbergen konnten.

Durch die Mobilisierung der Öffentlichkeit, aber auch durch die direkte Warnung an das rumänische Umweltministerium konnte die regionale Umweltschutzbehörde in Alba Iulia im März 2004 dazu bewegt werden, die Betreibergesellschaft RMGC zum partiellen Aussetzen der Bauarbeiten zu veranlassen. Allerdings weigerte sich noch 2005 das rumänische Umweltministerium, nach einer von Alburnus Maior gewonnenen Klage gegen die amtliche Bestätigung der Bebaubarkeit den Genehmigungsvorgang für das Goldgewinnungsprojekt zu stoppen. Die Lage änderte sich erst nach den kritischen Äußerungen des EU-Umweltkommissars Stavros Dimas zu den in Roşia Montană geplanten Zyanid-Technologien, der eine sorgfältige Prüfung dieser Technologien forderte. Daraufhin kündigte das rumänische Umweltministerium im April 2006 an, den Genehmigungsvorgang für die Goldgewinnung in Roşia Montană abzubrechen. Weitere erfolgreiche Klagen führten Ende 2007 zum vorläufigen Stillstand des Projektes. Im Folgenden stellen wir verschiedene Dimensionen des Konfliktes um Roşia Montană vor.

Lokal versus global: Der Kampf von David gegen Goliath

Auf den ersten Blick lässt sich der Konflikt in Roşia Montană als Auseinandersetzung zwischen einem machtvollen Akteur der globalen Wirtschaft und einer tapfer ausharrenden lokalen Widerstandsgruppe beschreiben. Diese vereinfachende und zugleich medienwirksame Sichtweise entspricht dem Selbstverständnis der lokalen Akteure. Mit der Ausweitung der Kampfzone um die Deutungsmacht in dem Konflikt um Roşia Montană auf die nationale und internationale Presse, das Internet und die Kinosäle wurde diese Sichtweise auch von anderen zivilgesellschaftlichen Akteuren, Journalisten und Filmemachern übernommen. Auf den ersten, mit dem Widerstand sympathisierenden, aber um eine umfassende Darstellung bemühten preisgekrönten Dokumentarfilm „Neues Eldorado" [8] des ungarischen Filmemachers Tibor Kocsis folgte eine stärker polarisierende Darstellung von Phelim McAleer und Ann McElhinney mit dem provokativen Titel „Mine Your Own Business" [9]. Dieser von der Bergbauindustrie mitfinanzierte und von Journalisten der wirtschaftsliberalen Zeitung Financial Times gedrehte Film versucht, den lokalen Widerstand als ein Projekt von realitätsfernen Umweltschützern zu entlarven, die kein Verständnis für die Bedürfnisse der lokalen Bevölkerung haben. Eine wichtige Rolle spielt dabei die Aufdeckung der globalen Verbindungen der lokalen Widerstandsbewegung, was deren Legitimität in Frage stellen soll. Der gleichen Strategie folgend, betreibt die Gold Corporation eine Internetseite mit dem Titel „Golden Myths", die immer neue Enthüllungen über den globalen Charakter des Konfliktes und die internationalen Verbindungen der Aktivisten um Alburnus Maior preisgibt. [10]

In der Tat lässt sich bei näherem Hinsehen die globale Dimension des lokalen Widerstandes erkennen. Ortsansässige Bauern und Bergarbeiter zählen genauso zu den Mitbegründern der lokalen NGO Alburnus Maior wie eine belgische EU-Beraterin, die sich in der Nähe des Ortes Roşia Montană den Traum von einem naturnahen Leben erfüllte, oder eine mit internationalen Preisen ausgezeichnete Umweltaktivistin aus der Schweiz. [11] Ganz ähnlich wie ihre Gegner, die sich ihre Finanzmittel über Aktienverkauf an der Börse sicherzustellen versuchen, betätigen sich die Vertreter der lokalen Zivilgesellschaft auf einem globalen „Marktplatz der Aufmerksamkeit" (Bob 2005), wo sie ihre Finanzmittel einwerben. Der hochkompetent geführte Kampf um die Definitionsmacht über Roşia Montană im Internet sowie international wirksame kulturelle Veranstaltungen, wie das Hay-Festival [12], haben Roşia Montană nicht nur im Bewusstsein der alternativen Jugendszene der Region verankert, sondern auch für internationale finanzielle Unterstützung und Spendengelder gesorgt. Dabei erweisen sich die Grenzen zwischen Finanzmarkt und Gegenöffentlichkeit als teilweise durchlässig. So war der Financier George Soros, dessen Unterstützung durch die Open Society Foundation den jahrelangen Kampf von Alburnus Maior in entschiedenem Maße möglich gemacht hat, über eine seiner Investmentgesellschaften indirekt auch an der RMGC beteiligt. [13]

Nachhaltige Entwicklung versus technologischer Fortschritt

Ähnliche Widersprüche tun sich auf, versucht man den Konflikt unter der Perspektive nachhaltige Entwicklung versus technologischer Fortschritt zu fassen. Am lautstärksten und öffentlich wirksamsten stehen sich Fürsprecher einer nachhaltigen Entwicklung und Befürworter von technologischem Fortschritt gegenüber. Erstere verweisen dabei sowohl auf die archaische Schönheit der Landschaft und die ursprüngliche Lebensweise der Bevölkerung als auch auf das Vorhandensein von Industriedenkmälern aus der Römerzeit und das hieraus resultierende Potenzial für Tourismus und lokales Kleinunternehmertum. [14] Letztere halten die Armut, die hohe Arbeitslosigkeit, den Mangel an Infrastruktur und den massiven Bedarf an Investitionen, die weder der Staat noch die lokale Gemeinschaft gewillt beziehungsweise in der Lage sind zu tätigen, dagegen. Sie versprechen nicht nur, den lokalen Bergbau auf den höchsten technologischen Standard zu bringen, sondern auch mittelfristig sichere Arbeitsplätze und den Aufbau einer neuen Siedlung mit erhöhtem Wohnkomfort für die Bevölkerung. [15]

Berechtigterweise zeigen sie auf, dass in der Gegend um Roşia Montană aufgrund des seit Jahrhunderten betriebenen Bergbaus von unberührter Natur, so wie es die Umweltschützer suggerieren, nicht mehr die Rede sein kann. Denkmalschutz und der Erhalt einer naturnahen Lebensweise erweisen sich auch nicht unbedingt als zukunftweisende Strategien für eine sich entvölkernde Kleinstadt und bieten daher eine bequeme Angriffsfläche als weltfremde Visionen von Umweltaktivisten.

Diese Problematik, die so oder in ähnlicher Form weltweit präsent ist, trifft in Rumänien auf durch die sozialistische und postsozialistische Geschichte des Landes besonders virulent gewordene Gegensätze. Denn paradoxerweise ist es der Bergbau, und nicht die Landwirtschaft, mit dem sich die Mehrheit der Bewohner identifiziert. [16] Die symbolhaft aufgeladene Rolle der Bergarbeiter als Vorkämpfer des Kommunismus sicherte diesen eine vergleichsweise starke sozioökonomische Position und eine Reihe von Vergünstigungen, die in der akuten Mangelwirtschaft des spätsozialistischen Rumäniens besonders bedeutsam waren. Nicht überraschend haben sich dann die mit der drohenden Schließung der unrentabel gewordenen Bergwerke und dem zunehmenden Verlust ihrer Privilegien konfrontierten Bergarbeitergewerkschaften nach 1989 als einer der erfolgreichsten Blockierer der ökonomischen Liberalisierung Rumäniens etabliert (vgl. Gallagher 2005).

Der ökonomische Liberalismus setzte sich daher erst nach der politischen Wende 1996 durch und machte sich vor allem in der Privatisierung des Staatseigentums und der Öffnung gegenüber dem ausländischen Kapital bemerkbar. So wurde 1998 auf Rat der Weltbank ein neues Bergbaugesetz verabschiedet, das ausländischen Investoren weitgehende Möglichkeiten in Rumänien eröffnete. Oft, wie auch im Fall von Roşia Montană, war dies mit weiteren Vergünstigungen verknüpft: So wurde die Region zu einer benachteiligten Zone erklärt, wodurch die Investoren Steuervergünstigungen erhielten. Diese Politik der Begünstigungen eröffnete gleichzeitig der lokalen und nationalen Politikerklasse weitreichende Gelegenheiten, aus ihrer Vermittlerposition zwischen Investoren und lokalen Wirtschaftsakteuren Rentengewinne zu erzielen.

Die europäische Dimension des Konfliktes

Der zeitgleich mit dem Konflikt um Roşia Montană verlaufende Beitrittsprozess Rumäniens zur Europäischen Union hat über die rechtliche Harmonisierung der rumänischen Gesetzgebung mit dem Besitzstand der Gemeinschaft, dem Acquis Communautaire, zur „Implantierung" europäischer Rechtsnormen in das geltende nationale Recht geführt. Hierüber wurden neue Verfahren und Standards etabliert, die mit der gängigen Praxis oft im Widerspruch standen oder in Rumänien noch unbekannt waren (vgl. Krüger 2001). Darunter fielen neben eher grundsätzlichen Fragen, wie zum Beispiel Artikel 174 des Vertrages der Europäischen Gemeinschaften über die grundsätzliche Verpflichtung der Mitgliedsstaaten zum Schutz der Umwelt, auch konkrete Gesetze wie die Umweltverträglichkeitsprüfung (85/337/EWG und 2001/42/EG) [17] oder die vertikale Gesetzgebung im Bereich des Wasser- und Naturschutzes.

Im Bezug auf den Konflikt in Roşia Montană erwiesen sich die Pflicht der Durchführung einer Umweltverträglichkeitsprüfung sowie verschiedene sektorale Direktiven der EU als relevant. So erschwert die Direktive 80/68/EWG über den „Schutz des Grundwassers gegen Verschmutzung durch bestimmte gefährliche Stoffe" den Gebrauch von Zyanid bei der Goldgewinnung. Auch die Direktive zum Schutz von Flora, Fauna und Habitat (92/43/EWG) schuf eine neue rechtskräftige Basis für den Naturschutz (vgl. Fischer/Lengauer 2004; Hámor 2004). [18] Neben Umweltschutznormen kann die vom Projekt vorgesehene Umsiedlung der Bevölkerung möglicherweise auch, laut Auffassung des Artikels 8 der Europäischen Charta der Menschenrechte, gegen Menschrechtsnormen verstoßen.

Die durch die Espoo-Konvention der UN-Wirtschaftskommission für Europa [19] festgelegten internationalen Verpflichtungen Rumäniens, durch die den Nachbarstaaten ein Mitspracherecht im Falle von grenzüberschreitenden Folgen von potenziell die Umwelt belastenden Projekten eingeräumt wird, schufen neue Stolpersteine für das Goldgewinnungsprojekt, da sich die Öffentlichkeit des von der Katastrophe in Baia Mare betroffenen Nachbarlandes Ungarn geschlossen dagegen aussprach. Ungarische Umweltgruppen wie der Ungarische Naturschutzbund (Magyar Természetvédők Szövetsége), Greenpeace und Védegylet boten der sich in Rumänien formierenden lokalen und nationalen Opposition gegenüber dem Projekt partnerschaftliche Hilfe in verschiedenen Bereichen an. Auch die seit 2004 im Europäischen Parlament tätigen ungarischen Abgeordneten zählten zu den aktivsten Gegnern des Projektes auf der europäischen Ebene.

Zusätzlich zur neu geschaffenen juristischen Grundlage profitierten lokale Umweltgruppen auch von der Symbolkraft Europas. So wurde im Zuge des Beitrittsprozesses die Rolle der Europäischen Kommission aufgewertet und das Europäische Parlament als ein neues Forum für die Debatte über die Zukunft des Bergbaugebietes gewonnen. Dabei hatte die oft nur imaginierte Aufmerksamkeit der internationalen Öffentlichkeit zwar nur einen geringen Einfluss auf die Entscheidungen in Brüssel. Aber obwohl die Position „Europas" konkret nur mit der Position einiger weniger, oft marginaler politischer Akteure in Brüssel übereinstimmte, entwickelte sie in der nationalen politischen Arena eine Signalwirkung und konnte als symbolisches Kapital für das Anliegen der Projektgegner genutzt werden. Auf diese Weise gelang es den Gegnern des Projektes durch die Zusammenarbeit mit einer bunten Koalition von Europa-Parlamentariern, in Brüssel tätigen Umweltgruppen und einigen Beamten der Europäischen Kommission, den Konfliktfall in Roşia Montană trotz der mangelnden tatsächlichen Entscheidungskompetenz der EU rhetorisch mit dem Beitrittsprozess zu verknüpfen.

Klientelismus versus Rechtsstaatlichkeit

Der Fall Roşia Montană kann als Beispiel für die Schwäche des klientelistisch durchsetzten rumänischen Staates angesehen werden, in der wichtige Vetogruppen die Festigung einer rechtsstaatlichen Ordnung blockieren können (vgl. Chifan 2007). Wirtschaft und Politik sind klientelär vernetzt und es besteht keine eindeutige Trennung zwischen Legislative, Exekutive und Judikative. Die öffentliche Verwaltung verfügt nicht über ausreichende Ressourcen, um sich gegen eine Vereinnahmung durch private Interessen, also „state-capture", zu wehren.

Beispiele hierfür bietet die Privatisierungsgeschichte der Goldbergwerke in Roşia Montană in Fülle. Der Vorstandsvorsitzende von RMGC, der rumänischstämmige australische Staatsbürger Frank (Vasile) Timis, wirkte in 1998 als Regierungsberater an der Novellierung der rumänischen Bergbaugesetzgebung mit dem Ziel der Heranziehung ausländischer Investoren mit. Nur kurze Zeit später profitierte er selber im Zuge der Privatisierung der Goldbergwerke von Roşia Montană von eben dieser Gesetzgebung und nicht überraschend erhielten ranghohe Beamte der staatlichen Bergbaubehörden gut dotierte Aufsichtsratspositionen in dem von Timis kontrollierten Joint Venture (vgl. Simion 2006). Der Privatisierungsvertrag wurde von staatlicher Seite als Betriebsgeheimnis eingestuft und damit einer Kontrolle durch die Öffentlichkeit entzogen.

Auch bei der Verhinderung von alternativen ökonomischen Entwicklungsmöglichkeiten in der Region Roşia Montană, wodurch das Bergbauprojekt zur einzigen Möglichkeit für das wirtschaftliche Überleben wurde, erhielt das Unternehmen staatliche Unterstützung. Die Gemeinde Roşia Montană wurde zu einer industriellen Sonderzone erklärt, wodurch andere Investitionsmöglichkeiten, wie etwa in der sich langsam etabilierenden Tourismusbranche, unterbunden werden konnten. Die Korruptionsfälle und Einflussnahme beschränkten sich nicht nur auf die nationale Ebene. Im Jahr 2002 verabschiedete der Gemeinderat von Roşia Montană die Bebauungspläne für die industrielle Zone Roşia Montană, die vier Dörfer zum Bergbaugebiet erklärten und den Abzug der dortigen Bevölkerung bis 2004 anvisierten. Von den 13 Gemeinderatsmitgliedern, die für den Bebauungsplan stimmten, waren acht entweder direkt oder über ihre Familienmitglieder von der RMGC ökonomisch abghängig (vgl. ebd.). Das Gesetz über die lokale Selbstverwaltung untersagt allerdings den im Interessenkonflikt stehenden Gemeinderatsmitgliedern die Teilnahme an solchen Abstimmungen, womit nach geltendem rumänischen Recht die Bebauungspläne ungültig sind. Trotzdem hat es mehr als acht Jahre und den Druck von lokalen und internationalen Gruppen gebraucht, um dies als Rechtsverstoß anzuerkennen. Erst Ende 2007 erklärte das Berufungsgericht in Alba Iulia die Bebauungspläne für ungültig und bescherte damit der Bergbaugesellschaft eine empfindliche Niederlage.

Den Projektgegnern brachte die zunehmende Festigung der rechtsstaatlichen Rahmenbedingungen, zusammen mit der Möglichkeit der Einforderung der Rechtmäßigkeit politischer Entscheidungen in einer durch den Beitrittsprozess erweiterten Öffentlichkeit, eine wichtige Ressource für die Durchsetzung ihrer Ziele. Aufgrund ihrer politischen Dimension galten Klagen gegen klientelistisch vernetzte Unternehmen wie die RMGC lange Zeit als chancenlos. Erst die Bereitstellung von wichtigen materiellen und kognitiven Ressourcen von einflussreichen Geberorganisationen, wie in diesem Fall der Open Society Foundation, und die breite Mobilisierung der Öffentlichkeit ermöglichten es einer Organisation wie Alburnus

Maior, sich erfolgreich auf eine Strategie einzulassen, in der rechtliche Auseinandersetzungen eine zentrale Rolle spielen.

Diese Strategie erwies sich als mehrfach erfolgreich. Erstens fügte sie den Projektbefürwortern empfindliche Verluste zu, auch wenn sie nicht den endgültigen Stillstand des Projektes bewirken konnte. Zweitens schuf sie einen möglichen Präzedenzfall, der sich für rumänische NGOs in ihren zukünftigen Auseinandersetzungen mit dem Staat als vorbildlich erweisen könnte. Nicht zuletzt führten die Auseinandersetzungen um das Goldbergewerk zu einer Professionalisierung von Segmenten der politischen Klasse und hierüber auch zu einer Wende in den Beziehungen zwischen der Mehrheitsbevölkerung und der ungarischen Minderheit in Rumänien. Waren noch in den 1990er Jahren die interethnischen Beziehungen in Siebenbürgen von einer beidseitigen nationalistischen Mobilisierung und einer symbolhaft aufgeladenen Identitätspolitik geprägt (vgl. Brubaker u. a. 2007), so kam es im Laufe des Konfliktes um Roşia Montană zur Bildung von noch nie da gewesenen politischen Allianzen. So verbündeten sich der durch seine xenophobe Haltung bekannte ehemalige Bürgermeister von Cluj-Napoca, Gheorghe Funar, und ein prominenter Politiker des Ungarnverbandes, Péter Kovács-Eckstein, um einen Gesetzesvorschlag ins rumänischen Parlament einzubringen, der die Verwendung von Zyanid verbieten und hierüber die Ausführung des Roşia Montană Projektes verhindern sollte.

Während das Projekt die interethnische Zusammenarbeit sowohl zwischen der ungarischen und rumänischen Zivilgesellschaft als auch zwischen den sich antagonistisch gegenüberstehenden Politikern ermöglichte, griff die unter Druck geratene Gold Corporation als letzte Waffe zur nationalistischen Mobilisierung und beschuldigte öffentlich sowohl den ungarischen Staat als auch Politiker des Ungarnverbandes in Rumänien, sich in die Belange Rumäniens einzumischen beziehungsweise gegen die nationalen Interessen des Staates zu handeln. Allerdings schlug dieser Versuch fehl, was wiederum auf den Erfolg der im Rahmen von assoziativen Netzwerken stattgefundenen kognitiven Politik hindeutet.

Ausblick

Die Untersuchung der verschiedenen Dimensionen des Konfliktes um Roşia Montană lässt nicht deutlich erkennen, ob es sich in diesem Fall um einen globalisierten lokalen Konflikt handelt oder um einen vor Ort ausgetragenen Konflikt von global agierenden Gegenspielern. Was sich allerdings deutlich abzeichnet, ist die für die Gegner des Minenprojektes überwiegend positive Rolle der Europäischen

Union in diesem Zusammenhang. Die Vision „Europa" erweist sich als anknüpfungsfähig an die lokale Geschichte und entfaltet eine Symbolkraft, die über das Politikfeld Umweltschutz hinausgeht und zentrale Topoi der dominanten gesellschaftlichen Diskurse wie zum Beispiel den Nationalismus zeitweise überschattet. Gleichzeitig bietet die EU in ihrer Eigenschaft als Möglichkeitsstruktur eine zusätzliche rechtlich abgesicherte Handlungsarena für zivilgesellschaftliche Akteure.

Zwar zählt die Rechtsdurchsetzung in Rumänien nach wie vor zu Kompetenzen des Nationalstaates und das rumänische Justizwesen, besonders nach dem Abbruch der Umsetzung der von der EU geforderten Justizreform, zu den stark klientelär durchsetzten gesellschaftlichen Bereichen. Der Fall von Roşia Montană zeigt trotzdem, dass sich auch unter diesen Bedingungen Rechtsansprüche teilweise durchsetzen lassen. Natürlich hängt der Erfolg dieser Strategie in nicht unerheblichem Maße auch von der Sicherstellung von intellektuellen und finanziellen Ressourcen durch transnationale Vernetzung ab. Wichtig ist in diesem Zusammenhang, dass lokale Akteure in assoziativen Netzwerken nicht nur Empfänger sind, sondern auch ihre eigene Expertise mit einbringen und externe Einflüsse durch lokale Adaptationsprozesse weiterentwickeln. Der erfolgreich geführte – und mediatisierte – Kampf von Alburnus Maior für den Erhalt von Roşia Montană weist die rumänische NGO mittlerweile als Expertin für die Bekämpfung des Einsatzes von Zyanid im Bergbau aus. In dieser Eigenschaft berät sie nicht nur andere Umweltgruppen in der Region, sondern wird auch zu Anhörungen des Europäischen Parlaments im Rahmen der Debatten um eine Novellierung der europäischen Minengesetzgebung eingeladen.

Damit wird die gegenseitige Einbettung lokaler und europäischer Strukturen noch einmal deutlich: Die Europäische Union schafft über rechtliche Rahmenbedingungen Möglichkeiten für lokales Handeln, die von lokalen Akteuren aufgegriffen und ausgeweitet werden können. Die hierüber „gewachsenen", sowohl lokal verwurzelten als auch transnational vernetzten Akteure können durch die Beteiligung am Politikprozess der EU zur Beeinflussung der rechtlichen Rahmenbedingungen in ihrem Sinne beitragen.

Anmerkungen

[1] Dakien, das Teile des heutigen Rumäniens umfasst, war von 106 bis 271 n. Chr. eine Provinz des Römischen Reiches.

[2] Vgl. Munteanu, Magda (2007) Febra aurului. In: Business Week Romania, 20.2.2007, 25–30.

[3] Siehe Publikation in Anmerkung [2].

[4] Ursprünglich wurden für das Projekt aus der Finanzierungslinie Regionalförderung im Bereich KMU 400 Millionen Dollar Finanzierung zugesagt.

[5] Eine Chronologie des Konfliktverlaufs mit der besonderen Berücksichtigung der Kampagnen von Alburnus Maior befindet sich auf der Internet-Seite der NGO. In: http://www.rosiamontana.ro/img_upload/472936e3bca2bc61045730fbb1869240/cronologie_campanie_scurt.doc_aq_EN.pdf, (Zugriff 14.2.2008).

[6] Vgl. Press Release: Rosia Montana, Romania and the Law: New Report by Alburnus Maior. In: http://forum.politics.be/showthread.php?t=48698, (Zugriff 14.2.2008).

[7] Vgl. Alburnus Maior: Rosia Montana: Anticipating Surprise – Assessing Risk. Investors Guide to Gabriel Resources Rosia Montana Mine Proposal (TSX:GBU). In: http://www.ngo.ro/img_upload/17ef04f0530a65b2f4e73d9a4b5d99ea/GBU_risk_assessment.pdf, (Zugriff 14.2.2008).

[8] Vgl. http://www.ujeldorado.hu/en/index.html, (Zugriff 9.1.2009).

[9] Vgl. http://www.mineyourownbusiness.org/, (Zugriff 9.1.2009).

[10] Die Homepage http://www.goldenmyths.com ist seit Ende 2008 nicht mehr aktiv.

[11] Vgl. http://www.ursita.ro; http://www.goldmanprize/org/node/158, (Zugriff 9.1.2009).

[12] Vgl. http://www.fanfest.ro, (Zugriff 9.1.2009).

[13] Soros besitzt auch Aktien von Newmont Mining. Der zweitgrößte Goldkonzern der Welt ist mit gut 18 Prozent an Gabriel beteiligt. Im April 2007 schrieb Soros dem damaligen Newmont-Chef einen Brief mit dem sanften Hinweis, er solle sich die weitere Zusammenarbeit mit Gabriel sorgfältig überlegen. Der Soros Fund besitzt auch Anteile an Unternehmen wie Goldcorp, die in ihren Minen Zyanid einsetzen.

[14] Vgl. http://www.rosiamontana.org, (Zugriff 9.1.2009).

[15] Vgl. http://www.rmgc.ro, (Zugriff 2/2008).

[16] Zu ähnlichen Ergebnissen kommen auch die am Institut für Kulturanthropologie und Europäische Ethnologie der Johann Wolfgang Goethe-Universität Frankfurt am Main durchgeführten Studien zu aufgegebenen Bergbauökonomien und den Identifikationen der Gemeinden auch in anderen europäischen Regionen, vgl. Latorre Pallares (2001); Moser (1997).

[17] Vgl. Richtlinie 85/337/EWG des Rates vom 27. Juni 1985 über die Umweltverträglichkeitsprüfung bei bestimmten öffentlichen und privaten Projekten; Richtlinie 2001/42/EG des Europäischen Parlaments und des Rates vom

27. Juni 2001 über die Prüfung der Umweltauswirkungen bestimmter Pläne und Programme.

[18] Vgl. Richtlinie 80/68/EWG des Rates vom 17. Dezember 1979 über den Schutz des Grundwassers gegen Verschmutzung durch bestimmte gefährliche Stoffe; Richtlinie 92/43/EWG des Rates vom 21. Mai 1992 zur Erhaltung der natürlichen Lebensräume sowie der wildlebenden Tiere und Pflanzen.

[19] Die Espoo-Konvention der UN-Wirtschaftskommission für Europa verpflichtet die Unterzeichnerstaaten zur Durchführung von Umweltprüfungen bei Bau- und Investitionsprojekten mit potenziell grenzüberschreitender Wirkung.

Eine Chronik des Scheiterns europäischer Umweltpolitik

Der Konflikt um die Halbinsel Akamas in der Republik Zypern

Gisela Welz

Im Mai 2007 berichteten Schlagzeilen der zypriotischen Tagespresse von Demonstrationen aufgebrachter Dorfbewohner auf den Straßen des Distriktzentrums Paphos und in der Hauptstadt Nicosia. Die Proteste reagierten auf die Entscheidung der Regierung, keine Bauvorhaben in der Umgebung ihrer Dörfer zuzulassen. Diese Restriktionen gehören zu einem Maßnahmenpaket, das den Schutz der Akamas-Halbinsel im Westen der Insel Zypern gewährleisten soll. Akamas ist eine Region von 230 Quadratkilometern, die noch weitgehend unberührt von Tourismusentwicklung ist und wo empfindliche Ökosysteme und die Lebensräume seltener und bedrohter Tier- und Pflanzenarten, einige von ihnen endemisch für Zypern, zu finden sind. Das Akamas-Gebiet ist seit Jahren Gegenstand europäischer Umweltschutzbemühungen.

Die einleitend erwähnte Entscheidung des Ministerrats der Republik Zypern minderte die Aussichten lokaler Landbesitzer in den betroffenen Dörfern, selbst an der die Region seit einigen Jahren einschneidend verändernden Bauentwicklung und Expansion touristischer Infrastruktur teilzuhaben. Zugleich wurde ihnen aber finanzielle Kompensation oder Gebietsaustausch in Aussicht gestellt. Diese Entscheidung war nur der vorerst letzte Schritt in einer langen Kette von Ereignissen. In den späten 1980er Jahren begannen europäische Institutionen auf die politischen Entscheidungsträger in Zypern Druck auszuüben, um sie zu veranlassen, die Halbinsel zum Naturschutzgebiet zu machen. Seitdem haben in der Republik Zypern wechselnde Regierungen unter Führung verschiedener Parteien sich in Verzögerungs- und Verschleppungstaktiken regelrecht überboten. Letztlich ohne Effekt bleibende Proteste von Umweltorganisationen, andauernde und ergebnislose Verhandlungen der Behörden mit lokalen Interessenvertretern und der immer wieder geäußerte Verdacht, dass Regierung und mächtige Investoren der Tourismusbranche unter einer Decke stecken, kennzeichnen die Chronik der Konflikte um die Zukunft dieser kleinen Region am Rande Europas. [1]

Den protestierenden Dorfbewohnern hielt die damalige Regierung im Mai 2007 entgegen, dass sich Zypern mit dem Beitritt zur Europäischen Union im Jahre 2004 darauf verpflichtet habe, die gesamte Akamas-Halbinsel als Nationalpark unter Schutz zu stellen. Diese europäische Dimension gibt diesem Konflikt, der sich vordergründig zwischen nationalstaatlicher Autorität und lokalen Partikularinteressen entspinnt, seine besondere Dynamik. Die Europäische Union trat im März 1998 in die Beitrittsverhandlungen mit der Republik Zypern ein. Die von Anfang an große Zustimmung zum EU-Beitritt bei den politischen Eliten und in weiten Teilen der Bevölkerung der griechisch-zypriotischen Gesellschaft erklärte sich aus den Hoffnungen auf eine baldige Lösung des Zypern-Konfliktes und das Versprechen langfristiger Sicherheit und Stabilität, das mit dem EU-Beitritt verbunden wurde (vgl. Papadakis/Peristianis/Welz 2006). Die teilweise tiefgreifenden Umwälzungen, die die Europäisierung der gesellschaftlichen Institutionen, des Rechtssystems und der Ökonomie mit sich brachte, wurden deswegen bereitwillig in Kauf genommen; die Republik Zypern galt im Beitrittsprozess gar als „Musterschüler“ bei der Umsetzung europäischer Vorgaben in nationale Gesetzgebung. [2] Im Fall der Akamas-Region bleiben die Maßnahmen der zypriotischen Regierung aber bis heute weit hinter dem zurück, worauf sie die Europäische Kommission im Umweltkapitel des Acquis Communautaire, des Gemeinschaftsvertrages, verpflichtet hatte, nämlich dafür Sorge zu tragen, dass die gesamte Halbinsel zum Nationalpark erklärt wird.

Der folgende Beitrag wird sich mit den paradoxen Effekten von Europäisierungsprozessen befassen. Die Rolle der EU in der Umweltpolitik der Mittelmeerländer ist ein gutes Beispiel dafür, wie der Versuch, Regelungen in möglichst ähnlicher Weise in allen Mitgliedsländern zu implementieren, unintendierte Nebeneffekte hervorbringen kann, die letztlich in einer wachsenden Heterogenität umweltpolitischer Maßnahmen münden. Hierbei muss betont werden, dass die Europäische Kommission keineswegs die einzige transnational agierende, umweltpolitische Kraft in Südeuropa ist. Eine andere einflussreiche Behörde ist beim Europarat angesiedelt, nämlich das Sekretariat der Berner Konvention, dem Übereinkommen über die Erhaltung der europäischen wildlebenden Pflanzen und Tiere und ihrer natürlichen Lebensräume, zu deren Mitunterzeichnern auch die Republik Zypern zählt. [3] Außerdem unterhält das Umweltprogramm der Vereinten Nationen zahlreiche Projekte und Programme in mehreren Mittelmeeranrainerländern, die teilweise vom Büro des Mediterranean Action Plan der Vereinten Nationen in Athen koordiniert werden. [4] Im Zuge von Globalisierungsprozessen fällt der Schutz und die Erhaltung der natürlichen Lebensräume und Ressourcen immer weniger allein in die Zuständigkeiten der Nationalstaaten, sondern wird zu einer transnationalen Aufgabe (vgl. Macnaghten/Urry 1998).

Die „Entdeckung" des Akamas

Die Akamas-Halbinsel besteht aus einem bisher nur an den Rändern von Bautätigkeit betroffenen, von Buschland und Wald bedeckten Höhenzug, der durchzogen wird von tiefen Schluchten und bisher nur auf Schotterpisten durchfahren werden kann. Eine wildromantische Küste mit verborgenen Buchten macht die Gegend attraktiv für Wassersportler, Wanderer und Radfahrer, aber auch für abenteuerlustige Autofahrer, deren Wagen mit Vierradantrieb ausgestattet ist. Kommerzielle Anbieter haben die Halbinsel mit Jeep-Safaris und teilweise auch mit Bustouren erschlossen. Die gesamte Region, die im Nordwesten des Distriktes Paphos liegt, galt lange als rückständig und unbedeutend. Hier gab es viele Jahre keinen Tourismus. Auch nach 1974, als die bis dahin wichtigsten Tourismusgebiete im Norden durch die türkische Invasion und Teilung der Insel für die griechischen Zyprioten verloren waren, konzentrierte sich die Neuschaffung einer touristischen Infrastruktur zunächst auf andere Küstenregionen im Süden und Osten der Insel (vgl. Ioannides 1992; Ioannides/Apostolopoulos 1999) und dehnte sich erst ab den späten 1980er Jahren auch auf die Region um Paphos, also südlich der Akamas-Halbinsel, aus. Heute jedoch wird die Akamas-Halbinsel von zwei Seiten in die Zange genommen: Zum einen dehnt sich die Agglomeration Paphos und deren Satelliten um die Gemeinden Coral Bay und Peyia mit einer fast lückenlosen Kette von strandnahen Hotels und Wohnkomplexen immer weiter nach Norden aus und führt an der Westküste des Akamas zu einem erheblichen Entwicklungsdruck. Zum anderen haben sich die Gemeinden an der Chrysochou-Bucht gegenüber der Ostküste des Akamas zu kleinen Subzentren entwickelt, die besonderen Ehrgeiz an den Tag legen, es den Touristenhochburgen im Osten Zyperns gleichzutun. Hier ist es insbesondere die Immobilienentwicklung der Einfamilienhäuser und „Maisonetten", von denen jedes Jahr Hunderte als Feriendomizile, Alterswohnsitze und Investitionsobjekte für Nord- und Osteuropäer gebaut werde, die die Landschaft massiv verändert und die Bodenpreise in für Einheimische unerschwingliche Höhen steigen lässt.

Dass diese Entwicklungen nicht längst auch die Akamas-Halbinsel erfassen konnten, hat mit einer Kuriosität der postkolonialen Geschichte Zyperns zu tun.

Der Vertrag, der Zypern 1960 in die Unabhängigkeit von Großbritannien entließ, sicherte der ehemaligen Kolonialmacht die fortgesetzte militärische Nutzung bestimmter Territorien auf der Insel zu, so auch der Akamas-Halbinsel, die den britischen Streitkräften als Truppenübungsplatz für mehrmals im Jahr stattfindende Manöver diente. Deswegen blieb die Halbinsel westlich und nördlich der Dörfer Drousia, Arodhes, Inia und Neo Chorio unbebaut und wurde nur für die Weidewirtschaft genutzt, obwohl historisch sowohl Siedlungen als auch Ackerbau nachgewiesen sind. In den frühen 1980er Jahren wurde ein erstes kleines Naturschutzgebiet an der Westküste, wo an vier Stränden die Nistgebiete von zwei seltenen Arten von Meeresschildkröten liegen, ausgewiesen. Weitergehende Forderungen von Umweltschützern, die ganze Halbinsel unter Schutz zu stellen, hatten keinen Erfolg. Bereits damals kauften Investoren und Projektentwickler in Erwartung des Endes der britischen Militärübungen Ländereien auf dem Akamas und in der Umgebung. In den 1990er Jahren begannen zypriotische Naturschützer, sich um internationale Unterstützung zu bemühen, um die Regierung quasi von außen unter Druck zu setzen. Ein fünfjähriges Vorhaben zur Entwicklung nachhaltiger ökonomischer und ökologischer Lösungen für die Dörfer der Region erhielt als erstes Projekt auf Zypern 1989 eine finanzielle Förderung durch die EU. [5] 1995 wurde von einem transnationalen Konsortium unter der Ägide der Weltbank – ebenfalls mit Geldern der EU – eine umfassende Erfassung der Ökosysteme und der Artenvielfalt des Akamas durchgeführt und darauf aufbauend ein Plan für ein Biosphärenreservat für die ganze Region erarbeitet, der bis heute in der Diskussion um die Halbinsel unter dem Begriff Weltbankplan geführt wird. [6] Der Plan sah zudem nachhaltige Entwicklungsmöglichkeiten für die Gemeinden mit Optionen auf sanften Tourismus vor.

Viele Bewohner der an die Halbinsel angrenzenden Dörfer besitzen Land in den unbesiedelten Teilen des Gebiets; auch das Gemeindeland der Dörfer befindet sich dort. Sie alle lehnten dieses Angebot vehement ab, denn sie wollten nicht mit kleinen, wenig profitablen Tourismusprojekten abgespeist werden, während ihre Nachbarn in den Küstengemeinden durch Landverkäufe und Immobilienentwicklung reich wurden. Die Sprecher der betroffenen Dörfer gaben damals zu Protokoll, dass der Weltbankplan sie und ihre Familien – sowie alle nachfolgenden Generationen – zu fortdauernder Armut verdammen würde. Dieses Argument ist in gewisser Weise bemerkenswert, kehrt es doch eben jene wirtschaftswissenschaftlichen Analysen von Tourismusentwicklung um, die gerade die rasche Vernutzung der Ressourcen und die resultierende ökonomische Instabilität als Folge von Massentourismus in Zielregionen anprangern und Tourismus keineswegs immer als Quelle nachhaltigen Wohlstands für die lokale Bevölkerung begreifen (vgl. Mowforth/Munt 1998).

Der Weltbankplan wurde jedoch niemals umgesetzt. Im Jahre 1999 beendete Großbritannien seine militärischen Übungen auf dem Akamas aufgrund der fortgesetzten Proteste von Umweltschützern und von griechisch-zypriotischen Nationalisten, die in den Verfügungsrechten der ehemaligen Kolonialmacht einen Affront gegen die Souveränität des Landes sahen. Im März 2000 beschloss das zypriotische Kabinett, das Gebiet unter bestimmten Bedingungen für Tourismusprojekte zu öffnen. Diese Entscheidung privilegierte vor allem einen Großunternehmer, der ein Gelände an der bisher vollkommen unberührten Nordküste des Akamas besitzt und hier ein exklusives Club-Resort bauen wollte. Niemand war überrascht davon, denn bereits einige Jahre zuvor hatte eine zypriotische Hotelkette in einem im Weltbankplan als geschützte Pufferzone vorgesehenen Gebiet an der Küste des Akamas eine Sondererlaubnis der Distriktregierung erhalten, um eines der teuersten Luxushotels des östlichen Mittelmeerraumes – direkt neben einem als Meeresschildkröten-Nistgebiet bekannten Strand – zu bauen. Das Hotel wurde 1998 eröffnet, es gehört dem Sohn des damaligen Außenministers, der im Zuge des Skandals um die Baugenehmigung von seinen politischen Ämtern zurücktrat.

Unter dem Eindruck dieser Ereignisse ersuchten lokale Umweltschützer die Europäische Kommission, hier tätig zu werden. Tatsächlich widersprach der Regierungskurs allen umweltpolitischen Vorgaben der Kommission, auf die sie Zypern im Zuge der Beitrittsverhandlungen verpflichten wollte. Trotzdem wurde das Umweltkapitel des Acquis Communautaire relativ früh im Beitrittsprozess, nämlich im Juli 2001, „geschlossen", also als ausverhandelt betrachtet, ohne dass zu diesem Zeitpunkt nennenswerte Fortschritte in Bezug auf den Akamas gemacht worden wären. Die Europäische Kommission vermerkte freilich, "the situation will need to be monitored in the interim period to ensure that Cyprus complies with the spirit of the legislation." [7] Bindend wurde der Acquis für Zypern erst nach dem Beitritt 2004. Allerdings trat die Regierung bereits 2002 mit neuen, gegenüber der extrem tourismusfreundlichen Fassung von 2000 etwas abgemilderten Überlegungen an die Öffentlichkeit. Man entschloss sich nun, Bauaktivitäten auf den Küstenstreifen der eigentlichen Halbinsel weitgehend auszuschließen. Ausgewählte Teile des Gebietes sollten aber für Tourismusentwicklung freigegeben werden; wo dies nicht möglich war, sollten Entschädigungen und Gebietsaustausch für betroffene Landbesitzer vorgesehen werden.

Erst drei Jahre später, nämlich 2005, wurden diese Überlegungen in einen ersten, sehr allgemeinen Rahmenplan für die Unterschutzstellung des Akamas-

Gebietes umgesetzt und öffentlich gemacht. Es dauerte nochmals zwei Jahre, bis dieser soweit in ein konkretes Maßnahmenbündel umgesetzt wurde, das die eingangs erwähnte Entscheidung des Ministerrats beinhaltete: keine Bauaktivitäten und Entwicklungsprojekte in den Gebieten zwischen den Gemeinden am Rand des Akamas-Gebietes und seiner westlichen Küste. Dies war die Entscheidung, gegen die im Jahr 2007 die Dörfler Sturm liefen. Zugleich aber enthielt diese Entschließung eine entscheidende Verkleinerung des Gesamtgebietes, das unter Schutz gestellt werden sollte, gegenüber dem im Weltbankplan vorgesehenen Nationalpark. Aber auch zu diesem Zeitpunkt hatte die Regierung weder den Betroffenen noch der Öffentlichkeit Karten zugänglich gemacht, aus denen der genaue Grenzverlauf eines zukünftigen Schutzgebietes ersichtlich gewesen wäre, das nun nicht mehr als Nationalpark ausgewiesen werden sollte, sondern als Schutzgebiet im Rahmen des europäischen Netzwerkes Natura 2000. Auch im Herbst 2008 gab es noch keine Einigung zwischen Regierung und Interessenvertretern. [8]

Ökonomische Moral, moralische Ökonomien

Kulturanthropologen können zeigen, wie die Beteiligten solcher Konflikte kulturelle Bedeutungen mobilisieren, um ihre Ziele zu erreichen. Auch Umweltschutz ist – im Sinne der Kulturanthropologie – ein kulturelles Bedeutungssystem, oder, wie Michael Herzfeld (2001) schreibt, eine der Kosmologien moderner Gesellschaften. Ein Konflikt wie der um die Akamas-Halbinsel stellt Fragen danach, wer hier „Natur" konstruiert und was für die verschiedenen Akteure als „Umwelt" gilt. Damit geraten nicht nur die lokalen Bevölkerungen und die Behörden des Nationalstaats ins Visier der anthropologischen Forschung, sondern auch wissenschaftliche Experten, Bürgerinitiativen, globale Umweltorganisationen und die supranationalen Institutionen auf europäischer Ebene. Alle diese Akteure verfolgen ihre Interessen in diesem Konflikt und konzeptualisieren das Gebiet ganz unterschiedlich: als unberührte Wildnis von großer landschaftlicher Schönheit, als ökologisch wertvolles Gebiet mit wichtigen Habitats und einer unvergleichlichen Biodiversität, als nahezu wertloses, von Gestrüpp überzogenes Gelände oder aber als potenziell ökonomisch höchst profitables Gebiet für Luxushotels und teure Feriendomizile für finanzkräftige ausländische Käufer. Die Soziologen Phil Macnaghten und John Urry räumen ein, "that there is no singular nature as such, only a diversity of contested natures; and that each such nature is constituted through a variety of sociocultural processes from which such natures cannot be plausibly separated"

(Macnaghten/Urry 1998, 1). Diese unterschiedlichen Konzeptualisierungen gehen in die Strategien der verschiedenen Akteure ein, die in einem unauflösbar scheinenden Konflikt um die Zukunft des Gebietes verstrickt sind. Das Handeln und die Haltungen all dieser Akteure werden zudem durch sehr unterschiedliche moralische Ordnungen gestützt, und ihre Repräsentationen von „Umwelt" basieren außerdem auf verschiedenen, unterschiedlich legitimierten Wissensformen, wie später noch gezeigt wird.

Die amerikanische Kulturanthropologin Anna Tsing hat den Terminus des Projektes aufgenommen und neu gedeutet, um eben jene „Bündel" von Deutungen und Strategien, die im vorliegenden Beispiel von den Konfliktparteien entwickelt werden, begrifflich zu fassen. In ihren Worten sind Projekte

> "relatively coherent bundles of ideas and practices that are realized in particular times and places [...] Projects may articulate with each other, creating moments of fabled stability and power. They may also rub up against each other awkwardly, creating messiness and new possibilities" (Tsing 2002, 472).

Diesen Momente der Reibung („friction") zwischen kulturellen Projekten gilt ihre besondere Aufmerksamkeit und in einer neueren Ethnographie untersucht sie unter dieser Perspektive Umweltkonflikte in Südasien (vgl. Tsing 2005). Umweltschutz erfordere die Kooperation zwischen Akteursgruppen – sie nennt Wissenschaft, Unternehmen, den Staat, die Bewohner der betroffenen Gebiete, die gesellschaftliche Öffentlichkeit und die Natur selbst („non-humans"). Durch die Reibungen, die in solchen Kollaborationen entstehen, gewinnen globale Naturschutzprojekte erst ihre Form, betont sie. Im vorliegenden Fall möchte ich die These von Anna Tsing geringfügig reformulieren und die EU-europäische Dimension in den Vordergrund rücken. Der Akamas-Konflikt wird damit zu einem exemplarischen Fall derartiger Friktionen, die durch translokale Kollaborationen und Interventionen im europäischen Raum ausgelöst werden und jeweils spezifische lokale Formen annehmen.

Eine solche spezifische lokale Form sind die Bauernproteste und Demonstrationen in der Hauptstadt (vgl. auch Loizos 1975a). Und nicht erst 2007, sondern auch bereits 2005 hatten Dorfbewohner aus der Akamas-Region vor dem Präsidentenpalast in der Hauptstadt ihre Zelte aufgeschlagen und ihre Ortsvorsteher waren in einen Hungerstreik getreten, um in aller Öffentlichkeit deutlich zu machen, dass das Einlenken der Regierung gegenüber den Forderungen der Europäischen Kommission nach einem Naturschutzgebiet auf dem Akamas den Lebensunterhalt ihrer Familien und die Zukunft ihrer Kinder und Kindeskinder in Gefahr bringen würde. Diese Rhetorik war wirkungsvoll, obwohl jeder wusste, dass auch diejenigen Dorfbewohner, die keine Hotels betreiben, keinen Hunger leiden. Als dann im Sommer 2007 Buschfeuer auf der Akamas-Halbinsel ausbrachen, wurde in den Medien die Vermutung laut, dass die Brandstifter erboste Dorfbewohner aus der Region waren. Diese wiederum verdächtigten – ebenfalls in der Medienöffentlichkeit – zypriotische Umweltschützer, die Feuer gelegt zu haben, um die Dörfler in Misskredit zu bringen. [9] *„Wir sind betrogen worden"*, beschwerten sich die Dorfbewohner und behaupteten, die Regierung habe ihnen versprochen, den schon seit 1989 für Gebiete außerhalb der geschlossenen Dörfer auf der Akamas-Halbinsel geltenden Baustopp endlich aufzuheben und neue Baugebiete an den Dorfrändern auszuweisen. Denn während andere Dörfer an der Küste seit Jahrzehnten von Tourismusentwicklung und Immobilienboom profitierten, waren die Gemeinden im Hinterland von diesen Möglichkeiten abgeschnitten gewesen. Einige dieser Dörfer, die am Rand des Akamas-Gebietes liegen und von den für die Halbinsel beschlossenen Schutzmaßnahmen betroffen sind, indem seit den 1980er Jahren nur in sehr begrenztem Ausmaß außerhalb der alten Dorfkerne neues Bauland ausgewiesen wurde, hatten in den 1980er Jahren Projektfinanzierung im Rahmen des genannten EU-Projektes erhalten. Dies ging mit relativ strengen Denkmalschutzauflagen einher, die von den Dörflern zumeist abgelehnt und unterlaufen wurden, da sie diese als Einschränkung ihrer freien Verfügung über ihr Eigentum begriffen (vgl. Beck/Welz 1997a; Beck/Welz 1997b; Amato 2001).

Kulturanthropologische Forschungen zu Umweltkonflikten in aller Welt gehen üblicherweise von der Vorannahme aus, dass natürliche Ressourcen und landschaftliche Integrität nur dann gefährdet werden, wenn nichtlokale Interessen ins Spiel kommen. In vielen aktuellen Ethnographien werden lokale Bevölkerungen als Opfer von Umweltzerstörung und -ausbeutung durch externe Akteure gezeigt (vgl. Herzfeld 2001). Die indigenen Gruppen und einheimischen Bewohner betroffener Regionen werden als selbstverständliche Allianzpartner globaler Umweltschutzorganisationen begriffen und ihre traditionale Wirtschafts- und Lebensweise als besonders nachhaltig und ressourcenschonend hervorgehoben (vgl. Brosius 1999). Im Akamas-Konflikt funktionieren solche vereinfachenden Zuweisungen moralischer Autorität und legitimer Positionen nicht. Die Dorfbewohner sind hier in überwiegender Mehrheit gegen die Einrichtung eines Naturschutzgebietes, das sie als Bedrohung für ihre ökonomischen Interessen und letztlich als gegen die Zukunft ihrer Dörfer gerichtet begreifen. Sie berufen sich dabei auf kulturelle Traditionen. Das Verbot von Neubauten an den Dorfrändern erlaube es den Brauteltern nicht, für ihre Töchter repräsentative Häuser zu bauen, die die jungen Frauen als Mitgift in die Ehe mitnehmen, so wie es die Sitte gebiete. Eheschließungen bedeuteten bis vor kurzen in der ländlichen Gesellschaft noch Allianzen zwischen Familien, die einen Transfer von Eigentum voraussetzen (vgl. Sant-Cassia 1982; Loizos 1975b). In dem Maße, in dem Bauland sich verteuert und zugleich der steigende Wohlstand die Eltern zusätzlich unter Druck setzt, ihre Töchter mit immer größeren und kostspieligeren Immobilien auszustatten, die dann später oft an Touristen vermietet werden, liegt die Schlussfolgerung scheinbar auf der Hand, dass hier der Rekurs auf Tradition strategisch eingesetzt wird, um andere, ganz moderne Zielsetzungen zu legitimieren.

Trotzdem wäre es falsch und vereinfachend, der lokalen Bevölkerung zu unterstellen, sie handele allein aus ökonomischem Profitinteresse heraus. Ökonomische Anthropologen warnen uns vor dem zum Scheitern verurteilten Versuch, vorgeblich interessenlose kulturelle Wertorientierungen von angeblich rein materialistischen ökonomischen Beweggründen trennen zu wollen. In einer vergleichbaren Studie argumentiert der Sozialanthropologe Dimitrios Theodossopoulos, dass mit Landbesitz kulturelle Bedeutungszuweisungen einhergehen, die sich mit Vorstellungen von der Integrität und dem Wohlergehen der Familie verknüpfen. Diese Bedeutungszuweisungen, so vermag er in seiner Ethnographie auf der griechischen Insel Zakynthos zu zeigen, gehen auch dann nicht verloren, wenn der Landbesitz eine ökonomische Inwertsetzung im Rahmen von Tourismusentwicklung verspricht (vgl. Theodossopoulos 1997 u. 2002). Überträgt man das auf die Situation der Landbesitzer am Rand der Akamas-Halbinsel, so zeigt sich, dass den unbebauten und als Weideland genutzten Ländereien für sie das Versprechen innewohnt, in profitables und dem Wohl der eigenen Familie zugute kommendes Bauland transformiert zu werden. Erst dadurch, dass es der Familie zugute kommt, erhält es Wert. Dass das Land bereits einen hohen Wert im Rahmen eines ganz anderen Bewertungssystems besitzt, nämlich als Region mit höchster Bedeutung für die ökologische Integrität und Artenvielfalt des östlichen Mittelmeerraumes, ist für die lokale Bevölkerung ein fremdes, ja abwegiges Konzept. Eine solche Bewertung kann nur von Menschen aus der Stadt und von Ausländern erfunden worden sein; sie hat keine Entsprechung in ihrer eigenen kulturellen Weltsicht. Der Kulturanthropologe Vassos Argyrou (1997) hat ausführlich dargelegt, wie auf Zypern Naturschutz und Umweltbewusstsein als ausländische und zudem zutiefst bürgerliche „Importe" wahrgenommen werden und von großen Teilen der Bevölkerung zudem als eine Fortsetzung der symbolischen Unterwerfung durch die Kolonialmacht

Großbritannien geradewegs abgelehnt werden (vgl. auch Argyrou 2005). Folgt man Argyrou, dann lässt sich der Konflikt um die zukünftige Nutzung der Akamas-Region auch als Antagonismus zwischen westlichen Werten, die durch die europäischen Umwertschutzstandards durchgesetzt werden, und einer postkolonialen Gesellschaft am Rande Europas deuten.

Zudem lässt sich hier ein weitgehender, kulturell gestützter Konsens zwischen den Investoren einerseits und der lokalen Bevölkerung andererseits feststellen. Wenn die Akamas-Halbinsel tatsächlich so ein wichtiger Teil des nationalen Erbes Zyperns darstelle, dann müsse auch allen Zyprioten das Recht gegeben werden, die natürliche Schönheit und die historischen Stätten dieser Gegend ungehindert kennen zu lernen: Dieses nationalpopulistische Argument, das vor Jahren die Forderung nach der Beendigung militärischer Übungen auf dem Akamas begleitete, wird nun von prominenten Tourismusunternehmern und Immobilienentwicklern ins Feld geführt, um für die infrastrukturelle Erschließung des Gebietes und insbesondere für den Bau asphaltierter Straßen bis zur Spitze der Halbinsel zu plädieren. Mehreren Unternehmern gelang es, sich als Fürsprecher der traditionalen Dorfgemeinschaften und als Mäzene zu profilieren, die den Schutz des „hellenischen Kulturerbes" in der Region großzügig förderten. [10] Die Bevölkerung der Gemeinden in der Region und die kleinen Landbesitzer haben sich mehrheitlich auf die Seite dieser Großunternehmer gestellt. Verständlich ist dies insofern, als dass sie hoffen können, dass eine Aufweichung der Restriktionen gegen Bauvorhaben auch den sehr viel bescheideneren Plänen der Dorfbewohner zugute kommen würde. Darüber hinaus sind lokale Akteure den Großunternehmern auch im Rahmen klientelärer Netzwerke verpflichtet. Einige der Investoren können auf ihre familiäre Herkunft aus der Region verweisen und stellen sich als „local boys who made it" dar. Vor allem jedoch teilen sie mit der lokalen Bevölkerung eine Wertschätzung für demonstrativ aggressive Konkurrenz und handeln im Rahmen einer geteilten moralischen Ökonomie, in deren Wertsystem letztlich nur diejenigen Akteure ernst genommen werden und Status erlangen können, die erkennbar die eigenen Interessen beziehungsweise die ihrer Familien mit allen zur Verfügung stehenden Mitteln verfolgen. [11]

Es sind jedoch die lokalen Akteure, allen voran die Dorfvorsteher und die kleinen Landbesitzer, die am vehementesten in der Öffentlichkeit für die Aufhebung der Naturschutzbeschränkungen streiten – und damit möglicherweise weniger ihre eigenen Interessen als die der im Hintergrund bleibenden Großunternehmer vertreten. Man kann den Eindruck haben, dass sie sich auf einen Konflikt eingelassen haben, bei dem es um sehr viel mehr geht als um den Wohlstand und das

Wohlergehen ihrer Familien. Und bei dem letztlich ihre Zukunft und die ihrer Familien gefährdet wird, denn tourismuswissenschaftliche Studien aus anderen Regionen lassen den Schluss zu, dass die lokalen Akteure höchstens kurzfristig durch Landverkäufe Gewinne machen, aber selten zu den nachhaltigen Profiteuren der Neuerschließung einer Region durch Großunternehmen zählen (vgl. Mowforth/ Munt 1998).

Während die Regierung von der EU unter Druck gesetzt wird, dem Naturschutz Rechnung zu tragen, wollen die dominanten ökonomischen Interessen die immobilien- und tourismuswirtschaftliche Entwicklung der Halbinsel nicht länger gelähmt sehen. Wenn diese beiden Seiten auf einen Kompromiss zusteuern, werden die lautstarken Vertreter der Dörfer als Sündenböcke gebrandmarkt und als gierige rückständige Bauern doppelt stigmatisiert. Dies zeichnete sich in den letzten Jahren bereits deutlich ab. Der Streitfall Akamas ist damit auch eine für Modernisierungsprozesse auf Zypern typische Situation, die es – in den Worten des sozialanthropologischen Zypernkenners Peter Loizos – der Anthropologie erlaubt, “the relation between private and public interests, between local and national community, between actions and forms, between long- and short-term advantages, between precise calculation and uncertainty”(Loizos 1975a, 301) zu untersuchen.

Wissenschaftliche Expertise und supranationale Regulation

Die Beschreibung von Umweltkonflikten als Zonen kultureller Friktionen, wie sie die zuvor bereits erwähnte Studie von Anna Tsing leistet, erwähnt neben den Unternehmensstrategien auch global agierende Naturschutzorganisationen, ihre Praktiken und Wissensformen als besonders einflussreich und als Produzent von Spannungen und Verwerfungen. Umweltprobleme sind kein einfacher Reflex biophysischer Tatsachen, sondern müssen sozial konstruiert werden, damit die Notwendigkeit politischer Interventionen zum Schutz von gefährdeten Spezies oder von Ökosystemen, die eine besondere Artenvielfalt beinhalten und erhalten, überhaupt als solche erkannt werden kann (vgl. Hannigan 1995). Wissenschaftliches Expertenhandeln und die öffentliche Zugänglichkeit und Verbreitung von Forschungsergebnissen sind essentiell für die Herstellung von legitimen Problemdiagnosen und für die Ableitung politischer Forderungen (vgl. Beck 1986). Seit den 1980er Jahren haben Feldstudien und Kartierungen der Artenvielfalt durch Biowissenschaftler die Forderungen nach der Unterschutzstellung der Akamas-Region sowohl vorbereitet als auch begleitet. Einige davon sind als Grundlagenforschungen von unabhängigen ausländischen Forschern durchgeführt worden, andere wiederum im Auftrag von inländischen Behörden. Wie bereits zuvor deutlich gemacht wurde, haben nationale und internationale Umweltschutzorganisationen in erheblichem Maße versucht, die Autorität von wissenschaftlicher Expertise ins Feld zu führen und international anerkannte Forschungen anzuregen.

Sie haben sich dabei der Strukturen supranationaler Regulation bedienen können, die seit dem Zweiten Weltkrieg keineswegs allein im Umweltbereich, sondern in einer ganzen Reihe von Politikfeldern die Regulationskompetenzen der Nationalstaaten teils unterstützen, teils aber auch überschreiben und außer Kraft setzen. Dies geschieht durch Instrumente einer persuasiven Politik, die ohne massive negative Sanktionen auskommt und deswegen gerne auch als „soft law" bezeichnet wird. Statt dessen arbeiten diese Regulationsweisen bevorzugt mit Wissenstransfers (vgl. Ilcan/Phillips 2008) zwischen auf gleicher Ebene in verschiedenen nationalen Entscheidungsstrukturen und Verwaltungsapparaten angesiedelten Akteuren. Ebenso gehört zu den Mitteln der Durchsetzung die Förderung der sozialen Vernetzung der involvierten Organisationen. Auch die Schaffung und die Implementierung europäischer Verordnungen und Regelungen durch die Europäische Kommission arbeitet in erheblichem Masse mit derartigen Instrumenten. Diese erfordern keine „top-down" funktionierende Machtausübung und Kontrolle, sondern werden durch das freiwillige und aktive Sich-Beteiligen zahlreicher und vielfältig positionierter Akteure umgesetzt. Dies wird von zahlreichen sozial- und politikwissenschaftlichen Studien als Entstehen einer neuen europäischen Gouvernementalität gedeutet (vgl. Dunn 2005; Beck/Grande 2004). Ein gutes Beispiel für diese Art der Durchsetzung politischer Ziele durch „soft law" im Bereich der transnationalen Umweltpolitik ist das Instrument der sogenannten Konventionen – also international gültiger Verträge, deren Unterzeichner sich auf die Einhaltung bestimmter Regeln verpflichten. Sie unterliegen damit Kontrollmechanismen, deren Sanktionsandrohungen insofern zahnlos sind, als dass keine Strafen bei Regelverletzungen drohen, aber an deren Stelle die öffentlichkeitswirksame internationale Stigmatisierung der Nichtbefolgung der Regeln durch Regierungen tritt (vgl. Clark 2000; Johnston 2001).

Gut beobachten lässt sich diese Funktionsweise der umweltpolitischen Regulation am Beispiel der bereits erwähnte Convention on the Conservation of European Wildlife and Natural Habitats, für die der Europarat, jene nach dem Zweiten Weltkrieg geschaffene Institution einer völkerverbindenden Politik, die Federführung hat. Im Jahr 1996 riefen lokale zypriotische Umweltschutzorganisationen das Sekretariat dieser Konvention an, eine Sachverständigengruppe wurde beauftragt, vor Ort die Situation der Akamas-Region zu eruieren und auf der 1997er

Versammlung des Ständigen Ausschusses der Konvention wurde der Beschluss gefasst, „eine Akte zu öffnen", das heißt im Jargon der Konventionen, ein Verfahren gegen die Republik Zypern einzuleiten. Der Regierung Zyperns als eine Mitunterzeichnerin der Konvention wurde im Fall von Akamas im Detail nachgewiesen, dass sie den Anforderungen der Konvention nicht genügte, "to ensure the conservation of the habitats of wild fauna species [...] and the conservation of endangered natural habitats". [12] Seitdem muss die Regierung bei den jährlichen Sitzungen des Ständigen Ausschusses Rechenschaft darüber ablegen, was sie zur Beseitigung der Missstände tut. Eine weitere, nach fünf Jahren vom Straßburger Ausschuss entsandte Sachverständigengruppe stellte fest, dass die Regierung auch 2002 noch nichts getan hatte, um der weiter fortschreitenden Bedrohung der ökologischen Integrität des Gebietes durch Entwicklungs- und Bauaktivitäten Einhalt zu gebieten. Gutachten von lokalen NGOs – der 2007 in Terra Cypria unbenannten Cyprus Conservation Foundation, die auch für den Dachverband der zypriotischen Umweltorganisationen spricht, und die Vogelschutzorganisation Birdlife Cyprus – und die mündlichen Berichte ihrer Vertreter vor dem Ausschuss dokumentieren jedes Jahr, so auch wieder 2008, minutiös im Detail die weiter fortschreitenden Zerstörungen und die Untätigkeit der Regierung. Und in jedem Jahr hat nach der Anhörung auch der Regierungsvertreter aus Zypern der Ausschuss entschieden, „die Akte nicht zu schließen", mit der die Regierung Zyperns zur Einrichtung eines Nationalparks analog zu den im Weltbankplan niedergelegten Empfehlungen gebracht werden soll. [13] Die Vertreter der Umweltschutzorganisationen bezweifeln aber mittlerweile die Wirkungsmacht der Jahr um Jahr an die Adresse der Regierung gerichteten Ermahnungen des Ausschusses.

Das Netzwerk Natura 2000 – Eine Lösung?

Die mit Umwelt- und Naturschutz beschäftigten Regierungsstellen, die in Zypern teilweise dem Landwirtschaftsministerium und teilweise dem Innenministerium angehören, werden seit dem EU-Beitritt des Landes aber zusätzlich durch ein neuartiges Regulationsinstrument der Europäischen Kommission unter Druck gesetzt und in hektische Bewegung versetzt. Es handelt sich um die Implementierung der bereits 1992 verabschiedeten Habitat-Direktive der EU, die ein europaweites Netzwerk von Schutzgebieten schaffen soll, das unter dem Namen „Natura 2000" geführt wird. Diese Schutzgebiete verbleiben – sofern sie dies sind – in Privatbesitz und bisherige Nutzungen wie etwa Landwirtschaft und Besiedlung können fortgeführt, ja sogar weiter entwickelt werden, sofern dies nicht die Existenz der unter Schutz gestellten Spezies und ihre Lebensräume bedroht. Privates, aber auch öffentliches Grundeigentum ist in modernen Gesellschaften eine historisch generierte und kulturell verankerte Konvention, die den Zugang zu natürlichen Ressourcen reguliert und die Natur selbst durch dieses Zugangsrecht strukturiert (vgl. Tsing 2001, 7). Die spätmoderne Erfindung des Umweltschutzes interveniert in diese Regelungen, indem sie spezifische Einschränkungen der freien Verfügung über den Grundbesitz formuliert und durchsetzt. Damit werden ältere, ebenfalls kulturell verankerte Kodes – dass Besitz sowohl Rechte als auch Pflichten impliziert, und dass diese Pflichten gegenüber dem Gemeinwohl bestehen – aktiviert und in einen neuen Kontext gestellt, der mit der moralischen Aufladung durch die Verantwortung gegenüber der Umwelt als Lebensraum zukünftiger Generationen argumentiert.

Die Ausweisung von Natura 2000-Schutzgebieten, die dies aufnimmt, stößt in zahlreichen EU-Staaten auf Probleme und kommt nicht so schnell und effektiv voran, wie sich dies die Europäische Kommission wünschen würde, weil betroffene Landbesitzer und andere Interessenten die Umsetzung verzögern (vgl. Raumsauer 2001). Sind die Schutzgebiete – es gibt zwei Typen davon – einmal ausgewiesen, werden sie kontrolliert, indem für jedes ausgewiesene Gebiet ein eigener Managementplan entwickelt und entsprechende Kontrollmechanismen festgelegt werden. [14] Eine Reihe von Förderungsprogrammen der EU ermöglicht in diesem Zusammenhang Maßnahmen nachhaltiger Entwicklung, die keineswegs nur den Naturschutz im engeren Sinne betreffen, sondern sanften Tourismus, Bildungsangebote und agrarökonomische Projekte beinhalten können. Die Kriterien für die Ausweisung der Gebiete sind durch biowissenschaftlich entwickelte Parameter vorgegeben. Spezifische Landschaftskategorien, die in ihnen zu findenden schutzwürdigen Spezies und Habitattypen sind – ohne Ansehen von nationalen Grenzen – in Katalogen definiert worden und geben den nationalen Körperschaften Instrumente an die Hand, bestimmte Gebiete als unter das Natura 2000-Regime fallend zu definieren und sie der Europäischen Kommission zu melden. [15] Freilich ist keine „Top-down"-Ausweisung von Schutzgebieten vorgesehen. Vielmehr sind Formen der Bürgerbeteiligung und der Anhörung von wissenschaftlichen Experten vorgesehen – auch dies ein typisches Kennzeichen der in der Europäischen Union angewandten transnationalen Governance, die nicht auf Durchsetzungs-, sondern vielmehr auf Aushandlungsprozesse setzt. Diese mögen aber unterschiedlich aussichtsreich in der erfolgreichen Umsetzung sein, abhängig von den gesellschaftlich anerkannten, kulturell gelernten Formen öffentlicher Interessenvertretung und -aushandlung. In Zypern kam es bei der Vorstellung geplanter Natura 2000-

Gebiete bei Bürgerversammlungen des Öfteren zur Androhung einer Tracht Prügel gegenüber den Ministerialbeamten oder der verbal geäußerten Drohung, dass ein Streichholz genügen würden, um das so kostbare Schutzgebiet in Flammen aufgehen zu lassen. [16]

Seit Frühjahr 2008 wird Zypern durch eine von der Linkspartei geführte Koalition regiert. Die neue Regierung hat vor allem durch ihre Selbstverpflichtung auf Verhandlungen zur friedlichen Wiedervereinigung mit dem nach der türkischen Invasion 1974 abgespaltenen Norden der Insel die Hoffnung vieler Zyprioten auf einen Politikwechsel auf sich gezogen. Die vorherige Regierung unter Führung des rechtsnationalen Populisten Papadopoulos, ebenso wie andere Regierungen zuvor, hatte die Unterschutzstellung der Akamas-Halbinsel jahrelang verschleppt und zahlreiche Zugeständnisse sowohl gegenüber den mächtigen ökonomischen Akteuren als auch gegenüber ihrem angestammten Wählerklientel in Dörfern der Region gemacht. Hoffnungen auch auf eine veränderte Haltung der neuen Regierung in der Akamas-Frage haben sich bisher nicht erfüllt. Sie ist offenbar der Auffassung – wie bereits die Vorgänger in der Regierungsverantwortung –, dass es ausreichen würde, die Forderungen der EU zu erfüllen, indem man nur für den mehrheitlich im Staatsbesitz befindlichen und als Staatsforst bereits geschützten Westteil der Halbinsel den Status eines Natura 2000-Gebiets beantragt. Für alle anderen Teile der Halbinsel, für die eine bereits 1998 mit EU-Mitteln durchgeführte Gesamterhebung der unter Natura 2000-Kriterien fallenden Gebiete ebenfalls dringend unter Schutz zu stellende Habitats feststellte, sollen keine Schutzmaßnahmen gelten. In ihrem neuesten Bericht an den Europarat schreibt demzufolge Terra Cypria empört:

> "The current negotiations have dropped the original issue of declaring the wider area into a national park or biosphere reserve which was the aim of the World Bank Study, and have been limited simply to declaring part of the area into a Natura 2000 site, thus providing possibilities for further concessions." [17]

Es wird von den Umweltorganisationen kritisiert, dass die Ausweisung von Natura 2000-Gebieten weniger strikte Auflagen mit sich bringt als dies die Deklarierung des Gebietes als Nationalpark oder Biosphärenreservat bedeutet hätte. Mehr noch sind sie dadurch beunruhigt, dass Bauaktivitäten außerhalb der engeren, als Natura 2000-Gebiet ausgewiesenen Zone nun keinem Baustopp mehr unterliegen werden, wie die Leiterin der NGP, Dr. Artemis Yiordamli, im Gespräch im Oktober 2008 bekräftigte.

Bisher ist aber ein entsprechender Antrag von der zypriotischen Regierung auf Ausweisung eines Teils der Akamas-Halbinsel als Natura 2000-Gebiet der Europäischen Kommission noch nicht vorgelegt worden. Ungeschicklichkeiten in der Veröffentlichung von geplanten Maßnahmen, Unprofessionalität im Umgang mit dem eingesetzten Sachverständigenbeirat und weitere öffentlichkeitswirksame Proteste der Vertreter der betroffenen Dörfer haben dies bisher im Lauf des Jahres 2008 offenbar verzögern helfen. In der Zwischenzeit geht die Erschließung neuer Baugebiete voran. In einer gemeinsamen Aktion planen deswegen die NGOs Birdlife Cyprus und Terra Cypria, bei der Europäischen Kommission Beschwerde wegen der Nichtausweisung eines Natura 2000-Gebietes einzulegen – eine Beschwerde, die im Extremfall zu einem Verfahren gegen die zypriotische Regierung vor dem Europäischen Gerichtshof führen kann, wie Martin Hellicar, der Leiter der Forschungsabteilung von Birdlife Cyprus, im Gespräch im November 2008 betonte. Er räumte zugleich aber ein, dass Natura 2000 ein zu schwaches Instrument sei, um einen nachhaltigen und dauerhaften Schutz für die Akamas-Halbinsel zu gewährleisten.

Das Natura 2000-Netzwerk der Europäischen Union, entwickelt mit dem Ziel, in allen Mitgliedsländern ein durchsetzungsfähiges Instrumentarium des Artenschutzes und der Biodiversitätserhaltung zu implementieren, kann im Einzelfall – so zeigt die Chronik der Akamas-Halbinsel – durchaus gegenteilige Effekte hervorrufen.

Ausblick

Die protestierenden Bauern, deren Demonstrationen im Jahr 2007 eingangs beschrieben wurden, konnten im November 2008 einen vorläufigen Erfolg verbuchen. Der Innenminister besuchte auf Einladung des Gemeinderates das Dorf Inia, aus dem die vehementesten Proteste kamen. Er versprach den Dorfbewohnern, dass bis Ende des Jahres eine Lösung gefunden würde, die ihren Interessen entgegenkommen würde. Explizit wurde die Aufhebung des Moratoriums für Bauvorhaben im Umland der Gemeinde angesprochen. Es ist freilich auch bekannt, dass die Dorfbewohner darüber hinaus planen, an einem der bisher als Schildkrötennistgebiet unter strengen Schutzauflagen stehenden Strand ein Besucherzentrum mit Gastronomie und weiteren touristischen Angeboten aufzubauen. Die Regierung scheint diesen Plänen wenig entgegensetzen zu wollen. [18]

Der fortgesetzte Konflikt um die Akamas-Halbinsel ist ein Beispiel für das Scheitern einer europäischen Umweltpolitik, die letztlich auf das effektive Handeln nationalstaatlicher Akteure angewiesen ist. Mangelnde Durchsetzungskraft und fehlender Durchsetzungswillen staatlicher Akteure, durch die unklare Haltung des Staates in eine Koalition mit Großunternehmern getriebene Dorfbewohner und schließlich die Besitzer nationaler Großunternehmen, zu deren Geschäftsinteressen unter anderem auch Immobilienentwicklung und Tourismus gehören, bilden hier ein unheilvolles Dreieck. So lange die Unterschutzstellung auf sich warten lässt, wird die Landschaft durch immer weitere Immobilienprojekte und Tourismusanlagen von ihren Rändern her zugebaut.

Eine Durchsetzung politischer Ziele, von der der britische Soziologe Andrew Barry schreibt, diese funktioniere im Fall der EU "without any direct imposition of order but through a steady process of ordering"(Barry 2002, 144), ist offenbar in hohem Maße störanfällig. Was die Einbeziehung des Akamas-Konflikts in eine europäische Umweltpolitik freilich durchaus geleistet hat, ist, die Akteure vor Ort – Ministerialbeamte, Umweltaktivisten, Ortsvorsteher und Bürgermeister betroffener Gemeinden, Landwirte, Tourismusunternehmer – in einen kontinuierlichen Prozess des Ordnens einzubinden, der ihre Akteurspositionen und Handlungsmöglichkeiten unmerklich, aber effektiv auf Dauer verändern wird.

Anmerkungen

[1] Der Aufsatz dokumentiert ein langfristiges Forschungsinteresse am Konflikt um die Akamas-Halbinsel und beruht auf Informationen aus nahezu 30 Experteninterviews mit Umweltschützern, lokalen Interessenvertretern, Tourismusunternehmern und Vertretern von nationalen Ministerien und regionalen Behörden in den Jahren 1997 bis 2008. Jährlich mindestens ein Besuch in der Region sowie die systematische Auswertung der englischsprachigen Presse sowie der einschlägigen Internetauftritte seit 1995 bilden den Hintergrund der Analysen. Eine ausführliche Betrachtung der Geschehnisse bis zum Jahr 2002 findet sich in Welz (2006b). Außerdem wurden im Rahmen von zwei Lehrforschungsprojekten 1990 und 2005 zusätzliche Forschungen durch Studierende durchgeführt (vgl. Baga 2002 u. 2001; Geyer 2007).

[2] Zur Transposition EU-europäischer Regelungen in die nationalen Institutionen und Gesetze vgl. Agapiou-Josephides (2005) und (2003). Zu den alltagskulturellen Effekten einer durchgreifenden Europäisierung vgl. auch die Fallstudien des Lehrforschungsprojektes „New Europeans. Cyprus after EU Accession", 2005-06. Abschlussberichte unter: https://bscw.server.uni-frankfurt.de/pub/bscw.cgi/d616882-3/*/*/*/Index.html, (Zugriff 14.10.2008).

[3] Üblicherweise wird der englischsprachige Titel „Convention on the Conservation of European Wildlife and Natural Habitats“ benutzt. Weitere Informationen unter: http://www.coe.int/t/dg4/cultureheritage/conventions/bern/Presentation_en.asp#TopOfPage, (Zugriff 15.10.2008).

[4] Weitere Informationen zu den weitgespannten Aktivitäten des Mediterranean Action Plan des United Nations Environment Program unter: http://www.unepmap.org, (Zugriff 15.10.2008).

[5] Vgl. Amato (2001), Beck/Welz (1997a) u. (1997b). Weitere Informationen unter: http://www.conservation.org.cy/laona/laona.htm, (Zugriff 15.10.2008).

[6] Vgl. Conservation Management Plan for the Akamas Peninsula (Cyprus). Mediterranean Environmental Technical Assistance Program (METAP), World Bank, UNDP, CEC. Prepared by GEOMER, France and IPS, Cyprus, September 1995.

[7] So das damals für Umweltpolitik zuständige Mitglied der Europäischen Kommission in ihrer Antwort auf eine Anfrage von mir (Margot Wallström am 18.9.2000). Weitere Informationen in Welz (2006b).

[8] Zwischenzeitlich war bekannt geworden, dass ein Immobilienentwickler außerhalb der durch die Schutzzone betroffenen Gebiete Land zu niedrigen Preisen aufgekauft hatte. Er hatte Insider-Informationen aus der Raumordnungsbehörde erhalten und wusste, dass im Zuge der Umsetzung des Akamas-Planes dieses landwirtschaftlich genutzte Gelände in Bauland umgewandelt würde (vgl. Cyprus Mail, 8.5.2007). Wem gehört Akamas eigentlich? Wenn man die Eigentumsverhältnisse abfragt, dann existiert neben einem großen Gebiet in staatlichem Besitz an der Spitze der Halbinsel, das als Staatsforst verwaltet wird, eine Vielzahl von Grundstücken privater Eigentümer, wobei die kleineren Grundstücke oft im Besitz der Dorfbewohner der nahegelegenen Dörfer sind. Auch türkisch-zypriotischer Landbesitz, der seit der Übersiedlung der türkischsprachigen, muslimischen Zyprioten in den Norden der Insel nach 1974 von einer Regierungsstelle treuhänderisch geführt wird, ist zu finden. Die flächenmäßig größten Grundstücke in Privatbesitz jedoch gehören Unternehmern, deren Mischkonzerne sowohl im Tourismus als auch in der Industrie und in Dienstleistungen involviert sind. Außerdem befinden sich größere Ländereien im Besitz des Bistums Paphos, wobei man wissen muss, dass die Kirche auch im Paphos-Distrikt einer der großen Tourismusunternehmer ist und sowohl große Hotels als auch einen Golfplatz betreibt.

[9] Siehe zahlreiche Zeitungsartikel in der englischsprachigen Tageszeitung

Cyprus Mail, beispielsweise Stefanos Evridipou (2007): Tempers flare as Akamas meeting ends in stalemate. In: Cyprus Mail, 19.10.2007.

[10] Vgl. Baga (2001) u. Baga (2002). Typisch ist auch der Bau eines archäologischen Museums in der Region durch einen anderen Großindustriellen, der die Genehmigung für die Errichtung eines Yachthafens und eines Ressorts in der Region von den Distriktbehörden erhalten hat.

[11] In der Mittelmeerethnologie hat man diese Haltung als bäuerliches Weltbild der begrenzten Ressourcen und als „amoralischen Familismus" bezeichnet beziehungsweise als agonistische Vergesellschaftung. In diesen Erklärungsmodellen freilich schwingen Vorstellungen von Zurückgebliebenheit vormoderner Gesellschaften mit, die für die Situation in der postkolonialen, durch massive Modernisierungs- und Globalisierungsprozesse geprägten zypriotischen Gesellschaft in dieser Weise nicht angemessen anwendbar sind (vgl. Argyrou 1996).

[12] Artikel 4 Absatz 1 und 2, Artikel 6 und Artikel 7 der Berner Konvention. Der Volltext der Konvention ist einsehbar als Dokument 104 der European Treaty Series des Europarats unter http://conventions.coe.int/Treaty/Commun/ListeTraites.asp?CM=8&CL=ENG, (Zugriff 5.1.2009).

[13] Vgl. Report by the NGO: Follow-up of Recommendation No. 63 (1997) on the management of the Akamas Peninsula and Limni Site in Cyprus. Document prepared by Terra Cypria for the standing committee of the Bern Convention Strasbourg 30 September 2008 T-PVS/Files (2008).

[14] Ausführliche Informationen zum Natura 2000-Programm der Europäischen Union unter: http://ec.europa.eu/environment/nature/natura2000/index_en.htm, (Zugriff 15.10.2008).

[15] Zur Umsetzung der ebenfalls im Rahmen von Natura 2000 auszuweisenden Vogelschutzgebiete in Zypern, siehe auch die aktuelle Studie von Geyer (2007).

[16] Vgl. Cyprus Mail, 12.5.2004.

[17] Wie Anmerkung [13], S. 4.

[18] Vgl. Tageszeitung Politis, 1.12.2008. In einem spektakulären Coup hatte die Gemeinde Inia zuvor einen offenbar anerkannten griechischen Experten von der Universität Ioannina beauftragt, ein Gutachten über das Vorhandensein von Natura 2000-relevanten Habitats auf ihrem Gemeindeland und insbesondere in der Gegend des betroffenen Strandes zu erstellen. Aus Gründen, die wohl immer im Dunklen bleiben werden, gab der Wissenschaftler an, dass hier keinerlei schutzwürdige Spezies und Habitats nachzuweisen seien.

Sicher vom Acker bis zum Teller

Die EU-Verordnung zur Lebensmittelsicherheit und ihre alltagspraktischen Auswirkungen auf hessischen Bauernhöfen

Catharina Karn

Ein Skandal: Im November 2000 wurde in Deutschland der erste Fall der Rinderkrankheit BSE (Bovine Spongifarme Enzephalopathie) offiziell nachgewiesen. Bereits 1996 hatte sich in Großbritannien die Vermutung erhärtet, dass die beim Menschen tödlich verlaufende Creuzfeldt-Jakob-Krankheit durch den Verzehr von BSE-infiziertem Rindfleisch hervorgerufen werde. Das Auftreten von BSE in Deutschland rückte mehr noch als andere Lebensmittelskandale wie etwa Glykol im Wein, Hormoneinsatz in der Kälbermast, Dioxin oder Nitrofen, die teilweise schon in den 1990er Jahren Schlagzeilen machten, fortan das Thema Lebensmittelsicherheit ins Zentrum der Aufmerksamkeit. Die damalige Bundesverbraucherschutzministerin Renate Künast erklärte den Schutz des Verbrauchers vor gesundheitsbedrohlichen Lebensmitteln zur neuen Leitlinie der Ernährungspolitik. Das Bundesministerium für Ernährung, Landwirtschaft und Forsten wurde im Januar 2001 umbenannt in das Bundesministerium für Verbraucherschutz, Ernährung und Landwirtschaft (BMVEL) [1] und Künast forderte eine grundlegende Neuausrichtung der Landwirtschaft – die sogenannte *Agrarwende*. Gemeint war damit die Abkehr von effizienzorientierten Produktionsprozessen hin zu einer verbraucherorientierten, regional verankerten und nachhaltigen Landwirtschaft (vgl. Feindt/Ratschow 2003, 7).

Da jedoch weite Teile der deutschen Agrarpolitik durch die EU-Agrarpolitik geregelt werden, war es entscheidend, dass auf europäischer Ebene eine Reform der Agrarpolitik erarbeitet wurde. Auf einem Gipfel in Luxemburg im Juni 2003 einigte sich der EU-Agrarrat auf entsprechende politische Instrumente, genannt sei hier die Entkopplung der Subventionszahlungen von der Produktionsmenge, die Forderungen nach stärkeren Umwelt- und Tierschutzbestimmungen oder auch Maßnahmen zur Förderung des ländlichen Raums. [2] In diesem Rahmen wurde auch die europäische Verordnung zur Lebensmittelsicherheit (Verordnung (EG) Nr. 178/2002) verabschiedet, die in Deutschland seit Anfang des Jahres 2005 in

Kraft getreten ist und die im Folgenden in ihren alltagspraktischen Auswirkungen auf hessischen Bauernhöfen betrachtet werden soll.

Diesem Aufsatz liegt eine etwa dreimonatige Feldforschung zugrunde, die ich im Sommer 2005 durchführte und aus der meine Magisterarbeit zum Thema „Vom Bauern zum Vermarktungsprofi" hervorging. [3] Im Fokus dieser kulturanthropologischen Arbeit stand der Alltag von Bauern, die sich entschieden haben, ihre landwirtschaftlichen Erzeugnisse selbst zu verarbeiten und in eigener Regie zu vermarkten. Für diese Erwerbsmöglichkeit in der Landwirtschaft hat sich die Bezeichnung „Direktvermarktung" durchgesetzt. Die Besonderheit dieser Vermarktungsform liegt darin, dass die Prozesse der Erzeugung, Verarbeitung und des Verkaufs in einem einzigen Betrieb – oftmals sogar in einer Person – zusammenlaufen, so wie es traditionellerweise der Fall war. Für den Kunden bedeutet der Einkauf beim Direktvermarkter daher, dass der Kontakt zum Erzeuger unmittelbar ist, das heißt weder durch Verarbeitungsbetriebe noch durch Handelsunternehmen unterbrochen wird.

Für meine Forschungsarbeit besuchte ich die Höfe von insgesamt sechs landwirtschaftlichen Direktvermarktern in den Regionen Rhön und Vogelsberg. Zunächst lernte ich Paul Breitenstein und seine Familie kennen, die auf ihrem Hof Schweine und Rinder züchten und deren Fleisch vermarkten. Dann besuchte ich Johannes Dächer und seine Familie, die aus selbst produziertem Getreide Brot und Kuchen backen. Ein Beispiel aus der Milchwirtschaft lieferte mir Georg Lenz zusammen mit seinen 100 Kühen. Adam Habermehl wiederum betreibt einen Bio-Hof und vermarktet das dort erzeugte Rindfleisch. Zwei weitere Interviews führte ich mit Astrid Jaap und Rainer Nerk. Astrid Jaap managt den Verkauf der hofeigenen Bio-Produkte in drei Läden in der Nähe von Frankfurt. Rainer Nerk hatte vor einigen Jahren ins Auge gefasst, in die Direktvermarktung einzusteigen, hat sich aber zwischenzeitlich von diesen Plänen distanziert. [4]

Diese Direktvermarkter spüren als Landwirte und Lebensmittelproduzenten ganz unmittelbar die Veränderungen, die sich im Zuge der gesetzlichen Neuerungen auf europäischer Ebene ergeben haben. Wie ich durch Gespräche und teilnehmende Beobachtung auf den Bauernhöfen, in den Produktionsstätten und Hofläden sowie auf den Bauernmärkten nachweisen konnte, begegnen sie diesen Veränderungen aber nicht nur mit Anpassung, sondern entwickeln auch aktiv und im Aushandlungsprozess mit ihren Kunden emanzipatorische und zum Teil gegenläufige Verhaltensmuster.

Im ersten Teil dieses Textes werden einige wesentliche Instrumente der europäischen Verordnung zur Lebensmittelsicherheit erläutert und deren Auswirkungen im landwirtschaftlichen Alltag vorgestellt. Im zweiten Teil möchte ich zeigen, dass die Bemühungen um eine durch die Gesetzgebung standardisierte und abgesicherte Produktion für den Endverbraucher in seiner Kaufentscheidung kaum eine Rolle zu spielen scheint. Für ihn ist das Vertrauen in die Menschen und die Sympathie für diejenigen, die das Brot, den Käse oder die Wurst mit ihren eigenen Händen herstellen, entscheidend.

Exkurs: Die europäische Verordnung zum Lebensmittelrecht

Bereits am 28.1.2002 wurde auf Vorschlag der Europäischen Kommission die europäische Verordnung (EG) Nr. 178/2002 verabschiedet. Diese Verordnung regelt die allgemeinen Grundsätze und Anforderungen des Lebensmittelrechts, die Errichtung der Europäischen Behörde für Lebensmittelsicherheit und die Verfahren zur Lebensmittelsicherheit. Die Verordnung (EG) Nr. 178/2002 des Europäischen Parlaments und des Rates ist eine europäische Verordnung, die für alle Mitgliedstaaten als EU-einheitliches und unmittelbar geltendes Gesetz verbindlich ist. Mit dem 1.1.2005 traten alle Teile dieser EU-Basisverordnung in Kraft. In Deutschland wird diese Basisverordnung durch das seit 1.9.2005 geltende Lebensmittel- und Futtermittelgesetzbuch (LFGB) ergänzt. [5]

„Früher waren wir ganz normale Milchbauern – jetzt sind wir eine EU-Molkerei"

Georg Lenz bewirtschaftet einen Bauernhof mit 100 Milchkühen. Die Milch verkauft er an Großküchen, Krankenhäuser und Kindergärten. Außerdem gibt es auf seinem Hof eine „Milchtankstelle", an der sich Privatkunden ihre Milch frisch „zapfen" können. Mit Veränderung der Gesetzgebung musste er in eine den EU-Standards angepasste Milchverarbeitung investieren. Diese EU-Zulassung war nach Aussagen von Georg Lenz notwendig, um auch zukünftig Kindergärten beliefern zu dürfen. Diese Zulassung hatte *„verschiedene Auflagen, Umbauen und noch einmal zusätzliche Kontrollen zur Folge"*, so Georg Lenz. Für den Um- und Neubau konnte er zwar staatliche Fördergelder beantragen, dennoch stellte diese Baumaßnahme eine finanzielle sowie organisatorische Belastung für ihn dar.

Für Georg Lenz waren diese Anpassungsleistungen und die Beantragung der EU-Zulassung eine unternehmerische Entscheidung. Und auf diese Weise entstand in einem kleinen Dorf in Osthessen ein „europäisches Produkt" (Welz 2006a, 1): eine EU-Molkerei. Denn diese Molkerei hat in ihrer Ausstattung und in ihren

Betriebsabläufen „die Regeln der EU in sich aufgenommen“ (ebd.). Sie ist damit vergleichbar mit anderen EU-Molkereien in der Staatengemeinschaft und es würde sie „ohne die EU so nicht geben“ (ebd.).

Die EU generiert kulturelle Artefakte, die den Alltag der Menschen verändern – beispielsweise den Arbeitsalltag der Familie Lenz auf ihrem Bauernhof in Osthessen. Mit Hilfe dieser europäischen Regulation will die EU absichern, dass über weite Distanzen innerhalb der Staatengemeinschaft hinweg in vergleichbarer Qualität produziert wird. Und so entstehen in Folge von Europäisierungsprozesse von Finnland bis Griechenland einheitliche landwirtschaftliche Produktionsbetriebe. Der Europäisierungsprozess in der Lebensmittelproduktion ist also verbunden mit der Schaffung von „europäischen Produkten“ und insofern auch mit der Etablierung von Regeln und Standards. Und so weisen auch die schwedischen Wissenschaftler Nils Brunsson und Bengt Jacobsson darauf hin, “that standards generate a strong element of global order in the modern world” (Brunsson/Jacobsson u. a. 2000, 1).

Ein „europäisches Produkt“ entstand auch auf dem Hof der Familie Breitenstein. Landwirt und Metzgermeister Paul Breitenstein verarbeitet in der hofeigenen Produktionsstätte hauptsächlich Schweine- und Rinderfleisch. Um den gestiegenen Anforderungen an die Fleischverarbeitung gerecht zu werden, investierten die Breitensteins in einen neuen Verarbeitungstrakt. Derartige Anpassungsleistungen werden allerdings nicht erst seit Einführung der neuen EU-Verordnung notwendig. Die in Deutschland geltende Fleischhygieneverordnung (vgl. Meyer 2005) wurde in den letzten Jahren schon mehrfach an veränderte EU-Richtlinien angepasst. Nationale Anpassungsleistungen sind damit nichts Neues, aber sie erfordern stets unterschiedliche Anstrengungen seitens der Lebensmittelproduzenten. Vor allem für die kleinen Betriebe kann dies aufgrund der finanziellen Belastung schwierig werden.

Die Einhaltung der gesetzlichen Forderungen wird in Hessen durch die Landkreise kontrolliert; im hessischen Vogelsbergkreis, in dem die meisten meiner Interviewpartner zu Hause sind, ist dafür das Amt für Veterinärwesen und Verbraucherschutz in Lauterbach (AVV) zuständig. Die Kontrollen finden unangemeldet und in nicht festgelegter Häufigkeit statt: *„Sie müssen jeden Tag, jede Stunde damit rechnen, dass wir in der Tür stehen“*, sagte ein Mitarbeiter im Interview. Gesetzlich ist das Amt für Veterinärwesen und Verbraucherschutz verpflichtet, eine bestimmte Anzahl von Proben in den Lebensmittelbetrieben zu entnehmen und sie sind ermächtigt, bei Verstößen gegen die Lebensmittelsicherheit „das Herstellen, Behandeln oder das Inverkehrbringen von Erzeugnissen zu verbieten oder zu beschränken.“ [6]

Adam Habermehl bewirtschaftet einen Hof in der Rhön und vermarktet Bio-Fleisch. Für ihn wurden die Anforderungen der EU-Verordnungen eine zu große Belastung und er fasste daher den Entschluss, die Produktion der Fleisch- und Wurstwaren auszulagern und an einen regionalen Metzger abzugeben. In diesem Fall hat also die entsprechende EU-Richtlinie beziehungsweise die damit hervorgerufene Veränderung der Fleischhygieneverordnung dazu geführt, dass Adam Habermehl die Fleischverarbeitung aufgab. Nach Einschätzungen meiner Gesprächspartner beim AVV werden erneut viele Betriebe aufgrund der derzeitigen Einführung der EU-Basisverordnung und den damit einhergehenden Anforderungen schließen müssen. Ähnliche Beobachtungen machen auch die Kulturanthropologin Gisela Welz und der Nahrungsforscher Nicholas Andilios im Rahmen einer Studie zur Herstellung des traditionellen Halloumi-Käses in der Republik Zypern. Sie stellen fest, dass dort die kleinen und mittleren Betriebe, die den landestypischen Halloumi-Käse herstellen, aufgrund der EU-Normen vom Markt verdrängt wurden (vgl. Welz/Andilios 2004, 222ff.).

Die drei Beispiele aus dem Alltag hessischer Direktvermarkter zeigen konkrete Anpassungsleistungen in Folge des Europäisierungsprozesses: Während die Familien Lenz und Breitenstein aus betriebswirtschaftlichen Gründen in Baumaßnahmen investierten, löste Adam Habermehl den fleischverarbeitenden Betriebsbereich auf. Insbesondere solch letztgenannten Folgen bringen die Direktvermarkter in Rage: *„Die Kleinen werden durch die Auflagen plattgemacht"*, erboste sich ein Interviewpartner. Auch zahlreiche internationale beziehungsweise transnational agierende NGOs wie zum Beispiel Slow Food – eine weltweite Vereinigung, die sich um den Erhalt der traditionellen Kultur des Essens bemüht [7] – kritisieren den Verlust an handwerklich produzierenden Betrieben. Slow Food macht dafür vor allem die „willkürliche Agrarpolitik" und die „Hygienegesetze, die [...] unsinnigerweise auch kleine Produzenten befolgen sollen" (Petrini 2003, 103) verantwortlich. Die Gründung solcher Gruppen und deren Argumentation ist als Ausdruck dafür zu werten, dass Initiativen und Diskurse als Reaktion auf Standardisierungsprozesse, wie etwa den Prozess der Europäisierung, gebildet und in Gang gesetzt werden.

Der Lebensmittelproduzent steht im Mittelpunkt

Die neue EU-Verordnung zur Lebensmittelsicherheit erhebt nicht nur Ansprüche an den produktionstechnischen Standard von Gebäuden und Räumen, sondern fokussiert insbesondere auch den einzelnen Menschen in seiner Rolle als Lebensmittelproduzent. So überträgt die europäische Verordnung (EG) Nr. 178/2002 die Verantwortung für die Lebensmittelsicherheit auf die Hersteller von Lebensmitteln und Futtermitteln. Diese Bestimmung wird zu den Kernpunkten der Verordnung gezählt. Während meiner Forschung habe ich herausgefunden, dass sich eben diese Übertragung der Verantwortung auf den Produzenten im Alltag der Direktvermarkter an vielen Stellen bemerkbar macht und Einfluss auf ihr Handeln nimmt. Gleichzeitig habe ich festgestellt, dass sich dadurch auch die Mechanismen verändert haben, mit denen die verantwortlichen Institutionen, wie etwa das Amt für Veterinärwesen und Verbraucherschutz oder das Gesundheitsamt, Lebensmittelsicherheit kommunizieren und kontrollieren. Im Folgenden werde ich diese Beobachtungen anhand einiger Beispiele belegen.

Eine Mitarbeiterin des Amtes für Veterinärwesen und Verbraucherschutz erklärt: *„Zunächst einmal ist für alle, die mit Lebensmitteln umgehen, eine Belehrung nach dem Infektionsschutzgesetz obligatorisch."* In dieser Belehrung stehen vor allem lebensmittelhygienische Grundregeln im Mittelpunkt. Als ich im Rahmen meiner Forschung eine solche Belehrung besuchte, war ich erstaunt, dass es dabei vor allem um die Erziehung zur Eigenverantwortung ging. So appellierte etwa ein Film an das eigene Verhalten hinsichtlich Hygiene und Infektionsschutz und am Ende der Schulung stand ein kurzes persönliches Gespräch. Interessanterweise ersetzt diese Belehrung den früheren Gesundheitsausweis, der auf einer ärztlichen Untersuchung beruhte. Auch meine Interviewpartner am AVV verweisen darauf, dass es nicht darum gehe, durch Kontrollen Druck auszuüben, um so das Verhalten der Personen zu regulieren. Vielmehr wolle man bei den Lebensmittelproduzenten das Bewusstsein dafür schärfen, dass deren eigenes Handeln Einfluss auf die Lebensmittelsicherheit nimmt.

Diese Haltung wie auch das Ersetzen von ärztlicher Untersuchung in eine zur Selbstverantwortung erziehende Belehrung lässt mich vermuten, dass hier dem Gedanken Rechnung getragen wird, dass Lebensmittelsicherheit nicht allein von der Existenz strenger Auflagen und Kontrollen abhängt, sondern ein Produkt menschlichen Handelns ist. So scheint sich auch die Gesetzgebung von dem Bestreben zu lösen, das Verhalten der Menschen von außen vollkommen kontrollieren und steuern zu wollen. Vielmehr bemüht man sich darum, die Lebensmittelproduzenten zur Selbstverantwortung zu erziehen, und damit dazu, sich selbst zu kontrollieren.

Während des Vormittags bei Breitensteins im Verarbeitungsraum konnte ich entsprechend selbstverantwortliches Handeln beobachten: Häufiges Händewaschen, sorgfältiger Umgang mit dem Fleisch und die gewissenhafte Reinigung der Geräte waren eingebunden in die routinierten Abläufe der Fleischverarbeitung.

Dabei hatte ich nicht den Eindruck, dass das Verhalten durch meine Anwesenheit beeinflusst war. Und auch in meinen Interviews mit den Direktvermarktern finden sich Aussagen, die bestätigen, dass die Hygienemaßnahmen akzeptiert werden: *„Also das sehe ich ein, Hygiene muss sein. Das ist heute Standard.“* Ebenso meinte mein Interviewpartner Johannes Dächer: *„Hygienevorschriften sind in Ordnung, ganz klar.* [...] *Also, dass sauber gearbeitet werden muss, das muss doch jeder einsehen.“* Dass Hygienevorschriften zunehmend auf Akzeptanz stoßen, bestätigen auch meine Ansprechpartner am AVV.

Die Erziehung hin zur Selbstverantwortung und Selbstkontrolle scheint in diesem Falle zum gewünschten Ergebnis geführt zu haben. Andere Auflagen, die ebenfalls zum Zweck der Lebensmittelsicherheit eingeführt worden sind, werden von den Direktvermarktern weniger akzeptiert und stoßen in der Umsetzung auf deutlichen Widerstand.

Die Dokumentationspflicht

Eine grundlegende Veränderung der neuen Gesetzesverordnungen ist die Einrichtung des vorbeugenden Verbraucherschutzes. Die Theorie dieses Vorsorgeprinzips sieht vor, die einzelnen Schritte der Lebensmittelproduktion auf ihr sicherheitsgefährdendes Potenzial hin zu analysieren, um dann die so erkannten „risikoträchtigen Stellen“ (vgl. Meyer 2005, XXVIII) durch entsprechende Maßnahmen besser kontrollieren zu können. Diese „Gefahrenanalyse“ [8] wie auch die regelmäßige Kontrolle muss von jedem Lebensmittelhersteller schriftlich dokumentiert werden. Hier greift die so genannte Dokumentationspflicht der Verordnung. [9] Dokumentiert werden sowohl die Qualität der Futter- und Lebensmittel als auch der einwandfreie Umgang mit denselben. Darüber hinaus muss jedes Unternehmen dokumentieren, von wem es beliefert wurde und an wen es seinerseits geliefert hat. Kommt es zu einem Produktmangel, soll anhand der Dokumente nachvollzogen werden können, wo der Fehler aufgetaucht ist. Ziel ist es, den gesamten Herstellungsprozess durch eine lückenlose Dokumentation transparent und rückvollziehbar zu machen. Der zur Dokumentation verpflichtete Lebensmittelproduzent spielt damit eine zentrale Rolle im System der Lebensmittelsicherheit.

„Jeden Tag musst du die ganzen Arbeitsgänge aufschreiben“

Mit Einführung der Dokumentationspflicht müssen Lebensmittelhersteller jederzeit in der Lage sein, festzustellen, von wem sie beliefert wurden und an wen sie ihrerseits Lebensmittel geliefert haben. Außerdem müssen die „risikoträchtigen Stellen“ festgestellt, regelmäßig kontrolliert und diese Kontrollen schriftlich dokumentiert werden. Die Lebensmittelproduzenten sollen dabei selbst entscheiden, welche Punkte im Verlauf des Produktionsprozesses, angefangen von Lagerung, Verarbeitung bis hin zum Vertrieb, ein Risiko bergen und deswegen dokumentiert sein müssen. Es zeigt sich, dass auch an dieser Stelle Eigenverantwortung und Selbstkontrolle zu den tragenden Prinzipien des neuen Konzeptes der Lebensmittelsicherheit gehören. Gisela Welz spricht in diesem Zusammenhang von einer Form der „Selbst-Regulation“ (Welz 2006a, 13) und führt an, dass dieses Konzept ein gutes Beispiel für ein „qualkulatives Regime“ (ebd., 12) sei. Mit „Qualkulation“ meint sie in Anlehnung an die französische Technik- und Wirtschaftssoziologie „Operationen, die Quantifizierung und Qualifizierung vereinen, indem sie die Produkte sowohl von ihren quantitativ messbaren Eigenschaften her definieren als auch qualitativen Verfahren der Bewertung unterziehen“ (ebd., 10).

Die Direktvermarkter reagieren auf die Dokumentationspflicht mit Kritik und Ablehnung. Sie bemängeln den enormen Zeitaufwand und hinterfragen den Zweck dieser Datenerfassung. Zudem stachelt sie der Verdacht an, dass sie mit Hilfe dieser Auflage bewusst vom Markt getrieben würden, da sie durch ihre kleinen Betriebsstrukturen weder den Aufwand leisten noch die entsprechenden Mechanismen einführen können. Es kommt hinzu, dass Direktvermarkter dieser Pflicht nicht nur im Bereich der Lebensmittelproduktion, sondern auch für die landwirtschaftliche Urproduktion nachkommen müssen. Dies alles trägt dazu bei, dass die Dokumentationspflicht bei den von mir besuchten Direktvermarktern nicht ernsthaft eingehalten wird beziehungsweise werden kann. Einzig die Befürchtung, vom Amt für Veterinärswesen und Verbraucherschutz kontrolliert zu werden, motiviert dann doch einige zur Datenerhebung. Allerdings, so die Direktvermarkter, seien die Daten dann oftmals fingiert, da man sie sich nachträglich ausdenke. Hier zeigt sich, dass das Konzept der Selbstverantwortung in dem Moment konterkariert wird, wenn die Sinnhaftigkeit der Maßnahmen für die Akteure nicht erkennbar ist oder in Konflikt zu routinierten Arbeitspraktiken gerät.

In ihrer Kritik erfahren die Direktvermarkter prominente Unterstützung. So machte beispielweise der ehemalige Landwirtschaftsminister Horst Seehofer (2005–2008) im Rahmen der Diskussion um die Dokumentationspflicht darauf aufmerksam, dass Landwirte nicht in „Bürokratie ersticken“ [10] dürften. Und auch die von mir interviewten Experten von Landwirtschaftsschulen, Ämtern und Beratungsagenturen teilen diese Meinung. Ich frage mich deshalb, ob es nicht sein kann, dass die durchweg ablehnende Haltung der Direktvermarkter zur Dokumentationspflicht sich dadurch nährt, dass ihrer Kritik vielerorts zugestimmt wird. Ich konnte beobachten, dass die Anmerkungen der Direktvermarkter zur Dokumentationspflicht – aber auch zur neuen EU-Verordnung allgemein – sich nicht sehr von den Bemerkungen der interviewten Experten unterschieden. Zum Beispiel erklärte mir Beate Hornung vom Amt für ländlichen Raum: *„Da bin ich manchmal froh, wenn ich die Richtlinien überhaupt kenne, das ist ja so was von viel, weil überall die EU mit reinspielt."* Meine Ansprechpartner am Amt für Veterinärwesen und Verbraucherschutz lachten erst einmal, als ich sie frage, wie sie mit den neuen EU-Verordnungen zu Recht kämen. Und gaben dann aufrichtig zu, dass sie mit manchen Fragen überfordert seien.

Die Andeutungen von Überlastung und Missmut sind mit denen der Direktvermarkter durchaus vergleichbar. Daher stellte sich mir die Frage, ob sich angesichts der Einführung der EU-Gesetzgebung das Autoritätsverhältnis zwischen Direktvermarktern und Behörden kurzzeitig verändert. Vielleicht nehmen sich deswegen einige Direktvermarkter zurzeit heraus, ihr Verpflichtung zur Dokumentation zu umgehen, da seitens der Behörden vermutlich eher mit einer einsichtigen Reaktion als mit einer Strafe zu rechnen ist.

Gesetze, Vertrauen und Verkaufserfolg

Die Einhaltung von rechtlichen Vorschriften ist laut Bundesministeriums für Landwirtschaft, Ernährung und Verbraucherschutz für die Direktvermarkter unverzichtbar. Auf den Seiten des ehemaligen Internetportals des Bundesverbraucherministeriums „Gutes vom Bauernhof" hieß es, dass dadurch unter anderem „das Vertrauen der Verbraucher in die hofeigene Verarbeitung und Vermarktung" [11] gefördert werde. Diese Behauptung habe ich im Rahmen meiner Forschung mit der Praxis konfrontiert und bin dabei durchaus zu einem differenzierteren Ergebnis gekommen. Mithilfe von drei kleinen Beispielen möchte diese Thematik verdeutlichen.

1. Beispiel: Hühnereier

Auch Direktvermarkter müssen seit dem 1.7.2005 ihre zum Verkauf angebotenen Eier mit einem Erzeugercode versehen. Er besteht aus einer Ziffer für das Haltungssystem, der Angabe des Mitgliedstaates, einer einheitlichen Identifizierungsnummer für den Betrieb sowie einer Stallnummer. Der Erzeugercode auf einem Ei liest sich dann zum Beispiel folgendermaßen: 1 DE 1600417. [12] Im Umgang mit den Kunden hat Johannes Dächer festgestellt, dass diesen Stempel *„kein*

Mensch lesen kann und keiner was mit anfangen kann, oder können Sie das Ding identifizieren?"

Zugegeben: Auch ich wusste seine Frage nicht zu beantworten. Allerdings steckte für mich in seiner Frage vor allem die Beobachtung, dass viele seiner Kunden den Kennzeichnungscode nicht entziffern und damit den Inhalt nicht zu deuten wissen.

2. Beispiel: Bio

Meinem Interviewpartner Adam Habermehl fiel auf, dass Kunden nur in seltenen Fällen tatsächlich wissen, welche Anforderungen mit dem Führen der Bezeichnung „Bio" für Lebensmittelprodukte verbunden sind. *„Die Leute, die sich damit beschäftigen, die fragen schon mal nach. Aber das sind vielleicht ein bis zwei Prozent, die was von Bio verstehen."*

3. Beispiel: Rindfleisch

Jedes Stück Fleisch muss mithilfe einer entsprechenden Etikettierung über alle Stationen seiner Produktion rückverfolgbar sein. Paul Breitenstein sagte zur Etikettierung: *„Wenige Leute können da überhaupt etwas mit anfangen. Kaum einer hat mich mal danach gefragt."*

Mit diesen Beispielen will ich nicht den Inhalt der gesetzlichen Vorschriften hinterfragen, sondern die von den Direktvermarktern gemachte Beobachtung verdeutlichen: Offenbar haben die Kunden Schwierigkeiten, bestimmte Qualitätskennzeichnungen in ihrer inhaltlichen Bedeutung zu verstehen. Damit werden die Kennzeichnungen für den Kunden quasi inhaltslos; sie stehen lediglich als Platzhalter für das sich dahinter verbergende Lebensmittelsystem.

Die Funktion, die solche Kennzeichnungen bekommen, möchte ich mit der von symbolischen Zeichen vergleichen, wie sie der Soziologe Anthony Giddens versteht (vgl. Giddens 1996, 34). Denn wie das von Giddens angeführte Beispiel des Zeichens Geld nimmt zum Beispiel das Qualitätsetikett für Rindfleisch den Charakter eines Repräsentanten ein; es „nimmt die Form reiner Informationen an, die als Ziffer gespeichert auf einem Computerausdruck erscheinen" (Giddens 1996, 38), ohne dass die eigentliche Güte und Qualität der Produkte dadurch erfassbar wäre. Nach Giddens lösen solche symbolischen Zeichen „soziale Beziehungen von den unmittelbaren Gegebenheiten ihres Kontextes" und tragen damit zur „raumzeitlichen Abstandsvergrößerung" (ebd., 42) bei. Symbolische Zeichen funktionierten dabei wie „Garantien", weil mit ihrer Hilfe „unsere Erwartungen auch über gewisse Raum-Zeit-Abstände hinweg erfüllt werden" (ebd.). Giddens betont dabei, dass die Garantiefähigkeit symbolischer Zeichen jedoch von Vertrauen in selbige abhängig sei (vgl. ebd., 39). Das Vertrauen in Zeichen, Symbole und Expertensysteme wird durch die Auflösung konkreter sozialer Beziehungen notwendig. Denn würden beispielsweise die Eier direkt beim Hühnerhalter gekauft, könnte man sich der Bodenhaltung mit eigenen Augen versichern. So aber besteht für den Verbraucher die Notwendigkeit, dem Kennzeichnungsstempel zu vertrauen.

Insofern scheint das Vertrauen der Verbraucher in diese „Garantien" Voraussetzung für das Funktionieren des anonymisierten Lebensmittelsystems zu sein und damit für den Entschluss des Konsumenten zum Kauf. Entsprechend kommt das damalige BMVEL, wie oben zitiert, zu dem Schluss, dass erfolgreiches Verkaufen mit der Einhaltung gesetzlicher Auflagen zusammenhänge. Ähnliche argumentative Zusammenhänge stellen auch Vermarktungsvereinigungen, -initiativen und -kooperativen her. Als Beispiel sei hier die Vereinigung „Geprüfte Qualität – HESSEN" genannt. Auf deren Homepage wird sodann auf die „umfassenden Kontrollen und die nachvollziehbare Herkunft des Produkts" [13] hingewiesen. Kontrollen und Nachvollziehbarkeit sind auch hier die Schlagworte im Wettstreit um den Kunden.

Während sowohl die Vermarktungskooperativen als auch das BMVEL davon ausgehen, dass sich das Vertrauen der Verbraucher und damit deren Kaufbereitschaft über die Einhaltung bestimmter Auflagen entwickelt, machen die von mir interviewten Direktvermarkter gegenteilige Erfahrungen. Fast alle der von mir Befragten sind Mitglied in einer oder auch mehreren solcher Vermarktungskooperativen und erhoffen sich mit ihrer Mitgliedschaft einen Marktvorteil gegenüber ihrer Konkurrenten. In meinen Interviews gaben die Direktvermarkter jedoch an, dass die damit verbundene Hoffnung auf zunehmende Kundenzahlen und höhere Umsätze nicht erfüllt wurden.

„Mein Name zählt in unserer Region zehnmal mehr als ‚Geprüfte Qualität Hessen'"

Die von mir besuchten Direktvermarkter kamen zu der Überzeugung, dass die Kaufentscheidung nicht etwa von der Einhaltung rechtlicher Vorschriften abhänge, sondern vom Vertrauen der Kunden in ihre Person. Ich versuchte diese These zu überprüfen und befragte etwa 50 Kunden auf Bauernmärkten, aber auch im

Hofladen der Familie Breitenstein nach ihren Kaufgründen. Die These meiner Interviewpartner bestätigte sich: Sie alle schätzten vor allem den persönlichen Bezug zum Direktvermarkter und seiner Familie. Ein Kunde verwies sogar explizit darauf, dass für ihn der gute Ruf der Familie im Dorf ausschlaggebend sei. Keiner der befragten Kunden hat sich zu den Qualitätssiegeln geäußert oder die im gesetzlichen Sinne rechtmäßige Arbeitsweise angesprochen.

Die Möglichkeit des direkten Kontakts, des Miteinander-Bekannt-Seins, generiert offenbar eine Vertrauenswürdigkeit, die sich von dem Vertrauen in abstrakte Systeme unterscheidet und die für viele Kunden letztlich zum Kaufgrund wird. Diese These wird auch durch Gisela Welz und Nicholas Andilios bestätigt, die am Beispiel der Halloumi-Käseproduktion auf Zypern herausfanden, dass viele Zyprioten den traditionell hergestellten „village-style halloumi" dem nach EU-Kriterien produzierten Käse vorziehen, und das nicht nur des Geschmackes wegen, sondern "because it is predicated on a direct face-to-face relationship between producer and consumer, based on trust and shared cultural assumptions" (Welz/Andilios 2004, 229).

Dieser Face-to-face-Kontakt schafft die Voraussetzung für eine vertrauensbasierte Beziehung, von der die Direktvermarkter behaupten, sie sei für den Kunden wichtiger als die Einhaltung gesetzlicher und darüber hinausgehender Auflagen. Denn, so schreibt auch Niklas Luhmann:

> „[Es] nimmt nicht Wunder, daß Vertrauen zuerst und vor allem dem anderen Menschen geschenkt wird, indem man ihn als Persönlichkeit nimmt, als ordnendes und nicht willkürliches Zentrum eines Systems von Handlungen, mit dem man sich verständigen kann. [...] Vertrauenswürdig ist, wer bei dem bleibt, was er bewußt oder unbewußt über sich selbst mitgeteilt hat." (Luhmann 2000, 48)

Selbst wenn Kunden geneigt sind, „Vertrauen zuerst und vor allem anderen Menschen" zu schenken, so wird doch auch deutlich, dass sich das Vertrauen der Kunden nicht ohne Weiteres entwickelt. Es benötigt Vertrauensangebote, die von den Direktvermarktern aktiv geschaffen werden müssen. Nicht grundlos werden Hoffeste veranstaltet, werden Kunden durch die Ställe geführt, hängen in den Verkaufswagen auf Bauernmärkten Bilder vom Hof, den Kindern und den Tieren. Auch das persönliche Gespräch mit dem Kunden fördert dessen Bereitschaft, dem Direktvermarkter Vertrauen zu schenken. Das alles sind bewusste Inszenierungsleistungen, die am Ende das Ziel verfolgen, Kunden zu gewinnen. So erkennt denn auch Brigitte Breitenstein, Pauls Frau, den

Zusammenhang zwischen Vertrauenswürdigkeit und Kaufverhalten: *„Ich habe eins gemerkt, der Kunde, der einmal bei uns auf dem Hof war, den haben wir im Sack."*

Mir scheint hier die These Anthony Giddens bestätigt, der behauptet, dass das „Vertrauen in abstrakte Systeme [...] weder die Gegenseitigkeit noch die Intimität bieten kann, die von persönlichen Vertrauensbeziehungen ausgehen" (Giddens 1996, 143). Indem die Kunden sich mit eigenen Augen über die Situation auf dem Hof informieren und die Menschen hinter der Produktion kennen lernen können, bleibt die Lebensmittelsicherheit keine abstrakte Eigenschaft, sondern wird konkret und anschaulich, weil eben der Ort, die Personen und das Produktionsumfeld greifbar sind.

Giddens betrachtet die Tendenz, Vertrauen eher bekannten Menschen als abstrakten Systemen entgegenzubringen, als eine Bewegung gegen die zunehmende Abhängigkeit von abstrakten Systemen (vgl. ebd. 30f.). Seiner Meinung nach stehen abstrakte Systeme, die er als Entbettungsmechanismen bezeichnet, in Wechselbeziehung zu „rückgebetteten Handlungskontexten", wobei er unter Rückbettung die „Rückaneignung oder Umformung entbetteter sozialer Beziehungen" versteht (ebd., 102f.). Auf die hier erläuterte Thematik übertragen, heißt das also, dass die Etablierung und Forcierung der „gläsernen Produktionskette" auf EU-Ebene eine entgegengesetzte Bewegung hervorruft, die sich im Suchen nach persönlichen Vertrauensbeziehungen zeigt.

Diese Überlegung würde erklären, warum die Beliebtheit von Bauernmärkten stetig zunimmt, neue Erzeugermärkte ins Leben gerufen werden (vgl. Recke/Zenner/Wirthgen 2004, 12) oder warum Frankfurts bekannter Einkaufsführer „Frankfurt kauft ein" eine neue Rubrik eingerichtet hat: „Shopping auf dem Bauernhof". Auch das Gourmet-Journal „Der Feinschmecker" macht seine Leser darauf aufmerksam, dass sich die besten und schmackhaftesten Produkte bei kleinen, handwerklich arbeitenden Produzenten finden lassen, von deren „klugen" und „gewissenhaften" Arbeitsweise man sich persönlich vergewissern könne. [14] Seit dem Feinschmecker Heft aus dem März 2006 wurde zudem eine Rubrik eingeführt, die monatlich einen „guten deutschen Produzenten" und dessen Spezialitäten vorstellt. [15]

Im Sortiment des Lebensmittelmarktes Rewe finden sich seit einiger Zeit Produkte von Bauern aus der Umgebung. Und selbst einer der weltweit größten Lebensmittelkonzerne, Unilever, benutzt für seine Marke „Du darfst" ausschließlich Rind- und Schweinefleisch von der Bäuerlichen Erzeugergemeinschaft Schwäbisch Hall. Auf der Homepage des Konzerns ist zu lesen, dass „170 ausgewählte bäuerliche Betriebe aus der Region Schwäbisch Hall" [16] an der Kooperation mit Unilever beteiligt sind. Nach Ansicht der Zeitschrift „Stern. Gesund Leben" versucht der Konzern damit, das „durch BSE-Krise und Futtermittelskandal verloren gegangenes Verbrauchervertrauen zurückzugewinnen". [17] Auch hier erkennt man die Bemühung, das Verbrauchervertrauen durch einen konkreten und greifbaren Bezug zum Landwirt zu gewinnen.

Gerade dieses letzte Beispiel zeigt, dass das Engagement hinsichtlich der Betonung persönlicher Vertrauensbeziehungen aus ökonomischer Sicht interessant geworden ist. Damit rücken die Bemühungen um die Herstellung einer solchen vertrauenswürdigen sozialen Beziehung in den Bereich unternehmerischer Strategien. Der steigende Druck auf dem Lebensmittelmarkt [18] führt damit bei internationalen Lebensmittelkonzernen dazu, dass sie ihre Produkte mit eben genau den Argumenten bewerben, die diese Vertrauenswürdigkeit initiieren – nämlich die Betonung der engen Beziehung zwischen Mensch und Produktion.

Beispielsweise wirbt die Molkerei Weihenstephan für ihre Alpenmilch mit der Aussage: „Für unsere Alpenmilch verwenden wir Rohmilch aus den Alpen und dem Alpenvorland. Sie kommt von kleinen Familienbetrieben mit durchschnittlich 25 Milchkühen." [19] Ganz ähnliche Argumente werden auch für die Vermarktung der Marke „Schwälbchen" benutzt. Für Wurstprodukte orientiert sich zum Beispiel die Firma Gutfried an diesem Vermarktungsschema: „Die Puten werden in bäuerlichen Familienbetrieben unter ständiger tierärztlicher Kontrolle und unter besonderer Berücksichtigung des Tier- und Umweltschutzes aufgezogen." [20] Verärgert registrieren Direktvermarkter diese Werbestrategien, die sich in der Argumentation kaum mehr von ihren unterscheiden.

Schlussbemerkung

Am Ende meiner Forschungs- und Recherchephase bin ich zu folgender Überzeugung gekommen: Der Wunsch der EU nach sicheren Lebensmitteln und die Absicht, einen einheitlichen Rechtsraum zu schaffen, lässt ein interessantes Paradox entstehen. Einerseits verstärkt sich die Abhängigkeit von abstrakten Systemen etwa durch Kennzeichnungsvorschriften, durch die Etablierung von „europäischen Produkten" oder auch durch die Dokumentationspflicht. Andererseits nimmt eben genau aus diesem Grund die Sehnsucht nach Face-to-face-Kontakten und persönlichen Vertrauensbeziehungen zu.

Anmerkungen

[1] Das Ministerium wurde 2005 abermals umbenannt in BMELV (Bundesministerium für Ernährung, Landwirtschaft und Verbraucherschutz).

[2] Vgl. Bundesministerium für Verbraucherschutz, Ernährung und Landwirtschaft (BMVEL) (2005) Meilensteine der Agrarpolitik. Umsetzung der europäischen Agrarreform in Deutschland, Berlin, 13.

[3] Die Arbeit ist am Institut für Kulturanthropologie und Europäische Ethnologie an der Johann Wolfgang Goethe-Universität Frankfurt am Main entstanden.

[4] Die Namen der Interviewten sind in diesem Aufsatz anonymisiert worden.

[5] Vgl. Verordnung (EG) Nr. 178/2002 des Europäischen Parlaments und des Rates vom 28. Januar 2002. Als elektronisches Dokument in: http://eur-lex.europa.eu/pri/de/oj/dat/2002/l_031/l_03120020201de00010024.pdf, (Zugriff 4.1.2009).

[6] Bundesministerium der Justiz (2005) Lebensmittel-, Bedarfsgegenstände- und Futtermittelgesetzbuch, § 39 (2), 2. Als elektronisches Dokument in: http://www.gesetze-im-internet.de/lfgb/index.html, (Zugriff 6.10.2005).

[7] Vgl. Slow Food Online. In: http://www.slowfood.com/about_us/deu/welcome _deu.lasso (Zugriff 14.8.2005). Dieser Link ist mittlerweile nicht mehr gültig; der aktueller Link lautet: http://www.slow-food.de, (Zugriff 1/2009).

[8] Aid. Infodienst Verbraucherschutz, Ernährung, Landwirtschaft (Hg.) (2005) Vom Acker bis zum Teller: Lebensmittelsicherheit geht alle an, Bonn, 30.

[9] Vgl. Art. 18 Rückverfolgbarkeit der VO (EG) Nr. 178/2002, wie in Anmerkung [5].

[10] Seehofer, Horst (2005) Cross Compliance-Regelungen zur Lebensmittelsicherheit bringen für Landwirte unzumutbare Bürokratie! Pressemiteilung Nr. 346 vom 20.12.2005.

[11] Gutes vom Bauernhof Online. In: http://www.gutes-vom-bauernhof.de/direktvermarkter/recht.htm. Diese Seite existiert mittlerweile nicht mehr.

[12] Die ursprüngliche Verordnung über bestimmte Vermarktungsnormen für Eier ist Verordnung (EWG) Nr. 1907/90 des Rates vom 26. Juni 1990. Diese wurde mehrfach geändert. Der die Direktvermarkter hier betreffende Passus ist der von 2005.

[13] Qualitätsmarke Hessen Online. In: http://www.qualitaetsmarke-hessen.de, (Zugriff 26.5.2006).

[14] Vgl. Der Feinschmecker. Das Internationale Gourmet-Journal (2005) Heft 9/2005, 142.

[15] Vgl. Der Feinschmecker. Das Internationale Gourmet-Journal (2006) Heft 3/2006.
[16] Unilever Online. In: http://www.unilever.de/ourvalues/gesundheiternaehrung/dudarfstqualitaetsfleischprogramm.asp, (Zugriff 22.5.2006).
[17] Stern. Gesund Genießen (2005) Im Ländle der glücklichen Schweine, Heft 1/2005, 109.
[18] Vgl. Bundesvereinigung der Deutschen Ernährungsindustrie Online. In: http://www.bve-online.de/presseservice/bve_aktuell/aktuell_070316/anuga_auslandpk/ (Zugriff 16.1.2009).
[19] Molkerei Weihenstephan Online. In: http://www.molkerei-weihenstephan.de/main.php, (Zugriff 17.4.2005).
[20] Gutfried Online. In: http://www.gutfried.de/Qualitaetsbuergschaft.html, (Zugriff 17.4.2005).

Wissen, Medien, Öffentlichkeiten

„Man schickt doch auch nicht eine Ersatzbraut zum Altar“

Zur Konfliktualität der neuen Formen des Regierens in und von Europa

Sabine Hess

„Was ist der Mehrwert des Budapester Prozesses?“, fragte Frau Prvinsek ihr aus Angehörigen von Innen- und Justizministerien, Polizei- und Geheimdiensten bestehendes Publikum auf einer der zahlreichen Konferenzen 2007 zum Thema „Migrationspolitik in Süd-Osteuropa“. Mit dieser Frage traf sie mitten ins Zentrum meines Forschungsinteresses, die Europäisierung der Migrationspolitik vor allem am Beispiel der politischen Praxis des sogenannten Budapester Prozesses zu studieren. Der Budapester Prozess ist einer der ältesten multinationalen Konsultationsprozesse im Bereich der Migrationspolitik in Europa, der seit Beginn der 1990er Jahre osteuropäische Länder zu inkludieren versucht. Prvinsek, die in Slowenien die migrationspolitischen Bedingungen der Europäischen Union im Rahmen der Beitrittsverhandlungen implementierte, kann sich Sloweniens EU-Integration ohne die Hilfe des „Budapest Prozesses“ und ohne die Unterstützung der ihn organisierenden „International Center for Migration Policy Development“, kurz icmpd, nicht vorstellen: *“It was the icmpd who provided us with knowledge. We completely relied on them.”* Angesichts der tragenden Rolle der icmpd im Prozess der Europäisierung der EU-Migrationspolitik beurteilen Kritikerinnen die icmpd und den Budapester Prozess als „Speerspitze der Festung Europa“ (vgl. www.noborder.org; Düvell 2002). Dies hat mich dazu bewogen, die den Budapester Prozess organisierende icmpd als exemplarischen Fall für eine europäische Beratungsagentur in den Mittelpunkt meines Forschungsprojekts zu stellen. [1]

Mit ihren circa 50 Mitarbeiterinnen und Mitarbeitern ist die 1993 gegründete und mittlerweile von 30 Regierungen [2] getragene icmpd im Vergleich zu den beiden bekanntesten großen und global agierenden Organisationen im Bereich der Migrationspolitik, der Internationalen Organisation für Migration (IOM) und dem United Nation High Commissioner for Refugees (UNHCR), eine eher kleine intergouvernementale Institution (vgl. Düvell 2002; TRANSIT MIGRATION Forschungsgruppe 2007). Dennoch flankiert sie auch gegenwärtig die offizielle EU-Migrationspolitik und moderiert den Anpassungsprozess sowohl in Richtung Afrika als auch nach Zentralasien und den Fernen Osten, wie er in den Mitteilungen der Europäischen Kommission zum „Global Approach to Migration" (COM(2005) und COM(2007) 247) [3] ausgeführt wird. Dies bewerkstelligt sie vor allem mit Hilfe politischer Technologien, wie dem von Prvinsek erwähnten sogenannten „Budapest Prozess" oder dem sogenannten „MTM-Dialog" (Dialogue on Mediterranean Transit Migration) in Richtung Afrika. [4] Bei beiden Maßnahmen handelt es sich um *institutionalisierte* Serien von *informellen* Konferenzen und Workshops, die sich der klassischen Gewaltenteilung entziehen und Herkunfts-, Transit- und Zielländer der globalen Migrationsbewegungen um einen Tisch vereinigen (vgl. Klein-Solomon 2005; Georgi 2007).

Während die dominante, auch wissenschaftliche Kritikperspektive diese politischen Praktiken vor allem unter demokratietheoretischen Gesichtspunkten analysiert und sie als „undemokratisch", als „Geheimbund" oder als grundgesetzwidrige Verletzung der Gewaltenteilung verwirft (vgl. u. a. Georgi 2007; Overbeek 2002; Düvell 2002), werde ich die icmpd nicht nur als paradigmatischen Akteur für die Europäisierung der Migrationspolitik, sondern hinsichtlich ihres Praxisrepertoires und ihrer Rationalisierungsweisen auch als paradigmatisches Beispiel für die neuen Formen des Regierens von und in Europa untersuchen. Dabei werde ich der Frage nachgehen, inwiefern derartige Organisationen als Prototypen einer neuen globalisierten „biopolitischen" Regulationsweise zu betrachten sind, wie sie sich auf europäischer Ebene im Kontext der Europäischen Union und ihrer Politikstrategie der „European Governance" abzuzeichnen beginnt. Der Verweis auf Michel Foucaults Konzept der „Biomacht" als die Bevölkerung und „das Leben an sich" zunehmend fokussierender Machttypus, der nicht mehr durch das Verbot und die Todesdrohung herrscht, sondern regiert, in dem er das Leben reichtumsproduzierend fördert und fordert, ist hier absichtsvoll platziert, um die Produktivität dieses Politiktypus kenntlich zu machen (vgl. Pieper/Karakayali/Tsianos 2007). Mit dem Entstehen der Biomacht aufs engste verschränkt ist jene Machttechnologie oder Regierungsweise, die Foucault mit dem zusammengesetzten Namen „Gouvernementalität" (Regieren und Mentalität) bezeichnet. Hiermit verweist er auf den subjektivierenden Wirkungszusammenhang dieser Regierungskunst, die eher über die Anrufung der Selbstführungskompetenzen als über fremdführenden Zwang regiert (vgl. Foucault 2004).

Vor diesem theoretischen Hintergrund versuche ich eine begleitende ethnographische Politikfeld- und Netzwerkanalyse zu entwickeln (vgl. Marcus 1995;

Ong 1999; Shore/White 1997), die über die Schulter schauend analysiert, wie um die Akteure herum, teils durch ihr bewusstes Wirken, teils aber auch durch emergente Effekte neue Beziehungsgeflechte entstehen und wie sich hierüber eine neue „Assemblage“ zusammensetzt. Das foucaultsche beziehungsweise deleuzianische Konzept der „Assemblage“ wird gerade vermehrt von neueren kulturanthropologischen Studien verwendet (vgl. Ong/Collier 2005; Rabinow 2004; Beck 2007), um die Multidimensionalität von Prozessen, Akteuren, Diskursen und Institutionalisierungen hin zu neuen Machtkonstellationen zu beschreiben, die jedoch immer im Prozess des Hervorbringens und nie fixiert oder abgeschlossen zu denken sind, das heißt die die Emergenz als Strukturprinzip beinhalten. Fragilität, Brüchigkeit oder Konfliktualität werden somit einerseits zu einem verstärkten Problem, andererseits scheinen sie aber auch eines der zentralen dynamischen, produktiven Momente der Gouvernementalität darzustellen.

Eine besondere Rolle für die neue gouvernementale Regierungsweise, wie ich sie im Folgenden am Beispiel der icmpd skizzieren werde, kommt der Kategorie „Wissen“ zu. Hierbei interessieren mich vor allem die einzelnen Wissenspraktiken und -strategien und wie spezifische Wissensinhalte und -formen, Wissenssubjekte und -objekte legitime Geltung erhalten, wie sie objektiviert werden und normative Kraft verliehen bekommen: wie also in diesem anscheinend politikfernen Raum Politik gemacht wird und Macht entsteht. Doch bevor ich zu einer ersten vorsichtigen Analyse der Europäisierung der Migrationspolitik und in diesem Zusammenhang der von der icmpd ausgehenden politischen Praxis komme, werde ich einige zentrale Perspektiven einer „Europäisierungs“-Forschung der Europäischen Ethnologie skizzieren.

Theorizing „Europeanization“: Von verkürzten Staatsanalysen und falschen Analogieschlüssen

Die bisherigen europäisch-ethnologischen beziehungsweise kulturanthropologischen EU-Forschungen zeigen deutlich, dass das Fach vor dem Hintergrund seines spezifisch methodisch-inhaltlichen Zugangs einen eigenen Beitrag zur Erforschung der EU leisten kann, in dem es die politischen Institutionen der EU einer teilnehmenden Forschung zugänglich gemacht und Politik als kulturelle Praxis decodiert hat. Insbesondere die Institutionenanalysen der Kulturanthropologen Marc Abélès (u. a. 2004) und Maryon McDonald (u. a. 1996) demonstrieren, dass neben allen rationalen politischen Kalkülen die spezifische EU-Architektur und -praxis maßgeblich durch die national-kulturelle Geprägtheit der Arbeitsweisen der Brüsseler Technokraten mitstrukturiert ist. Auch der britische Sozialanthropologe Cris Shore fragt nach den kulturellen Implikationen der Politiken der EU, doch beschreitet er andere theoretische Wege. So analysiert Shore beispielsweise die Einführung des Euro mit seiner spezifischen Symbol- und Formgebung in Anlehnung an die Theorien Michel Foucaults als politische Technologie und als „art of governance", die auf die Rekonfiguration nationalen Bewusstseins und kultureller Identität (vgl. Shore 2000, 89ff.) abziele. Die Kompetenzen des Faches sieht Cris Shore vor allem darin bestehen, die neuen kulturellen Strategien des, wie er es weiterhin nennt, „nation-building" der EU, die politische Symbolik sowie das Verhältnis zwischen Ideologie und Subjektivitäten zu analysieren und damit der zentralen Fragestellung nachzugehen, wie unter den neuen Bedingungen politische Kontrolle und Macht entsteht (vgl. ebd.).

Hinsichtlich meiner Fragestellung nach dem *Wie* des Europäisierungsprozesses auf der Ebene der Politik gestaltenden Akteure haben die Forschungen jedoch nur wenig zu bieten. So folgen sie nicht nur dem klassischen Verständnis der EU als einem Akteur, der im Sinne des Top-down-Prinzips aus Brüssel schaltet und waltet. Dabei wird die EU dann auch meist mit den Brüsseler Institutionen wie dem Parlament und der Kommission als Regierung gleichgesetzt. So scheint die EU in vielen kultur-, sozial- und politikwissenschaftlichen Forschungen nur auf einer höher angesiedelten Abstraktionsebene nationalstaatliche Politik zu kopieren. Diese Perspektive gründet auf zwei Problemkomplexen, die ich im Folgenden als „verkürzte Staatsanalyse" und als „falschen Analogieschluss" bezeichnen möchte.

Auf den ersten Problemkomplex weist uns bereits die neuere politische Anthropologie zur Analyse des Staates hin (vgl. u. a. Sharma/Gupta 2006). Neben den problematischen Trennungen der klassischen strukturalistischen oder funktionalistischen Staatstheorien in „Staat versus Gesellschaft" oder „Staat versus Ökonomie" grenzen sie sich von einem „naiven", realistischen, an dem alltagssprachlichen Gebrauch angelehnten Kurzschluss gängiger sozial- und politikwissenschaftlicher Staatstheorien ab, den sie selbst als Effekt politischer Technologien analysieren: So werde der „Staat" nicht nur oft mit der „Regierung" und der „Bürokratie" gleichgesetzt, sondern auch als Einheit verstanden, die als "coherent, unitary and autonomous" begriffen wird (vgl. Mitchell 2006, 171). Dagegen setzen Sharma und Gupta einen ethnographischen Ansatz, der den Staat als "effect of everyday practice, representational discourses and multiple modalities of power" (Sharma/Gupta 2006, 165) begreift.

Staat sei im Sinne eines weiten Akteursfeldes, als konfliktiver Prozess und als fortwährende Aushandlung zu konzeptualisieren (vgl. ebd.). In Anlehnung an neomarxistische Staatstheoretiker wie Nikolas Poulantzas (1978) oder Antonio Gramsci (1986), deren konstruktivistische Perspektive von Macht und Staatlichkeit äußerst anschlussfähig ist für kulturanthropologische Überlegungen, plädiert der US-amerikanische Kulturanthropologe Michel-Rolph Trouillot (2001) dann auch dafür, dass nicht der „Staat“, sondern gerade unter den Bedingungen der Globalisierung „Staats-Effekte“ und Prozesse der „Staatswerdung“ zu beforschen sind: “State power is being redeployed, state effects are appearing in new sites, and, in almost all cases, this move is one away from national sites to intra-, supra-, or transnational ones. An ethnography of the state can and should capture these effects.” (Ebd., 132)

Dies führt mich zum zweiten Problemkomplex des „falschen Analogieschlusses“. So spricht beispielsweise Cris Shore von der EU-Formierung als „nation-building“ und die meisten Forschungen zur Entwicklung der EU entleihen ihre Beschreibungsmodi dem kategorialen Rahmen des modernen Nationalstaats. So erfährt auch der im Fach weit verbreitete Forschungsansatz, der nach der europäischen Kultur- und Identitätspolitik als kulturell notwendiges Ingrediens der EU-Formierung fragt, seine Plausibilität aus dem Analogieschluss zur Nationalstaatsformierung, für die das Schmieden einer homogenen nationalisierten Identität machtpolitisch essentiell war. Der Analogieschluss scheint dabei in der Axiomatik des methodischen Nationalismus zu gründen. Wie auch Ulrich Beck kritisiert, ontologisiert der methodische Nationalismus nicht nur das „Nationale“ als Basiseinheit sozial- und kulturwissenschaftlichen Forschens (vgl. Beck 2004). Er ermöglicht auch nur, Politik im Dreischritt „national – international – supranational“ zu denken, was das Staatensystem der nationalstaatlichen Moderne fortschreibt (vgl. ebd., 46). Europäisierung wird dabei meist synonym verstanden mit Supranationalisierung, wobei im Sinne eines „Nullsummenspiels“ mehr EU mit weniger nationalstaatlicher Souveränität gleichgesetzt wird.

Einige neuere politikwissenschaftliche Ansätze, insbesondere aus dem Kontext der Governance-Forschung, machen allerdings deutlich, dass die EU, ihre politische Architektur und Praxis ebenso wenig mit klassischen Konzeptionen aus der Ära des modernen Nationalstaats zu fassen ist, wie die Nationalstaaten in diesem Prozess unverändert bleiben (vgl. u. a. Kohler-Koch 1999). Sie sprechen von „network state“, was das Fehlen eines eindeutigen Entscheidungszentrums, die Rolle von nichtstaatlichen Akteuren sowie die gestiegene Bedeutung horizontaler Aushandlungen zum Ausdruck bringen soll; oder von der EU als „multi-level system of governance“, um die spezifische mehrdimensionale und dezentralisierte Form der Entscheidungsstrukturen zu bezeichnen (vgl. auch Beck/Grande 2004,

83ff.). Ulrich Beck und der Politologe Edgar Grande (2004) stellen dann auch heraus, dass es sich um ein „Positivsummen-Spiel“ handelt (vgl. ebd., 65), in dessen Verlauf ein neuer Politiktypus entsteht: „Das Nebenfolgen-Europa [muss] als ein Meta-Machtspiel entworfen werden, das – durchaus selektiv und Konflikte schürend – alle Akteure in ihrer Substanz verändert.“ (Ebd., 64)

Dabei ist das Feld der Europäisierung der Migrationspolitik zum einen exemplarisch zu sehen, da hier stattfindende Entwicklungen vergleichbar mit Europäisierungsprozessen beispielsweise auf dem Gebiet der Umweltpolitik sind (vgl. auch Baga/Buzogány und Welz in diesem Band). Zum anderen ist das Feld der Migrationspolitik aber auch ein spezifisches: Es galt bislang als Herz und Kernelement nationalstaatlicher Politik und als zentrales Merkmal seiner Souveränität, über die Grenzen „seiner Bevölkerung“ als „Nation“ zu entscheiden. In diesem Sinne sind die stattfindenden Prozesse der Europäisierung dieses Politikbereichs im Kontext der EU-Formierung auch besonders aussagekräftig hinsichtlich genereller Transformationen von Staatlichkeit, wie wir sie bisher kannten.

Europäisierung der Migrationspolitik oder die Produktivität des Scheiterns

Die Europäisierung der Migrationspolitik ist in der Öffentlichkeit wie in der gängigen Migrations- und Europaforschung ganz eng mit dem Namen eines kleinen belgischen Dorfes verknüpft. In Schengen trafen sich 1985 fünf Mitgliedsstaaten der damaligen Europäischen Gemeinschaften – unter anderem Deutschland – damals noch auf multilateraler Ebene und außerhalb der EU-Strukturen, um eine gemeinsame Binnenmarkt-Politik zu verabreden. Als Kompensationsmaßnahme für den freien Kapital- und Warenverkehr und den Wegfall der Binnengrenzen beschlossen sie vor allem die Grenzkontrollen an die Außengrenzen vorzuverlegen und die Asyl-, Ausländer- und Visapolitik anzugleichen. Es dauert allerdings gute zehn Jahre, bis das Schengener Abkommen mit dem Amsterdamer Vertrag (1997) auch offiziell EU-Politik wurde. Doch im Jahr 2004, welches als Deadline für die Vergemeinschaftung des Abkommens in Amsterdam festgesetzt worden war, musste die Europäische Kommission wieder einräumen, dass sie in diesem Politikfeld weit hinter den Zielvorstellungen zurückhinke. Die Politikwissenschaftlerin Ursula Birsl spricht dann auch in ihrer jüngsten Studie zur Europäisierung der Migrationspolitik vom großen „Scheitern“ (vgl. Birsl 2005).

Ich dagegen argumentiere, dass die Europäisierung der Migrationspolitik, versteht man darunter ihre Standardisierung und ihre Externalisierung weit über die konkreten Außengrenzen der EU hinaus, als äußerst erfolgreich zu betrachten ist (vgl. u. a. Leuthardt 1999; Hess/Tsianos 2007). [5] Und dies vor allem auch aufgrund des Wirkens derartiger Institutionen wie der icmpd. Die Geschichte der Europäisierung lässt sich dann auch aus der Perspektive dieser Organisationen anders erzählen. Aus ihrer Perspektive waren es vor allem die ersten 1990er Jahre, die von ihnen als „Krisenjahre“ der staatlichen Migrationspolitik in Europa beschrieben werden, die der Europäisierung einen Schub verliehen. Die Krise evozierte ihre Gründung sowie einen politischen Paradigmen- und Praxiswechsel der unter dem Stichwort „global migration management“ firmiert, mit dem sie aufs engste verbunden sind (vgl. Ghosh 1997; IOM 2004 [6]). So wurde die icmpd 1993 auf Initiative der Schweiz und Österreichs unter der Leitung des Schweden Jonas Widgren ins Leben gerufen, um die staatliche Regulationsfähigkeit auszubauen. Jonas Widgren, der als charismatischer Vordenker der „Migrationsmanagementpolitik“ gilt, stellte die Phase nachdrücklich als eine dar, in der staatlicherseits eine große Ideenlosigkeit herrschte, wie mit den neuen, turbulenten Migrationswirklichkeiten im kriegs- und krisengeschüttelten Europa umzugehen sei. Vor allem das bis dato die Einwanderungspolitiken dominierende Asylsystem war in den Augen der neuen Migrationspolitik-Architekten „überdehnt“ (vgl. Ogata 1997). Doch ein neues „System“ jenseits reiner Abschottungsdiskurse war gerade angesichts migrationsfeindlicher Stimmungen in der Mitte der nationalen Gesellschaften nicht zu sehen.

Eine zentrale Antwort, wie sie Widgren und andere Vordenker damals einforderten, war die Migrationspolitik radikal zu europäisieren und von einer nationalstaatlichen Zero-Einwanderungspolitik zu einem globalen „migration management“ zu kommen. [7] Als paradigmatische Akteure für diesen Politikwechsel boten sich die icmpd oder die IOM selbst an, da sie unter anderem nicht auf die nationalen wahlpolitischen Kalküle der Innenministerien Rücksicht nehmen müssten. Widgren sprach den nationalstaatlichen Regierungen noch 2002 den Willen zu einem „sound migration managment“ ab. Angesichts des weiter bestehenden “mysterious lack of a rational government response to these anticipated migration challenges” (Widgren 2002, 7) plädiert er für „governance“ an Stelle von „government“.

Doch auch die EU, genauer gesagt die Europäische Kommission, sucht eine neue Art und Weise des „Europäischen Regierens“ zu erfinden. In ihrem Weißbuch von 2001 unter dem Titel „European Governance“ formuliert die Kommission detailliert, was sie darunter versteht: Angesichts der globalen Herausforderungen, so die Kommission, sei Politik „dezentralisiert“, auf „multiplen Ebenen“, in „Netzwerken“, unter „strategischer Partizipation der Zivilgesellschaft“ und der starken Einbeziehung von „Experten-Wissen“ zu gestalten. [8] In diesem Sinne ist die

Multiplizierung von Akteuren, die Privatisierung (vgl. Lahav/Guiraudon 2000) und gar NGOisierung der Migrationspolitik, so wie ich sie mit anderen MigrationsforscherInnen in dem Forschungs- und Kunstprojekt TRANSIT MIGRATION herausgearbeitet habe (vgl. Hess/Karakayali 2007), einerseits als Ergebnis wie andererseits auch als Voraussetzung der Europäisierung der Migrationspolitik zu beschreiben. Dabei sind es gerade jene semistaatlichen wissensbasierten Organisationen, wie die icmpd oder die IOM, die die dynamischen Effekte der Europäisierung mitproduzier(t)en.

Icmpd: "We are facilitating states"

Das Selbstverständnis der icmpd ist dabei höchst bezeichnend für den im Rahmen der EU-Netzwerkpolitik immer wichtiger werdenden wissensbasierten Akteurstyp. So wirbt die icmpd auf ihrer Webpage damit,

> "to provide targeted timely services in migration governance to states and their organisations responsible for the design and implementation of migration policies. Icmpd achieves these goals with competent, highly motivated, dedicated as well as customer and team oriented professionals". [9]

Sie tut dies, in dem sie einerseits ihr Know-how den Staaten im Rahmen von meist durch die EU und einzelnen Staaten geförderten Projekten zu allen möglichen Themenfeldern von A wie Asylgesetze bis hin zu Z wie Zoll anbietet. Sie umfassen meist Politikberatung oder Trainings im Bereich „capacity building", vor allem bezüglich Gesetzgebung, Infrastrukturentwicklung, Technologieeinsatz, Verwaltungs- und Polizeipraxis. Zum anderen organisieren und moderieren sie als Sekretariat jene regionalen Konsultationsprozesse, wie den Budapester Prozess, die sich über eigene Mitgliedsbeiträge der daran teilnehmenden Staaten finanzieren sollten.

Bereits in meinem Vorstellungsgespräch, in dem ich meine Forschung genehmigen lassen musste, machte mir die Abteilungsleiterin „Policy Development" in jedem zweiten Satz klar, dass sie sich bei all dem als Dienstleister und als neutrale Wissensproduzenten verstanden: *"We are facilitating,* [...] *helping states."* Politik machten sie nicht, so die Abteilungsleiterin, denn: *"Migration policy is still the duty of the states."* Allerdings ergänzte sie im nächsten Satz: *"Optically, it should look like state-run."*

Wird hier „Staat" zur Farce, zur Inszenierung? Jedenfalls scheint das Verhältnis zwischen icmpd, nationalstaatlichen Regierungen und EU – ein zentraler Dreh-

und Angelpunkt der Governance-Politik – erklärungsbedürftig und neu zu justieren zu sein. Mit ihrer die staatliche Souveränität relativierenden Aussage musste sich die Abteilungsleiterin allerdings „versprochen“ haben, denn die Topoi von „state-run“, „state-driven“ oder „state ownership“ einerseits sowie andererseits das Credo der eigenen Politikferne zogen sich bisher durch alle Gespräche. So meinte auch ein Mitarbeiter der Forschungsabteilung, dass ihr Politikethos darin bestehe, *„niemals Politik zu machen“*, sondern als *„vertrauenswürdiger“* Akteur *„Informationen“* weiterzureichen. Die gute icmpd als Anwältin der Staaten?

Diese „aufgeklärte“ Rhetorik verstärkte sich noch angesichts einer antikolonial anmutenden Kritikposition des Geschäftsführenden Direktors, Dr. Gottfried Zürchner, gegenüber gängigen politischen Praktiken westeuropäischer Kernstaaten, die meinten, durch Druck ihre Politik den osteuropäischen oder afrikanischen Staaten aufoktroyieren zu können. Nicht nur ließe das Drohpotenzial gegenüber diesen Staaten nach, auch die Position, zu glauben, nach 500 Jahren Kolonialismus jetzt in Afrika ankommen zu können und etwas von *„Partnerschaft“* zu erzählen und den Ländern doch nur die eigene Problemdefinition aufzudrängen, sei *„naiv“*. Andererseits zeigte sich Gottfried Zürchner entrüstet ob der derzeitigen Tendenz von *„Staaten“*, internationale Organisationen vorzuschicken, um sich *„selbst die Hände nicht schmutzig zu machen“*. Er meinte: *„Das macht man doch nicht, eine Ersatzbraut an den Altar zu schicken.“* In dieser Hinsicht versuche die icmpd sich auch im umgekehrten Sinne nicht von den Staaten manipulativ einspannen zu lassen. Zürchner beschwor damit für seine Institution eine relative Autonomie.

Was bedeutet diese Diskursstrategie und dieses doppelte Argumentationsmuster, das auf den ersten Blick, wenn die Aussage des „state ownership“ stimmt, meine These der Transformation von Staatlichkeit und der Governance-Politik stark in Frage stellt. Oder, wenn die Aussagen nicht stimmen, ist dann vor allem ihre allgegenwärtige Betonung der eigenen „Politikferne“ als ideologischer Nebelwerfer zu deuten? In der Tat irritierte mich diese Argumentationsfigur und ihre moralisch-ethische Narrativierung und Selbstdarstellung lange. Und sicherlich stellt sie hinsichtlich der individuellen Selbsteinpassungen der einzelnen Mitarbeiter, die alle selbstreflexive Rationalisierungspraktiken beherrschten, eine Diskursstrategie dar, mit den doch von vielen in privaten Gesprächen geäußerten Dilemmata ihrer Tätigkeit im Kontext einer restriktiven EU-Migrationskontrollpolitik angesichts ihrer eigentlich liberalen Auffassung von Migration im Sinne von „free movement“ umzugehen. Doch irgendwann im Gespräch mit dem geschäftsführenden Direktor musste ich nicht nur erkennen, dass dieses doppelte Argumentationsmuster und ihre anti-kolonial anmutende Selbstinszenierung genau so stimmig waren, sondern dass gerade darin die Gouvernementalisierung der Politik zum Ausdruck kommt. So sind es nach wie vor die nationalstaatlichen Regierungen und Staatsapparate, die um den Tisch der Workshops und Konferenzen als zentral handelnde Akteure sitzen. Sie sind die Zielscheibe der Governance-Politiken von Organisationen wie der IOM oder der icmpd und auch der EU, sie sollen nicht „verhindert", sondern aktiviert werden, sie sollen als weiterhin zentral wichtige Durchsetzungsorgane mit eingespannt werden in die Logik und Praxis des EU-europäisierten Grenzregimes und der Migrationsmanagement-Politik. Und dies lässt sich, so die politische Rationalität von Politikern wie Zürchner, nur über Selbsteinsicht, das heißt über Selbstführung bewerkstelligen. Die Staaten müssten die Probleme und Interessen der EU zu ihren eigenen machen und dies eben „nicht-manipulativ" umsetzen, damit es im postkolonialen Zeitalter funktioniert. Dieser gouvernementale Politikstil wird, dies weiß Zürchner, von einigen europäischen Kernländern nicht geteilt und auch von der EU wird er nicht direkt finanziell honoriert.

Dabei scheint insbesondere die Behauptung, als Dienstleistungsinstitution sozusagen per definitionem nicht Politik zu machen, sondern auf der Grundlage von neutralem, wissenschaftlich produziertem Wissen zu agieren, Organisationen wie die icmpd in den Augen der Adressaten ihrer Politik auszuzeichnen und sie zu einem „neutralen" Akteur zu machen. Dies erlaubt ihr nicht nur, dort zu agieren, wo der EU außenpolitisch, diplomatisch (noch) die Hände gebunden sind. So öffnen sich der icmpd gleichermaßen nach Norden und Süden, zu NGOs und zu Regierungen die Türen, womit sie in der Governance-Architektur des „Mehrebenensystems" zu einem der zentralen „transversal" tätigen Akteure wird. Dabei beschreibt „transversal" die Richtung des Wissenstransfers, der nicht mehr nur im Sinne des Top-down-Prinzips gestaltet wird, sondern im Kontext von Governance gezielt „bottom-up" beziehungsweise querliegend und „criss-cross", sprich die verschiedenen Steuerungsebenen diagonal durchschneidend, also „transversal", organisiert wird. Während die icmpd gegenüber einzelnen Staaten als Wissensdienstleister, Berater, Trainer und Moderator auftritt, sieht der geschäftsführende Direktor die Funktion gegenüber der EU vor allem darin bestehen, dass sie als „Früherkennungssystem" und „path finding mission" diente, das heißt als Laboratorium neuer Politiken. Im Folgenden möchte ich am Beispiel des Budapester Prozesses und am Beispiel der Diskussion um eine digitale Aufbereitung und Darstellung geographischer Daten zwei zentrale „Methoden" dieses Politikstils verdeutlichen.

Pädagogisierung der Politik: Von Dialogen, Prozessen und lernenden Staaten

Der Budapester Prozess, der seinen Namen nach der in Budapest 1993 stattgefundenen ersten Konferenz erhielt, geht mittlerweile in sein sechzehntes Jahr. 1993 hat die icmpd die Rolle des sogenannten Sekretariats übernommen und organisiert seitdem auf Anregung beziehungsweise Rücksprache mit den beteiligten Regierungen oder auch der eigenen Rationalität folgend vor allem themenspezifische Workshops. So hat die icmpd mit dem Budapester Prozess eine ideale begleitende, wenn nicht gar vorausarbeitende Funktion für die „Harmonisierung“ der osteuropäischen Länder im Zuge des Beitrittsprozesses eingenommen. 2003 beschloss der mittlerweile auf 50 Mitgliedsländer angewachsene „Prozess“ seine geographische Ausweitung in Richtung auf die post-sowjetischen Staaten (Asiens) und den Fernen Osten, wo sich derzeit auch die EU anstrengt, über ihre „neighbourhood policy“ Einflusssphären zu schaffen (vgl. Banse/Müller/Stobbe 2007).

Dabei berichtet Zürchner von einer zunehmenden „Prozess“- und Dialog-Müdigkeit auf EU-Ebene und einzelne Mitgliedsländer hätten auch schon einmal angesichts des Fehlens direkter Ergebnisse die Dialoge für ineffizient erklärt und gemeint: *“No more dialogue!”* Sie dagegen wüssten, so auch das Credo des Afrika-Dialogs MTM: *“Only informal work can be successful!”*

In der Tat kann man auf der Vorderbühne die Performanz derartiger Workshops, wo sich mehr oder weniger gut gehaltene Power Point-Vorträge über nationale Erfolge von mehr oder weniger informierten Delegierten abwechseln, abschätzig als *„Eurovision“* bezeichnen, wie es ein Delegierter mir gegenüber äußerte. Dem klassischen Politikverständnis folgend, siedelte er das „richtige“ politische Geschäft in den Säulengängen, in den Pausen und Backstage an. Dies ist tatsächlich in seiner Bedeutung nicht zu unterschätzen. Was ich und der Delegierte jedoch als wenig „effizient“ empfanden, stellt die icmpd in ihren Broschüren zum Budapester Prozess gerade als Vorteile heraus. So bewarben sie ihn als kollegiale unbürokratische Austauschplattform und betonten seine Flexibilität und, „Ergebnisoffenheit“, was vor allem durch die „Informalität“ des Prozesses gegeben sei. Es ist, so ihr Newsletter, “a unique opportunity to discuss migration-related issues, exchange information and benefit from experience of colleagues in an informal atmosphere”; “an instrument to gain a common understanding of migration concepts”; “a singular tool to initiate short-term responses to new challenges” und “an informal and effective way of dealing in-depth with specific issues in Working Groups”. [10]

Lässt man die neue Managementsprache und den Versuch bei Seite, ihr Produkt „Budapester Prozess“ als effektives „tool“ auf dem Markt der europäischen Beratungsanbieter im migrationspolitischen Bereich bestmöglich zu platzieren [11], bleiben vor allem prozessorientierte, wissens- und kommunikationsbezogene Beschreibungen seines „Mehrwerts“ – um Prvinseks Eingangsfrage wieder aufzugreifen – zurück. Und dies sind nicht nur Worthülsen der neuen Managementliteratur. Vielmehr beurteilt der geschäftsführende Direktor die informellen Prozesse als *„absolute Voraussetzung für formelle Politik“*, denn vor allem in schwierigen politischen Konstellationen müsse formaler Politik immer „Beziehungsarbeit“ vorausgehen: das heißt man müsse erst Vertrauen und einen gleichen Kenntnisstand schaffen, so dass alle vom Gleichen reden und vor allem, dass jeder dies als seine Sache begreift. [12]

Imperiale Regierungskunst oder der Streit um eine Karte

Ein weiteres Beispiel für die konflikthafte Genese der gouvernementalen Regierungskunst, welches ich die letzten Monate in den Gängen der icmpd mitverfolgen konnte, war der Konflikt um die sogenannte „I-Map“. Dabei interessierten mich an dem Konflikt weniger die internen Dynamiken als vielmehr die Bedeutungszuschreibungen und Rationalisierungen für und wider eine derartige Kartographie.

Die I-Map, die in Kooperation zwischen icmpd mit Europol, Frontex und den am MTM-Dialog beteiligten Staaten hergestellt wird, ist eine internetgestützte digitale Karte, die versucht den afrikanischen und mediterranen Raum der Migrationsbewegungen in „Echtzeit“ kartographisch zu repräsentieren und ein digitales Archiv der relevanten Daten von Migrationsströmen anzulegen. Sie ist eine Erfindung der Mitarbeiter des MTM-Dialogs und stieß anfänglich auf nur geringes Interesse der icmpd-Leitung, die den Sinn und Zweck derartiger Visualisierungen nicht verstand. Heute ist Zürchner ein emphatischer Befürworter dieser Karte. Die Forschungsabteilung hat allerdings starke Einwände gegen die Karte, da sie die Qualität der Daten hinsichtlich Vergleichbarkeit und wissenschaftlichen Produktionsstandards in Frage stellt. Diese Argumente machte sich dann auch der Beauftragte des Budapester Prozesses zu eigen, als dieser von der Leitung beauftragt wurde, eine ähnliche Karte für den osteuropäischen Raum zu entwickeln. Neben der mangelnden Wissenschaftlichkeit hielt er die I-Map vor allem für technischen *„Spielkram“* von Männern. Heute ist jedoch die Anfrage an ihn vom Tisch, denn nun soll gleiche eine Karte im globalen Maßstab produziert werden.

Im Kontext der europäischen Erweiterung und insbesondere im Feld der Migrationspolitik stellt „Wissen“, seine Produktion, Weitergabe, Interpretation und Umsetzung in der Tat eine sich neu zuspitzende Problematik dar. So gilt einerseits bis heute die Implementierung der EU-Direktiven in den jeweiligen nationalen und lokalen Kontexten als Schwierigkeit, genauso wie andererseits der transnationale Wissenstransfer aus den EU-Peripherien in die Zentralen der Macht als problembehaftet angesehen wird. Im migrationspolitischen Bereich beginnen viele neue EU- beziehungsweise Anrainerstaaten gerade erst, Migration überhaupt als ein zu regulierendes Politikfeld zu begreifen und statistisches Material zu erfassen. Darüber hinaus zeugen die zahlreichen wissenschaftlichen EU-Projekte zur Problematik statistischer Demographie davon, dass eine europäische Standardisierung der Daten noch lange nicht durchgesetzt ist.

Zusätzlich zu diesen auch in anderen Politikfeldern anzutreffenden Schwierigkeiten kommt im Bereich der Migrationspolitik allerdings ein hausgemachtes Problem hinzu: ihr expansiver, imperialer und deterritorialisierter Charakter [13]. Laut „global approach to migration“ beginnt eine europäische Migrationspolitik nicht nur in den Herkunftsländern, sondern nimmt migrationsanalog die Mobilität selbst ins Visier und fokussiert nicht mehr zentral die territorialen Grenzen, sondern die Routen der Migration. Dies bedeutet für die Kontrollpraktiken, dass diese selbst so mobil, flexibel und netzwerkförmig zu agieren haben wie die Migration selbst. Die I-Map der icmpd repräsentiert diese neue Rationalität des Regierens der Migration sowie die dazu gehörenden Wissenspraktiken sehr gut: Sie visualisiert nicht nur die Migrationsrouten und versucht die Bewegungen der Routen nahezu in Echtzeit zu repräsentieren, was die Karte zu einem bedeutendem „control tool“ macht. Der produktive, gouvernementale Kunstgriff der icmpd-Mitarbeiter besteht jedoch vor allem darin, dass sie mit der I-Map nicht nur eine Vernetzung der verschiedensten Akteure bewerkstelligen, sondern das erste Mal migrationsbezogen einen identifikatorischen Raum „Afrika-Mittelmeer“ herstellen.

Ausblick: Macht ist Wissen

Die Antwort der EU auf die Explosion von Wissensprozessen besteht zum einen darin, selbst eine Vielzahl von Agenturen und Arbeitsgruppen aus der Taufe zu heben, die weniger mit operativem Handeln als mit der Prozessierung von Informationen und dem Umsetzen von Wissen beschäftigt sind. Zum anderen stellt die beschriebene Transformation der Regierungsweise auf „Governance“-Politik eine Antwort auf die beschriebenen Herausforderungen transnationalen Regierens dar. Transversal und interdisziplinär operierende Wissensmakler wie die icmpd sind dabei die maßgeschneiderten Akteure für diese neue Regierungsweise. Daneben haben auch zivilgesellschaftliche Institutionen und NGOs eine neue Bedeutung bekommen, wie wir es bei TRANSIT MIGRATION herausgearbeitet haben (vgl. TRANSIT MIGRATION Forschungsgruppe 2007). Ihre Funktion besteht darin, einerseits praxisnahes Wissen erheben und andererseits auch direkt in die Gesellschaft hinein politisch wirken zu können.

Dabei stellt dieser Politik- und Wissenstypus nicht das Gegenteil von Macht dar. Nur Macht scheint unter den Bedingungen der Biopolitik zunehmend doppelgesichtig, ambivalent und eben gouvernemental aufzutreten. So verfügt auch dieses Macht-Wissens-Regime über Schließungen, Normativierungs- und Objektivierungsmechanismen sowie über Hegemonialisierungsverfahren. Und dies funktioniert, wie ich bislang nur vermuten kann, zentral über seine spezifischen Wissenspraktiken und -formen, wie über die Definition und Praxis einer Beratungsagentur, womit das Wissen neutralisiert und objektiviert wird, über die Definition von „best practices“ oder „good governance“, was ebenfalls nicht hinterfragbare und objektivierte Größen generiert, und über die Praxis des Dialogs selbst.

Anmerkungen

[1] Die „mitgehende“ Organisationsethnographie der icmpd steht im Zentrum meines Habilitationsprojekts unter dem Titel „Europäisierung der Migrationspolitik – Eine Anthropologie der neuen Formen des Regierens in und von Europa“ am Institut für Volkskunde/Europäische Ethnologie der Ludwig-Maximilians-Universität München. Nähere Informationen zur icmpd sind unter http://www.icmpd.org zu finden.

[2] Auf ihrer Website steht: “The 11 ICMPD Member States are Austria, Bulgaria, Croatia, Czech Republic, Hungary, Poland, Portugal, Slovakia, Slovenia, Sweden and Switzerland. Bilateral co-operation agreements and Memoranda of Understanding have been concluded with Albania, Bosnia and Herzegovina, Canada, Cyprus, Estonia, Georgia, Latvia, Lebanon, Lithuania, FYR Macedonia, Russia, Sri Lanka, Turkey and Ukraine.” In: http://www.icmpd.org/10.html, (Zugriff 4.1.2009).

[3] Vgl. Commission of the European Communities (2007) Applying the Global Approach to Migration to the Eastern and South-Eastern Regions Neighbouring the European Union, COM(2007) 247 final, 16.5.2007. Als elektronisches Dokument in: http://eur-lex.europa.eu/LexUriServ/LexUriServ.do?uri=COM:2007:0247:FIN:EN:PDF, (Zugriff 4.1.2009).

[4] Im globalen Maßstab sind mir noch vier weiter ähnliche migrationspolitische Plattformen bekannt: der „Söderköping-Prozess“, der „Bali-Prozess“, der „Izmir-Prozess“, der „Pueblo-Prozess“.

[5] Als zentrale Elemente dieser Politikstrategie sind u. a. die Rückübernahmeabkommen oder die Definition von „sicheren Drittstaaten“ zu nennen, die einen „Cordon sanitaire“ zunächst um die EU-Staaten produzierten, der sich nun immer weiter Richtung Herkunftsländer bewegt (vgl. Hess/Tsianos 2007).

[6] Vgl. IOM (2004) Migration Management in Southeast Europe. Objectives for 2005, Wien. In: http://www.iomvienna.at/index.php?module=EBooks&func=display&did=42, (Zugriff 20.2.2009).

[7] Auch die IOM verfolgt den Gedanken der „geordneten Migration zum Wohle von allen“, wobei sie die Regulation der Migrations- und Mobilitätsströme im Sinne einer „effizienteren Allokation von Arbeitskraft“ als zentrales Instrument einer globalisierten kapitalistischen Wirtschaftspolitik versteht (vgl. Ghosh 1997, 268).

[8] Kommission der Europäischen Gemeinschaften (2001) Europäisches Regieren. Ein Weißbuch, 25.7.2001. Als elektronisches Dokument in: http://eur-lex.europa.eu/LexUriServ/site/de/com/2001/com2001_0428de01.pdf, (Zugriff 20.2.2009).

[9] http://www.icmpd.org, siehe Anmerkung [1].

[10] icmpd news 1/2007. Als elektronisches Dokument in: http://www.icmpd.org/fileadmin/ICMPD-Website/ICMPD_General/Newsletters/Newsletter_No_1-07_public.pdf, (Zugriff 4.1.2009).

[11] Der Aspekt der Kommodifizierung der Politik ist nicht nur hinsichtlich der Selbstrationalisierungsweisen der Mitarbeiter interessant, die, wie eine Mitarbeiterin meinte, *„Produkte verkaufen und basta“* und hierbei zu *„precarious project maids“* werden, so dass die Fortführung der Politik sozusagen selbsterhaltend wird. Andererseits sind die Transfers interessant zwischen der Generierung von Ausschreibungsrichtlinien, Ergebnissen der Projekte und der Politik, die wiederum Projektlinien ausschreibt.

[12] Dabei wird die icmpd mit ihren informellen Dialogen vor allem auch von Großbritannien und den Niederlande unterstützt, was Zürchner u. a. auf die Nähe zwischen der politischen Rationalität der Dialoge und der kolonialen Praxis der britischen „indirect rule“ zurückführt.

[13] Hierbei spreche ich von „imperial“ in Anlehnung an Ulrich Becks Deutungsversuch der EU als Empire (vgl. Beck 2004), womit er beispielsweise auf die Logik der fortschreitenden Inklusion immer entfernterer Staaten in ihren Machtbereich verweist.

Islam und seine Rezeption in Europa

Katharina Schwab

Im Rahmen von Diskussionen wie dem Streit über die Mohammed-Karikaturen [1] wird Islam in Europa meist als relativ neues Phänomen, beginnend mit der Anwerbung türkischer Gastarbeiter in den 1960er Jahren, betrachtet (vgl. Klinkhammer 2000, 82; Stauch 2004, 15). Bereits lange Zeit in Europa ansässige muslimische Bevölkerungsanteile, wie zum Beispiel in Bosnien, bleiben nicht selten unberücksichtigt. Islam steht oftmals für eine homogene, statische Religion, die über eine Europäisierung „gebändigt" und angepasst werden soll (vgl. Schiffer 2005, 25 f.; Steinbach 2005). Seit dem 11.9.2001 spielt überdies seine Kontextierung mit Terror eine zunehmende Rolle (vgl. Alnasseri 2004). Diese Vorstellungen von Islam in Europa basieren stark auf seiner Rezeption durch eine sich als „europäisch-christlich" kategorisierende Gesellschaft, die tendenziell islamische Wurzeln ausklammert, sich ihnen gegenüber diametral positioniert und sie somit exotisiert. In diesem Zusammenhang steht zentral der von Edward Said geprägte Orientalismus-Diskurs, der die Antipoden Orient = Islam-Despotie und Europa = Christentum-Aufklärung in einem vom „Westen" beziehungsweise dessen Wissenschaften konstruierten Spannungsfeld von Anziehung und Abgrenzung begreift (vgl. Said 1995).

Über solche Konstruktionen greifen auch aus Wissenschaftlern bestehende Gremien auf EU-Ebene Islam thematisch auf. Im Rahmen der „Europa-Mittelmeerpartnerschaft" des Barcelona-Prozesses, durch die die zumeist islamisch geprägten südlichen Mittelmeeranrainerstaaten stärker an die EU gebunden werden sollen, wurde eine „High-Level Advisory Group" ins Leben gerufen, unter deren Mitgliedern sich auch Tariq Ramadan, der Verfechter eines selbstbewussten europäischen Islam, befindet. Diese Gruppe beschäftigt sich ausschließlich mit kulturellen beziehungsweise religiösen Aspekten der Partnerschaft. [2] Gleichzeitig wird mit Hilfe von New-Governance-Konzepten die Konstruktion einer europäischen Identität in Abgrenzung zur „islamischen Welt" über Instrumente der Kulturpolitik forciert (vgl. Anthias/Lazaridis 1999; Shore 2000). „New governance" meint eine dezentralisierte und mehrdimensionale Politik, bei der der Nationalstaat aus dem Fokus der Zielsetzung rückt. Die EU agiert über diese Politikform sowohl unter strategischem Einbezug von Zivilgesellschaft als auch von Experten. [3]

Zur Konstruktion einer islamischen Identität

Das Identitätsmanagement von Islam in Europa geht somit nicht lediglich von den Nichtmuslimen oder Muslimen aus. Es handelt sich vielmehr um eine dialogische Erfindung von Diskursen über Gruppenidentität im öffentlichen Raum, an der vielfältige Akteure gerade auch der Aufnahmegesellschaft teilnehmen (vgl. Caglar 1997, 176). Die Konstruktion einer einheitlichen „islamischen Identität" unterliegt somit großen Verwerfungen. Der britische Soziologe pakistanischer Herkunft, Tariq Modood, erklärt: "The public recognition of community identities is so deeply political that it is itself a source of political activity and conflict." (Modood 1997, 7)

In der Magisterarbeit, die diesem Aufsatz zugrunde liegt, befasste ich mich mit der Repräsentation islamischer Organisationen und deren Interaktion mit nichtmuslimischen Gruppen und Persönlichkeiten aus Kirche, Politik, Wissenschaft und einem „Laienpublikum" im öffentlichen Raum in Deutschland in den Jahren 2005 und 2006. [4] Einen zentralen Aspekt bildete dabei die zunehmende Enträumlichung von Öffentlichkeit als Diskursarena in Folge von Migrationsprozessen und die Präsenz neuer Kommunikationstechnologien, wie dem Internet. So verfügen die meisten der von mir beforschten Organisationen über eine Webpräsenz und sind mit (Partner-)Organisationen im In- und Ausland verlinkt. Dies wirkt sich auf ihre Positionierung, Möglichkeiten der Partizipation und das tatsächliche Handeln aus.

Die Kulturanthropologin Aiwa Ong verwendet aufgrund dieser Erweiterung des Diskursraumes und in Abgrenzung zum Öffentlichkeitsbegriff Habermas' den Begriff der „transnational publicness" (Ong 1999, 159). Die habermassche Konzeption begreift Öffentlichkeit in ihrer Mediatorenfunktion zwischen Nationalstaat und privaten Individuen (vgl. Habermas 1995). Ong hingegen postuliert:

> "Representations [...] are social facts that play a role in forming our cultural subjectivity. Material and symbolic forms associated with globally emergent groups constitute ethnicized translocal publics that, by restructuring ethnicity across space, have an unsettling effect on political schemes of ethnic difference." (Ong 1999, 158)

So stand im Fokus der Interaktionen der von mir beforschten Institutionen die mögliche Konturierung und Institutionalisierung eines transnationalen beziehungsweise „europäischen" Islam.

Im Folgenden werde ich zunächst prominente Positionen in Bezug auf die Bestimmung eines „europäischen“ Islam näher beschreiben, anschließend eine mögliche Herangehensweise an die Erforschung eines „europäischen Islam als Diskursfeld“ skizzieren, dann diesbezügliche Bedingungen und Praktiken anhand einiger empirischer Beispiele darstellen und zuletzt mit einigen Überlegung zu Islam als einem Praxisbegriff schließen.

Positionen eines „europäischen“ Islam

Zwei sich nahezu diametral gegenüberstehende Ansätze eines „europäischen Islam“ konkurrieren um die Etablierung als führende Narrative in Wissenschaft, Politik und Kirchen. Das Konzept eines „Euro-Islam“, das der in Göttingen lehrende Politikwissenschaftler Bassam Tibi [5] vertritt, geht von einer Prägung Europas durch westlich-säkulare Prinzipien aus (vgl. Tibi 2005, 29). Zentral steht für ihn eine liberalistische Vorstellung von Staatsbürgerschaft, bei der die Individuen ihrer soziokulturellen Verortung entbettet und vollkommen gleichgestellt sind. Ein Dialog mit europäischen Muslimen beruht laut Tibi auf der Rückkehr zu den europäischen Werten Säkularität, Demokratie, Menschenrechte, dem Primat der Rationalität vor Religion, der Zivilgesellschaft, Pluralismus und Toleranz, unter dem Schlagwort einer „europäischen Leitkultur“ (vgl. ebd. 2001, 342 f.). Die Implementierung und Anwendung dieser Aspekte sieht er am vollkommensten in der französischen Demokratietradition verwirklicht (vgl. ebd. 1996, 376 f.; 1998, 210). Aus diesem Grund wendet sich Tibi explizit gegen einen auf der Grundlage ethnischer Gemeinsamkeiten konstruierten Nationenbegriff. Sein Verständnis von Staatsbürgerschaft schließt auch jede Form von in Multikulturalismus-Konzepten verorteten Sonderrechten aus (vgl. ebd. 1996, 377 f.; 2001, 334 ff.).

Der derzeit an der Universität Oxford lehrende Philosoph Tariq Ramadan [6] dagegen vertritt eine Idee des Islam in Europa, in deren Zentrum die Generierung einer islamischen europäischen Identität steht. Deren Konturen sollen durch die Rezeption westlicher Elemente und das „neue“ am jeweiligen soziokulturellen Kontext orientierte Lesen der islamischen Quellen Koran [7] und Sunna [8] geschärft werden. Beide Quellen können – so Ramadan – in jeden beliebigen gesellschaftlichen Kontext eingebettet werden (vgl. Ramadan 2000, 38), so dass Islam nicht im Gegensatz zu Modernität steht. Ramadan stellt an die Muslime vielmehr die Anforderung, all jene Aspekte in ihre muslimische Identität zu integrieren, die mit den Prinzipien ihrer Religion vereinbar sind (vgl. ebd. 2005, 215 f.). Muslimische Akteure definieren sich ihm zufolge primär über ihre religiöse

Zugehörigkeit. Nach Ramadan ist die Gestaltung einer europäischen Islam-Version zu einem großen Teil die Aufgabe der Rechtsgelehrten sowie muslimischer Organisationen (vgl. ebd. 2001, 242 f.).

Tibi und Ramadan melden sich immer wieder auch zu emotionalisierten Debatten in der nichtwissenschaftlichen Öffentlichkeit zu Wort, zuletzt in Bezug auf den Streit um die Mohammed-Karikaturen (vgl. Tibi 2006 [9]; Hawley 2006).

Überlegungen zur Erforschung eines „europäischen“ Islam als Diskursfeld

Ich lehne mich bei der Verwendung und dem Verständnis des Begriffs „Islam“ an die Definition der französischen Politologin Jocelyne Cesari an. Als Ausgangsbasis ihres Forschungsschwerpunktes „Islam in Europa“ bezieht sie sich auf Islam nicht als einen rein theologischen Korpus, sondern auf “the sum of what Muslim groups need, ask for, and aspire to within various European countries” (Cesari 2003a, 1). Denn auch wenn der Bezug auf religiöse Quellen, wie im Fall der Mohammed-Karikaturen [10], einen wichtigen Aspekt im Islamdiskurs bildet, möchte ich die theologische Perspektive neben ihrem tatsächlichen theologischen Gehalt vor allem als Ausdruck des Austarierens von Interessen in der öffentlichen Arena begreifen. Den Islambegriff Cesaris untergliedernd, ist es meines Erachtens ebenfalls nötig zu unterscheiden zwischen “Islam as a social identity, as a set of formal doctrines, and as actual beliefes and practices, and accounts for the interrelationship between these elements” (Joseph 1978, 11).

Als alternative Sichtweise zum in Wissenschaft und Medien oft thematisierten Islamismus-Fokus (vgl. Alnasseri 2004) halte ich es für betrachtenswert, wie sich die einzelnen Handlungskonzeptionen muslimischer Politiken auf unterschiedlichen Akteursebenen mit und in ihrer Umgebung vernetzen. Für einen solchen Forschungsansatz haben die britischen Sozialanthropologen Chris Shore und Susan Wright – unter Bezug auf Susan Reinhold – den Begriff des „studying through“ gewählt. Damit meinen sie “tracing ways in which power creates webs and relations between actors, institutions and discourses across time and space” (Shore/Wright 1997, 14). Mit dem Begriff „Politiken“ möchte ich in Anlehnung an Shore und Wright die Art und Weise bezeichnen, in der über Praktiken und Diskurse Themen verhandelt und öffentlich positioniert werden (vgl. ebd., 7).

Zum Teil fällt diese Definition mit den Begriffen Selbsttechnologie und Fremdführung zusammen, über die Regierungen einzelne Akteure und Gruppierungen steuern möchten. Foucault nutzt diesen herrschaftsorientierten Ansatz als Basis seines Gouvernementalitäts-Konzeptes (vgl. Bröckling/Krasmann/Lemke 2000,

25 ff.; Foucault 2000, 41 ff.). Allerdings soll von einer Überbetonung eines die Akteure formenden Top-down-Verfahrens Abstand genommen werden. Denn am Begriff „Politiken" verdeutlicht sich zwar die Auseinandersetzung, in der die Konzeptionen islamischer Organisationen mit den Ansätzen anderer Beteiligter zwangsläufig stehen müssen. Dennoch kann vom Aufgreifen dieser Ansätze durch die Islam-Funktionäre nicht automatisch auf deren Eins-zu-eins-Rezeption und Institutionalisierung geschlossen werden. Denn an dieser Stelle greift die regulierende Wirkung des Diskurses ein.

Im von mir angewandten Verständnis konstituiert sich dieser als eine Art Wissenskörper durch den Akt des Redens beziehungsweise Schreibens und über bestimmte Bedingungen wie Prozesse, die die Akteurskommunikation sowie Wissensnutzung regulieren und formen (vgl. Lindstrom 2003, 162 f.). Dieses Verständnis von Diskurs "pursues the connections between orders of communication, knowledge and power" (ebd., 163) und steht somit in der Tradition der foucaultschen Diskurs-Konzeption, die Macht- und Herrschaftsstrukturen ins Auge fasst, denen der Wille nach Wahrheit und Wissen immanent ist (vgl. Foucault 1991). Der Europäische Ethnologe Wolfgang Kaschuba formuliert entsprechend die zentralen und in Abhängigkeit zueinander stehenden Begriffe Wissensordnungen, Wertehorizonte, Argumentationsweisen und Kompetenzen der Beteiligten, die den Diskurs ordnen (vgl. Kaschuba 1999, 235 f.). Er unterliegt ständigen Spannungen und Aushandlungsprozessen, denen die Theorie einer rein asymmetrischen Regierenden-Regierten-Beziehung nicht gerecht wird. Als vermittelnde Wissenssysteme, -generatoren und -transformatoren agieren Kirchen, Politik, Medien und Wissenschaft. Der kulturanthropologische Forschungsansatz meint dabei "multi-sited ethnographies which trace policy connections between different organizational and everyday worlds, even where actors in different sites do not know each other or share a moral universe" (Shore/Wright 1997, 14).

Formen und Möglichkeiten muslimischer Repräsentation und Partizipation

Als klassischer Fall für ein erstes organisiertes Auftreten von Muslimen in der europäischen Öffentlichkeit gelten die Wortmeldungen und Proteste in Folge der Rushdie-Affäre. Der britisch-indische Schriftsteller Salman Rushdie löste mit dem Roman „The Satanic Verses" (1988) weltweit Proteste aus. Als Verunglimpfung des Propheten Mohammed und Blasphemie wahrgenommen, wurde das Buch in mehreren islamischen Ländern verboten (vgl. Haag-Higuchi 2001, 267). Pakistanis wurden in Großbritannien zum ersten Mal unter ihrem religiösen und nicht wie bisher ethnischen Identitätsmerkmal wahrgenommen (vgl. Werbner 2002, 66 f. u. 257 ff.). Die Sozialanthropologin Pnina Werbner umschreibt die positiven Folgen der Geschehnisse in Bezug auf die pakistanisch-muslimische Identitätspolitik im Rushdie-Fall folgendermaßen: "It liberated Pakistani settler-citizens from the self-imposed burden of being a silent, well-behaved minority, whatever the provocation, and opened up the realm of activist, anti-racist and emancipatory citizenship politics." (Ebd., 258)

Dass es bei der Frage nach dem Verhältnis von Religion zu Migration neben der individuellen Ausübung religiöser Praxis um die Verknüpfung von Religion, Identität, Integration und Politik geht, belegt auch die folgende Aussage des Repräsentanten einer muslimischen Organisation aus meiner Forschung. Vor dem Hintergrund meiner Frage nach der Möglichkeit einer „islamischen" Identität sagt er:

> *„Aber man kann auf jeden Fall sagen, dass die Religionszugehörigkeit insbesondere bei den Muslimen in Deutschland ein Teil, ein wichtiger Teil ihrer Identifikation, ihrer Identitätsfindung darstellt und deshalb ist es auch wichtig, dieses religiöse Merkmal, also für die Mehrheitsgesellschaft, für die Politik ist es auch wichtig, dieses Identitätsmerkmal, die Religion des Islam in die deutsche Gesellschaft zu integrieren."*

Religiöse Zugehörigkeit wird in dieser Interviewsequenz als primäres Identitätsmerkmal muslimischer Akteure durch einen ihrer muslimischen Fürsprecher hervorgehoben und im öffentlichen Diskurs implementiert. Darüber hinaus forciert die Aussage die Wahrnehmung einer politisch ernstzunehmenden, geeinten Gruppe mit eigenem Interessenkatalog. Eine große interne Heterogenität der Gruppe oder eine Identifikation aus nicht primär religiösen Gründen steht einer solchen Definition eher entgegen. Schätzungen gehen davon aus, dass jedoch nur zehn Prozent der Muslime in Deutschland in Moscheevereinen oder Spitzenverbänden als reguläre Mitglieder organisiert sind (vgl. Engin 2001, 241). [11] Dennoch beanspruchen die einzelnen Vereinigungen eine Stellvertreterposition für alle Muslime und werden in dieser auch öffentlich wahrgenommen. [12]

In ihrer Funktion als Repräsentationsmittel sind die Medien in der Zusammenarbeit nichtislamischer und islamischer Gruppierungen ein zentrales Thema. In einer Gesellschaft, deren eine Säule die Medien sind, so der Referent für interreligiösen Dialog der katholischen Akademie der Diözese Rottenburg-Stuttgart, stellen Kenntnisse in der Lobbyarbeit ein zentrales Partizipationsinstrument von Muslimen dar. Die Akademie hat deswegen 2006 ein Stipendium für die journalistische Ausbildung von Muslimen ausgeschrieben. Die Zielgruppe sind junge Menschen, die die Möglichkeit bekommen, an einem mehrwöchigen Intensivseminar in den Bereichen Journalismus und Öffentlichkeitsarbeit teilzunehmen. [13] Dieses Angebot kommt einem spezifischen Bedürfnis entgegen, denn für Muslime sind repräsentative Auftritte und Rhetorik-Parcours nicht immer einfach zu bewältigen. Mangelnde Sprachkenntnisse und fehlendes Wissen über institutionelle Infrastrukturen stellen insbesondere für die erste Generation der islamischen Migranten Hindernisse zur Partizipation an der „Mehrheitsgesellschaft“ sowie der Artikulation eigener Bedürfnisse und Perspektiven dar. Während sich die katholischen „Gastarbeiter“ aus Italien, Portugal, Spanien und dem ehemaligen Jugoslawien an den bestehenden religiösen Strukturen und den Angeboten der Erwachsenenbildung der katholischen Kirche orientieren konnten, standen die Muslime seit Beginn der Arbeitsmigration der 1960er Jahre vor der Herausforderung einer völligen Neuorientierung. Als die BRD dann in Folge der Rezession 1972 bis 1974 ihre Arbeitsmarktpolitik änderte, stoppte sie die „Gastarbeiter“-Anwerbung und führte gleichsam die Familienzusammenführung ein. Die nächsten Angehörigen der zumeist männlichen Arbeiter bekamen so die Möglichkeit, in die BRD einzureisen. Dieser Augenblick gilt als Wendepunkt in der muslimischen Präsenz (vgl. Cesari 2003b, 126; Reichmuth 2001, 76 f.). Jocelyn Cesari schreibt: “Family reunification increased the contact surface between Muslims and their hosts: children entered schools, women appeared in daily life, and families gained visibility.” (Cesari 2003b, 126)

Da im Islam keine vereinheitlichten, institutionellen Strukturen mit Ansprechpartnern wie im Katholizismus oder in abgeschwächter Form im Protestantismus bestehen, gestaltete sich auch dessen öffentliche Repräsentation und Institutionalisierung schwieriger (vgl. Heine 2001, 195). In der Konsequenz der sich aus der Familienzuwanderung ergebenden Bedürfnisse, wie die Vermittlung der islamischen Lehre an die Kinder, konstituierten sich auf lokaler Ebene erste islamische Vereine. In den 1980ern erfolgte die Gründung von Dach- und Spitzenverbänden, die die Interessen der Muslime in der Öffentlichkeit besser wahrnehmen sollten. In zunehmendem Maße wird heute die Arbeit in den Repräsentanzen durch in der Gesamtgesellschaft gut verortete Muslime der zweiten Generation übernommen (vgl. Bernasko/Rech 2003, 154 ff.; Halm 2001, 192), denen nun die Aufgabe zufällt, sich in der Öffentlichkeit zu etablieren.

In der folgenden Interviewsequenz überlegt die Mitarbeiterin einer katholischen Stelle für christlich-islamischen Austausch, ob die Gründung einer islamischen Partei für die soziopolitische Artikulation der Muslime sinnvoll wäre. Sie zieht in

Erwägung, dass Muslime einerseits mit einem Wählermandat die eigenen Forderungen einbringen könnten. Andererseits bezweifelt sie, dass sich die Muslime unter einem Wahlprogramm versammeln. Als Alternative schlägt sie die Repräsentation der Muslime über die Medien vor und argumentiert:

> *„Dazu sind allerdings eben auch Sprecher,* [...]*, also ein gewisser Organisationsgrad* [...] *notwendig. Dann ist eine besondere Kenntnis der deutschen Gesellschaft nötig, also um überhaupt einschätzen zu können, wie, auf welche Art und Weise und wo mache ich mich bemerkbar. Und es sind meine ich, auch ganz bestimmte Kompetenzen in der islamischen Community noch zu erwerben, um dann auch entsprechend gehört zu werden."*

Sie führt als Beispiel die Talk-Show mit Sabine Christiansen an, in der zu kirchlichen Fragen als Kompetenzträger Bischof Huber und Kardinal Lehmann eingeladen wurden:

> *„Und wenn dann Muslime da nicht sind, einerseits, weil sie vielleicht gar nicht eingeladen werden, andererseits aber, weil sie sich nicht in der Lage sehen, diesen Kompetenzen was entgegenzuhalten und vielleicht gerade Schaden dann für sich auch vermuten, dann liegt es eben daran, dass sie die Möglichkeiten nicht genutzt haben oder nicht bekommen haben, sich so entsprechend auszubilden. Und das bedarf schon noch der Geduld, glaube ich."*

Die hier geschilderten politischen und medialen Partizipationsmöglichkeiten von Muslimen bewegen sich vornehmlich auf nationalstaatlicher Ebene. Gerade hier existieren jedoch die größten Probleme. Die italienische Sozialanthropologin Ruba Salih beobachtet in einer Forschung zu muslimischer Repräsentation in Italien, dass sich Muslime zweiter Generation von der nationalen Diskursarena abwenden. Der Nationalstaat wird von ihnen begriffen,

> "as operating through an exclusionary process which not only denies them access to citizenship but also fails to acknowledge emerging new identities on the one hand by persisting in cristallising Muslims as permanent and essential *others*, and on the other by offering them assimilation to the national community through a logic which restricts Muslim politics and identities to a *minority standpoint*." (Salih 2004, 5, Hervorhebungen im Original)

Alle meine Interviewpartner beschreiben jedoch gleichermaßen trotz aller Widrigkeiten einen Prozess der zunehmenden aktiven Beteiligung engagierter, gut gebildeter junger Muslime. In der Frage nach dem Erwerb von Kompetenzen äußert sich ein nichtmuslimischer Gesprächspartner gar kämpferisch:

> *„Oder zu dieser Haltung, ‚ja dann gebt uns doch endlich mal Rechte und Kompetenzen'. Nein, Kompetenzen nimmt* [betont] *man sich, da wartet man nicht drauf, bis man sie gegeben* [betont] *bekommt, ja, die muss man sich erarbeiten."*

Die Interaktion zwischen Muslimen und Medienschaffenden der Mehrheitsgesellschaft

Praxistaugliche Anregungen für eine Beteiligung am öffentlichen Diskurs bot die von mir besuchte zweitägige Tagung „Medial vermittelter Islam und islamische Medien" in Stuttgart im November 2005. Sie wurde von der Deutschen Journalistinnen- und Journalisten-Union (dju), der Landeszentrale für politische Bildung Baden-Württemberg und der Akademie der Diözese Rottenburg-Stuttgart organisiert. Die Zielgruppen der vom Bundesministerium des Inneren geförderten Veranstaltung waren laut Informationsblatt „Journalisten und Medienschaffende, muslimische Multiplikatoren, Multiplikatoren der Dialog- und Integrationsarbeit sowie alle, die sich für Fragen des Islam in der pluralistischen Gesellschaft interessieren". [14]

Obwohl die Tagung allen Interessenten offen stand, wurde sie doch von den im Informationsblatt angesprochenen (islamischen) Diskurseliten dominiert. Anwesend waren zum Beispiel Vertreter der Generalkonsulate islamischer Länder, des Auswärtigen Amtes, des Bundesamtes für Migration und Flüchtlinge, des baden-württembergischen Verfassungsschutzes und des arabischen Fernsehsenders Al-Jazeera. An dieser Zusammensetzung verdeutlicht sich die Vernetzung der verschiedenen geographischen wie thematischen Ebenen, ohne deren Berücksichtigung eine Darstellung der Islam-Thematik unvollständig wäre. Die eigentlichen Tagungsreferenten rekrutierten sich aber aus dem praxisorientierteren Bereich der Medienschaffenden und professionellen „Dialogpartnern" deutscher Verbände und Kirchen, den großen islamischen Organisationen und muslimischen wie säkularen deutschen Medien. Die Konzeption dieser Veranstaltung beruhte nicht lediglich auf der Präsentation islamspezifischer Thematiken und deren anschließenden Erörterung. Die Zusammenkunft vieler Wissensträger mit heterogenen Perspektiven trug vielmehr zur Konfiguration eines Think-Tanks bei, der sich durch die Professionalität und das hohe Bildungsniveau der Beteiligten auszeichnete. Die Muslime wurden hierbei zu einem großen Teil von männlichen Konvertiten und gebürtigen Muslimen der zweiten und dritten Generation repräsentiert.

Im Verlauf der Abschlussdiskussion, die hier dargestellt werden soll, erörterten die Podiumsmitglieder einige zentrale Einstiegsmöglichkeiten der Muslime in die deutsche Medienlandschaft. In der Diskussion kommen die heterogenen Teilnehmer mit ihren Perspektiven und Praxiserfahrungen zu Wort, so dass sich an ihr die komplexe Thematik des Kontextes von Islam und Medien ausschnittartig und exemplarisch darstellen lässt.

Das Podium war besetzt mit Herrn Albert (Leiter der Rundfunk- und Fernsehabteilung Religion, Kirche und Gesellschaft einer Landesrundfunkanstalt), Herrn Bertram (Journalist bei einer der größten Regionalzeitungen Deutschlands, Vorstandsmitglied der Europäischen Journalistenföderation und der Deutsch-Jemenitischen Gesellschaft), dem Moderator Herrn Carl (Mitarbeiter der Landeszentrale für politische Bildung in Baden-Württemberg) und Herrn Dieter (zum Islam konvertierter Vorsitzender einer Vereinigung mit muslimischen und nichtmuslimischen Mitgliedern auf Bundesebene, die die Beteiligung von Muslimen auf verschiedenen gesellschaftlichen und politischen Bühnen fördern möchte). Der Diskussionsausschnitt verläuft sinngemäß auf der Basis meines Beobachtungsprotokolls. Die Namen der Teilnehmenden sind Pseudonyme.

Für *Herrn Carl*, der mit den Beteiligten die Ergebnisse der Tagung zusammenfassen möchte, sind grob verallgemeinernd Muslime in der Medienlandschaft nicht nur passive Teilnehmer, sondern sie positionieren sich durchaus zunehmend als selbstbewusste Akteure. Er bittet die Diskussionsteilnehmer um eine Trendbeschreibung für die Partizipation von Muslimen an der Öffentlichkeit, insbesondere an den Medien.

Herr Bertram empfiehlt daraufhin den Muslimen, *„Sympathiewerbung“* zu betreiben. Islam müsse über andere Themen verkauft werden als über seine Problematisierung. Die Scheherazade-Veranstaltung [15] in Kassel habe zum Beispiel sehr viele Leute angesprochen.

Herr Albert knüpft an, früher hätten vor allem die bunten Beiträge über den „Tag der offenen Moschee“ die Berichterstattung über Islam in Deutschland beherrscht. Heute gehe man als Journalist am besten in eine Hinterhofmoschee, nicht in die schöne Mannheimer Moschee, wo Alboga [16] ist, der sei ja überall.

Ein *Muslim aus dem Medienbereich* (Plenum) möchte wissen, wie die von Herrn Bertram vorgeschlagene Sympathiewerbung erfolgen soll.

Herr Bertram erklärt ihm, erst einmal benötigen sie ein gutes Informationsnetzwerk auf persönlicher Stufe mit professioneller Werbung. Dazu kommen Pressekonferenzen auf lokaler Ebene vor dem Begehen wichtiger islamischer Ereignisse, zum Beispiel vor Ramadan. Wichtig ist dabei, die Pressekonferenz nicht für andere Zwecke als die öffentlich genannten zu instrumentalisieren und sie professionell zu gestalten. Man muss den *„Nachbarn um die Ecke"* einbinden, die Durchschnittsleute und nicht die Akademiker. Sie müssen den *„Islam verpacken"*. Seine Wahrnehmung in Deutschland ist stark geprägt vom Geschehen in den islamischen Ländern, dadurch existieren viele Vorurteile. Ein anderes Problem in der Repräsentation von Islam stellt die fehlende Weiterbildung der Journalisten im Themenbereich Islam dar.

Ein Einwand hierauf folgt von einem weiblichen *muslimischen Vorstandsmitglied eines Dachverbandes* für christlich-islamischen Dialog auf Bundesebene (Plenum), für sie ist es problematisch, den Islam zu *„verpacken"*. Bisher habe ein solches Vorgehen keinen Erfolg gebracht.

Sie erfährt von *Herrn Dieter* teils Zustimmung, nun auf Bundesebene sind die Vorurteile implementiert, aber auf lokaler und regionaler Ebene sind noch Möglichkeiten offen. Es gibt einen *„local interest"*, also das Interesse aller Menschen an einem guten Zusammenleben vor Ort. Man muss also gute Pressearbeit vor Ort machen, um eine entsprechende Kommunikation zu erreichen, dann kann man die Bundesebene kontaktieren.

Herr Bertram schlägt vor, die Muslime sollen sich mit ihren Themen an Schülerzeitungen richten. So könne man auch die nächste Generation mobilisieren, sich über Islam zu informieren.

Doch *Herr Albert* möchte von den Muslimen nicht als *„Infotransporter"* betrachtet werden, sondern sachlich und unabhängig informieren, die Muslime könnten eigene Nachrichtenagenturen ähnlich denen der Kirchen gründen oder die Protestanten bitten, Nachrichten über Islam mit Hilfe von epd [17] zu verbreiten. Die Muslime zahlen für diese Dienstleistung und die Informationen sind im Gegenzug hundertprozentig sachlich.

Ein *Muslim aus dem Medienbereich* (Plenum) merkt kritisch an, dass die islamischen Vereine einfach noch nicht so weit seien, solch eine große Infrastruktur, wie eben angesprochen zu entwickeln. Journalisten, die Interviews über Islam führen möchten, sollen sich nicht an irgendwelche Muslime wenden, die den Islam gar nicht repräsentieren, sondern an die entsprechenden islamischen Institutionen.

Dieser Vorschlag missfällt *Herrn Bertram*, der sich nicht für die *„Propaganda"* der Vorsitzenden interessiert, sondern mit einzelnen Gläubigen sprechen möchte.

Herr Albert erwidert: *„Nun, ich halte verbindliche Ansprechpartner islamischer Institutionen wie Herrn Alboga für unablässig."* Außerdem sind gute islamische

Journalisten in säkularen Medien erforderlich und nicht in den religiösen, wie dem Muslimmarkt und der Islamischen Zeitung. [18]

Auch *Herr Dieter* hält die epd-Idee für einen guten Ansatz, *„Nischenmedien“*, wie der Muslimmarkt, die keiner liest, dienen seines Erachtens nicht der Repräsentation von Muslimen.

Und der *Vertreter eines lokalen islamischen Forums* (Plenum) reüssiert:

> *„Wir haben die meisten der hier angesprochenen Vorschläge bereits verwirklicht und sehr gute Erfahrungen mit den lokalen Medien gemacht. Wir haben mit verschiedenen Stellen auf lokaler Ebene Kontakte geknüpft, danach ist es dennoch zu einer Falschmeldung gekommen. Das ist dann am nächsten Tag von der Zeitung sofort korrigiert worden, die Richtigstellung stand zwar nur auf Seite zwei, aber dennoch waren wir sehr zufrieden.“*

In dieser durch einen hohen intellektuellen Standard gekennzeichneten Runde erfolgte eine vielstimmige Verhandlung über die Repräsentation von Islam in den Medien. Dabei stellte sich auch die Frage, wer einen geeigneten Gesprächspartner für Journalisten darstellt, der „Muslim von der Straße“ oder doch eher die etablierten islamischen Institutionen. Als Adressat einer Islampräsentation wird der „Alltagsdeutsche“ und nicht der „Akademiker“ forciert, so dass der (elitäre) Diskursraum überschritten und auf die Akteurslaien erweitert wird. Sie sollen sich auf lokalen Veranstaltungen unbrisanter, in vergnüglicher Art mit Islam auseinandersetzen. Mit Hilfe solcher „weicher“ Maßnahmen wird die Teilnahme der Muslime an umstritteneren Schauplätzen auf Bundesebene fokussiert.

In den genannten Ansätzen lässt sich die Auseinandersetzung mit Islam in ihrer Variationsbreite sowohl „bottom-up“ als auch „top-down“ nachzeichnen. Die Medienvertreter agieren als Ratgeber, die aber auch als gleichberechtigte Partner und nicht lediglich als „Infotransporter“ wahrgenommen werden möchten. Gleichzeitig spricht sich eine muslimische Teilnehmerin, selbst nicht um den Preis der Anerkennung, gegen die „Verniedlichung“ von Islam aus. Die dargestellte Interaktion medialer wie muslimischer Eliten verdeutlicht beispielhaft die der Islamdiskussion inhärente Dynamik sowie die stattfindenden Aushandlungsprozesse, wie sie auch an anderen Schauplätzen beobachtbar sind. Allerdings sind Veranstaltungen dieser qualitativ hochwertigen Kategorie eher selten und nur in geringem Maße öffentlichkeitswirksam.

Ausblick: Der europäische Islam – Ein Praxisbegriff?

Wie lassen sich die dargelegten Praktiken im Hinblick auf die mögliche Konstitution eines „europäischen Islam" verwerten? Salih umschreibt einen solchen "as the result of a process of adaption to a European context of a universal religion, but it also has to be understood as a contested terrain which discloses an unresolved tension between transnational and national agendas, loyalities and identities" (Salih 2004, 4). Diese geographische und konzeptuelle Ebenen vernetzende dynamische Definition mag komplex und wenig anschaulich erscheinen, aber die soziokulturellen Praxen und Konzeptionen der Akteure füllen sie mit Leben. So ist es wichtig, die Konstruktion von Islam durch muslimische Intellektuelle, wie Tariq Ramadan und Bassam Tibi, und andere theoretische Ansätze mit der (muslimischen) Laien- wie Elitenpraxis zu kontextieren. Dabei gestalten sich gerade im Praxisbereich die Verhandlungen über Islam besonders dynamisch und scheinbar widerspruchsreich.

Solche Ambivalenzen im Sprechen und Handeln als Bestandteile der Akteurspraxis sind alltagsimmanent. Die Diskrepanzen im Islamdiskurs erscheinen jedoch als besonders irritierend, weil das Thema die Öffentlichkeit polarisiert. Die vermeintlichen Unstimmigkeiten durch Einebnung des von Salih beschriebenen Terrains auflösen zu wollen, wäre meiner Meinung nach jedoch irreführend, da dies zu falschen Schlüssen führt. Sie durch Befragen und Beobachten miteinander in Beziehung zu setzen und zu verknüpfen, fördert hingegen eine Annäherung an die Praxis der Diskurseliten wie Laien. So können Islam in Europa oder Deutschland sowie seine Akteure kaum ohne die Beachtung ihrer transnationalen Netzwerke betrachtet werden (vgl. Cesari 2003b, 131). Andererseits bedürfen diese wiederum der Kontextualisierung mit dem lokalen Geschehen. Deswegen vermag die Rede von einem sich konstituierenden „europäischen" oder „deutschen" Islam nicht vollkommen den empirischen Erkenntnissen meiner Forschung gerecht zu werden. So sind die Heterogenisierung von Öffentlichkeit und die Vernetzung der entstehenden öffentlichen Räume wichtige Voraussetzungen und Motoren für die Repräsentation von Islam in Europa. Die komplexen Prozesse auf transnationaler, nationaler wie lokaler Ebene zeigen jedoch auf, dass oft als a priori angeführte Kategorisierungen von „Europa" und „Islam" zunehmend angreifbarer werden. Räumliche und thematische Trennungen verlieren an Wirkmächtigkeit, so dass sich Europäisierung sowie ein „europäischer" Islam reflexiv aufeinander beziehen.

Der Einbezug entstehender heterogener Diskursarenen und deren Praktiker und Praxen macht diese Reflexivität transparent. Ohne ihn werden sich die Forschenden weiterhin innerhalb des nationalstaatlich orientierten, habermasschen

Öffentlichkeitsbegriffs bewegen. Die Anwendung dieses Ansatzes sucht jedoch in den Geschehnissen oft nur nach seiner eigenen Kontinuität, anstatt Offenheit für neue, transnationale Phänomene zu zeigen und diese zu erklären. Zur Beforschung der Praktiken der Teilnehmer am Islam-Diskurs erachte ich es deswegen als hilfreich, den Begriff der „transnational publicness" (Ong 1999, 159) von Aiwa Ong aufzugreifen. Denn auch, wenn es einen „europäischen" Islam nicht geben sollte, sind die von Ong beschriebenen neuen öffentlichen Räume Plattformen und Voraussetzungen für die Repräsentation zahlreicher Möglichkeiten von Islam in Europa.

Anmerkungen

[1] Ende September 2005 veröffentlichte die dänische Regionalzeitung „Jyllands-Posten" zwölf Karikaturen des islamischen Propheten Mohammed. Die Darstellungen lösten letztendlich auch auf transnationaler diplomatischer Ebene erhebliche Unruhen aus, da ein Teil der Muslime sich und ihren Religionsgründer beleidigt sahen. Die Gründe lagen, zumindest aus theologischer Perspektive, im islamischen Bilderverbot. Im Verlauf der Geschehnisse wurde das Verhältnis von Presse- und Meinungsfreiheit zum Recht auf freie Religionsausübung und Minderheitenschutz kontrovers diskutiert (vgl. Philipp 2006).

[2] The High-Level Advisory Group Established at the Initiative of the President of the European Commission (2003) Dialogue Between Peoples and Cultures in the Euro-Mediterranean Area, Euromed Report, Issue No 68, 2 December 2003. Als elektronisches Dokument in: http://www.delsyr.ec.europa.eu/en/euromed/Euromed%20Report/EUROMED%20REPORT%2068%20EN.Doc, (Zugriff 19.1.2009).

[3] Vgl. Kommission der Europäischen Gemeinschaften (2001) Europäisches Regieren. Ein Weißbuch, 25.7.2001. Als elektronisches Dokument in: http://eur-lex.europa.eu/LexUriServ/site/de/com/2001/com2001_0428de01.pdf, (Zugriff 19.1.2009).

[4] Der empirische Teil meiner Arbeit, die Durchführung (teilnehmender) Beobachtungen und leitfadengestützter Interviews, ist größtenteils in Frankfurt am Main verortet. Auch wenn mein geographisches Feld eher kleinteilig war, lässt sich aufgrund der komplexen Netzwerks- und Bezugsstrukturen, derer sich die institutionalisierten Akteure bedienen und in denen sie verwoben sind, eine Trennung zwischen lokalen, regionalen, nationalen und transna-

tionalen Bezugspunkten kaum vornehmen. Insgesamt wurden sieben Interviews mit Vertretern islamischer Gruppen sowie Vertretern und Vertreterinnen aus der städtischer Verwaltung und evangelischen sowie katholischen Institutionen geführt, die fest im Islamdiskurs verortet sind. Neben den Interviews entstanden im Rahmen von Veranstaltungen 16 Beobachtungsprotokolle.

[5] Vgl. Bassam Tibi. In: http://wwwuser.gwdg.de/%7Euspw/iib/tibi_dt.htm, (Zugriff 16.3.2006).

[6] Vgl. Tariq Ramadan. In: http://www.tariqramadan.com/rubrique.php3?id_rubrique=13, (Zugriff 16.3.2006).

[7] Der Koran besteht für die Muslime aus den zwischen 610 und 632 n. Chr. an Mohammed offenbarten Worten Gottes. Erst nach Mohammeds Tod erfolgte die schriftliche Zusammenstellung. Die in Verse (Ayas) unterteilten 114 Kapitel (Suren) sind ungefähr der Länge nach angeordnet (vgl. Ruthven 2001, 38 ff.).

[8] Die Sunna enthält Erzählungen (Hadithe) über nachzuahmende vorbildliche Verhaltensweisen und Gewohnheiten Mohammeds. Sie gilt nach dem Koran in fast allen islamischen Traditionen als zweitwichtigste (Rechts-)Quelle (vgl. Ruthven 2001, 62 u. 107 f.).

[9] Vgl. Tibi, Bassam (2006) Die Neuerfindung des Islam. Als elektronisches Dokument in: http://archiv.tagesspiegel.de/archiv/19.02.2006/2363260.asp, (Zugriff 19.2.06).

[10] Vgl. Platthaus, Andreas (2006) Wo liegt die Provokation? In: Frankfurter Allgemeine Zeitung 30/2006, 39; Raddatz, Hans-Peter (2006) Verbotene Bilder. Als elektronisches Dokument in: http://www.welt.de/data/2006/02/07/842031.html, (Zugriff 7.2.2006); Islamische Gemeinschaft Milli Görüş. Als elektronisches Dokument in: http://www.igmg.de/verband/presseerklaerungen/artikel/604.html?L=, (Zugriff 24.1.2009).

[11] Eine relativ vollständige Übersicht über die islamischen Organisationen in Deutschland bietet Spuler-Stegemann (1998), die ich jedoch aufgrund ihrer teils nicht belegten Quellen und Schlussfolgerungen als weniger hilfreich erachte. Interessante Einblicke in Verbindung mit der Fremd- und Selbstdarstellung islamischer Gruppierungen bieten auf Frankfurter Ebene Bernasko/Rech (2003). Die Internetpräsenzen, über die die meisten Vereinigungen verfügen, eröffnen deren Innenperspektiven und Bezugsräume (vgl. Verband der Islamischen Kulturzentren. In: http://www.vikz.de, Zugriff 19.1.2009; Türkisch-Islamische Union der Anstalt für Religion e.V. In: http://www.ditib.de, Zugriff 24.1.2009; Islamische Gemeinschaft Milli Görüş. In: http://www.igmg.de, Zugriff 19.1.2009).

[12] Die Betonung religiös konnotierter Aspekte als wesentliche Voraussetzung zur Erlangung gruppenspezifischer Rechte und erfolgreicher politischer Partizipation lehnt sich an das Konzept von Ethnizität an. Greverus beschreibt diese als einen „Prozess [...] bei dem menschliche Gruppen bewusst ethnische Charakteristika als Abgrenzungskriterien gegenüber anderen Gruppen einsetzen, um in ihrem gesellschaftlichen Dasein bestimmte Ziele zu erreichen" (Greverus 1981, 223). Der Ethnos-Begriff von Greverus umfasst nicht explizit die Religion, die Definition erachte ich allerdings für das Verständnis meiner Akteure als äußerst hilfreich.

[13] Vgl. Katholische Akademie der Diözese Rottenburg-Stuttgart. In: http://www.akademie-rs.de/pressearchiv.html?&no_cache=1&tx_cripressrelease_pi1[showUid]=94&cHash=3742758ae1/, (Zugriff 8.7.2006).

[14] Informationsblatt zur Veranstaltung „Medial vermittelter Islam und islamische Medien", November 2007, Stuttgart.

[15] Gemeint ist die Ausstellung „Wenn Scheherazade erzählt. Die Märchen aus 1001 Nacht" im Brüder Grimm-Museum Kassel von 2004 bis 2005 Sie stellte die Entstehungsgeschichte der Erzählungen dar und rekurierte größtenteils auf eine orientalisierende Darstellung (vgl. http://www.grimms.de/contenido/cms/front_content.php?client=1&lang=1&idcat=30&idart=79&m=&s=, Zugriff 18.6.2006).

[16] Bekir Alboga ist ein zentraler und bekannter Akteur im deutschen Islam-Diskurs und nahm an der Tagung als Teilnehmer einer weiteren Podiumsdiskussion teil.

[17] Der Evangelische Pressedienst (epd) ist eine von der evangelischen Kirche getragene bundesweite Nachrichtenagentur, die sich in acht Landesdienste gliedert und auch den säkularen Medien zur Verfügung steht. In: http://www.epd.de, (Zugriff 19.1.2009).

[18] Der Muslimmarkt ist eine von Muslimen getragene deutsche Internetpräsenz, die zu allen religiösen und alltagspraktischen Nachfragen von Glaubensgenossen ein Informationsangebot mit zahlreichen Verlinkungen bereitstellt (vgl. http://www.muslimmarkt.de, Zugriff 19.1.2009). Die Islamische Zeitung (IZ) wurde Mitte der 1990er Jahre von Konvertiten in Weimar gegründet. Sie thematisiert das weltweite Geschehen in Gesellschaft und Politik aus sunnitischer Perspektive (vgl. auch Islamische Zeitung. Nachrichten und Lebensart. Unabhängiges Forum für Europa, 114/2005, Berlin). Beide Medien wurden auf den von mir besuchten Veranstaltungen oft als gesellschaftlich peripher bewertet.

Building a digital Europe

Europäische audiovisuelle Regulierungspraxis am Fallbeispiel Zypern

Christoph Schindler

Dieser Aufsatz untersucht den audiovisuellen Sektor (AV-Sektor) der Republik Zypern kurz vor dem Beitritt in die EU in Hinblick auf Europäisierungsprozesse. Wurden die Erforschung der Europäischen Union und ihre Integrierungsprozesse bis in die 1990er Jahre mit Kolonialisierung gleichgesetzt, so wird die Intervention mittlerweile nicht mehr als einseitiger Prozess verstanden, bei der eine Gesellschaftsform durch eine andere ersetzt wird, sondern als „integrative Praxis" (Holmes 2000) betrachtet, die in ein Feld spannungsreicher Prozesse hineinwirkt (vgl. Shore 2000; Borneman/Fowler 1997; Shore 1997).

Die Republik Zypern ist seit 2004 Mitglied der Europäischen Union und hatte im Zuge der Beitrittsverhandlungen die im Gemeinschaftsvertrag Acquis Communautaire festgeschriebenen Grundsätze für den audiovisuellen Sektor (die Produktion und Distribution von Rundfunk und Film) umzusetzen. Darunter fällt auch die Direktive „Fernsehen ohne Grenzen", die durch ihre regulative Praxis den AV-Sektor als zentrales Mittel zur Realisierung des Projektes Europa ausstattet.

In diesem Beitrag soll der europäische AV-Sektor als „agent of European consciousness", als ein Agent eines europäischen Bewusstseins, betrachtet werden. Mit dem Begriff bezeichnet der britische Sozialanthropologe und Europaforscher Cris Shore nicht nur Institutionen und andere Akteure im klassischen Sinn, sondern sämtliche Kräfte und Artefakte, durch die die Europäische Union verkörpert wird: "in other words, all those actors, actions, artefacts, bodies, institutions, policies and representations which, singularly or collectively, help to engender awareness and promote acceptance of the European idea." (Shore 2000, 26) Beabsichtigt wird, mit diesem Konzept die Handlungsfähigkeit der europäischen Identitätspolitik im AV-Sektor, deren Stabilisierung unter transnationalen Transformationsprozessen der Medienlandschaften sowie deren spezifisches Wirkgefüge in der Republik Zypern zu analysieren. Mit Hilfe dieser Herangehensweise wird deutlich, dass entgegen der Darstellung der Europäischen Kommission, die behauptet, eine abgegrenzte, territorial beschränkte und einheitliche Definition „des Europäischen" abzulehnen, genau eine solche Definition an den Grenzen Europas in Form von regulativen und administrativen Ausgrenzungspraktiken Anwendung findet (vgl. Shore 1993, 786). Durch die Erforschung des AV-Sektors Zyperns mit Hilfe des Konzeptes des Agenten eines europäischen Bewusstseins wird dargelegt, wie sich regulative und administrative Praxen der EU im AV-Sektor auf das Grenzgefüge an den Rändern Europas auswirken und unbeabsichtigte Nebenwirkungen hervorrufen.

Das dem Beitrag zugrunde liegende Material wurde im Rahmen meiner Magisterarbeit in mehreren Feldaufenthalten in der Republik Zypern zwischen 1999 und 2002 erhoben (vgl. Schindler 2003). Dabei wurde ein Methoden-Mix eingesetzt, der zum Großteil auf themenzentrierten Experteninterviews, Recherchen und Dokumentenanalysen basiert sowie im geringeren Umfang teilnehmende Beobachtungen einbezieht. Innerhalb dieses Zeitrahmens sind insgesamt 41 Gespräche mit Technischen Leitern, Managern, leitenden Regierungsbeamten, Wissenschaftlern, Rechtsexperten, Vertretern von Nichtregierungsorganisationen, Produzenten, Filmschaffenden und mit Vertretern verschiedener europäischer Organisationen geführt worden.

Der nächste Abschnitt befasst sich mit dem europäischen Projekt und der Politik der EU im audiovisuellen Sektor. Im Anschluss daran wird die spezielle Regulierungspraxis der EU anhand der Direktive „Fernsehen ohne Grenzen" dargestellt, wobei die darauf folgenden Abschnitte über die Neukonfiguration des AV-Sektors durch die digitale Konvergenz und die Aushandlungen der Welthandelorganisationen zur Liberalisierung des AV-Sektors einen weiteren Rahmen zur Ausformung der europäischen Identitätspolitik beschreiben. Die daran anschließenden Abschnitte behandeln den Diskurs über die digitale Konvergenz auf Zypern, die dortigen europäischen Netzwerke im audiovisuellen Sektor sowie abschließend die spezifische Grenzziehungspraxis der europäischen Regulierung.

Das Projekt Europa und der AV-Sektor

Am 16.12.2002 entschied das Europäische Parlament die Republik Zypern sowie neun weitere Beitrittskandidaten im Jahre 2004 in die Europäische Union aufzunehmen. Der damalige Präsident der Europäischen Kommission, Romano Prodi, kommentierte diesen Schritt mit den Worten: "The historic project of unifying our continent to ensure peace, stability and democracy in Europe is within our reach." [1] Die Betonung der Sicherung von Frieden, Stabilität und Demokratie sowie die

Vereinigung des Kontinentes verdeutlicht die Ausrichtung sowie die Grundannahmen des Projektes Europa.

Durch die Erfahrungen zweier Weltkriege geprägt, entwarfen in den 1950er Jahren europäische Entscheidungsträger eine supranationale politische Ordnung, die einen in Europa anhaltenden Frieden fördern sollte. Im Laufe der Jahre kreierte die Europäische Union einen institutionellen Rahmen in Form einer pan-europäischen politischen Architektur, die die alte internationale Ordnung basierend auf wettstreitenden Nationalstaaten transzendieren soll. Die Nationalstaaten, so die Annahme, mit ihren immer wieder aufkeimenden Nationalismen, sollten in den neuen politischen Rahmen integriert werden, wenn nicht sogar ganz in dem neuen politischen Organ aufgehen (vgl. Shore 2000, 16).

Die Republik Zypern hatte im Zuge der Beitrittsverhandlungen die im Gemeinschaftsvertrag Acquis Communautaire festgelegten Grundsätze schrittweise umzusetzen. Festgeschrieben sind darin ebenso Gesetzesgrundlagen zur Regulierung des AV-Sektors. Wirtschaftlich verfolgt die EU mit der audiovisuellen Politik den Grundsatz des freien Handels innerhalb der europäischen Grenzen: Oberstes Prinzip ist dabei der Wettbewerb zwischen europäischen Konzernen. Denn Wettbewerb, so das Kalkül, zwingt die Produzenten zum effizienteren Arbeiten und führt – zum Wohle des Konsumenten – zu mehr Wahlfreiheit. Die EU-Vorgaben werden, so die Vorstellung, den europäischen Akteuren der audiovisuellen Kommunikationsindustrie und anderen Kommunikationsindustrien bessere Wettbewerbsbedingungen verschaffen und die europäische Medienindustrie auf die Bedingungen des globalen Marktes vorbereiten, der von US-Medienkonzernen dominiert wird (vgl. Morley/Robbins 1995).

Über die wirtschaftliche Bedeutung hinaus wird dem audiovisuellen Sektor Europas auch eine soziale und kulturelle Schlüsselrolle eingeräumt. Durch die audiovisuelle Politik der EU zieht sich durchweg die Überzeugung, dass der paneuropäische Film-, Fernseh- und Informationssektor gemeinsame europäische Werte und Symbole verbreitet, dadurch die ideologischen Grenzen des Nationalismus überwindet und so ein europäisches Gemeinschaftsgefühl aufbaut (vgl. Shore 1997, 177; Morley/Robins 1995, 178; Shore 2000, 32ff.). Dies basiert auf der Vorstellung, dass Film, Fernsehen und Information “might do for the European Union what the novel and the newspaper once achieved for the nation state: namely, lay the foundations for the construction of an European public” (Shore/Wright 1997, 27).

Damit reiht sich der AV-Sektor in eine Reihe an Maßnahmen, Programmen und Richtlinien ein, die dem Projekt Europa zur Realisierung verhelfen sollen.

Sie sind Teil einer beobachtbaren Politisierung von Kultur, die auf dem Versuch europäischer Eliten basiert, demokratische Legitimität für ihr Handeln über die Herstellung einer europäischen Identität zu erlangen (vgl. Shore 2000, 3). Denn als sich in den 1980er Jahren die erhoffte Bildung eines europäischen Zusammengehörigkeitsgefühls nicht einstellte, standen die europäischen Entscheidungsträger vor dem Problem, dass Europa zwar hinsichtlich wirtschaftlicher Beziehungen und Rahmenbedingungen zusammenwuchs, eine europäische Identität daraus jedoch nicht automatisch entstand. Aber ohne vereinigte europäische Bürger stand auch die demokratische Legitimation der europäischen Entscheidungsträger in Frage (vgl. ebd., 19).

Im Vertrag von Maastricht von 1992 wurde die Regulierungsmacht und -möglichkeit der EU vergrößert und neue Bereiche der kulturellen Einflussnahme eröffnet, wie unter anderem in den Bereichen „Europäische Bürgerschaft", Ausbildung, Jugend-, Kultur-, Gesundheits- und Konsumentenschutz (vgl. ebd., 53f.). Dabei wurde in den Verträgen der „Unity in Diversity"-Ansatz – Einheit in Vielfalt – ausgearbeitet, der das gemeinsame Erbe der verschiedenen europäischen Kulturen im Rahmen der Europäischen Union betonen soll. Dieser Ansatz erscheint zwar wenig dirigierend. Bei näherer Analyse ist er allerdings von zwei Seiten her interpretierbar: entweder als pluralistisches Konzept oder als eine den Nationalstaaten übergeordnete Zentrierung der Macht innerhalb eines europäischen Rahmens. Zudem geht das Kulturkonzept, das sich hinter diesem Ansatz verbirgt, von abgrenzbaren, in sich geschlossenen kulturellen Einheiten aus, die wie ein Mosaik in kulturelle Einzelteile zerlegbar sind (vgl. ebd., 54f.).

Zwar wird in den Vertragsschriften selbst keine Definition von Europa geliefert. Aber die Dokumente der Politik enthalten eine implizite Definition, die von einer historisch gewachsenen und geschlossenen Gesellschaft ausgeht. Diese hat, laut Shore's Analyse, ihre Grundlagen in der "Judaeo-Christian religion, Greek-Hellenistic ideas of government, philosophy and art, Roman law, Renaissance humanism, the ideas of Enlightenment and the Scientific Revolution, Social Democracy and the rule of law" (Shore 1993, 792).

Wie im Verlauf des Artikels weiter gezeigt werden soll, agierte die EU auf unterschiedlichen Schauplätzen, um die Handlungsfähigkeit der eigenen Identitätspolitik im europäischen AV-Sektor zu erhalten oder gar auszubauen. Mit den Verhandlungen zur Integration der Republik Zypern in die EU wurde die Politik des audiovisuellen Sektors übernommen. Die spezielle Regulierungspraxis der Direktive „Fernsehen ohne Grenzen" [2] zur Gestaltung einer pan-europäischen Film- und Fernsehlandschaft soll im Folgenden näher erläutert werden.

Regulative Praxen zur Formierung eines europäischen AV-Sektors

Als zentrales Mittel der EU zur Regulierung des Balanceaktes zwischen wirtschaftlichen und identitätspolitischen Interessen dient die Richtlinie „Fernsehen ohne Grenzen", die 1989 ins Leben gerufen wurde und einen freien Verkehr von audiovisuellen Dienstleistungen und Gütern nach Artikel 59 des EG-Vertrag sichern soll. Dieser gesetzliche Rahmen beabsichtigt, nationale Bestimmungen innerhalb der Europäischen Union zu koordinieren und verfolgt die Zielsetzung, einen europäischen audiovisuellen Raum zu schaffen, der innereuropäische Staatsgrenzen überschreitet. [3] Die Richtlinie bietet für die regulative Praxis ein Klassifikationsschema, das „europäische Werke" von nichteuropäischen unterscheidet und mit unterschiedlichen Verbreitungspotenzialen ausstattet, wie weiter ausgeführt werden soll.

Wie Artikel 4 des dritten Kapitels der Direktive rechtlich festlegt, hat jedes EU-Mitgliedsland

> „mit angemessenen Mitteln dafür Sorge [zu tragen], daß die Fernsehveranstalter den Hauptanteil ihrer Sendezeit, die nicht aus Nachrichten, Sportberichten, Spielshows oder Werbe- und Teletextleistungen besteht, der Sendung von europäischen Werken im Sinne des Artikels 6 vorbehalten". [4]

Mit dieser Unterscheidung von „europäischen" und „nichteuropäischen" Werken wurde den europäischen Produktionen ein Rahmen zur bevorzugten Behandlung bei der Gestaltung der Sendezeiten eingeräumt und ein „Zweiklassensystem" an Produktionen in der europäischen Fernsehlandschaft geschaffen. Legitimiert wurde dieser Eingriff der EU über eine Verantwortung gegenüber „Information, Bildung, Kultur und Unterhaltung", die die Rundfunkanbieter dem Publikum zu erbringen haben. [5] Für europäische Spiel- und Dokumentarfilme sowie Soap-Operas und Comedyshows ist somit ein regulierter Schutzraum geschaffen, innerhalb dessen diese vorrangig untereinander konkurrieren. Nichteuropäische Werke dieser Formate sind auf maximal 50 Prozent der Sendezeit begrenzt. Das Verbreitungspotenzial nichteuropäisch klassifizierter Werke wird dadurch in der Praxis verringert, während das der europäischen Werke erhöht wird.

Die spezifische Definition eines „europäischen Werkes" gibt dagegen Aufschlüsse über das doppelte Interessengelage der EU-Administration im AV-Sektor. Im Artikel 6 der Direktive werden „europäische Werke" als audiovisuelle Produkte aus den Mitgliedsstaaten der Union sowie aus den Vertragsländern verstanden. Dabei müssen an der Produktion zwar Autoren und andere Mitarbeiter aus den Vertragsländern beteiligt sein, ausschlaggebendes Kriterium für ein europäisches Werk ist jedoch das Herkunftsland des Produzenten beziehungsweise des Kapitalgebers. Demnach müssen mindestens 50 Prozent der Gesamtproduktionskosten aus den Ländern der Mitgliedsstaaten stammen. Damit liegen die entscheidenden Kriterien für die Klassifizierung als „europäisches Werk“ weder in einer wie auch immer definierten „europäisch-kulturellen Relevanz“, noch in der Herkunft der an der Produktion beteiligten Personen. Ausschlaggebend für das Prädikat „europäisches Werk“ ist das Herkunftsland des Investitionskapitals.

Mit dieser Regulierungspraxis, die für die Zirkulation „europäischer Werke“ in den europäischen Sendeanstalten einen geschützten Zeitrahmen von 50 Prozent vorsieht, gestaltete die EU den AV-Sektor in ihrem Sinne zu einem europäischen Identitätsträger. Diese Handlungsfähigkeit wurde jedoch durch parallel stattfindende Wandlungsprozesse bedroht. Zurückgeführt wurden diese Entwicklungen auf transnationale Veränderungsprozesse durch die digitale Konvergenz sowie die zunehmende Liberalisierung des Welthandels, die in den folgenden Abschnitten näher erläutert werden.

Regulierung des AV-Sektors auf supranationaler Ebene

Dieser starke Eingriff der Richtlinie „Fernsehen ohne Grenzen“ in den freien Verkehr von nichteuropäischen Gütern wurde in den GATT-Bestimmungen (General Agreement on Tariffs and Trade) der WTO (World Trade Organization) zum zentralen Thema. Bereits in den Tokyo-Verhandlungen von 1973 bis 1979 zeichnete sich eine Konfliktlinie zwischen den beiden Hauptakteuren USA und Europa ab. Die USA beanstandete dort die nationalen Politiken im AV-Sektor von 21 Staaten. [6] Ihrer Auffassung nach behinderten die politischen Eingriffe den freien Fluss des Handels.

Während der Uruguay-Verhandlungsrunden von 1986 bis 1993 verschärfte sich der Konflikt und drehte sich zentral um die Rolle von Film und Fernsehen bei der Bildung von kultureller Identität und Kultur. [7] Die USA argumentierte, dass kulturelle Identität nicht definiert werden kann, und dass Film und Fernsehen handelbare Güter seien und wie andere Waren mit den gleichen Handelsrechten versehen werden müssten. Die Gegner verstanden die Position der USA jedoch als Angriff auf die nationale kulturelle Ausdrucksmöglichkeit sowie die kulturelle und sprachliche Vielfalt (vgl. Footer/Graber 2000, 119).

Gegen Ende der Uruguay-Runde mobilisierten sich innerhalb der Europäischen Gemeinschaft Filmschaffende, Künstler, Intellektuelle und Kulturminister. Sie versuchten, WTO-Mitglieder von einer strikten Exklusion des audiovisuellen Sektors aus dem Handelsrahmen zu überzeugen. Trotz dieser Bemühungen wurde der audiovisuelle Sektor mit anderen kulturellen Dienstleistungen in die folgenden Konventionen des General Agreement on Trade and Services (GATS) aufgenommen, wobei den WTO-Mitgliedern unter Berücksichtigung von nationalen Belangen die Möglichkeit offen blieb, bestimmte Sektoren vorerst auszuklammern (vgl. ebd., 120ff.; French 2000).

Die Europäische Gemeinschaft nahm die Sonderregelung für pan-europäische und nationale kulturpolitische Leistungen in Anspruch und befreite diese vom Handelsabkommen, um sich im kulturpolitischen Bereich Handlungsspielraum zu erhalten. Unter anderem wurde das Filmförderungsprogramm EURIMAGE sowie die Direktive „Fernsehen ohne Grenzen“ von der EG als „kulturelle Ausnahme“ deklariert und dadurch aus dem Handelsabkommen ausgeklammert. So heißt es in dem Abkommen:

> “Contrasting with its generally active role in other services areas, the EC has made no access commitments under the GATS on audiovisual services. It has scheduled ‘cultural’ exceptions from m.f.n. treatment to cover preferential arrangements for European works, including European-content requirements under the ‘Television without Frontiers’ Directive. The requirements are not currently binding on member States.” [8]

Neukonfiguration des AV-Sektors durch digitale Konvergenz

Zum Zeitpunkt der Untersuchung wurde bereits seit einigen Jahren in der EU die digitale Konvergenz diskutiert und eine technologische Agenda entworfen, die unter den neuen technischen Bedingungen die europäischen Identitätspolitiken für den audiovisuellen Sektor aufrechterhalten soll. „Digitale Konvergenz“ meint die Überführung verschiedenster analoger Medienplattformen – Fernsehen, Radio oder Printmedien – in eine digitale Infrastruktur, nämlich Internettechnologie mit ihrem weltweit akzeptierten Datenübertragungsstandard.

Diesen Transformationsprozessen wird zugesprochen, einen Wandel der Beziehungen zwischen Regierungen und nationalen Rundfunksystemen nach sich zu ziehen. Zwar sei der Rundfunksektor für den Nationalstaat und die EU von großer Bedeutung – gerade hinsichtlich des politischen Diskurses und der nationalstaatlichen oder europäischen Identitätsherstellung – aber die Möglichkeit der Regierungen, erfolgreich in die Fernsehlandschaft zu intervenieren, verändere sich mit den technischen Entwicklungen und der zunehmenden Bedeutung von internationalen Organisationen (vgl. French 2000, 82). Kontrollierte bisher der Staat den nationalen audiovisuellen Sektor über die Regulierung von Frequenzen, die über analoge, terrestrische Plattformen [9] ausgestrahlt wurden, so vervielfachten sich durch die technischen Entwicklungen die Möglichkeiten sowie die Reichweiten der Distribution an den staatlichen oder europäischen Regulierungsmechanismen vorbei.

Den europäischen Diskurs um die digitale Konvergenz im audiovisuellen Sektor forcierte 1994 der Bangemann-Bericht [10], der von einer Expertengruppe unter dem Vorsitz des damaligen EU-Kommissars Martin Bangemann erstellt wurde. Der Report gilt als europäische Antwort auf das US-amerikanische Aktionspapier der Clinton/Gore-Administration zur Schaffung einer nationalen Informationsinfrastruktur (vgl. Information Infrastructure Task Force 1993), in der die Förderung einer Informationsrevolution als nationale Aufgabe postuliert wird. Dem US-amerikanischen „Information Superhighway" wurde die europäische Version einer Informationsgesellschaft gegenüber gestellt, wobei beide Ansätze sich auf die treibende, innovative Kraft des Marktes berufen und als erste Herausforderung die Liberalisierung des Telekommunikationssektors identifizieren (vgl. Ilyes 2003). [11]

Die europäische Informationsgesellschaft sollte zusätzlich zur US-amerikanischen Agenda europäische Werte widerspiegeln. Dem audiovisuellen Sektor wurde dabei im Bangemann-Bericht die Chance zugeschrieben, durch die Nutzung von neuen, internetbasierten Distributionsmöglichkeiten der US-amerikanischen Vorherrschaft auf dem europäischen Markt entgegenzutreten. Nur zwei Monate später folgte der Aktionsplan der Europäischen Kommission „Europe's New Way to the Information Society" [12], der sich intensiver mit der Rolle des audiovisuellen Sektors unter den neuen digitalen Bedingungen befasst und verstärkt dessen zentrale Rolle für die europäische Identitätspolitik betont:

> "The information society provides the opportunity to facilitate the dissemination of European cultural values and the valorisation of a common heritage. Cultural goods, especially cinema and television programmes, cannot be treated like other products: they are the privileged mediums of identity, pluralism and integration and retain their specificity within the framework of new multimedia products and services." [13]

Zur Aufrechterhaltung der europäischen Identitätspolitik sollte an der Fortführung der Direktive „Fernsehen ohne Grenzen“ festgehalten und diese den neuen technologischen Entwicklungen angepasst werden. Die Übertragung der Direktive „Fernsehen ohne Grenzen“ in den Aktionsplan „Europe's New Way to the Information Society“ der Europäischen Kommission verdeutlicht bereits die Ambition der EU-Administration, die Herstellung eines europäischen Projektes unter den Bedingungen einer Informationsgesellschaft fortzuführen.

Die Eckpunkte zum AV-Sektor aus dem Bangemann-Report und dem Aktionsplan „Europe's New Way to the Information Society“ wurden Ende der 1990er Jahre in einer zweijährigen Debatte um die Veränderungen im audiovisuellen Sektor diskutiert. Grundlage dafür war das Grünbuch zur Konvergenz der Branchen Telekommunikation, Medien und Informationstechnologie und ihren ordnungspolitischen Auswirkungen. [14] Hauptziel der Grünbuchdebatte war die Anpassung der rechtlichen Rahmenbedingungen an die neuen technischen Entwicklungen.

Als Ergebnis der Konsultationen wurden im Dezember 1999 die Grundsätze und Leitlinien für die audiovisuelle Politik der Gemeinschaft im digitalen Zeitalter verabschiedet, in denen die ordnungspolitischen Maßnahmen einem „evolutionären statt revolutionären“ Prinzip folgen sollen. [15] Innerhalb des neuen Regulierungsrahmens wurde daher an der zweigeteilten Rollenzuschreibung des europäischen audiovisuellen Sektors – dem kulturellen und dem wirtschaftlichen Auftrag – festgehalten. Der kulturelle Auftrag des audiovisuellen Sektors wurde mit Hilfe von Richtlinien in die Agenda „Das Digitale Zeitalter der EU“ übertragen. Gerade im Hinblick der Vorherrschaft US-amerikanischer audiovisueller Medienangebote heißt es: „Die kulturelle Vielfalt Europas zu bewahren, bedeutet unter anderem auch, Produktion und Verbreitung anspruchsvoller audiovisueller Inhalte zu fördern, die die Identität der Völker Europas in Kultur und Sprache widerspiegeln.“ [16]

Um dies zu gewährleisten, ist die Europäische Kommission der Auffassung, „daß durch die digitale Revolution nicht in Frage gestellt ist, daß die audiovisuelle Politik die Aufgabe hat, relevante Allgemeininteressen zu identifizieren und bei Bedarf durch den Regulierungsprozeß zu schützen“. [17]

Dieser Politik folgend wurde eine „getrennte Regulierung von Übertragung und Inhalten“ entworfen, die die elektronischen Signale und die dazugehörige Infrastruktur ordnungspolitisch von den Inhalten abkoppelt. Die Inhalte wiederum werden nach der Vorgabe unterschieden, ob sie im „Dienste der Allgemeinheit“ stehen oder auf private Zwecke ausgerichtet sind:

> „Andererseits berühren Dienste, die vor allem darauf ausgerichtet sind, private Korrespondenz zu ermöglichen (z. B. E-Mail), in der Regel keine solchen Allgemeininteressen, und eine Einschränkung des Schutzes der Privatsphäre ist nur dann legitim, wenn strafgesetzlich verbotene Aktivitäten im Spiel sind (z. B. Verbreitung von Kinderpornographie)." [18]

Das duale System der Rundfunk- und Fernsehtätigkeit in Europa mit seinen öffentlich-rechtlichen Anstalten wurde in der Agenda beibehalten, um ihre vorgesehene Rolle hinsichtlich „der kulturellen und sprachlichen Vielfalt, der Bildungsprogramme, der objektiven Information der Öffentlichkeit, der Gewährleistung des Pluralismus und frei zugänglicher, qualitativ hochwertiger Programme" gerecht zu werden. [19]

In verschiedenen Programmen und Initiativen zur Förderung des europäischen audiovisuellen Sektors wurde diese Ausrichtung EU-weit implementiert. Im Rahmen der Unterstützungsmechanismen sollten das Programm MEDIA PLUS und „eEurope" die entsprechenden Grundlagen für die „kulturelle und sprachliche Vielfalt Europas" legen und die Produktion von kulturellen Produkten unter digitalen Bedingungen fördern.

Die Ergebnisse der zweijährigen Konsultationsphase wurden von der Europäischen Kommission als Legitimation für ihr Auftreten innerhalb der WTO verwendet. Sie schlussfolgert daraus, dass es im Hinblick auf

> „künftige Handelsverhandlungen im Rahmen der WTO von vorrangiger Bedeutung für die Gemeinschaft und ihre Mitgliedstaaten [ist], ihren Handlungsspielraum im audiovisuellen Sektor beizubehalten, wenn Europa seine kulturelle und sprachliche Vielfalt bewahren soll". [20]

"Moving towards the digital world": Zypriotische audiovisuelle Infrastrukturen unter Veränderungsdruck

Was die technische Ausrichtung auf eine Informationsgesellschaft angeht, kann die Republik Zypern als Vorreiter angesehen werden. Im Telekommunikationssektor richtete sie sich bereits Anfang der 1980er Jahre auf eine digitale Zukunft ein. Die nationale Telekom spannte ein Netz an Fieberglaskabeln über die Insel, digitalisierte das griechisch-zypriotische Telefonnetz und wusste sich gewinnbringend als Kommunikations- und Handelsknotenpunkt auf dem globalen Markt darzustellen (vgl. Ilyes 2003). Zudem hatte die Republik Zypern die Rahmenbedingungen für den analogen AV-Sektor weitgehend erfüllt. [21] Die neuesten europäischen Richtlinien für das prognostizierte digitale Zeitalter waren dagegen noch nicht umgesetzt. Zum Untersuchungszeitpunkt führte dies dazu, dass zwar die technische Infrastruktur weit ausgebaut, die Regulierung des AV-Sektors unter den neuen digitalen Bedingungen jedoch noch nicht umgesetzt war. Entsprechend wurde die digitale Konvergenz im audiovisuellen Sektor von verschiedenen Akteuren – vom Fernsehsender bis zum Internetdienstleistungsanbieter – ausgiebig diskutiert und eine digitale Zukunft ausgehandelt.

Als unbestreitbar und unveränderbar wird von sämtlichen Akteuren der Wandel hin zum Digitalen angesehen. Ein hoher Beamter mit Zuständigkeit für den AV-Bereich formuliert dazu etwa folgendes Credo: *"We have to start and to change from analog to digital. We have to change because everything will change."*

Deutlich wurde in den Interviews, dass die EU eine zentrale Rolle beim Ausloten der Handlungsoptionen einnimmt. Die Aufmerksamkeit richtete sich vor allem auf das in der EU diskutierte digitale Fernsehen und dessen Standardisierungsprozesse. In den Aussagen der Akteure lässt sich feststellen, dass sie die technologischen Entwicklungen in Westeuropa und den USA aufmerksam beobachten. An ihnen messen sie sich und entwickeln ihre Positionen in Bezug auf die neuen Technologien. Dabei lässt sich in den Aussagen eine permanente Rückständigkeit im Vergleich zu den technologischen Entwicklungen in Westeuropa ausmachen. Ein leitender Beamter des Ministeriums für Kommunikation und Arbeit drückt dies mit den folgenden Worten aus:

> *"The change I expect is the changes you expect to happen in the rest of Europe, Western Europe, but with the difference that there is a delay. Whatever will happen in Europe, the same thing will happen in Cyprus. So the turn now is to move from analogue transmissions into digital."*

Trotz der Überzeugung, dass der Wandel eintreten wird, bleibt sämtlichen Gesprächsteilnehmern unklar, wie die Neukonfiguration der Fernsehlandschaft vollzogen werden soll. Selbst das Vorbild Europa bietet in dieser Hinsicht nur bedingt Orientierung. Ein Beamter, zuständig für den audiovisuellen Bereich in der Presse- und Informationsbehörde (PIO), beschreibt die Situation der Transformation wie folgt:

> *"We have a big problem because we don't know how. Everybody is talking about digital TV, but I don't believe that even in many European countries*

people know what the implications are. It is not just that the method of sending signals is changing. It changes a lot of things at the same time."

Die Aussage verdeutlicht die Unsicherheit, die bei einem Großteil der Akteure vorzufinden ist. Einig ist man sich zwar darüber, dass tiefgreifende Veränderungen zu erwarten sind, aber welche technischen Normen und Plattformen sich durchsetzen werden, können die Interviewpartner nicht antizipieren. Einigen Akteuren zufolge wird dies der Markt entscheiden, die entsprechenden Signale dafür ließen sich jedoch noch nicht entziffern. Gerade für die Akteure in einem kleinen Markt wie Zypern sei die Unsicherheit problematisch, da niemand hohe Summen für Technologien ausgeben möchte, die sich langfristig nicht als Standard etablieren. So führt der Regierungsbeamte weiter aus: *"What you can see* [in Europe] *is that there are no general accepted platforms. The problem is that the rules of the game are not been entirely set up."*

Europäische audiovisuelle Netzwerke als Wissensvermittler und Handlungsraum

In der audiovisuellen Politik der Europäischen Union nehmen Förderprogramme und Initiativen eine wichtige Rolle ein. Diese Unterstützungsmechanismen spiegeln die europäische Agenda hinsichtlich wirtschaftlicher und kultureller Bedeutung des audiovisuellen Sektors wider. Im Rahmen der Beitrittsverhandlungen engagierte sich die Republik Zypern bereits frühzeitig mit europäischen Förderungsprogrammen wie beispielsweise Eurimage, Eureka, Media I und Media II im AV-Sektor. Mit Hilfe einer progressiven Politik des „Networking" werden bereits bestehende Netzwerke der Beitrittskandidaten in vorhandene Strukturen der EU integriert. Die Aktionen und Programme bieten den unterschiedlichen Akteuren sowohl Handlungsoptionen als auch einen Rahmen für Wissenstransfer.

Allgemein lässt sich feststellen, dass die Akteure im audiovisuellen Sektor auf Zypern die Initiativen und Programme der Europäischen Union begrüßen. Die Unterstützungsmaßnahmen, die von Ausbildungsangeboten über Förderprogramme bis hin zu Expertisen- und Erfahrungsaustausch reichen, werden von verschiedenen Akteuren in Anspruch genommen. Deutlich wird die zentrale Rolle der Maßnahmen auch in der nachstehenden Äußerung eines für die audiovisuelle Produktion zuständigen Regierungsbeamten: *"I mean, the fact, that we produced 40 films, is a result of the cooperation with Europe."*

Die Situation der zypriotischen Filmschaffenden wird durchweg als prekär beschrieben. Von fehlenden rechtlichen Rahmenbedingungen über Vetternwirtschaft bis hin zu mangelnder Expertise von Entscheidungsträgern erstrecken sich die Vorwürfe. Für den Entwurf rechtlicher Rahmenbedingung arbeiten die Akteure eng mit europäischen Experten aus den diversen Programmen zusammen und erhoffen sich dadurch eine Verbesserung der Lage. Der Regierungsbeamte beschreibt diesen Prozess mit den Worten: *"For our main problems we receive support from Europe. Today there exist a lot of programmes and organisations which support us."*

Neben der direkten Unterstützung durch Förderprogramme erhoffen sich Filmschaffende, dass sich die Kulturpolitik im eigenen Land an der breiten Filmförderung in der EU ein Beispiel nimmt. Ein Filmemacher drückt dies folgendermaßen aus:

> *"I do not think that the present government or Cypriot political powers have the political will to pay the proper attention to cultural issues.* [...] *What EU can do is to provide access to funds and if the Cypriots smell that there is money, they may think about it."*

Für die privaten Fernsehanstalten dagegen bedeutet das Inkrafttreten der europäischen Fernsehrichtlinien stärkere Kontrolle. Der Schutz von Jugendlichen und Minderheiten soll gewährleistet sein; Standards zur Ausstrahlung von Werbung müssen eingehalten werden. Nach der Aussage von Betreibern sei dies letztendlich aber nicht ausschlaggebend, da es alle griechisch-zypriotischen Fernsehsender gleichzeitig beträfe. Die 1998 gegründete unabhängige Behörde „Radio and Television Authority", die die Einhaltung der verschiedenen Richtlinien im audiovisuellen Sektor kontrollieren soll, hatte jedoch zunächst Schwierigkeiten, von den Fernseh- und Radioanstalten anerkannt zu werden. Gab es zu Beginn der Entwicklung einer privaten Rundfunklandschaft Mitte der 1990er Jahre fast keinen rechtlichen Rahmen, muss die Behörde nun die neuen Legislativen der Europäischen Union überwachen. Durch den Erfahrungsaustausch mit einer vergleichbar aufgebauten französischen Behörde erhoffen sich die Beamten der Kontroll- und Regulierungsinstitution Expertise über die zwiespältige Rolle als Garant von Meinungs- und Pressefreiheit sowie als Kontrollorgan zur Einhaltung von Gesetzen.

Für Fernsehanstalten, die sich auf das europäische „Digitale Zeitalter" im TV-Bereich einstellen, gibt es finanzielle Hilfestellungen. Die Europäische Union hat in den letzten Jahren ihre Förderfonds für die Umstellung auf digitales Fernsehen auch auf private Fernsehanstalten ausgeweitet. Für progressive Fernsehsender ist dies vielleicht der entscheidende Punkt, der die Umstellung auf das europäische digitale Fernsehen erschwinglich erscheinen lässt, so einer meiner Interviewpartner:

> *"For us now – being a small station – that opens the door because we may not have been able to bring all the capital care for the project. But to know that we are able to receive from Europe a percentage of what we need, obviously that helps us to speed things up."*

In den Aussagen der Gesprächspartner wird deutlich, dass angesichts der Unsicherheiten, die für den Veränderungsprozess prognostiziert werden, die EU und deren Experten als Referenzrahmen angenommen werden. Ein leitender Regierungsbeamter beschreibt seine Erfahrungen mit europäischen Experten folgendermaßen:

> *"The quality of the European experts was very good. Everybody was pleasantly surprised. They were speaking about their own experience, which was very helpful. But what you can see is that there are no general accepted platforms."*

Dem Politikwissenschaftler Giandomenico Majone zufolge ist in der EU eine neue Form der Regulierung zu beobachten, die auf „regulation by information" aufbaut und für die Beschreibung der Situation im AV-Sektor auf Zypern herangezogen werden kann. Dieser Regulierungsansatz versucht "to change behaviour indirectly, either by changing the structure of incentives of the different actors, or by supplying the same actors with suitable information" (vgl. Majone 1996, 265). Besonders in komplexen Bereichen, in denen wissenschaftliches und technologisches Wissen angewendet wird, sind politische Entscheidungsträger mehr denn je auf Interaktionen zwischen den unterschiedlichen Akteuren angewiesen. Ohne Macht der nationalstaatlichen Regulierungsbehörden ausgestattet, muss nach Majone so „Überzeugung" anstatt „Zwang" zur leitenden Politik der europäischen Netzwerke werden: "the agencies could develop indirect, information based modes of regulation that are actually more in tune with current economic, technological and political conditions than the coercive instruments that have been denied to them." (Ebd., 264)

Europäische AV-Regulierungspraxis an den Grenzen der EU

Als „kleine" Gesellschaft mit entsprechend geringer Film- und Fernsehproduktion fällt es den zypriotischen Fernsehsendern schwer, den von der Direktive „Fernsehen ohne Grenzen“ geforderten Mindestbeitrag von 50 Prozent an europäischen Spiel-, Dokumentar- oder Fernsehfilmen aus eigener Produktion zu decken. Einige Akteure merken an, dass diese Direktive nichts für ihre Situation und der Vorherrschaft nichtzypriotischer audiovisueller Produkte ändere:

> *“In the way of harmonizing our legislation to the European Union we are not allowed to have discriminations of the bases of national origin of the* [European] *works. Being a small country, how do you face the influx of foreign production? Even European?”*

Nach der Aussage eines Filmschaffenden würde die Republik Zypern zwar wegen ihrer geringen Größe in der EU weitere Unterstützung durch ein Schutzprogramm von Minoritäten bekommen. Dem müsste allerdings vorausgehen, dass sich die Republik Zypern als „kulturell eigenständig“ definieren würde, was auf politischer Ebene jedoch nicht angegangen wird. Er beschrieb dies folgendermaßen:

> *“In our case, officially, we consider ourselves as part of the Hellenic world nationally but we are citizens of the Republic of Cyprus. By accepting that we are a minority culture, distinguished from the rest of Greek culture, it's like denying our Greekness. Let's not forget that the Cypriot Greek language does not exist officially, and it is not recognised as an official language or taught at schools. Thus we can not actually take advantage of this protection as long as we do not recognise ourselves to have an independent culture or better distinguished Cypriot cultures, Greek and Turkish with their commonalities and differences.”*

Stattdessen lässt sich seit der Etablierung von privaten Fernsehanstalten eine zunehmende Vernetzung zwischen griechischen und zypriotischen Fernsehsendern beobachten. Zwar haben sich in den letzten Jahren die zypriotischen Fernsehanstalten darauf konzentriert Soap Operas und Comedy Shows zu produzieren, die einen Teil des geforderten Maßes an „europäischen Werken“ ausfüllen. Ein Großteil des Sendematerials zur Erfüllung der 50-Prozenthürde der Direktive „Fernsehen ohne Grenzen“ wird jedoch durch Kooperationen mit griechischen TV-Anstalten erfüllt. Ein unabhängiger Filmemacher aus Zypern legt dies folgendermaßen aus:

> *“According to legislation each channel in Cyprus must broadcast a percentage of European programmes. What they do? They buy soaps from Greece. You*

rarely see a French or Italian movie with the exception of public TV. On the other hand producing films, programmes in Cypriot dialect – which are much more preferred in Cyprus – you are immediately excluded from the Greek TV market because no TV channel in Greece will buy a programme that no one would understand."

Deutlich wird in dieser Aussage, dass die europäische AV-Regulierungspraxis mit den Bedingungen des freien Marktes auf Zypern spezifische Auswirkungen hat, die bei der Konzeptualisierung des Projektes Europa nicht explizit bedacht wurden. Zwar wird der Rahmen für einen pan-europäischen audiovisuellen Medienraum geformt, dessen Ausprägung gestaltet sich in der Republik Zypern jedoch eher auf national-hellenistischer Ebene. Somit greift die europäische AV-Politik am Rand Europas in ein komplexes Geflecht an Identitätskonstruktionen ein, und anstatt einer Transzendierung des Nationalismus läuft sie Gefahr, einen griechisch-nationalistischen Anschlussnationalismus (vgl. Kizilyürek 1993) zu unterstützen.

Schlussbemerkungen

In Anlehnung an die Debatte um Modernisierungsprozesse (vgl. Welz 2001, 230) kann die Europäisierung – hier speziell die Etablierung einer „europäischen Identität" über den AV-Sektor – weder als lineare Entwicklung mit Anfang und Ende noch als stufenweise Anpassung an die EU betrachtet werden. Stattdessen wurde in diesem Beitrag aufgezeigt, dass die Handlungsfähigkeit der EU zur Bildung einer Identitätspolitik im AV-Sektor im engen Zusammenhang mit globalen Abstimmungsprozessen zu sehen ist. So sind neben der beabsichtigten Herstellung einer AV-Politik als Agenten eines europäischen Bewusstseins ebenso die Stabilisierungsprozesse der Neukonfiguration des AV-Sektors durch die digitale Konvergenz sowie der Aushandlung von Handelsabkommen in supranationalen Organisationen in Betracht zu ziehen.

Mit dem Beitritt Zyperns in die Europäische Union trat die Republik in einen regulativen Rahmen, der den audiovisuellen Sektor auf bestimmte Weise ausrichtet. Zielsetzung der europäischen AV-Politik ist, einerseits bessere Bedingungen für die europäischen Medienunternehmen zu gestalten, indem ein „pan-europäischer Markt" mit Hilfe eines freien Wettbewerbs unter den Mitgliedsländern geschaffen und gleichzeitig Ausgrenzungspraktiken für nichteuropäische audiovisuelle Produkte vorangetrieben werden. Andererseits verspricht sich die EU, mit Hilfe des audiovisuellen Sektors die Herstellung einer europäischen Identität forcieren zu können (vgl. Morley/Robins 1995; Shore 1997 u. 2000).

In der Republik Zypern – an der Peripherie von Europa gelegen – entstehen durch diese Kulturpolitik der EU im audiovisuellen Bereich spezifische Konstellationen, die – entgegen der Zielsetzung von europäischen Entscheidungsträgern den Nationalismus zu überwinden – die Gefahr in sich bergen, einen griechisch-zypriotischen Anschlussnationalismus zu fördern. Die Europäische Union muss sich deshalb fragen, ob es nicht nötig ist, ihre Konzepte hinsichtlich kultureller Implikationen zu hinterfragen und eine dezentralisiertere Position bei der Herstellung einer europäischen Gemeinschaft einzunehmen (vgl. Shore 2000, 54f.).

Angesichts der Neukonfiguration durch die digitale Konvergenz ist zusätzlich zu fragen, ob man sich bei der Wandlung der Medienlandschaften von „Broadcasting-Kulturen“ zu „Kulturen der Mediennetze“ und der gleichzeitigen Überführung aller Funktionen analoger Medien in die elektronische, netzbasierte Sphäre nicht ebenfalls von der „synchronen Sender-Empfänger-Struktur als Leitmodell – damit auch der Medienstruktur als Abgrenzungsmechanismus – verabschieden“ (Faßler 2001, 67) sollte.

Anmerkungen

[1] European Commission (2002) Towards the Enlarged Union. Commission recommends conclusion of negotiations with ten candidate countries. Als elektronisches Dokument in: http://europa.eu/rapid/pressReleasesAction.do?reference=IP/02/1443&format=HTML&aged=0&language=EN&gui Language=en, (Zugriff 20.2.2009).

[2] Rat der Europäischen Gemeinschaften (1989) Richtlinie 89/552/EWG des Rates vom 3. Oktober 1989. Als elektronisches Dokument in: http://eur-lex.europa.eu/smartapi/cgi/sga_doc?smartapi!celexapi!prod!CELEXnumdoc&lg=DE&numdoc=31989L0552&model=guichett, (Zugriff 20.2.2009).

[3] Siehe Anmerkung [2].

[4] Siehe Anmerkung [2].

[5] Siehe Anmerkung [2].

[6] Die US-amerikanische Beschwerde richtete sich gegen die Staaten Argentinien, Ägypten, Belgien, Brasilien, Canada, Chile, Dänemark, Deutschland, Frankreich, Griechenland, Indonesien, Israel, Italien, Japan, Niederlande, Norwegen, Österreich, Pakistan, Portugal und Großbritannien (vgl. Footer/Graber 2000, 118).

[7] Informell sei der Konflikt auch durch divergierende Vorstellungen über Urheberrechte und von Verwertungsgesellschaften („collecting societies") forciert worden, da in einigen EU-Staaten sowie in Canada zweite Verwertungsrechte, wie z. B. auf den Privatgebrauch von Kopien, garantiert werden (vgl. Footer/Graber 2000, 127).

[8] WTO (1995) European Union: July 1995. Als elektronisches Dokument in: http://www.wto.org/english/tratop_e/tpr_e/tp10_e.htm, (Zugriff 1/2009).

[9] Analoge Signale werden dabei durch ein Netzwerk an Antennen gesendet. Technisch war die Ausnutzung der Bandbreite begrenzt, was eine strenge staatliche Regulierung ermöglichte (vgl. French 2000, 83).

[10] Vgl. High-Level Group on the Information Society (Bangemann) (1994) Recommendations to the European Council. Europe and the global information society, Brüssel.

[11] Siehe auch Publikation in Anmerkung [10].

[12] European Commission (1994) Europe's new Way to the Information Society. An Action Plan, Brüssel.

[13] Siehe Anmerkung [12].

[14] Vgl. Europäische Kommission (1997) Grünbuch zur Konvergenz der Branchen Telekommunikation, Medien und Informationstechnologie und ihre ordnungspolitischen Auswirkungen. Als elektronisches Dokument in: http://ec.europa.eu/avpolicy/docs/library/legal/com/greenp_97_623_de.pdf, (Zugriff 20.2.2009).

[15] Vgl. Kommission der Europäischen Gemeinschaften (1999) Grundsätze und Leitlinien für die audiovisuelle Politik der Gemeinschaft im digitalen Zeitalter, KOM(1999) 657 endgültig, 14.12.1999. Als elektronisches Dokument in: http://eur-lex.europa.eu/LexUriServ/LexUriServ.do?uri=COM:1999:0657:FIN:DE:PDF, (Zugriff 20.2.2009).

[16] Kommission der Europäischen Gemeinschaften (1999) Ergebnisse der öffentlichen Konsultation zum Grünbuch über Konvergenz, KOM(1999) 108 endgültig, Brüssel, 8.

[17] Siehe Publikation in Anmerkung [16], 13.

[18] Siehe Publikation in Anmerkung [15], 13f.

[19] Siehe Publikation in Anmerkung [15], 14.

[20] Siehe Publikation in Anmerkung [15], 2.

[21] Vgl. European Commission (2002) Regular Report on Cyprus' Progress towards Accession.

Reflexive Europäisierung, Identitäten

Die Europäisierung des Kosmopolitismus-Begriffs

Gesa Heinbach

Vor beinahe fünf Jahren beschäftigte eine Debatte im Feuilleton der deutschen Presse die Öffentlichkeit, an der sich unter anderem Richard Rorty, Adolf Muschg sowie Jürgen Habermas und Jacques Derrida beteiligten. Es ging um europäische Zukunftsentwürfe und um die Suche nach europäischer Identität. Habermas und Derrida boten auf diese bis heute so viel diskutierte Frage eine Antwort an: Statt Listen „des Europäischen“ zu erstellen, sprachen sie von „Kandidaturen“ historischer Ereignisse für eine bewusste Aneignung durch die Öffentlichkeit und damit um eine Aufnahme in den europäischen Selbstverständigungsprozess:

> „Heute wissen wir, daß viele politische Traditionen, die im Scheine ihrer Naturwüchsigkeit Autorität heischen, ‚erfunden‘ worden sind. Demgegenüber hätte eine europäische Identität, die im Licht der Öffentlichkeit geboren würde, etwas Konstruiertes von Anfang an. Aber nur ein aus Willkür Konstruiertes trüge den Makel der Beliebigkeit. Der politisch-ethische Wille, der sich in der Hermeneutik von Selbstverständigungsprozessen zur Geltung bringt, ist nicht Willkür. Die Unterscheidung zwischen dem Erbe, das wir antreten, und dem, welches wir zurückweisen wollen, verlangt ebensoviel Umsicht wie die Entscheidung über die Lesart, in der wir es uns aneignen. Historische Erfahrungen kandidieren nur für eine bewußte Aneignung, ohne die sie eine identitätsbildende Kraft nicht erlangen.“ [1]

Begriffe zur Beschreibung Europas

Diese demokratische Herangehensweise lässt sich auf andere Felder übertragen: Nicht nur Erfahrungen, sondern auch Theorien und Begriffe konstruieren Europa. Somit sollten auch diese Theorien und Begriffe für bewusste Aneignungen durch die europäische Öffentlichkeit „kandidieren“. Denn mit Hilfe von Theorien und Begriffen erfassen Gesellschaften und Wissenschaften Realitäten, ordnen Erfahrungen und schaffen Bedeutung und Sinn.

Wie sehr Sprache und Diskurse beispielsweise migrantische Lebensrealitäten und deren Wahrnehmungen in Europa beeinflussen, diskutierten Sabine Hess und Vassilis Tsianos im Rahmen des Forschungsprojektes TRANSIT MIGRATION am Institut für Kulturanthropologie und Europäische Ethnologie in Frankfurt am Main. In den dominanten Diskursen werden Migranten „als böse Schlepper und Schleuser einerseits und deren arme Opfer andererseits" aufgefasst. Das ermöglicht, „Migration in Begriffen der organisierten Kriminalität zu rekodieren" (Hess/Tsianos 2007, 29) und Migration damit den europäischen Sicherheitsfragen zuzuordnen, statt sie etwa vornehmlich als Frage der Menschenrechte zu diskutieren.

Eine europäisierte Wissenschaft braucht dementsprechend Instrumente, mit denen sie europäischen Alltag erfassen, beschreiben, verstehen und einordnen kann. Sie muss Begriffe und Theorien so europäisieren, das heißt im europäischen und nicht nur nationalstaatlichen Kontext denken, dass sie ihrem Gegenstand – einem komplexen europäischen Alltag – gerecht werden. Der noch immer vorherrschende methodologische Nationalismus der Sozialwissenschaften verhindert dies bisher, kritisieren der Soziologe Ulrich Beck und der Politikwissenschaftler Edgar Grande. „Er ist und macht *europablind.*" (Beck/Grande 2004, 34, Hervorhebungen im Original)

Andererseits sollte nicht aus den Augen verloren werden, dass die Kulturanthropologie und die Europäische Ethnologie – ihrem Namen entsprechend – durchaus europäische Wissenschaften in diesem Sinne sind oder zumindest werden. Die Kulturanthropologin Gisela Welz beschreibt diese Entwicklung ihrer Wissenschaft, sich zunehmend mit Europa beziehungsweise den Prozessen der Europäisierung zu befassen (vgl. Welz 2005, 25), und die Anthropologen Irène Bellier und Thomas M. Wilson bescheinigen: "The simple point is that the anthropology of the EU and of European integration is very much alive and well, on both sides of the Atlantic." (Bellier/Wilson 2000b, 1)

In der öffentlichen Wahrnehmung dominieren Diskurse über Selbst- und Fremddefinition, Diskurse über Identität und Werte: „Wir müssen Europas Seele finden", sagte beispielhaft dafür Bundeskanzlerin Merkel zum Antritt ihrer EU-Ratspräsidentschaft. [2] Zur Bearbeitung dieses Bedürfnisses hat europäische Wissenschaft, sei sie kulturanthropologisch, philosophisch oder historisch angelegt, etwas beizutragen. Darüber sollte aber eine viel weiter gefasste Aufgabe nicht vergessen werden: neue Begriffe anzubieten oder andere Definitionen für bereits existierende Begriffe zu erarbeiten, die es ermöglichen, *erlebten europäischen Alltag* befriedigend zu beschreiben.

Kulturanthropologen können mit ihren Forschungen zum Verständnis dieser Prozesse beitragen, denn "the EU can and should be studied by anthropologists precisely because it, like many other sets of political institutions and identities, is simultaneously both cultural object and project" (Bellier/Wilson 2000b, 6). Europäische Wissenschaft kann also „Kandidaten" im Sinne von Habermas und Derrida einbringen, indem sie Europa als *Objekt* ihrer Forschung betrachtet und deren Ergebnisse zugleich als Beiträge zum *Projekt* Europa versteht.

Der Kosmopolitismus-Kandidat

Mit der Betrachtung kultureller Europäisierungsprozesse und Europas als politischer Landschaft gelangte ein sehr alter Begriff wieder in den Blick: Kosmopolitismus. Dieser Begriff soll hier als ein „Kandidat" im oben beschriebenen Sinne verstanden werden. Ulrich Beck und Edgar Grande (2004), Etienne Balibar (1998), Regina Römhild (2007), Erik Oddvar Erikson (2005) und andere Soziologen, Politologen, Europawissenschaftler, Philosophen und Kulturanthropologen denken aktuell darüber nach, wie Kosmopolitismus heute definiert werden kann und ob dieser Begriff hilft, Europa zu verstehen und politisch zu gestalten. Sie unternehmen damit letztlich das, was Habermas und Derrida in Bezug auf historische Prozesse forderten: eine umsichtige Entscheidung über die Lesart, in der wir uns Geschichte und Ideen aneignen. [3] Wer also „kandidiert" hier, und welche Wege kann dieser Begriff öffnen?

Allgemein bezeichnet Kosmopolitismus die Idee eines *Weltbürgertums*, also eine gemeinsame Bürgerschaft aller lebenden Menschen. Daraus erwachsen Rechte und Pflichten aller gegen alle, egal wie diese Bürgerschaft im Detail aussehen mag. Eine spezifische kulturwissenschaftliche Einordnung des Begriffes leistet James Clifford, der schreibt:

> "Whatever is the ultimate value of the term cosmopolitan, pluralized to account for a range of uneven affiliations, it points, at least, toward alternative notions of 'cultural' identity. It undermines the 'naturalness' of ethnic absolutisms, whether articulated at the nation-state, tribal, or minority level." (Clifford 1998, 365)

Kosmopolitismus eröffnet mit dieser Abwendung von naturalistischen Identitätsverständnissen Räume für einen Zugang zu der komplexen, hybriden Realität vieler Menschen. Er löst damit die Illusion einheitlicher Kulturen und Identitäten auf: Kosmopolitismus, so verstanden, "gives us way of perceiving, and valuing, different forms of encounter, negotiation, and multiple affiliation rather than simply different 'cultures' or 'identities'" (ebd.).

Dies allerdings ist ein sehr modernes Kosmopolitismus-Verständnis. Über die Geschichte war Kosmopolitismus ein immer wieder unterschiedlich ausgedeutetes Konzept, das in vielen Lesarten prägend für Beschreibungen des Europäischen beziehungsweise von Europäisierungsprozessen war.

Der Ursprung des Kosmopolitismus-Begriffs liegt im Antiken Griechenland, einer der „Wiegen Europas". Der Philosoph Diogenes (ca. 391-323 v. Chr.) habe – so die Legende – auf die Frage, woher er stamme, geantwortet, er sei ein *„kosmopolitês"* (vgl. Nussbaum 1996, 49): ein Staatsbürger (*„politês"*) der Welt (*„kosmos"*). Kosmopolitismus verbindet das Globale mit dem Lokalen und wehrt sich gegen die Vorstellung, der Mensch könne nur einer Community angehören.

Kosmopolitismus der Aufklärung

Der Philosoph Immanuel Kant modernisierte 1795 den Kosmopolitismus-Begriff. Er kritisierte das koloniale Verhalten der europäischen Staaten beim „Besuche fremder Länder und Völker (welches ihnen mit dem Erobern derselben für einerlei gilt)" (Kant 1989, 97) und zog dafür das Weltbürgerrecht heran (vgl. Kleingeld 1997). Zwar steht Immanuel Kant in diesem Punkt nicht für andere Philosophen der Aufklärung, die Krieg und Kolonialismus rechtfertigten (vgl. Cavallar 2005, 63). Aber er legte den europäischen Staaten eine zentrale Frage des Kosmopolitismus vor: Wie darf ein Staat mit Angehörigen anderer Staaten und mit staatenlosen Menschen umgehen? Welche Rechte haben wir alle als „Bürger der Welt"? Kants Ziel war dabei nicht der Erhalt kultureller Vielfalt, nicht einmal interkulturelle Verständigung, sondern größtmögliche Abstraktion von ihrer Unterschiedlichkeit. Er betonte das allen Menschen Gemeinsame – nämlich die Tatsache, dass sie *vernünftige* Wesen sind – und war bestrebt, sie als insofern *Gleiche* zu sehen, denen damit auch gleiche Grundrechte zustehen.

Der Weltreisende

Im 18. und 19. Jahrhundert bezog sich der Kosmopolitismus-Begriff auf eine neue Figur: den Weltreisenden. Auch in ihm verwirklicht sich eine Europäisierung des Begriffs, wenn der Reisende und seine Zeitgenossen definieren, wo die Fremde anfängt und was die Heimat ist – sei es geographisch, sprachlich oder religiös begründet. Anders als die meisten Philosophen der Aufklärung aber entsprang ihr kosmopolitisches Weltbild eigener Anschauung, sie *begegneten* jenen Fremden, über die sie berichteten.

Das Bild des Weltreisenden hat bis in heutige Zeit Bestand. Vor allem im populärwissenschaftlichen Verständnis gelten vielgereiste, weltgewandte, mehrsprachige, neugierige Forscher, Geschäftsleute und Intellektuelle als „Kosmopoliten". Der amerikanische Soziologe Craig Calhoun bezieht sich denn auch selbstkritisch mit ein, wenn er „den Kosmopoliten" als Typ beschreibt: "They – we – imagine the world from the vantage point of frequent travellers, easily entering and exiting polities and social relations around the world, armed with visa-friendly passports and credit-cards." (Calhoun 2002, 89)

Kosmopolitismus erscheint im Weltreisenden eindimensional: Der privilegierte Europäer reist zum benachteiligten Fremden und ist in einer „internationalen Welt" zuhause. In diesem Kosmopolitismus kommt sehr wohl Interesse für den Anderen sowie die Bereitschaft, voneinander zu lernen, zum Ausdruck – ein Grundgedanke jeder kosmopolitischen Theorie. Doch es fehlt die zweite Dimension, stellt der US-amerikanisch/ghanaische Philosoph Kwame Anthony Appiah fest, wenn wir nach einem Kosmopolitismus suchen, der mehr ist als nur Verständnis ohne reale Konsequenzen. So definiert er, der zweite Grundsatz des Kosmopolitismus bestünde darin, „dass wir Pflichten gegenüber anderen Menschen haben, die über die Blutsverwandtschaft und selbst über die eher formale Bande einer gemeinsamen Staatsbürgerschaft hinaus gehen" (Appiah 2007, 13).

Dem Weltreisenden des 18. und 19. Jahrhunderts ebenso wie vielen heutigen „Kosmopoliten" war und ist das Moment der Pflicht fremd. Einem überheblichen, eindimensionalen Kosmopolitismus sind vielmehr jene narzisstischen, erobernden Züge eigen, die der schwedische Sozialanthropologe Ulf Hannerz beschreibt: "Competence with regard to alien cultures itself entails a sense of mastery, as an aspect of the self. One's understandings have expanded, a little more of the world is somehow under control." (Hannerz 1990, 103)

Kosmopolitismus, so fasst die Kulturanthropologin Regina Römhild zusammen, wird dann

> „zum kulturellen Kapital, zum Distinktionsgewinn gegenüber den ‚Locals' der Welt, die auf ihren jeweils unmittelbaren kulturellen Horizont begrenzt bleiben. Dieser Kosmopolitismus lebt von der Differenz und dem Machtgefälle zwischen ‚Eigenem' und ‚Fremden', ohne die er sich erst gar nicht profilieren kann." (Römhild 2007, 215)

Kosmos und Nation: Das 20. Jahrhundert

Im Nationalismus des 20. Jahrhunderts erlangt Kosmopolitismus als Propaganda-Begriff traurige Popularität. Der Kosmopolit wird nun vor allem als ein Mensch definiert, der den Ort seiner Geburt als bloßen Zufall ansieht, sich der Wirkung nationaler sowie ethnischer Grenzen entzieht und damit auch dem Zugriff lokaler Regierungen (vgl. Nussbaum 1996, 7) beziehungsweise konstruierter kultureller Einheiten. Solche Gedanken galten dem Nationalsozialismus wie dem Stalinismus als Verrat an der „gemeinsamen Identität" und dem „Kollektiv". „Das Bild des Heimatverräters und die Bedrohung durch ein Individuum, das seine kulturellen Zugehörigkeiten frei wählen kann, sind Elemente, die vor allem von totalitären Systemen [...] auf den Kosmopoliten projiziert wurden." (Köhler 2006, 35f.) Hitler wie Stalin hatten Grund, im Kosmopolitismus einen Feind zu sehen, denn die Forderung, nur einem Volk oder einer Klasse in scharfer Abgrenzung zu den anderen treu zu sein, schließt die Loyalität der *Menschheit* gegenüber notwendigerweise aus.

Auch die internationale Diaspora des Judentums war deshalb eine Provokation des Totalitarismus. Stalin etablierte das Schimpfwort „wurzelloser Kosmopolit" als Synonym für Juden und begründete unter anderem damit seine Verhaftungs- und Vernichtungspolitik gegenüber Juden in Russland und Osteuropa (vgl. Lustiger 1998).

Auf linker, antikapitalistischer Seite trat der Kosmopolitismus in Konkurrenz zum Internationalismus. Die Vorstellung einer Internationalen Arbeiterklasse und das Ideal der weltweiten Solidarität aller Arbeiter, die wir heute vielleicht spontan für kosmopolitische Gedanken halten, wurden mit dem Begriff des Internationalen von kosmopolitischen Idealen abgegrenzt. Denn Kosmopolitismus galt als elitär und bourgeois – eine Folge der kulturellen Hierarchie, die ihm seit dem 18. Jahrhundert anhing:

> „Während das Kosmopolitische nur auf die Gemeinschaft geistiger Betätigung höchstgebildeter Minoritäten in der Lösung gewisser Aufgaben (Erkenntnis, Kunst, Philosophie) geht, [...] ist der Begriff des ‚Internationalen' gerade von den unteren Volksmassen aus [...] gebildet." (Scheler 1915, 259f.)

Der Kosmopolitismus-Begriff des 20. Jahrhunderts spiegelte also schon jene Debatte des „von oben" oder „von unten", die auch heute noch um ihn geführt wird. Und er spiegelte Epochen europäischer Geschichte, der Kriege und Grenzen, der Klassenauseinandersetzungen, Diskriminierungen und Verfolgungen.

Ein kulturanthropologischer Kosmopolitismus-Begriff?

Kulturanthropologische Forschungen greifen den Gedanken des Kosmopolitismus „von unten“ auf und nehmen dabei andere Akteure als mögliche Kosmopoliten in den Blick. Sie folgen der Spur eines alltäglichen Kosmopolitismus, der sich weder im elitären Reisenden noch in der Schaffung politischer transnationaler Organisationen zeigt. Vielmehr suchen sie nach einer *kosmopolitischen Praxis im Alltag*, die insbesondere in den unterschiedlichsten Formen von menschlicher Bewegung entsteht. Migranten setzen dabei „den Maßstab für einen neuen Begriff des Kosmopolitischen“, so Regina Römhild:

> „Statt der scheinbar ungebundenen Freizügigkeit des Weltreisenden auf der Suche nach Fremderfahrung repräsentier[en sie] nun den gegebenen Zwang, aber auch die Fähigkeit zu mehrfachen Bindungen an unterschiedliche geographische, kulturelle und soziale Orte.“ (Römhild 2007, 215)

Die Vorstellung mehrfacher Bindungen erweitert den ursprünglichen Dualismus des Kosmopolitismus-Begriffs. Dessen zentrale Idee war, dass Menschen sowohl der Weltgemeinschaft (dem *„kosmos“*) als auch der lokalen Gemeinschaft (der *„polis“*) angehören. Mit der kulturanthropologischen Theorieentwicklung kommen nun weitere Dimensionen der Zugehörigkeit hinzu: soziale und kulturelle „Orte“, die nicht geographisch bestimmt sind.

Der US-amerikanische Anthropologe James Clifford lenkte in einem 1992 erschienen Aufsatz mit dem Titel „Travelling Cultures“ den kulturanthropologischen Forschungsblick über den fixierten Ort hinaus auf den „Weg“ und die „Reise“. Damit schuf er eine wichtige Grundlage spezifisch kulturanthropologischer Kosmopolitismus-Verständnisse:

> „Wenn wir die Kultur und ihre Wissenschaft, die Anthropologie, unter dem Gesichtspunkt des Reisens noch einmal überdenken, dann wird die organische, naturalisierende Bedeutung des Begriffs ‚Kultur‘ – als verwurzeltes Organ betrachtet, das wächst, lebt, stirbt usw. – in Frage gestellt.“ (Clifford 1999, 488)

Denn damit werden neue Akteure und ihre Erfahrungen von Unterbrechung und Kontinuität, Ver- und Entwurzelung, Trennung und Begegnung sichtbar. Solche Erlebnisse sind, betont Clifford, oftmals mit „gewalttätigen Geschichten ökonomischer, politischer und kultureller Interaktion verbunden – Geschichten, die das erzeugen, was man als zwiespältigen Kosmopolitismus bezeichnen könnte" (ebd., 504). Den Begriff des „discrepant cosmopolitanism" haben viele Wissenschaftlerinnen und Wissenschaftler – auch anderer Disziplinen – übernommen, um einen Kosmopolitismus jenseits der Eliten zu beschreiben. Für das Verständnis europäischer Migrationsprozesse hat er uns auch zehn Jahre nach seiner Einführung in die Debatte noch viel zu sagen, denn er bekommt eben jenen Zwang zur Fremderfahrung in den Blick, den Römhild benennt.

Die Vielfältigkeit des Kosmopolitismus-Begriffs förderte allerdings immer auch den Eindruck, die Zeiten moderner Kommunikation und globaler Beweglichkeit hätten praktisch jeden zum Kosmopoliten gemacht. Ulf Hannerz unternahm dagegen 1990 den Versuch, Kosmopolitismus genauer zu definieren: "A more genuine cosmopolitanism is first of all an orientation, a willingness to engage with the Other. It entails an intellectual and aesthetic openness toward divergent cultural experiences, a search for contrasts rather than uniformity." (Hannerz 1990, 103) Kosmopolitismus wurde damit als eine bestimmte *Perspektive* auf Fremdheit und Andersheit bestimmt, vor allem aber als der *Wille* mit dem Anderen in Kontakt zu treten.

Weniger diese Definition selbst als Hannerz' Behauptung, dass Arbeitsmigranten keine Kosmopoliten in diesem Sinne seien, führte in den folgenden Jahren zu wissenschaftlichem Streit. Hannerz vertrat die These, Arbeitsmigranten betrachteten den Kontakt mit ihren neuen Nachbarn und Kollegen nur selten als Gewinn, zumeist vielmehr als notwendiges Übel (vgl. Hannerz 1992, 248). Ohne den Willen zum Kontakt mit dem Anderen aber sieht Hannerz keinen Kosmopolitismus: "being on the move [...] is not enough to turn one into a cosmopolitan." (Hannerz 1990, 104) Als gleichermaßen unkosmopolitisch beschreibt er die Haltung von *Touristen*, deren Interesse Beobachtung des Fremden, nicht aber Partizipation ist. Und auch dem unfreiwilligen *Exilanten* fehle der kosmopolitische Wille, denn sein Leben im fremden Land entspringe keinem Interesse für die Menschen dort (ebd., 105).

Pnina Werbner kritisierte diese Analyse als zu pauschal. Ihre empirische Forschung mit Arbeitsmigranten aus Pakistan zeigte Beispiele eines „'working-class cosmoplitanism'", der das Kriterium „to engage with the Other" durchaus erfüllte (Werbner 2006, 497). Damit behauptete die Autorin nicht, alle Arbeitsmigrantinnen und -migranten seien im Hannerz'schen Sinne Kosmopoliten – aber sie können es durchaus sein.

Auch die Soziologin Sigrid Nökel hat in einer Studie über junge muslimische Frauen jene Fähigkeit zu mehrfachen Bindungen, von der Römhild spricht, untersucht und die daraus resultierenden Alltagsstrategien dokumentiert. Was ihre

Interviewpartnerinnen beschreiben, sind Beispiele kosmopolitischer Identitäten, wie sie Migranten heute in Europa leben. Eine junge Kopftuchträgerin zitiert Nökel mit den Worten:

> „[Und] wenn Schützenfest war oder so, bin ich mitgefahren einfach halt. [...Aber ich] geb keine Hand den Männern, das mache ich nicht. ...Hab ich gesagt, ‚tut mir leid, nehmen Sie's nicht persönlich, aber ich mag es nicht und ich möchte es nicht. [...] ich möchte nicht unhöflich sein' und dann hab ich's begründet. Sie haben gesagt ‚ist in Ordnung'." (Zitiert nach Nökel 2002, 167)

Diese junge Türkin passt sich der deutschen Gesellschaft einerseits nicht an, sondern besteht auf ihrem religiösen Selbstverständnis als Muslima. Gleichzeitig aber ist sie sich vollkommen bewusst, dass ihr Verhalten als unhöflich gedeutet werden könnte und begründet es deshalb. Das spezifisch Kosmopolitische an ihr ist die *Vertrautheit* mit unterschiedlichen Kulturen (vgl. Werbner 1999, 19f.) und ihre eigene Verortung in ihnen. Der kulturanthropologisch-kosmopolitische Blick ermöglicht, diese Verortung in zwei oder mehreren „Orten" zu beschreiben:

> "For in cosmopolitical perspective, identity is never only about location, about shorting up a safe 'home', crucial as that task may be in certain circumstances. Identity is also, inescapable, about displacement and relocation, the experience of sustaining and mediation complex affiliations, multiple attachments." (Clifford 1998, 369)

Der politischen Philosophie erscheinen solche doppelten Zugehörigkeiten vielfach als Paradoxon (vgl. Appiah 2007, 12). Kulturanthropologinnen und -anthropologen aber erkennen darin Spannungen und komplexe Identitätsentwürfe, wie sie auch in modernen Gesellschaften allgegenwärtig sind. Mit „Bindestrich-Deutschen" wie Deutsch-Türken, Afro-Deutschen und so weiter (vgl. Gutiérrez Rodriguez 2001, 40ff.) oder „divided loyalities" (Werbner 2000) können sie Begriffe anbieten, die dem Anspruch, politische Zuordnungen vorzunehmen – etwa im Staatsbürgerschaftsrecht –, zuwiderlaufen.

Auch viele Jahre nach seinem oben zitierten Aufsatz treibt Ulf Hannerz die Sorge um, die vielfachen Verwendungen des Kosmopolitismus-Begriffs könnten diesen eher schwächen als stärken. So schlägt er 2004 vor, zwischen zwei Kosmopolitismen zu unterscheiden: einerseits *kulturellem Kosmopolitismus* – der den praktischen Umgang mit „human diversity" betrachtet – und andererseits *politi-*

schem Kosmopolitismus – der etwa globale Verantwortung oder Fragen von Staatsbürgerschaft behandelt (vgl. Hannerz 2004, 70).

Auf Werbners Beispiel der Arbeitsmigranten antwortet Hannerz in diesem Text ebenfalls. Er relativiert seine früheren Aussagen, Arbeitsmigranten seien per se keine Kosmopoliten. Aber er sieht in ihnen gewissermaßen einen anderen kosmopolitischen Typ:

> "[One] may distinguish between a cosmopolitanism that is more *instrumental*, involving skills and a degree of self-confidence in dealing with a heterogeneous, even alien, environment without necessarily relishing it for its own sake, and a cosmopolitanism where diversity, newness, and wider horizons are sought as being *rewarding in themselves*." (Hannerz 2004, 77, Hervorhebungen der Autorin)

Werbners pakistanischer Arbeitsmigrant gehöre zur ersten Kategorie. Damit sei sein Kosmopolitismus nicht weniger „wirklich" als andere. Die verschiedenen Formen zu unterscheiden sei aber notwendig, um die Klarheit des Begriffs zu erhalten.

Wie inzwischen einige seiner Kollegen betrachtet auch der Sozialanthropologe Steven Vertovec „Kosmopolitismus" als einen der zentralen Begriffe kulturanthropologischer Forschung im Themenfeld der Migration. Neben Transnationalismus, Hybridität und Kreolisierung sei Kosmopolitismus eines der konzeptuellen Mittel "that anthropologists and others now use to get beyond purportedly bounded and fixed understandings of groups and cultures which, fairly or not, have been associated with studies of ethnicity" (Vertovec 2007, 965).

Der Impuls zur Wiederbelebung des Kosmopolitismus geht nach Meinung von Vertovec und seinem Kollegen Robin Cohen vornehmlich von der politischen Linken aus und gelte dort zumeist als Mittelweg zwischen „ethnocentric nationalism" und „particularistic multiculturalism" (Vertovec/Cohen 2002, 1). Andere Autoren sehen im Kosmopolitismus eine konzeptuelle Alternative zwischen Nationalismus und Universalismus (vgl. Beck/Grande 2004, 27). Regina Römhild dagegen versteht ihn nicht als Mittelweg, sondern als eine *Strategie der Überwindung* von Nationalismus, Kolonialismus und Rassismus in Europa (vgl. Römhild 2007, 218).

So gibt es beim momentanen Stand der wissenschaftlichen Diskussion noch Unklarheiten über die Verortung des Kosmopolitismus-Begriffs im Verhältnis zu anderen – auch nicht leicht zu definierenden – Konzepten, von denen oben einige genannt wurden (vgl. dazu auch Hannerz 2004, 82). Damit verbunden sind aber auch verschiedene Einschätzungen über die Bedeutsamkeit des Begriffes insgesamt: Hilft uns „Kosmopolitismus", Phänomene zu verstehen, die wissenschaftlicher Erkenntnis sonst nicht oder unzureichend zugänglich blieben? Oder ist er nur ein weiterer Begriff in einer Reihe von Vorschlägen, die ebenso weiterführen?

Die steigende Zahl der Veröffentlichungen, die sich dem Begriff widmen, spricht zumindest für ein nicht abebbendes Interesse unterschiedlicher Disziplinen an seiner Ausarbeitung. Für die Kulturanthropologie schlägt Regina Römhild beispielsweise explizit vor, „die Kosmopolitismus-Debatte mit den anstehenden Fragen der Europäisierung programmatisch zu verknüpfen" (Römhild 2007, 214), den Begriff also für unseren Blick auf Europäisierungsprozesse zu nutzen.

Die umfassendste Vorlage dafür haben Beck und Grande vor vier Jahren geliefert. In „Das kosmopolitische Europa" entwerfen sie ein Europa „der akzeptierten, anerkannten Differenz" (Beck/Grande 2004, 29), das aus dem Wissen um seine Unterschiede und Widersprüchlichkeiten „die Fallen von Arroganz [gegenüber dem Fremden] *und* Selbstverleugnung [gegenüber seinen Nachbarn] vermeiden" kann (ebd., 392f., Hervorhebungen im Original).

Schlussbemerkung

Ein kulturanthropologischer Kosmopolitismus-Begriff kann ein wissenschaftliches Werkzeug werden, der hybriden und komplexen Lebenswirklichkeit von Menschen zu begegnen. Um diese Lebenswirklichkeiten innerhalb Europas gewinnbringend beschreiben zu können, brauchen wir einen Begriff, der ihrer Vielfalt und Veränderlichkeit gerecht wird. Ein kulturanthropologischer Kosmopolitismus-Begriff eröffnet eine über- beziehungsweise zwischenstaatliche Perspektive auf das Individuum und leistet damit etwas anderes als ihm verwandte Begriffe wie Inter- oder Transnationalität. Weil er den *„kosmos"* im Namen trägt, ignoriert der Kosmopolitismus nie die globale Ebene und kann damit auch auf Eurozentrismus-Tendenzen reagieren. Gleichzeitig stecken in dieser Spannweite – vom Individuum über Europa bis zur Welt – viele ungelöste und komplexe, vielleicht sogar selbstwidersprüchliche Fragen. Ihnen mit den Methoden und dem Wissen verschiedener Disziplinen nachzugehen, wird ein spannender Aspekt sich europäisierender Wissenschaften sein.

Der kulturanthropologische Beitrag dazu müsste in der spezifischen Methodik dieser Disziplin liegen, die es ermöglicht, tiefliegende Strukturen und Zusammenhänge zu verstehen, die „von oben" und „von unten" arbeiten kann und zu deren

Selbstverständnis es heutzutage gehört, die eigenen Perspektiven und Vorannahmen der Forscherin immer wieder kritisch zu reflektieren. Ein kulturanthropologisches Verständnis von Handeln als kultureller Praxis kann mit dem Kosmopolitismus-Begriff, der Menschen als über Staatsgrenzen hinweg mobile Akteure versteht, produktiv zusammenarbeiten. Im Kosmopolitismus-Begriff steckt eben jene Dimension internationalen Zusammenlebens, die rein rechtliche oder rein politische Fragen übersteigt, andererseits aber aufs engste mit ihnen verknüpft ist. Deshalb darf auch ein spezifisch kulturanthropologischer Kosmopolitismus-Begriff, auch wenn er sich von anderen Definitionen abgrenzt, die Erkenntnisse anderer Disziplinen und Forschungen nicht ignorieren.

Vielleicht würde eine moderne Theorie des Weltbürgertums es ermöglichen, die Europäisierung kultureller Praxen besser zu verstehen. Sicher aber ist der „Kandidat" Kosmopolitismus eine öffentliche Diskussion und kritische Aneignung im Sinne von Habermas und Derrida wert, um sein Potential für Europa nutzbar zu machen.

Anmerkungen

[1] Derrida, Jacques/Habermas, Jürgen (2003) Nach dem Krieg. Die Wiedergeburt Europas. In: Frankfurter Allgemeine Zeitung, 31.5.2003.

[2] Merkel, Angela (2007) Rede im Europäischen Parlament am 17.1.2007 in Straßburg. In: http://www.eu-infozentrum-berlin.de/rede-eu-parlament.pdf, (Zugriff 9.1.2009).

[3] Vgl. Publikation in Anmerkung [1].

„Europäische Identitäten“ und ihre Grenzen

Sandra Haars

Lisboa Down Town

Es ist 44 Grad im Schatten – allerdings gibt es Ende Juli im Gassengewirr der Lissabonner Altstadt zur Mittagszeit kaum Schatten [...]. Während ich langsam die grob gepflasterten, steilen Wege und Treppen der Alfama [1] in Richtung Fluss hinabsteige, gehen mir die letzten Minuten des Interviews, das ich heute morgen mit Sean [2] geführt habe, durch den Kopf. Er erzählte mir, wie er mit seinem Sohn ein Mountainbike-Rennen [3] besucht habe, das durch diesen historischen Teil Lissabons führte, um ihm die Möglichkeit zu geben, die Stadt „kulturell zu fühlen“. Während das, was ich sehe, eher den (schwarz-weißen) Bildern des Wim-Wenders-Films „Lisbon Story“ [4] nahe kommt, versuche ich mir vorzustellen, wie durch die jetzt in der Mittagshitze menschenleeren engen Gassen Gruppen von Mountainbikern über das Kopfsteinpflaster sausen, gesäumt von einer bunten Kette johlender biertrinkender Menschen [...]. Ich bin mir in diesem Moment nicht sicher, ob dies das Lissabon ist, das meiner persönlichen „kulturellen“ Konstruktion der Stadt entspricht, aber ich kann Sean in seinem Bemühen verstehen, dem Sohn, der sich nicht so recht wohlfühlt, ein Lissabon zu präsentieren, in welchem sich der eigene romantische Blick auf die Stadt mit den seinem Sohn vertrauten Bildern eines Mountainbike-Rennens verbindet. [5]

Solche Strategien und Konstruktionen, die im Rahmen der bewussten Auseinandersetzung mit Andersheit und der spezifischen Lokalität Lissabons entstehen, gehören zum Alltag der Mitarbeiter zweier dort ansässiger dezentralisierter EU-Agenturen: der Europäischen Beobachtungsstelle für Drogen und Drogensucht (EMCDDA) und der Europäischen Agentur für die Sicherheit des Seeverkehrs (EMSA). [6] Diese Strategien können von der physischen „Aneignung“ und Umdeutung von Orten und Artefakten bis hin zur (Re-)Konstruktion alltäglicher kultureller Praktiken reichen. Darüber hinaus entwickeln sich im Kontext dieser Auseinandersetzungsprozesse im sowohl privaten als auch beruflichen Umfeld auch spezifische Formen des Umgangs mit den Grenzen Europas und dem eigenen Europäisch-Sein, welche – so die These dieses Beitrages –

in ihrer Offenheit und Reflexivität als besonderes Merkmal eines „europäischen Kosmopolitismus" gelten können.

Identität, kulturelle Bürgerschaft [7] und Kosmopolitismus

Der Fokus dieses Beitrags ist auf die Identitätskonstruktionen von Mitarbeitern europäischer Institutionen gerichtet. Anthropologische Studien, die sich mit der Produktion „europäischer Identitäten" innerhalb der EU als Organisation auseinandersetzen, konzentrierten sich in der Vergangenheit vor allem auf ethnografische Forschungen in deren „Herzen" – das heißt in den Machtzentren in Brüssel, Straßburg oder Luxemburg (vgl. u. a. Abélès 1993 u. 2000; Barry 2002; Bellier/Wilson 2000a; McDonald 1993 u. 2006; Shore 1997, 2000 u. 2002; Shore/Black 1994). Diese Forschungen stellen eine spezielle Form der Elitenforschung dar, denn sie nehmen, zum Beispiel in der Europäischen Kommission oder dem Europäischen Parlament, eine sich herausbildende Elite von „Eurokraten" mit ihren spezifischen formalen und informellen Praktiken in den Blick. In Bezug auf identitätsbildende Praktiken hat insbesondere der britische Sozialanthropologe Cris Shore herausgearbeitet, dass „Kultur" und „Identität" in diesen Zentren zur Herstellung von Kohäsion und Zugehörigkeit unter EU-Bürgern herangezogen wird, wobei die Identifikationsangebote hierbei von infrastrukturellen Maßnahmen, Europa-Symbolen und dem Euro als europäischer Währung, über Eurostatistiken bis hin zu europäischer Bürgerschaft reichen.

Zentrale Problematik im Rahmen der Identifikation mit einem „virtuellen" Europa (Abélès 2000) ist jedoch vor allem die Entkoppelung des Systems internalisierter Verbindungen von Raum, Identität und Staatsbürgerschaft: Die britische Sozialanthropologin Maryon McDonald (2006) spricht in diesem Zusammenhang von „Volk-Geschichte-Sprache-Kultur-Territorium" als miteinander verflochtenen Elementen eines „Do-it-yourself-Identitätsbaukastens".

Der spanische Soziologe Delgado-Moreira (1997) dagegen stellt unter Bezugnahme auf das Staatsbürgerschaftskonzept des US-amerikanischen Kulturanthropologen Renato Rosaldo (1999) heraus, dass dessen „cultural citizenship" ein passendes kollektives Modell darstelle, welches im Gegensatz zu anderen Identitätsangeboten nicht der Notwendigkeit unterliege, die traditionellen Vorstellungen territorial gebundener Identifikationen aufzubrechen: Kulturelle Bürgerschaft lasse Unterschiede *und* einen politischen Multikulturalismus [8] zu.

In diesem Konzept bleibt allerdings die Problematik einer engen Verknüpfung zwischen „Kultur" und „Nation" unberücksichtigt, so dass in seiner europäischen

Variante – gewissermaßen durch die Hintertür – auch bei einer kulturellen Bürgerschaft nationale Bezüge Einfluss nehmen können. Der britische Soziologe Stevenson (2003) schließlich verbindet Elemente beider Modelle zu einem „verwurzelten Kosmopolitismus“, der keinen Widerspruch zwischen Gefühlen von Loyalität und Bindung zu einzelnen Kulturen im Verhältnis zur Offenheit gegenüber Unterschieden und Andersheit darstelle (vgl. auch Appiah 1998; 2005 u. 2006). Dieser eröffne die Möglichkeit, die Bindung an einzelne nationale oder lokale Identitäten zu bewahren und gleichzeitig den Dialog mit anderen zu suchen, die entsprechend andere Bindungen haben. Für Stevenson steht Kosmopolitismus damit in enger Verbindung mit persönlicher Ethik und Selbsterkennung („selfhood“), und er stellt neben der Kreativität im Rahmen persönlicher Bedeutungszuschreibungen auch die Wichtigkeit von Gefühlen, Phantasie und Subjektivität heraus. Das sind Aspekte, die der Soziologe Beck um die Reflexivität eines selbstkritischen „kosmopolitischen Blicks“ ergänzt, welcher die Fähigkeit darstellt, nicht nur Risiken, sondern auch die Möglichkeiten zu erkennen, die das eigene Leben und Zusammenleben in einer „kulturellen Melange“ bietet (vgl. Beck 2004 u. 2006; Beck/Grande 2004).

Verwurzelter Kosmopolitismus, kosmopolitische Vorstellungskraft und Reflexivität im alltäglichen Umgang mit Andersheit stellen also zentrale analytische Begriffe in Bezug auf europäische Identitätsentwürfe und im Rahmen dieses Beitrags dar. Dem Aufsatz liegt eine Magisterarbeit mit dem Titel „European Identities – Individuelle und kollektive Identitätsentwürfe von Mitarbeitern in EU-Institutionen in Frankfurt und Lissabon“ zugrunde, die 2008 am Institut für Kulturanthropologie und Europäische Ethnologie an der Johann Wolfgang Goethe-Universität Frankfurt am Main eingereicht wurde. Identität ist hierbei zwar als wissenschaftliche Untersuchungsgröße ein unterbestimmter Begriff, doch scheint er auch gerade aufgrund seiner unklaren Umrisse in besonderer Weise dafür geeignet, in einem Forschungsbereich wie Europäisierung zum Einsatz zu kommen, dessen Grenzen – sowohl hinsichtlich seiner Allokation in den unterschiedlichsten wissenschaftlichen Disziplinen als auch mit Blick auf die vielfältigen Begriffsbestimmungen von „Europa“ und „Europäisch-Sein“ – ähnlich fließend sind. In ihrer Begriffsverbindung stehen „europäische Identitäten“ damit gemeinsam für zunehmend reflexive Konstruktionen, deren Offenheit und Prozesshaftigkeit darüber hinaus durch die Verwendung der Pluralform zum Ausdruck kommen soll. Die Verwendung des Begriffes „Elite“ ist dagegen im Rahmen dieser Studie weniger geeignet, um eine heterogene Gesamtheit von befragten Personen treffend zu beschreiben, welche eine Vielfalt von hierarchischen Positionen einnehmen, unterschiedlichste Karrierewege durchlaufen haben und auf eine große Bandbreite von Erfahrungshintergründen zurückgreifen können. Der weit überwiegende Teil meiner Gesprächspartner hat sich bislang beruflich eher in der Peripherie des Netzwerkes von EU-Institutionen, zum Beispiel in verschiedenen EU-Agenturen, bewegt und rechnet sich auch selbst mit wenigen Ausnahmen nicht den sogenannten „Eurokraten" zu, die prototypisch in Brüssel zu finden sind.

Damit versteht sich dieser Beitrag eher im Sinne einer „Bottom-up"-Forschung, welche sich mit den alltäglichen Praktiken, Wahrnehmungen von „Europa" und „Europäisch-Sein" sowie Europäisierungsprozessen im Sinne translokaler und lokaler Konstruktionen beschäftigt – zwar aus dem unmittelbaren Umfeld der EU-Organisation heraus, gleichzeitig aber auch in geraumer Distanz zu deren Machtzentren.

Im Feld: Drogenbeobachtung und Sicherheit des Seeverkehrs

Die 1993 gegründete EMCDDA in Lissabon ist mit rund 100 Mitarbeitern [9] zentrale Anlaufstelle der EU für drogenspezifische Daten und Analysen. Sie liefert den Mitgliedstaaten sowie Beitrittskandidaten und Norwegen auf europäischer Ebene vergleichbare und objektivierte Informationen über Drogen sowie Drogensucht und entwickelt die hierfür erforderlichen Methoden und Instrumente. Darüber hinaus arbeitet sie nicht nur auf der Ebene der EU-Mitgliedsstaaten, sondern auch mit internationalen und im Drogenbereich weltweit tätigen Organisationen zusammen.

Ähnlich „grenzüberschreitende" und das Zentrum EU-Europas mit dessen Peripherie verbindende Aufgaben verfolgt auch die ebenfalls in Lissabon angesiedelte EMSA: Sie hat zum Ziel, die Sicherheit in den EU-Gewässern zu erhöhen, das heißt das Risiko von Havarien, Umweltverschmutzungen sowie den Verlust von Menschenleben auf See zu reduzieren. Dementsprechend leistet sie nicht nur die technische Unterstützung und Beratung der Europäischen Kommission sowie der EU-Mitgliedstaaten, sondern arbeitet auch mit Ländern zusammen, die nicht in die derzeitigen Grenzen EU-Europas fallen, aber – beispielsweise als Anrainerländer des Mittelmeeres oder des Schwarzen Meeres – ähnliche Interessen verfolgen. Im Gegensatz zu der seit 15 Jahren in Lissabon ansässigen EMCDDA gehört die EMSA allerdings zu den „jüngsten" EU-Agenturen. Erst seit 2006 ist sie von Lissabon aus tätig und verfügt zu Jahresbeginn 2008 über inzwischen rund 140 Mitarbeiter.

Mit 22 Mitarbeitern dieser beiden Agenturen wurden im Juli und August 2007 während eines mehrwöchigen Aufenthaltes vor Ort jeweils ein- bis zweistündige leitfadenorientierte Interviews mit teils narrativen Elementen geführt. Die befragten Personen stammten aus 14 verschiedenen Ländern (Belgien, Deutschland, Frankreich, Griechenland, Großbritannien, Italien, Litauen, Malta, Österreich, Polen, Portugal, Spanien, Tschechien, Ungarn). Die Befragten waren zwischen 30 und 50 Jahre alt. 13 Personen waren Frauen, neun Männer. [10] Alle Gesprächspartner beherrschten neben Englisch mindestens eine weitere Sprache. Mehr als die Hälfte sprach sogar vier bis sechs Sprachen. Rund die Hälfte der Befragten hat mindestens einen Teil des Studiums im Ausland verbracht. Die Beschäftigungsdauer der Interviewten variierte zwischen einem Zeitraum von wenigen Monaten und mehr als zehn Jahren. Die beruflichen Positionen reichten vom Rezeptionisten bis hin zum Abteilungsleiter. Für sechs der Interviewten handelte es sich – abgesehen von Studienaufenthalten und Praktika – bei der Einstellung in der EMSA oder der EMCDDA um ihren ersten beruflichen Auslandseinsatz. 18 der befragten Personen lebten zum Zeitpunkt des Interviews in einer festen Partnerschaft. Sechs der Gesprächspartner hatten minderjährige Kinder, die überwiegend in internationale Ausbildungseinrichtungen gingen.

Die Konstruktion eines „persönlichen Portugals“

Obwohl mehr als zwei Drittel der Gesprächspartner auf Lebenserfahrung im Ausland zurückblicken konnten, wurden die spezifischen lokalen Qualitäten Lissabons vergleichsweise stark wahrgenommen. Hieraus resultierte jedoch entsprechend den Beschreibungen der Befragten kein Rückzug, sondern die Notwendigkeit einer bewussten Auseinandersetzung mit Andersheit. Die Strategien der Annäherung an diese ungewohnten lokalen Gegebenheiten außerhalb des multinationalen „neutralen“ Arbeitsumfeldes waren vielfältig. Sie umfassten bewusste statische Entscheidungen (zum Beispiel die Wahl des Wohnortes außerhalb von Expatriate-Enklaven) ebenso wie dynamische Entwicklungsprozesse, die häufig auch mit physischer Bewegung in Verbindung standen.

Ein wesentlicher Schritt dieser physischen „Erfahrung“ war die Wahl des Weges (und des Verkehrsmittels) zwischen Wohnort und Arbeitsstätte, den einige der Interviewpartner als gezielte Methode zum intensiven Kennenlernen nutzten. Öffentliche Verkehrsmittel wurden zwar auch genutzt, spielten in diesem Zusammenhang Angabe gemäß jedoch eine eher untergeordnete Rolle. Der Weg zu Fuß oder per Auto gestattete hingegen die Freiheit, immer wieder neue Routen zu entdecken und sich – teilweise absichtlich und regelmäßig – zu verlaufen oder zu verfahren, zum Beispiel auf den zahlreichen Nebenstraßen, die Lissabon mit den Kleinstädten im Hinterland und an der Atlantikküste verbinden. Diesem „Eintauchen“ in das lokale Umfeld Lissabons wurde gerade in der Anfangsphase eine hohe Bedeutung zugeschrieben, da es die Aufrechterhaltung einer gewissen Anonymität ermöglichte, durch den Zufälligkeitscharakter aber trotzdem das Gefühl individueller Kontaktaufnahme vermitteln konnte.

Eine weitere Strategie zur Herstellung physischer Nähe und Verbundenheit zur lokalen Umgebung war die Beschäftigung mit beziehungsweise (Re-)Produktion von Artefakten, die in unmittelbarem Zusammenhang mit der speziellen Lokalität standen – handwerklicher ebenso wie künstlerischer Art. Dies reichte von der Beschäftigung mit portugiesischem Kunsthandwerk bis hin zur kompletten Sanierung regionaltypischer historischer Gebäude. Ein Gesprächspartner beschrieb in diesem Zusammenhang, in Lissabon (nach vorherigen beruflichen Einsätzen in Belgien und Deutschland) mit einem „Pombalino“ [11] bereits das dritte historische Wohnobjekt unter Beibehaltung beziehungsweise Instandsetzung der charakteristischen Merkmale zu sanieren, selbst zu bewohnen und bei einem Ortswechsel dann gegebenenfalls weiterzuvermieten.

Auch Technik selbst konnte zum Verbindungselement mit dem lokalen Umfeld werden – als Hobby durch das gemeinsame „Basteln“ mit portugiesischen Freunden oder Nachbarn, aber auch durch die Existenz bekannter Standards und Regularien:

> *„Ich finde, im Verhältnis zu Belgien ist hier alles ganz wunderbar, weil in Portugal nämlich die Standards für deutsche Elektroinstallationen herrschen. Das ist nicht so, dass der deutsche Standard so wunderbar ist – es gibt sicherlich bessere – aber wenigstens verstehe ich es.“*

Auf diese Weise trugen bekannte – oder positiv belegte – Aspekte, die von Technikstandards über Frischobstqualität bis hin zu den niedrigen Kosten öffentlicher Verkehrsmittel reichen konnten, als Identifikationsstützen zu den unterschiedlichsten Konstruktionen eines „persönlichen Portugals“ bei.

Entsprechend variantenreich waren auch die Stadtbilder Lissabons: Mehrfach wurde die lokale Umgebung als attraktive Verbindung zwischen Großstadt und Natur dargestellt, bei der Pinienwälder, Strand und Naturschutzgebiete eine Rolle spielten, und einzelnen Stadtvierteln, die sich in der Großstadt befanden, „dörflicher Charakter“ zugeschrieben. Diese „Natürlichkeit“ wurde von mehreren Befragten um das Merkmal einer „Unvollkommenheit“ ergänzt, welche, je nach individueller Blickrichtung, entweder als „Entwicklungsbedarf“ (im Sinne einer Mangelsituation) oder als „Entwicklungspotenzial“ (im Sinne von Freiräumen) konstruiert wurde:

"Everything is more natural, it's a place where there is room for possibilities. It's not that everything has already been done." In beiden Fällen wurde aber auf die reflexive Wahrnehmung potentieller eigener Einflussnahme und Veränderung des lokalen Umfeldes hingewiesen.

Solche unterschiedlichen Perspektiven ergaben sich maßgeblich aus früheren Lebenserfahrungen und sich hieraus entwickelten Erwartungen. Das zeigte sich beispielsweise darin, wie aus der persönlichen Neigung zu (und Arbeitserfahrung in) Südamerika bei gleichzeitiger Kritik an den dortigen extremen sozialen Unterschieden und Sicherheitsrisiken ein Portugalbild entstand, in welchem sich die als positiv wahrgenommenen Aspekte Südamerikas – zum Beispiel ein „gemäßigter Lebensrhythmus" – und Europas – zum Beispiel in Bezug auf „Sicherheit" – verbanden: *"One of the reasons I came here was that it is the link between South America and Europe. For me, Portugal is actually the perfect match."*

Für die zahlreichen Gäste der Befragten – meist Familienmitglieder und Freunde aus dem Herkunftsland – wurden persönliche „Portugal-Pakete" geschnürt, die von „Lissabon zu Fuß in zwei Tagen" über luxuriöse Pousada-Touren [12] bis hin zum Arrangement von „Themen-Ferien" rund um Musikfestivals, Kunstausstellungen oder sonstige spezielle Veranstaltungen reichen konnten: *"My partner's family, his brother, they also come here and I'm used to arranging packages for them. This time it's around a horse fair."* Hierzu gehörte auch die Strategie des eingangs bereits erwähnten Mountainbike-Rennens: Auf diese Weise verschwimmen nicht nur die Grenzen zwischen Tradition und Moderne und es entstehen neue ungewohnte Verbindungen, die einen wesentlichen Teil der Anziehungskraft solcher Veranstaltungen ausmachen, sondern es entwickelt sich ein komplexes Mosaik sich ständig verändernder und erweiternder Portugalbilder, an deren Konstruktion eine Vielzahl wechselnder Akteure in- und außerhalb des lokalen Umfeldes beteiligt ist.

Eine weitere Gesprächspartnerin berichtete in diesem Zusammenhang über die von ihr selbst initiierte Veranstaltung von öffentlichen „urban picnics" – einer Gewohnheit, die sie aus ihrem früheren Pariser Umfeld kannte, auf Lissabon übertrug, um einen neuen Freundeskreis aufzubauen, und die sich zwischenzeitig zu einer festen Institution mit neuem Kontext entwickelt hatte:

> *"For the Portuguese, picnics have the image of being very old-fashioned, maybe a little bit boring, something you do with your family or if you're working in the field. So the idea of organizing urban picnics like after work, maybe with some music around – here it's something new. In Paris it's normal, but also here it's working well and you meet nice people."*

Europabilder

Aus der Auseinandersetzung mit dem lokalen Umfeld entstehen jedoch nicht nur „europäische Praktiken“, sondern auch Kompetenzen der reflexiven Auseinandersetzung mit dem eigenen „Europäisch-Sein“. Von vielen Befragten wurde dies als eine „natürliche“ Entwicklung betrachtet, welche sich aus den persönlichen Erfahrungen, Bindungen und Alltagspraktiken in zwei oder mehreren verschiedenen Ländern ergab:

> *„Ich merke, dass sich quasi schon irgendwelche portugiesischen Dinge in meinem Kopf verankern, die dazu kommen* [...]. *Im Zusammentreffen mit dem Deutschen, denke ich, wird sich daraus irgendwas Europäisches entwickeln, weil es da einfach mehrere Einflüsse gibt.“*

Gerade bei den jüngeren Interviewpartnern wurde die Stellungnahme, sich als Europäer zu fühlen, in unmittelbare Verbindung mit der Lebenserfahrung im Ausland und der Arbeitserfahrung in einer EU-Institution gebracht. Dabei zeigte sich allerdings keine homogenisierenden Tendenz, sondern vielmehr die Fähigkeit, Gemeinsamkeiten ebenso wie Unterschiede und Andersheit gegenseitig anzuerkennen und zu schätzen. Diese Kompetenz, deren Erwerb durch die beruflichen Möglichkeiten innerhalb der EU-Organisation erleichtert werde, beschrieben die Befragten als spezifisches Merkmal einer „europäischen Bürgerschaft“.

Nationale Identitätszuschreibungen spielten zwar eine gewisse Rolle, stellten aber keineswegs exklusive Entwürfe dar und wiesen in sich durchaus Widersprüche auf. Die mehrfach getroffene Aussage, das Herkunftsland zu lieben oder stolz auf seine Nationalität oder regionale Traditionen zu sein, schloss nicht aus, sich gleichzeitig in unterschiedlicher Gewichtung als Europäer zu fühlen, wobei die Selbstbeschreibung als „Europäer“ hierbei gleichgewichtig als emotionale Bindung (*“I'm a British native feeling European”*) oder bewusste Entscheidung und Zuwendung (*“I don't want to say I'm Belgian, I like to say I'm European”*) dargestellt wird. Oft wurde auch anstelle eines „Nationalstolzes“ auf das Herkunftsland die enge emotionale Bindung an einen speziellen Ort oder die Region, in der die Kindheit verbracht wurde, hervorgehoben – in vielen Fällen verbunden mit besonderen Natureindrücken oder physischen Erfahrungen, die dann wiederum als einzelne Elemente auf den aktuellen Aufenthaltsort übertragen werden können:

> *“It’s five square kilometers in the mountains in France where I grew up, between Lyon and Marseille, that’s my home deeply emotionally. It’s a certain type of trees, a certain type of rock, a certain type of air that I also find a bit here.”*

Diese Abgrenzung von nationalstaatlichen Zuschreibungen konnte in Einzelfällen so weit reichen, dass die Festlegung auf Namen oder Symbole kategorisch verweigert wurde: *“I’m attached to the place where I was born, but not to a country or a certain name – or the name of a certain country.”*

Andererseits konnte das Gefühl des Europäisch-Seins auch mit dem Nationalstolz auf das Herkunftsland verschmelzen, wenn dieses aus Sicht des jeweiligen Interviewpartners eine bedeutende historische Rolle bei der Entwicklung Europas gespielt hatte, oder wenn die Wege zum familiären Hintergrund weit über die Grenzen des Herkunftslandes herausführten. Es konnte allerdings auch über den Prozess graduell unterschiedlich bewusster Öffnungen auf individueller Ebene hinausreichen und wurde dann eng verbunden mit einem sozialen Verantwortungsgefühl, das nicht an den geografischen oder politischen Grenzen Europas Halt machte: *“I think what’s important is to be conscious, have a social conscience, and also emotional – you have to keep that dream. You have to be global in mindset, and that’s part of being European, I think.”*

Grundsätzlich schien es vielen meiner Gesprächspartner jedoch leichter zu fallen, ihre ganz persönliche Definition des Europäisch-Seins zu beschreiben und Grenzen sowie Widersprüchlichkeiten auf dieser individuellen Ebene – egal ob bei der Selbstbeschreibung oder der Zuschreibung für Andere – zu überwinden, und als ihr „persönliches“ Europa zu definieren: *“I would define Europe culturally. And in that respect I would consider Russians European. Not Russia, but Russians, they are Europeans. I know some Turkish people, too, who to me are Europeans. For me it’s the people.”*

Vor allem die in der Kindheit erlernte geografische Belegung des Begriffs Europa sowie das politische Konzept der EU überlagern sich hier mit persönlichen Eindrücken und Gefühlen: *“I think it was decided geographically, where Europe ends. I think that’s coming from my schooling. Maybe we see this as a box and put those people in a box.”* So erfolgte auch die Bestimmung der Grenzen Europas von den meisten Befragten zunächst geografisch orientiert, auf Nachfragen zeigen sich jedoch die unterschiedlichsten Verschiebungen – Ausweitungen ebenso wie Einschränkungen. Eine von mehreren Gesprächspartnern genannte Zugehörigkeitsbedingung ist zunächst die persönliche Beziehung zu einem Land: *„Ich muss sagen, die neuen* [EU-]*Mitgliedstaaten sind für mich einfach deswegen noch nicht* *so sehr Europa, weil ich selber noch nie in der Richtung gereist bin.“* Die Formulierung dieser Begründung weist allerdings nicht auf eine kategorische Grenzziehung hin, sondern vielmehr auf ein Verschiebungspotenzial, das eher von den eigenen Erfahrungsmöglichkeiten als von sachlichen Parametern abhängig gemacht wird.

Neben der Konstruktion eines auf der individuellen Überwindung von Andersheit basierenden „persönlichen“ Europas wurden von einigen Interviewpartnern auch Definitionen konstruiert, die sich auf ältere politische Modelle – von der Begrenzung auf die früheren 15 EU-Mitgliedstaaten bis hin zum Römischen Reich – beziehen. Auch historische Ansätze, die Bezeichnung des Mittelmeeres als „das zentrale europäische Meer“ sowie Abgrenzungen über Weltreligionen, Rechtsformen oder wohlfahrtsstaatliche Modelle werden herangezogen, um die ideelle Grundlage für eigene Europa-Definitionen zu schaffen, während die EU im Gegensatz hierzu überwiegend als politisches und wirtschaftliches Modell wahrgenommen wurde.

Dies bedeutete allerdings nicht, dass die eigenen beruflichen Aufgaben innerhalb der EU-Organisation als negativ wahrgenommen wurden – je nach Bereich und Aufgabenstellung trug die Beschäftigung in diesem Arbeitsumfeld zur situativen Grenzauflösung bei und ermöglichte eine persönliche Öffnung:

> *„Es gibt da eine Sache – die Art und Weise, wie wir unsere Daten bekommen: Wir haben ein Netzwerk aufgebaut, das REITOX-Netzwerk* [13], *und das ist etwas, was mir halt gezeigt hat, wie doch so eine Kommunikation in ganz, wirklich ganz Europa funktionieren kann.“*

Diese Vernetzung, welche der Verfolgung von Drogenzuflüssen und -abflüssen dient, machte auch – und gerade – nicht an den Grenzen der EU halt: *“We work together with a lot of people from South-America, North Africa, or the Ukraine. In this context where we work you can’t stick with the EU countries. There’s a wider sense, wider aspects.”* Demensprechend wurden Grenzen zwar noch wahrgenommen, aber nicht als „begrenzend“ betrachtet: *“Of course, here at EMCDDA the borderlines are not so definite, because we have relations even with Russia, with America. I mean, the borderline is – well, it’s definite, but we don’t look at it like a borderline.”*

Im Gespräch mit einigen der Mitarbeiter im maritim-technischen Bereich der EMSA dagegen schienen die Grenzen noch stärker zu verschwimmen und an „begrenzender“ Bedeutung zu verlieren. Dies wurde von den Befragten auf die teilweise jahrzehntelange Tätigkeit auf See zurückgeführt – zum einen aufgrund der dort meist hochgradig multinationalen Besatzung [14], zum anderen mit Blick auf die Tatsache, dass die EU innerhalb der International Maritime Organisation (IMO), welche die wichtigsten und täglich zu beachtenden Vorschriften festlegt, keine Kompetenz, sondern nur Beobachterstatus hat. So bewegten sich die in diesem Bereich Beschäftigten innerhalb eines komplexen Gefüges von persönlichen Beziehungen sowie Verantwortlichkeiten rechtlicher und technischer Art, in welchem Internationalität konstitutiv ist:

> *"It's a very complex thing. Most flags allow having any nationality working on board. And these people work under maritime law, not necessarily under the law of the country itself. And this maritime law is more or less structured by international law, with some additions for each country. So there are a lot of similarities."*

Darüber hinaus zählt zu den zentralen Aufgaben der EMSA auch der Umweltschutz – ein Bereich, in dem eine enge internationale Zusammenarbeit, die sich nicht nur auf politische oder geografische Grenzen bezieht, unumgänglich ist: *"If there is a disaster like with the 'Prestige'* [15], *the oil doesn't care about borders."* Diese Aussage unterstreicht in diesem Zusammenhang die Tendenz zu – zumindest situationsspezifischen – Grenzauflösungen.

„Europäische Identitäten" und ihre Grenzen

> „Europa ohne Grenzen. Die Schranken hochgeklappt und jeder kann durchmarschieren, wie er Lust hat. Will denn niemand meinen Pass sehen, bitte, bitte?! Oder lasst mich wenigstens meinen Kofferraum aufmachen. [...] Bin schon lange nicht mehr eine so weite Strecke mit dem Auto unterwegs gewesen. Fällt auf, dass Europa wirklich zusammenwächst, ein Land wird. Sprachen sind anders, die Musik ist anders, die Nachrichten sind auch verschieden, aber was heißt das schon. [...] Gutes Gefühl – einfach fahren, an nichts denken, Straßen und den Geist der Geschichte durch mich durchfließen lassen. [...] Ja, hier bin ich zu Hause, hier ist mein Heimatland." (Lisbon Story, vgl. Wenders 1994)

Phillip Winter [16], Protagonist in dem Spielfilm „Lisbon Story" von Wim Wenders, äußert diese Gedanken auf seiner Fahrt von Frankfurt nach Lissabon, die er antritt, um einem Freund bei der Vertonung seines ursprünglich als Stummfilm geplanten Werks über Lissabon und seine Bewohner zu helfen. Von ähnlichen

Eindrücken berichteten auch einige meiner Gesprächspartner, welche die Strecke zwischen Lissabon und Herkunftsland ein- oder mehrfach pro Jahr zurücklegten. Das „Erfahren" der fremden Umgebung stellte in diesem Zusammenhang nur eine der individuell sehr unterschiedlichen Strategien physischer Kontaktaufnahme mit dem lokalen Umfeld dar. Dabei griffen Konstruktionen zur Herstellung von Nähe und Vertrautheit insbesondere in der Anfangsphase oft auf dingliche Bezüge zurück, welche – je nach persönlicher Disposition – eine Vermeidung ebenso wie den Einstieg zur Aufnahme unmittelbarer persönlicher Kontakte ermöglichten.

Auch wenn die (Um-)Nutzung lokaler Gegebenheiten und Artefakte bereits zu deren Veränderung beitragen konnte, erfolgte dieser Vorgang meist noch unreflektiert. Je stärker aber die Wahrnehmung von Andersheit erfolgte, umso größer war mittelfristig das Bedürfnis hinsichtlich einer „Personalisierung" des lokalen Umfeldes. Hierdurch entstehen Identifikationsschablonen, welche sich in dem Maße zu vervielfältigen beginnen, wie sie nicht nur für sich selbst sondern auch kreativ für andere umdefiniert oder neu entworfen werden. Wenn daher Ungarisch an einer portugiesischen Grundschule zur Wunsch-Fremdsprache werden kann und spontane Stadtpicknicks nach Feierabend am Tejo-Ufer Bilder traditionell-opulenter Familienpicknicks am Wochenende ablösen oder ergänzen, stellt dies eine Form von Europäisierung dar, welche auf der Wirkung „kosmopolitischer Vorstellungskraft" in aktiver Auseinandersetzung mit – auch der eigenen – Andersheit beruht.

Die im Rahmen von Selbstdarstellungen eher zurückhaltende Verwendung des Begriffs „europäischer Bürgerschaft" weist allerdings auch darauf hin, dass dieses Konzept zwar ein gewisses kollektives Identifikationspotential birgt, Bürgerschaft selbst aber auch teilweise noch territorialen Definitionen unterliegt, während die Bereitschaft, individuelle Identitätszuschreibungen von ausschließlich national-territorialen Zugehörigkeiten zu lösen, ungleich höher – und den meisten Befragten auch selbstverständlich – erschien. Dass sich hierbei aus persönlichen Bindungen und Identifikationen in zwei (oder mehreren) europäischen Ländern „etwas Europäisches" – und nicht beispielsweise etwas „Bi-" oder „Multi-Nationales" – entwickelt, ist jedoch keineswegs selbstverständlich: Die Konstruktion eines Europäisch-Seins aufgrund von im Rahmen der Lebenserfahrung im Ausland oder des Zusammenlebens mit einem Partner anderer Nationalität entwickelten Sicht- und Handlungsweisen belegt die Tendenz, Eigenschaften wie Offenheit, Flexibilität oder Reflexivität, welche eher als generell kosmopolitisch gelten könnten, als spezifisch europäisch zu definieren.

Auflösungen traditionell territorial gebundener Identitätskonzepte unterlagen hierbei vor allem Strategien des Rückgriffs auf situativ-emotionale, häufig mit physischen Erfahrungen beziehungsweise erinnerten Sinneseindrücken (zum Beispiel einem speziellen Anblick, Geruch oder Geschmack) und in Verbindung zum Herkunftsland stehenden Bezügen. Andere Konstruktionen verfolgten eine bewusste Auflösung der traditionellen Verflechtung von „Kultur“ und „Nation“, häufig unter Referenz auf genealogische Hintergründe oder mit Blick auf historische Strukturen, die zeitlich vor der Nationenbildung des 19. Jahrhunderts in Europa liegen. [17] Dieser Zugriff auf einzelne Elemente aus McDonalds (2006) „Do-it-yourself-Identitätsbaukasten“ [18] bestätigt deren unverminderte Bedeutung für Identifikationsprozesse. Ihre singuläre Auskopplung weist jedoch gleichzeitig auch darauf hin, dass die Konstruktion „europäischer Identitäten“ in der Verbindung mit „verwurzeltem Kosmopolitismus“ nicht mit nationalistischen Tendenzen einhergehen muss.

Während allerdings die Konstruktion solcher individueller europäischer Identifikationen Widersprüchlichkeiten und Fragmenthaftigkeit zulässt, erfordert die Definition Europas selbst eine reflexive Auseinandersetzung mit inneren und äußeren Grenzen, wobei Verschiebungen und Auflösungen auf innerer Ebene durch die selbst erfahrene Überwindung von Andersheit leichter erscheinen als die Auseinandersetzung mit internalisierten geografischen, historischen, religiösen oder politischen Grenzziehungsmodellen. Die Befragten befanden sich diesbezüglich an einer besonderen „Nahtstelle“: Aufgrund der Beschäftigung innerhalb der EU-Organisation wurden aktuelle wirtschaftliche und politische Rahmensetzungen EU-Europas bewusst wahrgenommen, und dort, wo Mitarbeiter mit der operativen Umsetzung von Regularien (beziehungsweise deren Kontrolle) vor Ort betraut waren, fand auch der unmittelbare Kontakt mit deren lokalen Auswirkungen statt. Gleichzeitig sind die Tätigkeiten der EU-Agenturen zu erheblichen Teilen auch auf künftige EU-Erweiterungen ausgerichtet: Drogenentwicklung in der Ukraine oder Sicherheitsstandards von Schiffen unter kroatischer Flagge sind nur Beispiele für einen beruflichen (und hierdurch auch persönlichen) Vernetzungsgrad, der an und über die „Peripherie“ Europas hinaus reicht. Die grenzüberschreitende Verfolgung von Waren- (beziehungsweise Drogen-)Strömen, aber auch die Beschäftigung von EMSA-Mitarbeitern in und mit einem Element, dessen Übergänge naturgemäß „fließend“ sind, führte zu einer differenzierenden Betrachtung zwischen „Grenzen“ und deren Funktion als „Begrenzung“.

In vielen der beschriebenen Grenzauflösungen – sei es durch physische Bewegung, emotionale Mehrfachbezüge oder diskursive Auseinandersetzung – handelte es sich jedoch um ein punktuelles, situationsbezogenes Auftreten, welches ebenso mit neuen Grenzziehungen auf anderen Ebenen verbunden sein kann. Umso größere Bedeutung kommt daher dem Blick auf die Beschaffenheit dieser Grenzen selbst zu: Wenn Wim Wenders seinen Hauptdarsteller Winter auf halbem Wege zwischen Frankfurt und Lissabon zwiespältige Gefühle über das Wegfallen von formalen Landesgrenzposten äußern lässt, die neben Erstaunen auch ein gewisses Bedauern ausdrücken, so weist dies auf die rituelle Bedeutung von Grenzen – beziehungsweise deren Überschreitung – hin, welche sich auch in dem von einem Großteil der befragten EU-Mitarbeiter beschriebenen intellektuellen und emotionalen Reiz alltäglicher Grenzüberschreitungen manifestierte. Wichtiger als die programmatische „Abschaffung" (innerer) Grenzen gegenüber Andersheit scheint daher deren Um- beziehungsweise Neudeutung und reflexive Betrachtung: Wenn diese eher in einem „beschreibenden" als in „begrenzendem" Sinne wahrgenommen werden können, bleibt ihre Bedeutung als Referenz im Rahmen von Identifikationsprozessen unberührt, ohne jedoch dass sie in Abgrenzung münden müssen.

Europäischer Kosmopolitismus

In der konkreten alltäglichen Auseinandersetzung mit Andersheit – hier mit der spezifischen Lokalität Lissabons, aber auch aufgrund des besonderen beruflichen Umfeldes der zwei dortigen EU-Agenturen, deren Mitarbeiter sich an einer sowohl geografischen als auch organisatorischen „Nahtstelle" (EU-)Europas zwischen Zentrum und Peripherie befinden – werden Kompetenzen wie Kreativität und kosmopolitische Vorstellungskraft in besonderer Weise gefordert und gefördert. Dieser Prozess wiederum wird begleitet von der Entwicklung „europäischer Praktiken", die sowohl Veränderungen im lokalen Umfeld als auch bei den Initiatoren selbst hervorrufen. Damit entwickelt sich aus der Auseinandersetzung mit dem lokalen Umfeld auch die Kompetenz der reflexiven Auseinandersetzung mit einem eigenen „Europäisch-Sein", bei dem Europas Grenzen verschwimmen, sich verschieben und neuen Zuschreibungen unterliegen. Das Wissen um die Offenheit und die Wechselwirkung zwischen diesen Prozessen stellt hierbei gleichzeitig auch das besondere Merkmal einer spezifisch europäischen Form von Kosmopolitismus dar, in dessen Rahmen die Konstruktion sich stetig erneuernder „offener Identitäten", welche sich aus den Fragmenten unterschiedlicher und gegebenenfalls widersprüchlicher „europäischer Identitäten" zusammensetzen, selbst zur europäischen Praxis wird.

Anmerkungen

[1] Historisches Stadtviertel Lissabons, das als nahezu einziges von den Folgen des großen Erdbebens von 1755 verschont blieb.

[2] Name zum Zweck der Anonymisierung geändert.

[3] „Lisboa Down Town“ ist ein seit 2000 einmal jährlich veranstaltetes Mountainbike-Rennen, das zwischenzeitig internationale Beachtung findet. Detaillierte Informationen findet man auf den Websites http://www.lisboadowntown.sapo.pt, (Zugriff 10/2007, mittlerweile nicht mehr zugänglich) und http://www.metacafe.com/watch/152007/downtown_alfama_2006, (Zugriff 10/2007).

[4] 1994 drehte der deutsche Regisseur Wim Wenders die ursprünglich (im Rahmen Lissabons als Kulturhauptstadt Europas in diesem Jahr) als Dokumentarfilm geplante „Lisbon Story“, in welcher die Atmosphäre der Stadt, das Medium Film selbst sowie das Zusammenrücken in einem vereinten Europa thematisiert werden.

[5] Auszug Feldtagebuch, 30.7.2007.

[6] Sowohl bei der EMSA als auch bei der EMCDDA handelt es sich um Gemeinschaftsagenturen der EU, welche zwar über eine eigene Rechtspersönlichkeit verfügen, allerdings im Sinne einer Standortdiversifizierung zur Ausübung bestimmter technischer, wissenschaftlicher oder verwaltungstechnischer Aufgaben dezentral errichtet wurden und gegenüber den zentralen Organen der Europäischen Union überwiegend beratende oder vermittelnde Funktion haben (vgl. EUROPA – Einrichtungen der Europäischen Union. In: http://europa.eu/agencies/index_de.htm, Zugriff 11/2007; Europäischen Agentur für die Sicherheit des Seeverkehrs. In: http://www.emsa.europa.eu, Zugriff 11/2007; Europäische Beratungsstelle für Drogen und Drogensucht. In: http://www.emcdda.europa.eu, Zugriff 11/2007).

[7] Die hier sowie im nachfolgenden Text verwendete deutsche Übersetzung von „citizenship“ im europäischen Kontext als „Bürgerschaft“ wurde gewählt, da Begriffe wie „Staatsbürgerschaft“ oder „Staatsangehörigkeit“ nicht die rechtliche Konstruktion der EU treffen.

[8] Multikulturalismus versteht sich hier in Abgrenzung zu Ulrich Becks Definition (2004), der diesen als „schöngeistige Haltung“ betrachtet und ihm die fehlende Bereitschaft zu politischer Verantwortungsübernahme vorwirft.

[9] Stand Ende November 2007.

[10] Auf eine detaillierte tabellarische Zusammenstellung dieser sowie der nachfolgend beschriebenen Merkmale wird zugunsten der Anonymisierung der

Befragten verzichtet, da aufgrund der kleinen Organisationseinheiten sowie dem teilweise geringen Vertretungsgrad kleinerer EU-Länder eine Identifizierung der Interviewpartner allein schon anhand der Nationalität in Kombination mit dem Arbeitsbereich oder Geschlecht möglich wäre.

[11] Traditioneller Baustil, benannt nach dem Markgrafen Marqués de Pombal, welcher nach dem Erdbeben von 1755 in Lissabon den Wiederaufbau initiierte.

[12] „Pousadas de Portugal" ist eine Kette von Hotels und Pensionen, die überwiegend in restaurierten historischen Gebäuden Portugals untergebracht sind oder sich in besonderen landschaftlichen Lagen befinden.

[13] Das Europäische Netzwerk für Drogen und Drogensucht.

[14] Der Anteil an Seeleuten aus Drittstaaten, die auf in der EU registrierten Schiffen anheuern, beträgt rund 85 Prozent; davon sind drei Viertel aus den Philippinen, der Ukraine und Russland (vgl. Europäische Agentur für die Sicherheit des Seeverkehrs (2006) Mehr Sicherheit und Sauberkeit im Seeverkehr in der Europäischen Union. Amt für amtliche Veröffentlichungen der Europäischen Gemeinschaften, Luxemburg. In: http://www.emsa.europa.eu, Zugriff 11/2007).

[15] Am 13.11.2002 schlug der einwandige Tanker „Prestige" vor der spanischen Küste leck und brach sechs Tage später auseinander. Über 40.000 Tonnen Schweröl traten aus und verschmutzten mehr als 3.000 Kilometer spanische, französische und nordportugiesische Küste. Zusammen mit dem Untergang des Öltankers „Erika" 1999 vor der bretonischen Küste gilt diese Havarie als Auslöser für die Gründung der EMSA.

[16] Gespielt von Rüdiger Vogler.

[17] Bemerkenswert ist in diesem Zusammenhang das ausgeprägte historische Interesse bei einem wesentlichen Teil der befragten Interviewpartner. Von mehren Befragten wurde die Beschäftigung mit Geschichte konkret als deren Hobby bezeichnet. Beck (2006, 268f.) weist darauf hin, dass ein kosmopolitischer Blick – anders als vorwiegend raumbezogene Transnationalisierungs- oder Netzwerkkonzepte – zeit- und geschichtsübergreifende Identifikationen ermöglicht und auch ein historisches Bewusstsein beinhaltet.

[18] Volk, Geschichte, Sprache, Kultur, Territorium (vgl. Abschnitt „Identität, kulturelle Bürgerschaft und Kosmopolitismus". Zum Begriff des Kosmopolitismus im europäischen Kontext vgl. auch Heinbach in diesem Band).

Reflexive Europäisierung

Tourismus, Migration und die Mediterranisierung Europas

Regina Römhild

Pousos [1] ist ein kleines Dorf an der Südküste Kretas, das offiziell kaum mehr als 230 ständige Einwohner aufweist, inoffiziell aber zusätzlich von einer weit größeren Zahl mobiler Bewohner bevölkert wird: von Touristen und Aussteigern mit oder ohne eigenes Domizil am Ort, von aus der Distanz präsenten, zurückkehrenden oder über die Grenzen Europas neu hinzukommenden Arbeitsmigranten. Von hier aus startete ich ein langjähriges Forschungsprojekt (vgl. Römhild 2002; 2004; 2008), in dem ich den Spuren und Wirkungen von Migration und Tourismus folgte bis zu jenen turbulenten Kreuzungen, an denen sich diese Mobilitäten heute an den mediterranen Rändern Europas treffen.

Aus der Perspektive eines sich im Norden und Westen konzentrierenden Europas liegen Orte wie Pousos im Abseits. Wie der Mittelmeerraum insgesamt markieren sie den imaginären wie geopolitischen Grenzraum Europas; eine Lage, die sie langfristig zum „Anderen" der europäischen Moderne machte und sie als „Peripherie" in den Dienst des „Zentrums" stellte (vgl. Herzfeld 1987; Argyrou 2002). Diese Grenzfunktion erfährt heute mit dem neuen EU-europäischen Grenzregime, das den Mittelmeerraum erneut zur ambivalenten Pufferzone zwischen „Europa" und dem „Rest der Welt" macht, eine verschärfte Aktualisierung (vgl. TRANSIT MIGRATION Forschungsgruppe 2007).

Aber gerade aufgrund dieser prekären Positionierung im kulturellen, ökonomischen und politischen Hinterland Europas liegen Orte wie Pousos zugleich im Zentrum anderer mobiler Geographien: Denn von hier aus entfaltete die Arbeitsmigration der Nachkriegszeit ihre transnationalen, die Grenzen zwischen „Zentrum" und „Peripherie" durchkreuzenden Netzwerke; hier fanden Anthropologen und Touristen das Eldorado ihrer gegenmodernen Imaginationen; und hier fordern heute die globalen Migrationsbewegungen das neue Europa an seinen Grenzen heraus. Das moderne Mobilitätsregime konsolidierte die hegemoniale Architektur Europas, indem es den Süden als Arbeitskräftereservoir für die Projekte der „Gastarbeit" und zugleich als Refugium des Tourismus aus dem Norden in den Dienst nahm. Aber eben dieses Mobilitätsregime hat sich zugleich mit unintendierten Nebenfolgen, mit turbulenten Eigendynamiken selbständig gemacht. So erweist sich der Mittelmeerraum – die neuralgische Schnittstelle zwischen den europäischen Grenzgebieten des „Balkans" und des „Orients" – heute als ein Laboratorium gegenläufiger, reflexiver Projekte der Europäisierung.

Orte wie Pousos sind deshalb ein geeigneter Ausgangspunkt für eine andere Ethnographie der Europäisierung, die nicht nur – wie sonst oft im Fokus – die jüngere Geschichte und die Politiken der Europäischen Union im Blick hat. Die anthropologische Perspektive, wie ich sie hier verfolge, wendet sich Europa gerade nicht von der hegemonialen Landkarte des „Zentrums" aus zu, sondern von den diese Hegemonie durchkreuzenden Mobilitäten und den imaginären, sozialen, kulturellen Räumen, die sie entwerfen (vgl. Appadurai 2000). Damit knüpfe ich an die Ansätze einer Europäisierung „von unten" an, mit denen die anthropologische Forschung die kulturelle, soziale und politische Praxis der Europäisierung als Aushandlungsprozess vieler beteiligter Akteure – und nicht nur der offiziellen politischen Protagonisten – zu ihrem Gegenstand gemacht hat (vgl. u. a. Barry 2002; Borneman/Fowler 1997; Shore 2000; Welz 2006a).

Aus dieser dezentrierten Perspektive lässt sich erkunden, welche Rolle die „Peripherie" in der Figuration des modernen Europas spielt und wie aus dieser Rollenzuweisung jene reflexiven Turbulenzen entstehen, die diese Figuration heute von ihren Rändern her nachhaltig in Frage stellen. Dabei sind es vor allem die scheinbar klar abgegrenzten, gegenläufigen Bewegungen von Tourismus und Migration, die an ihren kulturellen Kreuzungen ein anderes, mediterranisiertes Europa imaginieren und praktizieren.

Moderne Fluchten – transnationale Turbulenzen

Jorgos ist der Sohn einer alteingesessenen Familie in Pousos. In der Taverne seiner Eltern lernt er Amie kennen, die Tochter eines japanischen Künstlers und einer kanadischen Biologin, die sich mit ihrem Einsatz für die bedrohte Meeresschildkröte Caretta Caretta einen Namen als erste Umweltschützerin Kretas machte. Amies Mutter war schon in den 1970er Jahren, als Aussteigerin der Hippie-Generation, zum ersten Mal nach Kreta gekommen, hatte danach aber gemeinsam mit ihrer Tochter noch viele andere Länder bereist. In den 1990er Jahren kehrt sie nach Kreta zurück und lässt sich in der Nähe von Pousos, in Pitsidia, nieder. Als Amie, die inzwischen als junge Erwachsene in Kanada lebt, ihre Mutter hier besucht, verliebt sie sich in Jorgos und beschließt zu bleiben. Das dörfliche und familiäre Leben erscheint ihr als wohltuender Gegensatz zu den unsteten Wanderjahren ihrer Kindheit; und zugleich ist sie positiv überrascht von dem internationalen Flair, das die ständige Präsenz der Touristen und Daueraufenthalter, der Migranten aus aller Welt in Pousos verbreitet. Zur Hochzeit von Amie und Jorgos werden, wie auch bei der späteren Taufe ihrer Tochter, die Einladungen über Griechenland hinaus bis nach Kanada zu Amies Verwandten mütterlicherseits, nach Japan zur Familie ihres Vaters und in die Niederlande, wo Jorgos' Bruder mit seiner Frau lebt, verschickt. Nicht nur die Taverne, die Amie und Jorgos zunächst pachten, sondern auch der später von ihnen übernommene kleine Einkaufsladen wird zu einer beliebten kommunikativen Anlaufstelle für Fremde und Einheimische. Doch die anfängliche Harmonie wird bald von Streitigkeiten überschattet. Ein Stein des Anstoßes ist Amies Mutter, die mit ihrem Hang zu Drogen und Alkohol, mit ihrem exzessiven Lebensstil immer wieder in Schwierigkeiten gerät, aus denen sie sich nur mit Hilfe von Jorgos und seinen lokalen Kontakten befreien kann. Schließlich wird sie wegen Drogenbesitz und einer nicht verlängerten Aufenthaltserlaubnis verhaftet und nach Kanada abgeschoben. Für Amie führt dieses Ereignis zum endgültigen Bruch mit Jorgos; mit ihrer Tochter folgt sie der Mutter zurück nach Kanada. Seine Tochter sieht Jorgos seitdem nur noch bei den seltenen Gelegenheiten, wenn sie in den Sommerferien mit Amie zu Besuch kommt. Aber nach einer längeren Zeit depressiver Traurigkeit hat sich Jorgos neu verliebt: in Maria, eine Migrantin aus der Ukraine, mit der er heute eine „Kafetería", ein Kaffeehaus mit kleiner Speisekarte, in der Mitte von Pousos betreibt.

Patchwork-Familiengeschichten und transnationale Biographien wie diese entstehen heute längst nicht mehr nur in weltstädtischen Metropolen, sondern zunehmend auch in einer „Peripherie", die vom Strudel der modernen Mobilitäten erfasst und nachhaltig geprägt wurde. Jorgos selbst hat Kreta nur zwei Mal, zu Besuchen bei Amies Familie in Kanada und bei Marias Familie in der Ukraine, verlassen; und doch spiegeln sich in seiner Geschichte all jene Bewegungen der Moderne in Tourismus und Migration, die Orte wie Pousos aus der Abseitslage ins Zentrum eines neuen, turbulenten Europas manövriert haben. Nach den Bildungsreisenden aus dem Norden und Westen Europas, die bis in die 1950er Jahre in den Stränden des Mittelmeers nur die stummen Zeugen eines steilen Abstiegs von antiker Größe zu mediterraner Rückständigkeit sahen, kamen ab den 1960er Jahren Aussteiger wie Amies Mutter und mit ihnen die Entdeckung eben jener mediterranen Rückständigkeit als Eldorado eigener Träume vom einfachen, guten Leben jenseits der westlichen Moderne. Während viele im Dorf auf der Flucht vor der Armut als „Gastarbeiter" in den Norden zogen oder später – wie Jorgos' Bruder – ihren Frauen, die sie als Touristinnen kennen gelernt hatten, in den Norden folgten, modellierte der Tourismus aus den unfruchtbaren, sandigen Böden unter der gleißenden Sommersonne, aus den alten Gemäuern und den orthodoxen Traditionen das pittoreske Szenario eines mediterranen Urlaubsparadieses und schlug daraus Kapital.

Die sich ausbreitende Tourismusökonomie ermöglichte nicht nur ortsansässigen Einheimischen wie Jorgos, sich eine Existenz jenseits Olivenanbaus, der bis dahin fast die einzige lokale Einnahmequelle war, aufzubauen. Sie eröffnete auch Perspektiven für zurückkehrende Arbeitsmigranten, sich mit ihren transnationalen kulturellen Kompetenzen erfolgreich in die laufenden Projekte einer touristischen Vermarktung mediterraner Traditionen einzuschalten. Viele investieren in solche Projekte auch aus der Distanz der Migration, wenn sie etwa – wie Jorgos' Bruder – eigene Ferienapartments vor Ort vermieten, um die sich in ihrer Abwesenheit die Familienangehörigen kümmern. Schließlich haben sich auch etliche der Touristen mit eigenen Häusern im Ort oder am Rand der sich anschließenden Olivenplantagen einen dauerhaften Platz in Pousos geschaffen. Manche von ihnen leben inzwischen ständig hier, sind selbst Migranten geworden, oft auch dadurch, dass sie – wie Amie – in die lokalen Familien eingeheiratet haben. Neben den Unternehmen des Massentourismus, die sich in Kreta vor allem in Flughafennähe an der Nordküste der Insel konzentrieren, ist im Süden der Insel mit dem hier vorherrschenden Alternativ- und Kulturtourismus seit den 1980er Jahren ein weit verzweigtes, kleinteiliges Netz touristischer Infrastruktur entstanden, das von familiengeführten Kleinhotels über Gastronomie und Autovermietung bis zum Strand- und Straßenhandel reicht. In den Anlagen des Massentourismus und in der kleinteiligen Ökonomie des Individualtourismus, in den Hotels und Tavernen wie in den Privathaushalten und Alterswohnsitzen der touristischen Residenten finden heute auch die aus dem Osten neu hinzukommenden klandestinen Migranten ein prekäres Auskommen als irreguläre, billige Arbeitskräfte – sofern sie es, wie Jorgos' Freundin Maria aus der Ukraine, über die sich ihnen offiziell verschließenden neuen EU-europäischen Grenzen nach Griechenland geschafft haben (vgl. Lenz 2007).

Dieses Szenario sich kreuzender, sich gegenseitig anziehender Mobilitäten stellt die klassischen Analysekategorien der Tourismus- und der Migrationsforschung, und damit auch generell das moderne Regime eindeutig gerichteter, kontrollierter Mobilitäten, auf den Kopf. Die scheinbar klaren Unterscheidungen zwischen den Figuren des Touristen – als „fremdem Gast" –, des Migranten – als „fremdem Einwanderer" – und des Einheimischen – als „sesshaftem Gastgeber" – werden hier durchbrochen von einer Vielzahl hybrider Mobilitätsfiguren. So werden aus Touristen Migranten und aus Migranten Einheimische, wenn sie sich in den örtlichen Familien, in der lokalen Ökonomie der Hausbesitzer, Olivenbauern, Zimmervermieter und Tavernenbetreiber niederlassen. Das betrifft nicht nur die Reisenden aus dem Norden, sondern auch die Reisenden aus Osteuropa und der ehemaligen Sowjetunion, wenn sie ihrerseits die neuen Grenzen der EU offiziell als Touristen passieren, ihr Reisevisum inoffiziell aber als klandestines Ticket zu einem Arbeitsplatz, zu einer Existenz als Arbeitsmigranten in der Tourismusökonomie nutzen. Ebenso haben viele der Einheimischen ihre eigene Mobilitätsgeschichte, die sie auf das griechische Festland, in die USA oder nach Australien, vor allem aber auch als „Gastarbeiter" in den europäischen Norden geführt hat, bevor sie sich als Zimmervermieter, Tavernenbesitzer, Kaffeehausbetreiber, durch den Verkauf von Haus und Land an die Touristen in Pousos eine neue oder auch nur eine zusätzliche Existenzgrundlage schufen.

So bestimmt nicht nur Mobilität, sondern auch Transnationalität das Bild und die Praxis auf allen Seiten, auf der Seite der „Einheimischen" ebenso wie auf der Seite der „Fremden". Denn die turbulenten Mobilitäten durchbrechen und transformieren auch die moderne Ordnung scheinbar klar unterscheidbarer nationaler Territorien und dazugehöriger Nationalitäten, die in der Perspektive des Nationalstaats das lokale Verhältnis von Mehrheit und Minderheiten, von Einheimischen und Fremden bestimmen.

In Pousos begegnen und kreuzen sich jene Bewegungen, die in einem hegemonialen Mobilitätsregime zwischen modernem „Zentrum" und abhängiger, rückständiger „Peripherie" gründen, gleichzeitig aber auch über die Kontrollmacht dieses Regimes hinausweisen. An solchen Kreuzungen zwischen Tourismus und Migration, wie sie den Mittelmeerraum insgesamt kennzeichnen, treffen mit den mobilen Akteuren auch ihr Wissen, ihre unterschiedlichen Erfahrungen, Auslegungen und Kritiken der europäischen Moderne aufeinander. So wird gerade die „Peripherie" zu einem Zentrum reflexiver Verhandlungen dieser Moderne und zu einem Laboratorium der Transformation Europas „von unten".

Produktive Mobilitäten: Der Mittelmeerraum als Laboratorium der europäischen Moderne

Die touristische Entdeckung Kretas nahm ihren Ausgangspunkt ganz in der Nähe von Pousos, in dem damals kleinen Fischerdorf Matala, das zu einer legendären Anlaufstelle der europäisch-westlichen Hippie-Bewegung wurde. Die ersten modernen Touristen kamen in den 1960er Jahren als Aussteiger und richteten sich in den Höhlen ehemals römischer Grabstätten, die in einem steil aufragenden Felsen am Strand eingelassen sind, ein. Sie folgten dem amerikanischen Schriftsteller Henry Miller, der Kreta schon 1940 besucht und seine Eindrücke in dem Band „Der Koloss von Maroussi" (Miller 1998) festgehalten hatte. Noch heute gehört das Buch zur Pflichtlektüre der touristischen Fangemeinde Kretas und Griechenlands. Hatten die westeuropäischen Reisenden des 18. und 19. Jahrhunderts in ihrer Vorliebe für Griechenland nur dessen antike Vergangenheit, nicht aber deren zeitgenössische Nachfahren im Blick (vgl. Todorova 1999, 137 ff.), so geht es Miller gerade um die Kontinuität eines vormodernen, archaischen Lebens, wie er sie in der griechischen Gegenwart, in den Begegnungen mit den Menschen, die er hier trifft, zu erkennen glaubt. Griechenland, und insbesondere Kreta, erhebt Miller zum idealen Fluchtpunkt aus einer kulturell degenerierten, von Fortschrittsglauben und kapitalistischem Materialismus beherrschten Moderne nach US-amerikanischem Vorbild. Auf den Spuren dieser Imagination proben die Hippies am Strand von Matala ein anderes, wildes Leben und machen Kreta, wie viele andere Destinationen des kretischen, griechischen, mediterranen und später auch des weiter entfernten globalen Südens, zum Experimentierfeld und zum Symbol subkultureller Kritik an den gesellschaftlichen Verhältnissen der westlichen Moderne. So legt die modernisierungskritische Reiselust der Alternativbewegungen den Grundstein für eine folgenreiche Umdeutung mediterraner „Rückständigkeit", die nun einen positiv besetzten, idealisierten kulturellen Abstand zum kritisierten Westen markiert und an die später auch die massentouristische Eroberung des Mittelmeerraums anknüpfen wird.

Auch zuvor schon hatte dieselbe Abstandsmarkierung, nur anders interpretiert, Griechenland zum „eigenen Anderen" in Europa gemacht: So hatte Westeuropa sich im 18. und 19. Jahrhundert zwar die griechische Antike als eigenen kulturellen Ursprung angeeignet, das moderne Griechenland aber aufgrund seiner engen Verflechtungen mit dem „Orient" aus dieser Erbfolge ausgeklammert (vgl. Herzfeld 1987); die attestierte „Rückständigkeit" Griechenlands bestand hier darin, dass es den europäisierten Teil seiner Geschichte in der Gegenwart weniger zu repräsentieren schien als die Staaten Westeuropas, die sich ihren selbst auferlegten neoklassizistischen Idealen verpflichtet fühlten. Später ist es das ökonomische Gefälle Griechenlands und des Mittelmeerraums insgesamt gegenüber den aufstrebenden Industrienationen, das eine nachhaltige Hierarchie zwischen mediterraner „Traditionalität" und westlich-europäischer „Modernität" zu begründen hilft. Die lange Geschichte machtvoller Zuschreibungen der „Rückständigkeit" lässt sich als ein Prozess der „Mediterranisierung" (Römhild 2008, 69 ff.) verstehen, der in ähnlicher Weise wie die vergleichbaren Prozesse der „Orientalisierung" (Said 2003) und der „Balkanisierung" (Todorova 1999) auch den Mittelmeerraum in jene Grenzzone imaginärer Anderer integrierte, mit der sich Westeuropa umgab, um sich selbst ins Zentrum „seiner" Moderne zu rücken.

Auf der mit dieser „Geographie der Imagination" (Trouillot 2002) legitimierten hierarchischen Anordnung eines ökonomischen wie kulturellen Gefälles zwischen Norden und Süden gründet auch das Regime der „Gastarbeit", mit dem die europäischen Industrienationen die notwendigen zusätzlichen Arbeitskräfte für ihr „Wirtschaftswunder" der Nachkriegszeit rekrutieren. Dabei propagieren sie dieses Projekt zugleich als „Entwicklungshilfe" für den mediterranen, aber auch den globalen Süden der ehemaligen Kolonialländer (vgl. Gogos 2005; Webber 1991). Das wirtschaftliche und politische Kalkül, die „Armen" aus dem Süden als willige Hilfsarbeiter zu rekrutieren, wird flankiert von den Bildern, die sich die deutsche Gesellschaft und bald auch die frühe Migrationsforschung von den „Fremden" macht: Sie gelten als Repräsentanten einer unterentwickelten Peripherie, deren kulturelle Traditionalität sie an den Rand einer sich demgegenüber als modern profilierenden Mehrheitsgesellschaft rückt (vgl. Soysal 1999; Beck-Gernsheim 2004). Die Vorstellungen von den Heimaten dieser Einwanderer haben wenig zu tun mit der touristischen Imagination des sonnigen, lebenslustigen Südens, der mit Strandkultur und mediterranem Dolce Vita lockt. Die eigentlich im selben Raum verortete Szenerie der Gastarbeiterherkünfte wird dagegen in der Manier des Neo-Realismus mit leeren, verfallenen, überalterten, verarmten Dörfern bebildert (vgl. von Osten 2007, 177 f.). Der mediterrane Süden wird hier, in der Imagination des Nationalstaats im Zentrum Europas, zum abhängigen, entwicklungsbedürftigen Hinterland degradiert; und die touristische Faszination eines idealisierten Anderen der eigenen Moderne wird zugunsten der hegemonialen Architektur Europas, die von der Figuration eines „modernen" Zentrums und einer „rückständigen" Peripherie bestimmt wird, nachhaltig ausgeblendet.

Der national zentrierte Blick der Mehrheit auf „ihre" Minderheiten blendet ebenso aus, dass die Migranten sich selbst der Disziplinierung durch das Migrationsregime der Gastarbeit wie später auch der ihnen abverlangten Integration in eine scheinbar nationale Kulturlandschaft mit eigenen Taktiken widersetzen. So haben sie sich trotz Anwerbestopp und Rückkehrgebot in den Einwanderungsgesellschaften beheimatet, gleichzeitig aber auch enge Beziehungsnetze zu den Herkunftsgesellschaften geknüpft. Auch in Pousos sind nahezu alle Familien durch emigrierte Verwandte, die den Kontakt zum Dorf aus der Ferne aufrechterhalten, an das weltweite Netz der griechischen Diaspora angeschlossen. Wie in vielen anderen Regionen der mediterranen und der neuen europäischen Peripherie im Osten hat sich auch in Pousos eine langfristige „Kultur der Migration“ (Lewandowska/Elrick 2007) etabliert, in der Mobilität eine gängige, von Generation zu Generation weitervermittelte Handlungsoption ist. So haben auch die Wege und Beziehungen der „Gastarbeiter“ schon die „Peripherie“ mit den „Zentren“ Europas verknüpft, lange bevor dies im Zuge der neuen Aufmerksamkeit für das Paradigma der „transnationalen sozialen Räume“ (Pries 1997) auch in das Blickfeld der Migrationsforschung rückte. Mit ihren kulturellen Kompetenzen, ein mobiles Leben mit mehreren Heimaten zu führen, werden Migranten zu Protagonisten der Transnationalisierung und auch der Mediterranisierung in den Einwanderungsgesellschaften. Nicht nur in den Konsumlandschaften, etwa einer mediterranisierten Gastronomie, haben sie sich die ihnen zugeschriebene kulturelle Abstandsmarkierung der Mediterranität reflexiv angeeignet und so ihrerseits die latente Verknüpfung mit der touristischen Faszination für die eigene Existenzsicherung genutzt (vgl. Brede u. a. 2008; Kougievetopoulos 2005). Darüber hinaus haben die Kinder und Enkel der ehemaligen „Gastarbeiter“ gemeinsam mit anderen jungen Migranten aus dem kulturellen Stoff des Mediterranen eigene jugendkulturelle Räume – von der „Orient Deluxe Party“ bis zu einer transeuropäischen Hip-Hop-Kultur der Vorstädte (vgl. Akkaya/Tews 2003; Androutsopoulos/Scholz 2003; Soysal 1999; Wurm 2006) – kreiert, mit denen sie die Dominanzkultur einer sie ausgrenzenden Mehrheitsgesellschaft unterwandern. Dabei sind ebenso auch soziopolitische Räume entstanden, in denen die mediterrane Diaspora selbstbewusst Stellung nimmt zur Lage der Nation in den nordeuropäischen Einwanderungsgesellschaften (vgl. El-Tayeb 2004). So sind es vor allem diese Kräfte der Migration, die das national zentrierte Ordnungssystem Europas nachhaltig in Bewegung bringen und inzwischen nicht nur die Nationalstaaten, sondern auch das neue Europa an den Grenzen seiner Kontrollmacht reflexiv herausfordern.

Während diese Formen einer mit der Ankunft der Migranten eingeleiteten Mediterranisierung der eigenen Gesellschaft von der nationalen Mehrheitsgesellschaft allenfalls in ihren ästhetisierten, konsumierbaren Formaten wahrgenommen wird, richtet sich die moderne Sehnsucht nach einer zum Gegenmodell erhobenen mediterraner Kultur weiterhin nur auf das scheinbar weit entfernte, in sich geschlossene Territorium des Mittelmeerraums. Nur mit Blick auf die zum Reiseziel erhobene „Peripherie“ verkehrt sich die kulturelle Abstandsmarkierung der „Rückständigkeit“ in einen idealisierten kulturellen Vorsprung, und nur in dieser Perspektive kann der Süden zum verlorenen Paradies der eigenen Moderne werden.

In dieser implizit an den Defiziten der eigenen Gesellschaften orientierten modernisierungskritischen Idealisierung mediterraner Traditionen gehen die alternativtouristische und die wissenschaftliche Imagination der anthropologischen Mittelmeer- und Tourismusforschung ein enges, wenngleich kaum je explizit thematisiertes (vgl. Römhild 2008, 168 ff.; Binder 2005, 23 ff.) Bündnis ein. Auf ihrer jeweiligen Suche nach „Authentizität" und „Tradition" treffen sich Mittelmeerforscher und Alternativreisende in ihrer Kritik an einem Tourismus, dem sie sich explizit nicht zurechneten. So hatte sich die anthropologische Forschung nach anfänglicher Zurückhaltung dem Phänomen seit den 1970er Jahren unter einer Perspektive der „kommerzialisierten Gastfreundschaft" zugewandt und dabei insbesondere das Verhältnis von „fremden Gästen" und „einheimischen Gastgebern" (vgl. Smith 1977; Boissevain 1996) beleuchtet. Unter dieser Fragestellung wird der mediterrane Raum auch als ethnologisches Forschungsfeld zur Projektionsfolie reflexiver Kritik an der „eigenen" Moderne, die in Gestalt des Tourismus zur Gefahr wird für die scheinbar fest gefügten Traditionswelten des Mittelmeers.

Dabei folgt der Massentourismus durchaus denselben Imaginationen und Destinationen einer „authentischen" mediterranen Gegenwelt. Wie der schwedische Kulturanthropologe Orvar Löfgren (1999, 176 ff.) zeigt, entlehnt der organisierte Mittelmeertourismus die Ideen für seine Produkte der alternativtouristischen Faszination für mediterrane Differenz und formt daraus das moderne Format des Pauschalurlaubs, das kulturelle Versatzstücke als Zitate in der genormten Architektur, in sprachlichen Anleihen und Inszenierungen wie der mit leichten Abweichungen überall ähnlich angebotenen „Village Fiesta" mit der standardisierten Organisation einer „Urlaubsfabrik" verbindet. Diese touristische Moderne der funktionalen Großbauten und der normierten Erlebnisangebote hat sich an allen erreichbaren Sandstränden des Südens ausgebreitet und heute schon ihre eigenen Ruinen hinterlassen, wie etwa im spanischen Torremolinos, das als geflügeltes Wort für die „Slash-and-Burn"-Strategie der Tourismusindustrie steht, oder in Benidorm, das mit seiner Skyline der Wolkenkratzerhotels an die Frühphase ungebrochener Modernisierungsträume erinnert (vgl. Holert/Terkessidis 2006, 170 ff.).

Aber eben dieser ökonomische und kulturelle Imperialismus, mit dem der westliche Kapitalismus in Gestalt des Tourismus auf die Peripherie Europas (und andere globaler Destinationen) zugreift, wird gleichzeitig zu einem bis heute zentralen Topos subkultureller wie sozial- und kulturwissenschaftlicher Modernisierungskritik. Forscher und Alternativreisende setzen sich dabei gleichermaßen von der Tourismusindustrie ab und versuchten sich stattdessen in einem imaginären oder auch ganz praktischen Schulterschluss mit den „Bereisten", um sie vor jener Moderne, der sie entfliehen wollten, zu bewahren. Mit Konzepten des „Sanften Tourismus" (vgl. u. a. Krippendorf 1986) und eigenen Enklaven in den idealisierten „Traditionszonen" des Mittelmeerraums machten sie die Ränder Europas zum Zentrum einer transnational erweiterten Auseinandersetzung um die Folgen und Risiken der westlichen Moderne.

Diese eng mit den subkulturellen und wissenschaftlichen Traditionen westlicher Modernisierungskritik verflochtene Form des Tourismus prägt den Süden Kretas bis heute, aber auch viele andere Sehnsuchtsorte früherer wie heutiger Alternativreisender rund um das Mittelmeer: so etwa das Hinterland der Toskana oder die steinigen Küsten Südportugals, an denen der Exklusiv- und der Massentourismus zugunsten der feineren Sandstrände der Algarve vorbeizog; abgelegene Dörfer und Regionen der Provence (vgl. Rolshoven 2005), Siziliens, Sardiniens oder Mallorcas, in denen die Alternativtouristen sich – nicht immer im Verbund mit der lokalen Bevölkerung – gegen das Eindringen des Massentourismus wehrten (vgl. Waldren 1996); die Kasbahs und Oasen Marokkos, die im Gefolge des Hippie-Trails zum „orientalischen" Traumziel des subkulturellen wie aber auch des exklusiven Alternativtourismus wurden (vgl. Lovatt-Smith 1995). So wurde der Mittelmeerraum nicht nur zu einem Marktplatz der massentouristischen Moderne, sondern auch zu einem Refugium jener die moderne Wissensordnung in Frage stellenden Imaginationen, die die subkulturellen Strömungen des Alternativtourismus implizit mit einer konspirativen Wissensproduktion in den Kultur- und Sozialwissenschaften verbinden. Vieles, was sich die Zentren des europäischen Westens als genuine Erfindungen reflexiver Modernität (vgl. Beck/Bonß 2001) auf die Fahnen geschrieben haben, wurde hier erdacht und erprobt, auf dem sozialen und kulturellen Territorium und in direkter Auseinandersetzung mit jenen „Anderen", die als scheinbar Randständige aus dem Projekt der Moderne offiziell ausgeschlossen blieben. Die sogenannte Peripherie wurde Think-Tank und Laboratorium für die diversen Strömungen spätmoderner Selbstbefragung, von der Landkommunen- und Ökologiebewegung bis zu den esoterischen Experimenten der New-Age-Ära, von der sexuellen Befreiung der 1970er Jahre bis zu den neuen Projekten weiblicher Selbstermächtigung.

Dabei haben aber ebenso gerade auch die Bewohner dieser „Peripherie" im Zuge ihrer Begegnungen mit dem Massen- wie dem Alternativtourismus vor Ort wie auch als Migranten im Norden und Westen Europas intensive Erfahrungen mit den Zumutungen und Machtansprüchen, den Defiziten, Projektionen und Imaginationen der westlichen Moderne gemacht. Anders als es das verbreitete Bild von den machtlosen „Bereisten" nahe legt, wurden sie so nicht nur Opfer, sondern auch kundige Experten für das hegemoniale Verhältnis zwischen dem europäischen Norden und dem mediterranisierten Süden, das im Tourismus und den machtvollen Bildern, die ihn nähren, seinen Ausdruck findet.

Die ambivalenten Imaginationen einer mediterranen „Rückständigkeit" legten einerseits die Grundlage für ein modernes Mobilitätsregime, das sowohl die touristische als auch die migrantische Mobilität in seinem Sinne zu steuern und zu nutzen versucht (vgl. Buck-Morss 1987). Denn erst mit der Imagologie der Rückständigkeit konnte die Armut des ländlichen Südens als Defizit im Verhältnis zu einem fortschrittlichen, modernen Norden bewertet und der Aufbruch der Migranten mit dem Versprechen auf Modernisierung legitimiert werden. Umgekehrt erzeugte die fordistisch getaktete industrielle Moderne Bedürfnisse nach einem Gegenort der Freizeit, die den Tourismus zu einem wichtigen Instrument der Reproduktion und der Regeneration industriegesellschaftlicher Arbeitskraft machte. Im Tourismus konnte dieselbe Rückständigkeit des mediterranen Raums, der die Migranten entfliehen sollten, mit dem Versprechen auf einen zeitweiligen Ausstieg aus der Moderne verbunden und im Sinne eins solchen regenerativen Gegenorts genutzt werden. Aber andererseits setzt diese disziplinierende Mobilisierung der Subjekte im Dienste der europäischen Moderne zugleich eigene, widerstrebende Kräfte frei, die sich den Regularien dieser Mobilitätsordnung widersetzen und dem in Tourismus und Migration kursierenden kulturellen Bildmaterial mit eigenen Taktiken im Sinne einer „zweiten Produktion" (de Certeau 1988) anderen Nutzen abgewinnen.

Reflexive Mediterranisierung: Kollaborative Bündnisse im transnationalen Raum der Mobilitäten

Wer heute nach Pousos kommt, wird hier auf den ersten Blick alle Insignien des traditionellen kretischen Dorfes vorfinden: die verschachtelte Bauweise der kleinen Häuser und Höfe auf dem Hügel mit Blick aufs Meer, Geranien in Blechdosen auf dem Fensterbrett, den kleinen Einkaufsladen mit den alten, ganz in Schwarz gekleideten Frauen auf der Bank davor, das „Kafenío" am Platz vor der Kirche und sogar den Popen im langen Gewand auf seinem Esel. Erst der zweite Blick offenbart, dass die alten Häuser aufwändig restauriert und viele der neuen im alten Stil gebaut wurden. Das pittoreske Ambiente der weiß getünchten oder natursteinbelassenen, blumengeschmückten Wände entlang der Gassen, der weitgehende Verzicht auf Plastikstühle und andere Ingredienzien der griechischen Moderne erweisen sich als kunstvolle Gestaltung, die nicht etwa der Tradition selbst, sondern ihrer spätmodernen Interpretation im Dienste des Tourismus und seiner Imagination des Kretischen geschuldet sind. Diese Gestaltungspraxis steht in einem nicht nur optischen Gegensatz zu anderen Erscheinungen, die demgegenüber als „traditionell modern" gelten müssen: die zweckmäßigen Quader einfacher Betonbauten mit improvisierter Neonbeleuchtung und Antennengewirr auf dem Dach künden von einer lokalen Modernisierungsgeschichte, deren Projekte und Akteure allerdings durch den Vormarsch einer touristisch inspirierten Re-Traditionalisierung zunehmend in den Hintergrund gedrängt werden.

Es sind fast immer die mobilitätserfahrenen Akteure, die den Wert des Alten neu entdecken und ihn für eine touristische Nutzung aufbereiten: die aus der Diaspora zurückkehrenden Migranten, die ihr transnationales kulturelles Knowhow in die lokalen Unternehmungen investieren, aber auch die Beziehungs- und Heiratsmigrantinnen, die als ehemalige Touristinnen ebenso versiert im Umgang mit dem Imaginationsarsenal des Mediterranen sind. In Pousos – und nicht nur hier (vgl. Beck/Welz 1997b; Welz 2000) – erweisen sich solche Projekte einer „reflexiven Mediterranisierung" (Römhild 2008), in denen die sichtbaren Zeichen mediterraner „Rückständigkeit" in eine den touristischen Sehnsüchten entsprechende gegenmoderne Ästhetik verwandelt werden, als besonders erfolgreich. Das in der transnationalen Mobilität zu gewinnende Wissen erweist sich als entscheidendes kulturelles Kapital in dieser Tourismusökonomie. Vor diesem Hintergrund entstehen neue transnationale soziale Ungleichheiten, in denen die Allianz der mobilitätserfahrenen Akteure heute im Vorteil ist gegenüber den Vertretern lokaler Sesshaftigkeit, die nicht auf vergleichbare, im Dienste des Tourismus nutzbare kulturelle Kompetenzen zurückgreifen können.

Dennoch lassen sich die Projekte einer reflexiven Mediterranisierung nicht nur, wie das eine häufig vorgebrachte Argumentation in der kultur- und sozialwissenschaftlichen Tourismusforschung nahe legt (vgl. u. a. Greenwood 1989), als eine Form lokaler Unterwerfung unter die Macht der touristischen Imagination interpretieren, und ebenso wenig entsprechen sie einer eigens für die Fremden entworfenen Inszenierung, von der sich eine „authentische" Kultur des Dorfes hinter den Kulissen unterscheiden ließe (vgl. MacCannell 1999). Vielmehr verbünden sich hier die touristischen und die migrantischen Erfahrungen in der europäischen Moderne in einer kollaborativen Praxis der Imagination (vgl. Appadurai 2005, 5 ff.), in der die Hegemonie von (modernem) Zentrum und (rückständiger) Peripherie zwar nicht ausgesetzt, dafür aber in einen neuen Gebrauch überführt und dadurch unterwandert wird.

Kostas ist einer der Pioniere dieser reflexiven Mediterranisierung in Pousos. Mitten im Dorf baut er Anfang der 1980er Jahre ein kleines Ensemble einfacher Naturstein-Häuschen zu Ferienappartements aus, die er mit seiner deutschen Frau Angelika betreibt. Bei den Touristen, die regelmäßig nach Pousos kommen, sind diese Apartments bis heute ein fast ständig ausgebuchter Geheimtipp. Im Inneren wie im Außenbereich des ummauerten Gartens haben Kostas und Angelika auf alle üblichen Bau- und Dekorationsmaterialien der industriellen Moderne zugunsten von Stein, Holz und Keramik verzichtet: auf die Plastikstühle und -tische, die wöchentlich neu und in Massen von einem fahrenden Händler im Dorf angeboten werden, wie auf die grellen Farben der Synthetik-Stoffe auf Liegestühlen und Sonnenschirmen. Dennoch könnte das Ambiente nicht moderner sein mit seinem sorgsam gepflegten, üppigen Wildwuchs im Garten und auf den Terrassen, den wie zufällig wirkenden Arrangements aus Muscheln, Tonscherben und anderen Fundstücken in den unzähligen gemauerten Nischen, den handgewebten Decken auf den Betten und den alten Schwarzweiß-Fotos aus der Familiengeschichte an den Wänden. Hier wird die Tradition der Armut, das Signum ehemaliger mediterraner Rückständigkeit, auf subtile Weise neu ausgestellt und inszeniert – zum Erscheinen gebracht (vgl. Seel 2001). Die betonte Schlichtheit, „Natürlichkeit" dieser Erscheinung verwandelt Mangel in Ästhetik, und die hegemoniale Abstandsmarkierung des Mediterranen zur europäischen Moderne lässt sich – ganz im Sinne der von ihr hervorgebrachten Selbstkritik – als qualitativer Vorsprung umdeuten und aufwerten.

Kostas verbindet mit seinem Projekt vor allem die Idee, die Alternativtouristen, die bislang nur vereinzelt in Pousos Station gemacht hatten, für das Dorf und für seine Apartments zu gewinnen. Diese Touristen, ihre Imaginationen vom kretischen, vom mediterranen Süden, sind ihm keineswegs fremd, und nicht nur deshalb, weil er sich in eine von ihnen verliebte und später hier mit ihr zusammen lebte. Einen großen Teil seiner Freizeit als Jugendlicher hatte Kostas mit den Touristen in Pousos und in Matala verbracht, nicht als „Gastgeber" – weder im traditionellen, noch im touristischen Sinn –, sondern als Beteiligter auf der Seite der „Dorfjugend", deren eigene Aufbruchstimmung aus der Enge der „Tradition" in den autoritären Strukturen der Großfamilien hier auf die Imaginationen derer trifft, die den Zumutungen der westlichen Moderne in eben jenem „Traditionsraum" des Mittelmeers zu entkommen suchen. Für Kostas wie für viele Andere zur gleichen Zeit wird dieser Kommunikationsraum zu einem Experimentierfeld für mögliche andere Auslegungen von Tradition, die selbst aus dem Ideenreservoir der Moderne stammen und neue Spielräume für eigene Imaginationen schaffen.

Gleichzeitig wird Kostas in Athen, wo er zuvor einige Semester Betriebswirtschaft studiert hat, selbst in die griechische Lokalisierung der urbanen Subkulturen der 1980er Jahre involviert. Diese aktiven Einbindungen in die transnationalen „ideoscapes" (Appadurai 2005, 36 ff.) der modernisierungskritischen sozialen Bewegungen und ihre Imaginationen prädestinieren Kostas nicht nur als Vermittler zwischen „Tradition" und „Moderne" – er ist selbst einer der Regisseure in der Umgestaltung und Neuinszenierung dieses Verhältnisses. Die Welt der Touristen, die er sich als Gäste in seinen Apartments wünscht, ist auch seine Welt.

Wie Kostas bringen viele ihre Ideen, mit denen sie sich in der Tourismusökonomie engagieren, aus der räumlichen und kulturellen Distanz der Migration mit. So wie Manolis, der schon in den 1970er Jahren zum Arbeiten und Leben nach Australien ging. Ein Foto, das er mir zum Interviewtermin mitbringt, zeigt ihn als jungen Mann mit langen Haaren, Schlaghosen und Cowboystiefeln. Mitte der 1980er Jahre kehrt Manolis nach Pousos zurück und baut hier eine kleine Ferienwohnanlage, für die ihm das Haus seiner Großmutter als Vorbild dient. Auch Manolis hat in seiner Mobilitätsbiographie selbst in den transnationalen Diskurssphären der Modernisierungskritik partizipiert; Erfahrungen, die er wie viele andere seiner Generation heute mit seinen Gästen in Pousos teilt. Die Tradition, die Rückkehrer wie Manolis oder Kostas „wiederentdecken" und neu gestalten, ist deshalb selbst ein Produkt reflexiver Modernisierung. Anders als die Formen adaptiver Modernisierung, die den scheinbaren Gegensatz von „Tradition" und „Moderne" reproduzieren, indem sie das eine durch das andere zu ersetzen meinen, wird hier Tradition selbst zum Gegenstand moderner Reflexion und zum formbaren kulturellen Material, in das sich die Modernisierungskritik als unverzichtbarer Bestandteil modernen Denkens einschreiben lässt. Insofern kann diese Praxis, wie Gisela Welz (2000) treffend formuliert, als „reflexive Traditionalisierung" verstanden werden. Aber sie ist, obwohl sie sich selbst als komplementäre Gegenbewegung artikulieren mag (vgl. a. a. O., 11), dennoch und gerade deswegen ein Teil (und nicht das Gegenteil) der Prozesse reflexiver Modernisierung, die sich ja gerade als Reaktion auf die Brüche, die Krisen und Risiken der „Ersten Moderne" entwickeln (vgl. Beck/Bonß 2001) und somit selbst zwingend von einer – implizit oder explizit – kritischen Haltung der Moderne sich selbst gegenüber geprägt sind.

In diesem spätmodernen Umgang mit kretischen, mediterranen Traditionen wird auch jene Grenze zum „Orient" neu bearbeitet, die gerade Kreta langfristig von einer eindeutigen Zugehörigkeit zu „Europa" ausschloss, die aber jetzt, im Zuge einer reflexiven Mediterranisierung im Verbund mit der touristischen Imagination neu bewertet und gestaltet werden kann. Denn gerade die Touristen schätzen die ästhetische und kulturelle Nähe zu einem Orient, der hier aber zugleich im europäisierten Format einer langen Geschichte Griechenlands im osmanischen und byzantinischen Machtbereich wahrgenommen wird. Nicht nur Kostas legt großen Wert darauf, diese im nationalen Diskurs Griechenlands abgewertete und in den Hintergrund gedrängte Geschichte (vgl. Herzfeld 1986) in seiner Gestaltung kretischer Tradition zum Erscheinen zu bringen.

Auch Vangelis, der als Sohn nordgriechischer „Gastarbeiter" in Berlin aufgewachsen ist, kann sich gerade für diese kreativen Grenzgänge zwischen „Orient" und „Europa" begeistern. Mit dem Namen seiner Bar, die er in einem Nachbarort von Pousos aufgemacht hat, setzt er auf „Europa". Aber er versteht darunter nicht nur das weiße, christliche Europa, das sich auf seine antiken Wurzeln in Griechenland beruft. Gerade Kreta und die Menschen, die es bevölkern, repräsentieren für ihn ein anderes Europa, das sich seiner Nähe zum Orient besonders bewusst ist. Kreta ist für Vangelis ein anderes, eben ein „orientalisches" Griechenland, dem es allein deshalb schon besser gelingen müsste, zwischen diesen Kultursphären zu vermitteln und die alten Grenzen auf neue Art zu überwinden. Europa, so Vangelis, sei ein von der langen Geschichte mit dem Orient geprägtes Land – eine Auffassung, die er auch aus Deutschland, aus Berlin, mitbringt, wo diese Geschichte im Alltag der Einwanderungsgesellschaft täglich präsent ist. In Berlin hat Vangelis deutsche, griechische und türkische Freunde, die, wie er, in dem urbanen Leben und den Jugendkulturen der Einwanderungsstadt, die sie selbst mitgestaltet haben, aufgewachsen sind. Dieses Europa ist in Deutschland ein zwar allseits präsenter, aber dennoch zugleich noch immer heterotopischer Ort, dem die offizielle Anerkennung verweigert wird. In Kreta dagegen scheint eben dieses orientalisierte Europa als ein Produkt der reflexiven Mediterranisierung neu zu entstehen. Dazu tragen auch die niedergelassenen Touristen bei, die sich ihrerseits mit selbst gestalteten Inszenierungen des Mediterranen an den ästhetisierten Grenzüberschreitungen zwischen „Orient" und „Europa" beteiligen und diese Entwürfe in die nordeuropäische urbane Konsumkultur spätmoderner, dem touristischen Blick verpflichteter Erlebniswelten zurückvermitteln.

Aber die produktiven Wirkungen dieser Praxis eines anderen, mediterranisierten Europas in den Kollaborationen von Tourismus und Migration gehen über einen nur „ästhetischen Kosmopolitismus" (Urry 1995, 167), mit dem mediterrane Versatzstücke auch in den Heimwelten der Touristen verfügbar werden, weit hinaus. Die sichtbaren Formen dieser ästhetischen Mediterranisierung verweisen nicht nur auf die globalisierte Macht touristischer Konsumkultur, sondern auch auf die darin verborgenen gegenmodernen Imaginationen und die damit verbundenen Spielräume migrantischer Aneignung: Das touristische Begehren nach Mediterranität als dem „Anderen" der (west-)europäischen Moderne ermöglichte es den Repräsentanten dieses „Anderen", sich mit eigenen Projekten einer reflexiven Mediterranisierung selbst in die Ausgestaltung der Tourismuskulturen in den Zielgebieten des Südens, aber auch in die Alltags- und Konsumkulturen der nördlichen Einwanderungsgesellschaften aktiv einzuschalten. So hat das moderne Mobilitätsregime der gegenläufigen Bewegungen von (grenzenlosem) Tourismus und (kontrollierter) Migration gerade jene Kreuzungspunkte hervorgebracht, an denen die touristische und die migrantische Praxis der Imagination subversive, ungeplante Bündnisse eingehen, die auf eine verborgene gemeinsame Motivation verweisen: die jeweilige Suche nach einem anderen, möglichen Leben (vgl. Appadurai 1998).

Diese durch die unterschiedlichen Erfahrungen in der europäischen Moderne erzeugte Kraft einer über ihre regulative Macht hinausweisenden Imagination macht die ansonsten oft als profane Nebenschauplätze abqualifizierten Bewegungen von Tourismus und Migration zu höchst produktiven Orten, von denen aus Europa und „seine" Moderne nicht nur anders gedacht, sondern auch anders praktiziert werden kann. Es ist jene Peripherie einer mediterranisierten Tourismuskultur, die von den Touristen wie von den ehemaligen „Gastarbeitern" und den neuen Migranten aus dem globalen Raum als Zentrum ihrer Topographien eines anderen Europas genutzt werden; und es ist dieselbe Peripherie, in der heute das Grenzregime der Europäisierung im Versuch, diese ungeplanten Nebenfolgen zu kontrollieren, eine neue Kunst des Regierens (vgl. Hess/Karakayalı 2007) improvisieren muss. Die von hier ausgehende Mediterranisierung Europas ist ein Effekt dieser neuen Zentralität der Peripherie: eine folgenreiche Aneignung Europas „von unten", mit der das Mediterrane über seine symbolisch-ästhetische Sichtbarkeit hinaus auch als subversives Material einer von den Mikropolitiken der „Anderen" erzwungenen Reflexivität der europäischen Moderne wirksam wird.

Anmerkungen

[1] Für diesen Ort wie für alle im Folgenden namentlich genannten Interviewpartner meiner Feldforschung habe ich Pseudonyme gewählt.

Literatur

Literatur

Abélès, Marc (2004) Identity and Borders: An Anthropological Approach to EU Institutions. Twenty-First Century Papers: On-Line Working Papers from the Center for 21st Century Studies, University of Wisconsin – Milwaukee. Als elektronisches Dokument in: http://www4.uwm.edu/21st/publications/workingpapers/abeles.pdf, (Zugriff 4.1.2009).

Abélès, Marc (2000) Virtual Europe. In: Bellier, Irène/ Wilson, Thomas M. (Hg.) An Anthropology of the European Union. Building, Imagining and Experiencing the New Europe, Berg, Oxford u. New York, 31–52.

Abélès, Marc (1993) Political anthropology of a transnational institution: the European Parliament. In: French, Politics and Society, 11/1993/1, 1–19.

Abélès, Marc (1992) La vie Quotidienne au Parlament Européen, Hachette, Paris.

Agapiou-Josephides, Kalliopi (2005) Old and New Patterns of Domestic Politics in the European Perspective: The Debate in the Republic of Cyprus. In: Lucarelli, Sonia/Radaelli, Claudio M. (Hg.) Mobilizing Politics and Society? The EU Convention's Impact on Southern Europe, Routledge, London u. New York, 152–172.

Agapiou-Josephides, Kalliopi (2003) The Political System of Cyprus at the Threshold of the European Union: Patterns of Continuity, Change, and Adaptation. In: Xuereb. Peter G. (Hg.) Euro-Med Integration and the 'Ring of Friends': The Mediterranean's European Challenge, Vol. IV, University of Malta, European Documentation and Research Centre, 237–252.

Akkaya, Dilek/Tews, Dagmar (2003) Kultureller Marktplatz Stadt. Beiträge und Bedingungen transnationaler Kulturproduzenten. In: Bergmann, Sven/Römhild, Regina (Hg.) Global Heimat. Ethnografische Recherchen im transnationalen Frankfurt, Kulturanthropologie Notizen Bd. 71, Frankfurt/Main, 105–136.

Alnasseri, Sabah (2004) Die Konstruktion der orientalischen Feindbilder. In: Ders. (Hg.) Politik jenseits der Kreuzzüge, Westfälisches Dampfboot, Münster, 184–197.

Amato, Filippo (2001) Nachhaltigkeit als Hoffnung für das zypriotische Hinterland. Neue Konzepte in Denkmalpflege, Regionalentwicklung und Tourismus. In: Welz, Gisela/Ilyes, Petra (Hg.) Zypern. Gesellschaftliche Öffnung, europäische Integration, Globalisierung, Kulturanthropologie Notizen Bd. 68, Frankfurt/Main, 173–198.

Anderson, Bridget (2000) Doing the Dirty Work? The Global Politics of Domestic Labour, Zed Books, London u. New York.

Androutsopoulos, Jannis/Scholz, Arno (2003) Spaghetti Funk: Appropriations of Hip-Hop-Culture and Rap Music in Europe. In: Popular Music and Society, 26/2003/4, 463–479.

Anthias, Floya/Lazaridis, Gabriella (2000) Introduction: Women on the Move in Southern Europe. In: Dies. (Hg.) Gender and Migration in Southern Europe. Women on the Move, Berg, Oxford u. New York, 1–14.

Anthias, Floya/Lazaridis, Gabriella (Hg.) (1999) Into the Margins. Migration and Exclusion in Southern Europe, Ashgate, Aldershot.
Appadurai, Arjun (2005) Modernity at Large. Cultural Dimensions of Globalization, University of Minnesota Press, Minneapolis (1. Auflage 1996).
Appadurai, Arjun (2000) Grassroots Globalization and the Research Imagination. In: Public Culture, 12/2000/1, 1–19.
Appadurai, Arjun (1998) Globale ethnische Räume. Bemerkungen und Fragen zur Entwicklung einer transnationalen Anthropologie. In: Beck, Ulrich (Hg.) Perspektiven der Weltgesellschaft, Suhrkamp, Frankfurt/Main, 11–40.
Appiah, Kwame Anthony (2007) Der Kosmopolit. Philosophie des Weltbürgertums, C.H. Beck, München.
Appiah, Kwame Anthony (2006) Cosmopolitanism. Ethics in a World of Strangers, Penguin Books, London.
Appiah, Kwame Anthony (2005) The Ethics of Identity, Princeton University Press, Princeton.
Appiah, Kwame Anthony (1998) Cosmopolitan patriots. In: Cheah, Pheng/Robbins, Bruce (Hg.) Cosmopolitics: Thinking and Feeling Beyond the Nation, University of Minnesota Press, Minneapolis, 91–114.
Arango, Joaquín (2000) Becoming a Country of Immigration at the End of the Twentieth Century: The Case of Spain. In: King, Russell/Lazaridis, Gabriella/Tsardanidis, Charalambos (Hg.) Eldorado or Fortress? Migration in Southern Europe, Macmillan, London u. New York, 253–276.
Argyrou, Vassos (2005) The Logic of Environmentalism: Anthropology, Ecology, and Postcoloniality, Berghahn Books, London u. New York.
Argyrou, Vassos (2002) Tradition, Modernity and European Hegemony in the Mediterranean. In: Journal of Mediterranean Studies, 12/2002/2, 23–42.
Argyrou, Vassos (1997) Keep Cyprus Clean: Littering Pollution, and Otherness. In: Cultural Anthropology, 12/1997/2, 159–178.
Argyrou, Vassos (1996) Tradition and Modernity in the Mediterranean. The Wedding as Symbolic Struggle, Cambridge University Press, Cambridge.
Baga, Enikö (2007) Towards a Romanian Silicon Valley? Local development in post-socialist Europe, Campus, Frankfurt/Main u. New York.
Baga, Enikö (2002) Civic Involvement and Social Capital Creation: Evidence from the Environmental Sector in the Republic of Cyprus. In: The Cyprus Review, 14/2002/1, 55–66.
Baga, Enikö (2001) Lunatics, Lesbians and Spies. Zypriotische Umweltschützer im Kontext einer sich schnell modernisierenden Gesellschaft. In: Welz, Gisela/Ilyes, Petra (Hg.) Zypern. Gesellschaftliche Öffnung, europäische Integration, Globalisierung, Kulturanthropologie Notizen Bd. 68, Frankfurt/Main, 157–172.
Baga, Tünde (2005) Transformationsprozesse in rumänischen Unternehmen und Unternehmenserfolg, Dissertationsschrift, Technische Universität Berlin, Berlin. Als elektronisches Dokument in: http://edocs.tu-berlin.de/diss/2005/baga_tuende.pdf, (Zugriff 4.1.2009).
Baga, Enikö/Buzogány, Aron (2006) Europäisierung subnationaler Politik und die Rolle lokaler Akteure in Mittel- und Osteuropa. In Osteuropaforschung – 15 Jahre

„danach“, Beiträge für die 14. Tagung Junger Osteuropa-Experten, Deutsche Gesellschaft für Osteuropakunde, Berlin, 131–135.
Balibar, Etienne (1998) The Borders of Europe. In: Cheah, Pheng/Robbins, Bruce (Hg.) Cosmopolitics: Thinking and Feeling Beyond the Nation, University of Minnesota Press, Minneapolis, 216–228.
Banse, Christian/Müller, Doreen/Stobbe, Holk (2007) Ungleiche Partner: Migrationsmanagement in der Europäischen Nachbarschaftspolitik. In: iz3w 302/2007, 8.
Barry, Andrew (2002) In the Middle of the Network. In: Law, John/Mol, Annemarie (Hg.) Complexities. Social Studies of Knowledge, Duke University Press, Durham u. London, 142–165.
Bartoszewski, Wladyslaw (2002) Die deutsch-polnischen Beziehungen. Gestern, heute und morgen. In: Konstanzer Schriften zur Sozialwissenschaft, 61/2002, 11–26.
Basch, Linda/Glick Schiller, Nina/Szanton Blanc, Cristina (1997) From Immigrant to Transmigrant: Theorizing Transnational Migration. In: Pries, Ludger (Hg.) Transnationale Migration, Soziale Welt, Sonderband 12, Nomos, Baden-Baden, 121–140.
Basch, Linda/Glick Schiller, Nina/Szanton Blanc, Cristina (1994) Nations Unbound. Transnational Projects, Postcolonial Predicaments, and Deterritorialized Nation-States, Gordon and Breach, Amsterdam.
Beck, Stefan (2007) Globalisiertes Reproduktionsregime. Anmerkungen zur Emergenz biopolitischer Handlungsräume. In: Ders./Hess, Sabine/Knecht, Michi (Hg.) Verwandtschaft machen. Reproduktionstechnologien und Adoption in Deutschland und der Türkei, Berliner Blätter: Ethnographische und ethnologische Beiträge Bd. 42, LIT, Münster, 124–152.
Beck, Ulrich (2006) Kosmopolitisierung ohne Kosmopolitik: Zehn Thesen zum Unterschied zwischen Kosmopolitismus in Philosophie und Sozialwissenschaft. In: Berking, Helmuth (Hg.) Die Macht des Lokalen in einer Welt ohne Grenzen, Campus, Frankfurt/Main u. New York, 252–270.
Beck, Ulrich (2004) Der kosmopolitische Blick: oder Krieg ist Frieden, Suhrkamp, Frankfurt/Main.
Beck, Ulrich (1986) Risikogesellschaft, Suhrkamp, Frankfurt/Main.
Beck, Stefan/Welz, Gisela (1997a) Naturalisierung von Kultur – Kulturalisierung von Natur. Zur Logik ästhetischer Produktion am Beispiel einer agrotouristischen Region Zyperns. In: Tourismus Journal, 1/1997/3, 431–448.
Beck, Stefan/Welz, Gisela (1997b) Kreative Traditionalisierung. Anmerkungen zu neueren Repräsentationsstrategien im Tourismus. In: Heimat Thüringen, 4/1997, 31–40.
Beck, Ulrich/Bonß, Wolfgang (Hg.) (2001) Die Modernisierung der Moderne, Suhrkamp, Frankfurt/Main.
Beck, Ulrich/Grande, Edgar (2004) Das kosmopolitische Europa. Gesellschaft und Politik in der Zweiten Moderne, Suhrkamp, Frankfurt/Main.
Beck-Gernsheim, Elisabeth (2004) Wir und die Anderen. Vom Blick der Deutschen auf Migranten und Minderheiten, Suhrkamp, Frankfurt/Main.
Becker, Franziska (2005) Die Grenzstadt als Laboratorium der Europäisierung. In: Berking, Helmuth und Martina Löw (Hg.) Die Wirklichkeit der Städte, Soziale Welt, Sonderband 16, 87–105.

Bellier, Irène/Wilson, Thomas M. (Hg.) (2000a) An Anthropology of the European Union. Building, Imagining and Experiencing the New Europe, Berg, Oxford u. New York.
Bellier, Irène/ Wilson, Thomas M. (2000b) Building, Imagining and Experiencing Europe: Institutions and Identities in the European Union. In: Dies. (Hg.) An Anthropology of the European Union. Building, Imagining and Experiencing the New Europe, Berg, Oxford u. New York, 1–27.
Bender, Peter (2005) Normalisierung wäre schon viel. In: Aus Politik und Zeitgeschichte, 5-6/2005, 3–9.
Bernasko, Abena/Rech, Stefan (2003) Religionen der Welt. Gemeinden und Aktivitäten in der Stadt Frankfurt am Main, Fachhochschulverlag, Frankfurt/Main (2. Auflage).
Binder, Jana (2005) Globality. Eine Ethnographie über Backpacker, LIT, Münster.
Birsl, Ursula (2005) Migration und Migrationspolitik im Prozess der europäischen Integration?, Barbara Budrich, Opladen.
Bob, Clifford (2005) The Marketing of Rebellion: Insurgents, Media and International Activism, Cambridge University Press, Cambridge.
Börzel, Tanja A./Risse, Thomas (2003) Conceptualising the Domestic Impact of Europe. In: Featherstone, Kevin/Radaelli, Claudio M. (Hg.) The Politics of Europeanisation, Oxford University Press, Oxford, 55–78.
Boia, Lucian (2001) History and Myth in Romanian Consciousness, Central European University Press, Budapest.
Boissevain, Jeremy (Hg.) (1996) Coping with Tourists. European Reactions to Mass Tourism, Berghahn, Providence u. Oxford.
Borneman, John/Fowler, Nick (1997) Europeanization. In: Annual Review of Anthropology, 26/1997, 478–514.
Boutoux, Thomas (2005) A Tale of two Cities: Manifesta in Rotterdam and Ljubljana. In: Vanderlinden, Barbara/Filipovic, Elena (Hg.) The Manifesta Decade: Debates on Contemporary Art Exhibitions and Biennials in Post-Wall Europe, MIT Press, Cambridge, 201–218.
Brede, Eva/Kempf, Isa/Patiño-Lang, Catarina/Pleiß, Sabine (2008) Scharfe Farben. Migration und die Globalisierung der städtischen Gastronomie. In: Römhild, Regina/Abresch, Christian/ Nietert, Michaela/Schmidt, Gunvor (Hg.) Fast Food. Slow Food. Ethnographische Studien zum Verhältnis von Globalisierung und Regionalisierung in der Ernährung, Kulturanthropologie Notizen Bd. 76, Frankfurt/Main, 181–198.
Bröckling, Ulrich/Krasmann, Susanne/Lemke, Thomas (2000) Gouvernementalität, Neoliberalismus und Selbsttechnologien. In: Dies. (Hg.) Gouvernementalität der Gegenwart. Studien zur Ökonomisierung des Sozialen, Suhrkamp, Frankfurt/Main, 7–40.
Brosius, Peter J. (1999) Analyses and Interventions: Anthropological Engagements with Environmentalism. In: Current Anthropology, 40/1999/3, 277–309.
Brubaker, Rogers/Feischmidt, Margit/Fox, Jon/Grancea, Liana (2007) Nationalist Politics and Everyday Ethnicity in a Transylvanian Town, Princeton University Press, Princeton.

Brunsson, Nils/Jakobsson, Bengt u. a. (2000) A World of Standards, Oxford University Press, Oxford.
Bryant, Rebecca (2006) On the Condition of Postcoloniality. In: Papadakis, Yiannis/Peristianis, Nicos/Welz, Gisela (Hg.) Divided Cyprus: Modernity, History, and an Island in Conflict, Indiana University Press, Bloomington and Indianapolis, 47–65.
Buck-Morss, Susan (1987) Semiotic Boundaries and the Politics of Meaning: Modernity on Tour – A Village in Transition. In: Raskin, Marcus G./ Bernstein, Herbert J. (Hg.) New Ways of Knowing. The Sciences, Society and Reconstructing Knowledge, Rowman and Littlefield, Totowa NJ, 201–236.
Caglar, Ayse (1997) Hyphenated Identities and the Limits of "Culture". In: Modood, Tariq/Werbner, Pnina (Hg.) The Politics of Multiculturalism in the New Europe. Racism, Identity and Community, Zed Books, London u. New York, 169–185.
Calhoun, Craig (2002) The Class Consciousness of Frequent Travellers. Towards a Critique of Actually Existing Cosmopolitanism. In: Vertovec, Steven/Cohen, Robin (Hg.) Conceiving Cosmopolitanism. Theory, Context, and Practice, Oxford University Press, Oxford, 86–109.
Cavallar, Georg (2005) Cosmopolis. Supranationales und kosmopolitisches Denken von Vitoria bis Smith. In: Deutsche Zeitschrift für Philosophie, 53/2005/1, 49–67.
Cesari, Jocelyne (2003a) Islam in European Social, Religious and Multicultural Policies. Als elektronisches Dokument in: http://www.euro-islam.info/PDFs/Cesari.pdf, (Zugriff 19.1.2009).
Cesari, Jocelyne (2003b) Muslim Minorities in Europe. The Silent Revolution. Als elektronisches Dokument in: http://www.euro-islam.info/PDFs/silentrev.pdf, (Zugriff 19.1.2009).
Chalmers, Douglas A./Martin, Scott B./Piester, Kerianne (1997) Associative Networks: New Structures of Representation for the Popular Sectors? In: Chalmers, Douglas A./Vilas, Carlos M./Hite, Katherine/Martin, Scott B./Piester, Kerianne/Segarra, Monique (Hg.) The New Politics of Inequality in Latin America. Rethinking Participation and Representation, Oxford University Press, Oxford, 543–583.
Chifan, Andreea (2007) Rosia Montana, reflexie a statului de drept in Romania, Open Society Foundation. Als elektronisches Dokument in: http://www.osf.ro/ro/publicatii.php?cat=14#, (Zugriff 14.2.2008).
Clark, William C. (2000) Environmental Globalization. In: Nye, Joseph S./Donahue, John D. (Hg.) Governance in a Globalizing World, Brookings Institution Press, Washington D.C., 86–108.
Clifford, James (1999) Kulturen auf der Reise. In: Hörning, Karl H./Winter, Rainer (Hg.) Widerspenstige Kulturen. Cultural Studies als Herausforderung, Suhrkamp, Frankfurt/Main, 476–513.
Clifford, James (1998) Mixed Feelings. In: Cheah, Pheng/Robbins, Bruce (Hg.) Cosmopolitics: Thinking and Feeling Beyond the Nation, University of Minnesota Press, Minneapolis, 362–369.
de Certeau, Michel (1988) Kunst des Handelns, Merve, Berlin.
Delgado-Moreira, Juan M. (1997) Cultural Citizenship and the Creation of European Identity. In: Electronic Journal of Sociology 1997, ISSN: 1198 3655.

Dodd, Clement H. (2002) Storm Clouds over Cyprus, Eothen Press, Huntingdon.
Dodd, Clement H. (1999) Cyprus: the need for new perspectives, Eothen Press, Huntingdon.
Düvell, Frank (2002) Die Globalisierung des Migrationsregimes. Zur neuen Einwanderungspolitik in Europa, Assoziation A, Berlin.
Dunn, Elizabeth C. (2005) Standards and Person-Making in East Central Europe. In: Ong, Aihwa/Collier, Stephen J. (Hg.) Global Assemblages. Technology, Politics, and Ethics as Anthropological Problems, Blackwell, Malden u. a., 173–193.
El-Tayeb, Fatima (2004) Kanak Attak! HipHop und (Anti-)Identitätsmodelle der „Zweiten Generation". In: Sökefeld, Martin (Hg.) Jenseits des Paradigmas der kulturellen Differenz. Neue Perspektiven auf Einwanderer aus der Türkei, transcript, Bielefeld, 95–110.
ElDahab, Mai/Vidokle, Anton/Waldvogel, Florian (2006) Notes for an Art School, Idea Books, Amsterdam.
Engin, Havva (2001) Islamischer Religionsunterricht an deutschen Schulen? In: Der Bürger im Staat, 51/2001/4, 241–245.
Eriksen, Erik Oddvar (2005) Towards a Cosmopolitan EU? Working Paper No. 9, February 2005. Als elektronisches Dokument in: http://www.arena.uio.no/cidel/wp05_09.pdf, (Zugriff 20.1.2008).
Escrivá, Angeles (2000) The Position and Status of Migrant Women in Spain. In: Anthias, Floya/Lazaridis, Gabriella (Hg.) Gender and Migration in Southern Europe. Women on the Move, Berg, Oxford u. New York, 199–226.
Faßler, Manfred (2008) Globalisierung und Geosozialität. In: Willems, Herbert (Hg.) Lehr(er)buch Soziologie. Für die pädagogischen und soziologischen Studiengänge, Band 1, VS Verlag für Sozialwissenschaften, Wiesbaden, 455–485.
Faßler, Manfred (2001) Kulturen ohne Land. ‚Virtual Communties' im Internet als Alternative zu nationalen Kulturen und Identitäten. In: Lang, Tilman u. a. (Hg.) Medien, Migration, Integration. Elektronische Massenmedien und die Grenzen kultureller Identität, Vistas, Berlin, 61–80.
Faubion, James D. (1993) Modern Greek Lessons. A Primer in Historical Constructivism, Princeton University Press, Princeton.
Feindt, Peter H./Ratschow, Christiane (2003) „Agrarwende": Programm, Maßnahmen und institutionelle Rahmenbedingungen, BIOGUM-Forschungsbericht Nr. 7, Hamburg.
Filipovic, Elena (2005) The Global White Cube. In: Vanderlinden, Barbara/Dies. (Hg.) The Manifesta Decade: Debates on Contemporary Art Exhibitions and Biennials in Post-Wall Europe, MIT Press, Cambridge, 63–84.
Finnemore, Martha/Sikkink, Kathryn (1998) International Norm Dynamics and Political Change. In: International Organization, 52/1998, 887–917.
Fischer, Peter/Lengauer, Alina (2004) "The Compatibility of the Roşia Montană Mining Project in Romania to the Principles and Norms of the European Union and the Legislation of the European Community", European Law Institute of the University of Vienna, Vienna.
Footer, Mary/Graber, Christoph (2000) Trade Liberalization and Cultural Policy. In: Journal of International Economic Law, 3/2000/1, 115–144.

Foucault, Michel (2004) Geschichte der Gouvernementalität Bd. 1. Sicherheit, Territorium, Bevölkerung, Suhrkamp, Frankfurt/Main.
Foucault, Michel (2000) Die Gouvernementalität. In: Bröckling, Ulrich/Krasmann, Susanne/Lemke, Thomas (Hg.) Gouvernementalität der Gegenwart. Studien zur Ökonomisierung des Sozialen, Suhrkamp, Frankfurt/Main, 41–67.
Foucault, Michel (1991) Die Ordnung des Diskurses, Fischer-Taschenbuch, Frankfurt/Main.
Foucault, Michel (1987) Das Subjekt und die Macht. In: Dreyfus, Hubert L./Rabinow, Paul (Hg.) Michel Foucault: Jenseits von Strukturalismus und Hermeneutik, Athenäum, Frankfurt/Main, 241–261.
Fox, Jonathan (1996) How Does Civil Society Thicken? The Political Construction of Social Capital in Rural Mexico. In: World Development, 24/1996, 1089–1103.
French, David (2000) Nation States in the World Audiovisual Market: Cyprus and the European Union. In: The Cyprus Review. A journal of social, economic and political issues, 12/2000/2, 81–99.
Gallagher, Tom (2005) Theft of a Nation: Romania since Communism, Hurst and Company, London.
Georgi, Fabian (2007) Migrationsmanagement in Europa. Eine kritische Studie am Beispiel des Centers for Migration Policy Development, VDN, Saarbrücken.
Geyer, Christin (2007) The Implementation of the Environmental Chapter of the Acquis Communautaire: The Bird Trapping Issue in Cyprus, Abschlussbericht einer Studie im Lehrforschungsprojekt "New Europeans. Cyprus after EU Accession", Institut für Kulturanthropologie und Europäische Ethnologie, Universität Frankfurt am Main, Frankfurt/Main. Als elektronisches Dokument in: https://bscw.server.uni-frankfurt.de/pub/bscw.cgi/d616882-3/*/*/*/wp/downloads/wp/Abschlussbericht Christin.pdf, (Zugriff, 5.10.2008).
Ghosh, Bimal (1997) Bevölkerungsbewegungen: Die Suche nach einem neuen internationalen Regime. In: Angenendt, Steffen (Hg.) Migration und Flucht, Bundeszentrale für politische Bildung, München, 264–271.
Giddens, Anthony (1996) Konsequenzen der Moderne, Suhrkamp, Frankfurt/Main.
Gille, Zsuzsa (2004) Global Force, Connections, or Vision? The Three Meanings of Europe in Postsocialism, University of Illinois EUC Working Paper 4/2004/2, European Union Center, University of Illinois.
Gille, Zsuzsa/Riain, Sean O. (2002) Global Ethnography. In: Annual Review of Sociology, 28/2002, 271–295.
Gogos, Manuel (2005) Licht des Mittelmeers, Dunkelheit unter Tage: Industriearbeit und Arbeitsmigration. In: Kölnischer Kunstverein u. a. (Hg.) Projekt Migration, DuMont, Köln, 382–387.
Grabbe, Heather (2001) How Does Europeanization Affect CEE Governance? Conditionality, Diffusion and Diversity. In: Journal of European Public Policy, 8/2001/6, 1013–1031.
Grabher, Gernot (Hg.) (2002) Production in projects: Economic geographies of temporary collaboration, Regional Studies, Special Issue, 36/2002/3.
Gramsci, Antonio (1986) Selections from Prison Notebooks (Hg. v. Hoare, Quintin/Nowell Smith, Goeffrey), Lawrence and Wishart, London.

Greenwood, Davydd J. (1989) Culture by the Pound: An Anthropological Perspective on tourism as Cultural Commodization. In: Smith, Valene L. (Hg.) Hosts and Guests. The anthropology of Tourism, University of Pennsylvania Press, Philadelphia (2. Auflage), 171–186.
Gregorio Gil, Carmen (1998) Migración Femenina. Su impacto en las relaciones de género, Narcea S.A. de Ediciones, Madrid.
Greverus, Ina-Maria (1981) Ethnizität und Identitätsmanagement. In: Schweizerische Zeitschrift für Soziologie, 7/1981/2, 223–232.
Gutiérrez Rodriguez, Encarnación (2001) Auf der Suche nach dem Identischen in einer ‚hybriden Welt'. Über Subjektivität, postkoloniale Kritik, Grenzregime und Metaphern des Seins. In: Hess, Sabine/Lenz, Ramona (Hg.) Geschlecht und Globalisierung. Ein kulturwissenschaftlicher Streifzug durch transnationale Räume, Ulrike Helmer, Königstein im Taunus, 36–56.
Haag-Higuchi, Roxane (2001) Rushdie, Salman. In: Elger, Ralf (Hg.) Kleines Islam-Lexikon. Geschichte, Alltag, Kultur, Beck, München (3. Auflage), 267.
Habermas, Jürgen (1995) Strukturwandel der Öffentlichkeit. Untersuchungen zu einer Kategorie der bürgerlichen Gesellschaft, Suhrkamp, Frankfurt/Main (4. Auflage).
Halm, Heinz (2001) Was ist Islam und wer sind Muslime? In: Der Bürger im Staat, 51/2001/4, 188–192.
Hámor, Tamas (2004) Sustainable Mining in the European Union: The Legislative Aspect. In: Environmental Management, 33/2004/2, 252–261.
Hannerz, Ulf (2004) Cosmopolitanism. In: Nugent, David/Vincent, Joan (Hg.) A Companion to the Anthropology of Politics, Blackwell, Oxford, 69–85.
Hannerz, Ulf (1998) Transnational Research. In: Russel, Bernard H. (Hg.) Handbook of Methods in Cultural Anthropology, Alta Mira Press, Walnut Creek, 235–256.
Hannerz, Ulf (1996) Transnational Connections: Culture, people, places, Routledge, London u. New York.
Hannerz, Ulf (1995) „Kultur" in einer vernetzten Welt. Zur Revision eines ethnologischen Begriffs. In: Kaschuba, Wolfgang (Hg.) Kulturen – Identitäten – Diskurse, Perspektiven Europäischer Ethnologie, Akademie, Berlin, 64–84.
Hannerz, Ulf (1992) Cultural Complexity. Studies in the Social Organization of Meaning, Columbia University Press, New York.
Hannerz, Ulf (1990) Cosmopolitans and Locals in World Culture. In: Fetherstone, Mike (Hg.) Global Culture. Nationalism, Globalization and Moderity, Sage, London, 237–251.
Hannigan, John A. (1995) Environmental Sociology: A Social Constructionist Perspective, Routledge, London u. New York.
Harmsen, Robert/Wilson Thomas M. (2000) Introduction. Approaches to Europeanization. In: Yearbook of European Studies, 14/2000, 13–26.
Hawley, Charles (2006) Muslim-Führer Ramadan. Wir müssen der Vernunft mehr Gehör verschaffen. Als elektronisches Dokument in: http://www.spiegel.de/politik/ausland/0,1518,399977,00.html, (Zugriff 19.1.2009).
Heine, Peter (2001) Die Rolle von Imam und Organisation im Islam. In: Der Bürger im Staat, 51/2001/4, 195–200.
Hellman, Joel S. (1998) Winners Take All. The Politics of Partial Reform in Postcom-

munist Transitions. In: World Politics, 50/1998, 203–234.
Hellman, Joel S./Jones, Geraint/Kaufmann, Daniel (2002) Far From Home: Do Foreign Investors Import Higher Standards of Governance in Transition Economies? Als elektronisches Dokument in: http://ssrn.com/abstract=386900, (Zugriff 9.1.2009).
Herzfeld, Michael (2001) Environmentalisms. In: Ders. (Hg.) Anthropology. Theoretical Practice in Culture and Society, Basil Blackwell, Malden u. Oxford, 171–191.
Herzfeld, Michael (1986) Ours Once More. Folklore, Ideology, and the Making of Modern Greece, Pella, New York NY.
Herzfeld, Michael (1987) Anthropology Through the Looking-Glass. Critical Ethnography at the Margins of Europe, Cambridge University Press, Cambridge u. a.
Hess, Sabine (2005) Globalisierte Hausarbeit. Au-Pair als Migrationsstrategie von Frauen aus Osteuropa, VS Verlag für Sozialwissenschaften, Wiesbaden.
Hess, Sabine/Lenz, Ramona (2001) Kulturelle Globalisierung und Geschlecht – ein Buchprojekt. In: Hess, Sabine/ Lenz, Ramona (Hg.) Geschlecht und Globalisierung. Ein kulturwissenschaftlicher Streifzug durch transnationale Räume, Ulrike Helmer, Königstein im Taunus, 10–33.
Hess, Sabine/Karakayali, Serhat (2007) New Governance oder: Die imperiale Kunst des Regierens. Asyldiskurs und Menschenrechtsdispositiv im neuen EU-Migrationsmanagement. In: TRANSIT MIGRATION Forschungsgruppe (Hg.) Turbulente Ränder. Neue Perspektiven auf Migration an den Grenzen Europas, transcript, Bielefeld, 39–56.
Hess, Sabine/Tsianos, Vassilis (2007) Europeanizing transnationalism! Provinzializing Europe! Konturen eines neuen Grenzregimes. In: TRANSIT MIGRATION Forschungsgruppe (Hg.) Turbulente Ränder. Neue Perspektiven auf Migration an den Rändern Europas, transcript, Bielefeld, 23–38.
Hess, Sabine/Tsianos, Vassilis (2003) Europeanizing Transnationalism. Konturen des „europäischen Grenzregime". Vortrag gehalten auf der Konferenz: „Arbeitsmigration. WanderarbeiterInnen auf dem Weltmarkt für Arbeitskraft", Trier.
Hlavajová, Mária (2005) Towards the Normal: Negotiating the "Former East". In: Vanderlinden, Barbara/Filipovic, Elena (Hg.) The Manifesta Decade: Debates on Contemporary Art Exhibitions and Biennials in Post-Wall Europe, MIT Press, Cambridge, 153–166.
Holert, Tom/Terkessidis, Mark (2006) Fliehkraft. Gesellschaft in Bewegung – von Migranten und Touristen, Kiepenheuer und Witsch, Köln.
Holmes, Douglas (2000) Integral Europe. Fast-Capitalism, Multiculturalism, Neofascism, Princeton University Press, Princeton.
Huropp, Silke (2000) Von der Idee zur Realität – Wie Brüssel Europäer bastelt. Kulturanthropologie und Europa. In: Anthropolitan. Mitteilungsblatt der Frankfurter Gesellschaft zur Förderung der Kulturanthropologie e.V., 8/2000, 5–14.
Ilcan, Suzan/Phillips, Lynne (2008) Governing through Global Networks: Knowledge Mobilitities and Participatory Development. In: Current Sociology, 56/2008/5, 711–734.
Ilyes, Petra (2003) "Technology is driving the future". Informationstechnologie und gesellschaftliche Veränderung aus der Perspektive lokaler IT Experten, Dissertationsschrift, Johann Wolfgang Goethe-Universität Frankfurt am Main, Frankfurt/

Main. Als elektronisches Dokument in: http://publikationen.ub.uni-frankfurt.de/volltexte/2003/283/, (Zugriff 1/2009).
Information Infrastructure Task Force (1993) The National Information Infrastructure: Agenda for Action, IITF, Washington, D.C.
Ioannides, Dimitri (1992) Tourism Development Agents: The Cypriot Resort Cycle. In: Annals of Tourism Research, 19/1992/4, 711–731.
Ioannides, Dimitri/Apostolopoulos, Yiorgos (1999) Political Instability, War, and Tourism in Cyprus: Effects, Management, and Prospects for Recovery. In: Journal of Travel Research, 38/1999, 51–56.
Jacquot, Sophie/Woll, Cornelia (2003) Usage of European Integration – Europeanisation from a Sociological Perspective, European Integration online Papers (EIoP). Als elektronisches Dokument in: http://eiop.or.at/eiop/texte/2003-012a.htm, (9.1.2009).
Jajesniak-Quast, Dagmara/Stokłosa, Katarzyna (2000) Geteilte Städte an Oder und Neiße: Frankfurt (Oder)–Slubice, Guben–Gubin und Görlitz–Zgorzelec 1945–1995, Berlin-Verlag Spitz, Berlin.
Johler, Reinhard (2005) Europäische Orte. Territorialisierungsprozesse im ‚neuen Europa'. In: Binder, Beate/Göttsch, Silke/Kaschuba, Wolfgang/Vanja, Konrad (Hg.) Arbeit, Ort, Körper. Ethnographie europäischer Modernen, Waxmann, Münster u. a., 33–44.
Johler, Reinhard (2002) Local Europe. The Production of Cultural Heritage and the Europeanization of Places. In: Ethnologia Europaea, 32/2002/2, 7–18.
Johnston, Barbara Rose (2001) Anthropology and Environmental Justice: Analysts, Advocates, Mediators, and Troublemakers. In: Crumley, Carol u. a. (Hg.) New Directions in Anthropology and Environment: Intersections, Altamira Press, Walnut Creek u. a., 132–149.
Joseph, Joseph S. (1999) Cyprus: ethnic conflict and international politics, Macmillan Press, Basingstoke u. a.
Joseph, Suad (1978) Muslim-Christian Conflicts. A Theoretical Perspective. In: Ders./Pillsbury, Barbara (Hg.) Muslim-Christian Conflicts. Economic, Political, and Social Origins, Westview Press, Boulder, 1–60.
Kant, Immanuel (1989) Zum Ewigen Frieden. In: Dietze, Anita/Dietze, Walter (Hg.) Ewiger Friede? Dokumente einer deutschen Diskussion um 1800, C.H. Beck, München, 83–115.
Karakayali, Serhat/Tsianos, Vassilis (2007) Movements that Matter. Eine Einleitung. In: TRANSIT MIGRATION Forschungsgruppe (Hg.) Turbulente Ränder. Neue Perspektiven auf Migration an den Grenzen Europas, tanscript, Bielefeld, 7–17.
Kaschuba, Wolfgang (2008) Europäisierung als kulturalistisches Projekt? Ethnologische Beobachtungen. In: Jaeger, Friedrich/Joas, Hans (Hg.) Europa im Spiegel der Kulturwissenschaften, Nomos, Baden-Baden, 204–225.
Kaschuba, Wolfgang (1999) Einführung in die Europäische Ethnologie, Beck, München.
King, Russell (2000) Southern Europe in the Changing Global Map of Migration. In: King, Russell/Lazaridis, Gabriella/Tsardanidis, Charalambos (Hg.) Eldorado or Fortress? Migration in Southern Europe, Macmillan, London u. New York, 3–26.

Kitschelt, Herbert (1994) Rationale Verfassungswahl? Zum Design von Regierungssystemen in neuen Konkurrenzdemokratien, Antrittvorlesung Department of Political Science Duke University, North Carolina and Institut für Politikwissenschaft, Philosophische Fakultät III, Humboldt-Universität zu Berlin, 2.5.1994.
Kizilyürek, Niyazi (1993) From Traditionalism to Nationalism and beyond. In: The Cyprus review. A journal of social, economic and political issues, 5/1993/2, 58–67.
Klein-Solomon, Michel (2005) International Migration Management through inter-state Consultation Mechanisms. Als elektronisches Dokument in: http:www.un.org/esa/population/meetings/ittmigdev2005/P13_MKSolomon.pdf, (Zugriff 10.7. 2007).
Kleingeld, Pauline (1997) Kants politischer Kosmopolitismus. In: Jahrbuch für Recht und Ethik 5, Duncker & Humblot, Berlin, 333–348.
Klinkhammer, Gritt (2000) Moderne Formen der islamischen Lebensführung. Eine qualitativ-empirische Untersuchung zur Religiosität sunnitisch geprägter Türkinnen der zweiten Generation in Deutschland, diagonal, Marburg.
Knippschild, Robert/Kunert, Matthias (2003) Stadt 2030. Gemeinsames Leitbild für die Europastadt Görlitz/Zgorzelec. In: Planerin, 1/2003, 23–24.
Köhler, Benedikt (2006) Soziologie des Neuen Kosmopolitismus, VS Verlag für Sozialwissenschaften, Wiesbaden.
Kofman, Eleonore (2004) Gendered Global Migrations. Diversity and Stratification. In: International Feminist Journal of Politics, 6/2004/4, 643–665.
Kohler-Koch, Beate (1999) The Evolution and Transformation of European Governance, Reihe Politikwissenschaft/Political Science Series No. 58, Wien. Rivised Version of an article edited in: Dies./Eising, Rainer (Hg.) (2002) The Transformation of Governance in the European Union, Routledge, London u. New York, 14–35.
Kostova Karaboytcheva, Miroslava (2006) Una evaluación del ultimo proceso de regularización de trabajadores extranjeros en España (febrero-mayo de 2005). Un año después. Documento de Trabajo (DT) 15/2006. Als elektronisches Dokument in: http://www.realinstitutoelcano.org/documentos/252/252_Kostova_Regularizacion_Extranjeros_Espana.pdf, (4.1.2009).
Kougievetopoulos, Myrtò (2005) Transnationale ethnische Ökonomie: Grenzüberschreitende Arbeitsverhältnisse, am Beispiel der griechischen Gastronomie in Deutschland, unveröffentlichte Magistra-Arbeit, Institut für Kulturanthropologie und Europäische Ethnologie, Johann Wolfgang Goethe-Universität Frankfurt am Main, Frankfurt/Main.
Krippendorf, Jost (1986) Die Ferienmenschen. Für ein neues Verständnis von Freizeit und Reisen, DTV, München.
Krüger, Christine (2001) Environmental Policy and Law in Romania: Towards EU Accession, International and European Environmental Policy Series, Ecologic, Berlin.
Lahav, Gallya/Guiraudon, Virginie (2000) Comparative Perspectives on Border Control: Away from the Border and Outside the State. In: Andreas, Peter/Snyder, Timothy (Hg.) The Wall around the West. State Borders and Immigration Controll in North America and Europe, Rowman & Littlefield, New York u. Oxford, 55–77.
Latorre Pallares, Patricia (2001) Der Kumpel – „Held der Arbeit“ und „geborener Rebell“? Kultureller Machtkampf um die Arbeit im asturischen Kohlerevier, Peter Lang, Frankfurt/Main.

Lenz, Ramona (2007) Pauschal, Individual, Illegal: Aufenthalte am Mittelmeer. In: TRANSIT MIGRATION Forschungsgruppe (Hg.) Turbulente Ränder. Neue Perspektiven auf Migration an den Grenzen Europas, transcript, Bielefeld, 141–154.
Lenz, Ramona (2006) Migrantische Dienstleisterinnen in der Republik Zypern. Zuständig für Sex- und Sorgearbeiten, unfähig zur Reproduktion der Nation. In: Südosteuropa Mitteilungen. Zeitschrift der Südosteuropagesellschaft e.V., 46/2006/2, 70–85.
Leuthardt, Beate (1999) An den Rändern Europas, Rotpunktverlag, Zürich.
Lewandowska, Emilia/Elrick, Tim (2007) Der Einfluss von Migration auf die Herkunftsgemeinden. Fallstudien polnisch-deutscher Migrationen. In: Nowicka, Magdalena (Hg.) Von Polen nach Deutschland und zurück. Die Arbeitsmigration und ihre Herausforderungen für Europa, transcript, Bielefeld, 249–270.
Li, Hsin-Yi (2007) Studying abroad in Cyprus – Taking Part in a Globalised World? Chinese Students and the Greek-Cypriot Higher Education System after EU Accession, Final Report of the Field Research Course 2005–6 "New Europeans: Cyprus after EU Accession", Institut für Kulturanthropologie und Europäische Ethnologie, Universität Frankfurt am Main, Frankfurt/Main. Als elektronisches Dokument in: https://bscw.server.uni-frankfurt.de/pub/bscw.cgi/d616882-3/*/*/*/wp/downloads/wp/AbschlussberichtHsinYi.pdf, (Zugriff 16.2.2008).
Lindstrom, Lamont (2003) Discourse. In: Barnard, Alan/Spencer, Jonathan (Hg.) Encyclopedia of Social and Cultural Anthropology, Routledge, London u. New York (2. Auflage), 162–163.
Löfgren, Orvar (1999) On Holiday. A History of Vacationing, University of California Press, Berkeley u. a.
Loizos, Peter (1975a) The Greek Gift: Politics in a Cypriot Village, Basil Blackwell, Oxford.
Loizos, Peter (1975b) Changes in property transfer among Greek Cypriot villagers. In: Man: The Journal of the Royal Anthropological Institute, 10/1975/4, 503–523.
Lottermann, Annina (2007) „Es sind neue Leute gekommen". Europäisierungsprozesse und Elitenwandel im Rahmen der Bewerbung von Görlitz und Zgorzelec zur „Kulturhauptstadt Europas 2010". In: Volkskunde in Sachsen 19/2007, Thelem Universitätsverlag, Dresden, 83–102.
Lovatt-Smith, Lisa (1995) Interieurs in Marokko, Taschen, Köln u. a.
Luhmann, Niklas (2000) Vertrauen. Ein Mechanismus der Reduktion sozialer Komplexität, Ferdinand Enke, Stuttgart (4. Auflage).
Lustiger, Arno (1998) Rotbuch. Stalin und die Juden. Die tragische Geschichte des Jüdischen Antifaschistischen Komitees und der sowjetischen Juden, Aufbau, Berlin.
MacCannell, Dean (1999) The Tourist. A New Theory of the Leisure Class, University of California Press, Berkeley u. Los Angeles.
Macdonald, Sharon (2000) Historical Consciousness 'From Below'. Anthropological Reflections. In: Dies. (Hg.) Approaches to European Historical Consciousness. Reflections and Provocations, edition Körber-Stiftung, Hamburg, 86–102.
Macnaghten, Phil/Urry, John (1998) Contested Natures, Sage, London u. Thousand Oaks.

Mahon, Maureen (2000) The visible Evidence of Cultural Producers. In: Annual Review of Anthropology, 29/2000, 467–492.
Majone, Giandomenico (1996) Regulating Europe, Routledge, London.
Marcus, George E. (1995) Ethnography in/of the World System: The Emergence of Multi-Sited Ethnography. In: Annual Review of Anthropology, 24/1995, 95–117.
Matthiesen, Ulf (2002) Neue Peripherien im größeren Europa? Die Osterweiterung der europäischen Union und die deutsch-polnische Grenzregion. In: DEMO Monatszeitschrift für Kommunalpolitik, 1/2002, 13–14.
Mavratsas, Caesar V. (1998) Greek-Cypriot Political Culture and the Prospect of European Union Membership: A Worst-Case Scenario. In: The Cyprus Review, 10/1998/1, 67–76.
McDonald, Maryon (2006) Trying to be European in Brussels. In: Poehls, Kerstin/Vonderau, Asta (Hg.) Turn to Europe. Kulturanthropologische Europaforschungen, Berliner Blätter: Ethnographische und ethnologische Beiträge Bd. 41, LIT, Münster, 84–101.
McDonald, Maryon (1996) Unity in diversity: Some tensions on the construction of Europe. In: Social Anthropology, 4/1996/1, 47–60.
McDonald, Maryon (1993) The Construction of Difference: An Anthropological Approach to Stereotypes. In: Macdonald, Sharon (Hg.) Inside European Identities. Ethnography in Western Europe, Berg, Oxford u. New York, 219–216.
Meyer, Alfred Hagen (Hg.) (2005) Lebensmittelrecht, DTV, München (2. Auflage).
Miller, Henry (1998) Der Koloß von Maroussi, Rowohlt, Reinbek bei Hamburg.
Mitchell, Timothy (2006) Society, Economy and the State Effect. In: Sharma, Aradhana/Gupta, Akhil (Hg.) The Anthropology of the State, Blackwell, Malden u. Oxford, 169–186.
Modood, Tariq (1997) The Politics of Multiculturalism in the New Europe. In: Modood, Tariq/Werbner, Pnina (Hg.) The Politics of Multiculturalism in the New Europe. Racism, Identity and Community, Zed Books, London u. New York, 1–25.
Morley, David/Robins, Kevin (1995) Spaces of Identity. Global Media, electronic Landscapes and cultural Boundaries, London u. New York.
Morokvasic-Müller, Mirjana/Erel, Umut/Shinozaki, Kyoko (2003) Introduction. Bringing Gender into Migration. In: Dies. (Hg.) Crossing Borders and Shifting Boundaries, Vol. 1 Gender on the Move, Leske + Budrich, Opladen, 9–22.
Moser, Johannes (Hg.) (1997) Eisenerz: Eine Bergbaugemeinde im Wandel, Kulturanthropologie Notizen Bd. 57, Frankfurt/Main.
Mowforth, Martin/Munt, Ian (1998) Tourism and Sustainability. New Tourism in the Third World, Routledge, London u. New York.
Musyck, Bernard/Hadjimanolis, Athanasios (2005) Towards a knowledge-based economy: does the Cyprus R&D capability meet the challenge? In: Science and Public Policy, 32/2005/1, 65–67.
Nickel, Hildegard Maria (1999) Erosion und Persistenz. Gegen die Ausblendung des gesellschaftlichen Transformationsprozesses in der Frauen- und Geschlechterforschung. In: Nickel, Hildegard Maria/Völker, Susanne/Hünning, Hasko (Hg.) Transformation – Unternehmensreorganisation – Geschlechterforschung, Leske + Budrich, Opladen, 9–33.

Nökel, Sigrid (2002) Die Töchter der Gastarbeiter und der Islam. Zur Soziologie alltagsweltlicher Anerkennungspolitiken. Eine Fallstudie, transcript, Bielefeld.
Nussbaum, Martha C. (1996) Kant und stoisches Weltbürgertum. In: Lutz-Bachmann, Matthias/Bohman, James (Hg.) Frieden durch Recht. Kants Friedensidee und das Problem einer neuen Weltordnung, Suhrkamp, Frankfurt/Main, 45–75.
Nyiri, Pal (2006) The Nation-State, Public Education and the Logic of Migration: Chinese Students in Hungary. In: The Australian Journal of Anthropology, 17/2006/1, 32–46.
Ogata, Sadako (1997) Flüchtlinge und Migranten: Möglichkeiten der Steuerung von Wanderungsbewegungen. In: Angenendt, Steffen (Hg.) Migration und Flucht. Bundeszentrale für politische Bildung, München, 239–247.
Ong, Aihwa (2006) Flexible Citizenship: The Cultural Logics of Transnationality, Duke University Press, Durham u. London (1. Auflage 1999).
Ong, Aihwa (2005) Flexible Staatsbürgerschaften: Die kulturelle Logik von Transnationalität, Suhrkamp, Frankfurt/Main.
Ong, Aihwa/ Collier, Stephen J. (Hg.) (2005) Global assemblages: technology, politics, and ethics as anthropological problems, Blackwell, Malden u. Oxford.
Oso, Laura (2003) The New Migratory Space in Southern Europe: The Case of Colombian Sex Workers in Spain. In: Morokvasic-Müller, Mirjana/Erel, Umut/Shinozaki, Kyoko (Hg.) Crossing Borders and Shifting Boundaries, Vol.1 Gender on the Move, Leske + Budrich, Opladen, 207–227.
Oso, Laura (1998) La migración hacia España de mujeres jefas de hogar. Madrid: Ministerio de Trabajo y Asuntos Sociales. Instituto de la Mujer, Estudios no. 52, 351.
Overbeek, Henk (2002) Globalisation and Governance: Contradiction of Neo-liberal Migration Management, Hamburgisches Welt-Wirtschafts-Archiv, HWWA Discussion Paper 174, Hamburg.
Papadakis, Yiannia/Peristianis, Nicos/Welz, Gisela (Hg.) (2006) Divided Cyprus. Modernity, History, and an Island in Conflict, University of Indiana Press, Bloomington u. Indianapolis.
Pasti, Vladimir (2006) Noul Capitalism Romanesc, Polirom, Iasi.
Pasti, Vladimir (1995) România în tranzitie. Caderea în viitor, Editura Nemira, Bucuresti.
Però, Davide (2005) Immigrants and the Politics of Governance in Barcelona. Working Paper WP-05-19, Centre on Migration, Policy and Society.
Pessar, Patricia R./Mahler, Sarah J. (2003) Transnational Migration. Bringing Gender In. In: International Migration Review, 37/2003/3, 812–845.
Petrini, Carlo (2003) Slow Food. Geniessen mit Verstand, Rotpunktverlag, Zürich.
Philipp, Peter (2006) Bombe im Turban. Eskalierender Streit um Propheten-Karikaturen. Als elektronisches Dokument in: http://www.qantara.de/webcom/show_article.php/_c-468/_nr-476/i.html, (Zugriff 19.1.2009).
Pieke, Frank N./Nyiri, Pal/Thuno, Mette/Ceccagno, Antonella (2004) Transnational Chinese: Fujianese migrants in Europe, Stanford University Press CA, Stanford.
Pieper, Marianne/Karakayali, Serhat/Tsianos, Vassilis (Hg.) (2007) Empire und die biopolitische Wende, Campus, Frankfurt/Main u. New York.
Poehls, Kerstin/Vonderau, Asta (Hg.) (2006) Turn to Europe. Kulturanthropologische

Europaforschungen, Berliner Blätter: Ethnographische und ethnologische Beiträge Bd. 41, LIT, Münster.
Polletta, Francesca/Jasper, James M. (2001) Collective Identity and Social Movements. In: Annual Review of Sociology, 27/2001, 283–305.
Poulantzas, Nicos (1978) Staatstheorie. Politischer Überbau, Ideologie, Autoritärer Etatismus, VSA, Hamburg.
Pries, Ludger (2005) Transnationale Ökonomie als Herausforderung und Chance. In: Projekt Migration. Katalog zur Ausstellung, DuMont, Köln, 394–401.
Pries, Ludger (1998) Transnationale Soziale Räume. Theoretisch-empirische Skizze am Beispiel der Arbeitswanderung Mexiko – USA. In: Beck, Ulrich (Hg.) Perspektiven der Weltgesellschaft, Suhrkamp, Frankfurt/Main, 55–86.
Pries, Ludger (1997) Neue Migration im transnationalen Raum. In: Ders. (Hg.) Transnationale Migration. Soziale Welt, Sonderband 12, Nomos, Baden-Baden, 15–44.
Rabinow, Paul (2004) Anthropologie der Vernunft, Suhrkamp, Frankfurt/Main.
Radaelli, Claudio M. (2001) The domestic impact of European Union policy: notes on concepts, methods, and the challenge of empirical research. In: Politique européenne, 5/2001, 107–142.
Ramadan, Tariq (2005) Western Muslims and the Future of Islam, Oxford University Press, Oxford.
Ramadan, Tariq (2001) Muslimsein in Europa. Untersuchung der islamischen Quellen im europäischen Kontext, MSV, Köln.
Ramadan, Tariq (2000) Der Islam und der Westen. Von der Konfrontation zum Dialog der Zivilisationen. MSV, Köln.
Raumsauer, Ulrich (2001) Europäisierung des Naturschutzrechts. In: Erbguth, Wilfried (Hg.) Europäisierung des Umweltrechts: Stand und Perspektiven, Nomos, Baden-Baden, 107–135.
Recke, Guido/Zenner, Silvia/Wirthgen, Bernd (2004) Situation und Perspektiven der Direktvermarktung in der Bundesrepublik Deutschland, Forschungsbericht an das Bundesministerium für Verbraucherschutz, Ernährung und Landwirtschaft, Landwirtschaftsverlag, Münster.
Reichmuth, Stefan (2001) Deutschland. In: Elger, Ralf (Hg.) Kleines Islam-Lexikon. Geschichte, Alltag, Kultur, Beck, München (3. Auflage), 76–80.
Ribas-Mateos, Natalia (2005) The Mediterranean in the Age of Globalization. Migration, Welfare and Borders, Transaction Publishers, New Brunswick u. London.
Ribas-Mateos, Natalia (2000) Female Birds of Passage: Leaving and Settling in Spain. In: Anthias, Floya/Lazaridis, Gabriella (Hg.) Gender and Migration in Southern Europe. Women on the Move, Berg, Oxford u. New York, 173–198.
Robertson, Roland (1998) Glokalisierung, Homogenität und Heterogenität in Raum und Zeit. In: Beck, Ulrich (Hg.) Perspektiven der Weltgesellschaft, Suhrkamp, Frankfurt/Main, 192–220.
Römhild, Regina (2008) Reflexive Mediterranisierung. Tourismus, Migration und die Verhandlungen der Moderne an den Grenzen Europas, Unveröffentlichte Habilitationsschrift.
Römhild, Regina (2007) Alte Träume, neue Praktiken: Migration und Kosmopolitismus an den Grenzen Europas. In: TRANSIT MIGRATION Forschungsgruppe (Hg.) Tur-

bulente Ränder. Neue Perspektiven auf Migration an den Grenzen Europas, transcript, Bielefeld, 211–228.
Römhild, Regina (2004) Phantastisches Europa. Imaginäre Landschaften und transnationale Praxis im Beziehungsfeld Tourismus/Migration. In: Anthropolitan. Mitteilungsblatt der Frankfurter Gesellschaft zur Förderung der Kulturanthropologie e.V., 11/2004, 55–62.
Römhild, Regina (2002) Practiced Imagination. Tracing Transnational Networks in Crete and Beyond. In: Anthropological Journal on European Cultures, 11/2002: Shifting Grounds. Experiments in Doing Fieldwork, 159–190.
Römhild, Regina (2000) Europäisierung als Transnationalisierung. In: Anthropolitan. Mitteilungsblatt der Frankfurter Gesellschaft zur Förderung der Kulturanthropologie e.V., 8/2000, 15–27.
Römhild, Regina (1998) Die Macht des Ethnischen: Grenzfall Russlanddeutsche. Perspektiven einer politischen Anthropologie, Lang, Frankfurt/Main u. a.
Rolshoven, Johanna (2005) Going South! Mobilität und Lokalität in einer europäischen Übergangsregion. In: Göttsch, Silke u. a. (Hg) Ethnographien europäischer Modernen. Ort – Arbeit – Körper, Waxmann, Münster u.a., 135–146.
Rosaldo, Renato (1999) Cultural Citizenship, Inequality and Multiculturalism. In: Torres, Rodolfo u. a. (Hg.) Race, Identity and Citizenship, Blackwell, Malden, 253–261.
Rushdie, Salman (1988) The Satanic Verses, Viking, New York.
Ruthven, Malise (2001) Der Islam. Eine kurze Einführung, Reclam, Ditzingen.
Said, Edward T. (2003) Orientalism, Penguin Books, London.
Said, Edward T. (1995) Orientalism. Western Conceptions of the Orient, Vintage Books, London u. a.
Salih, Ruba (2004) The Backward and the New: National, Transnational and Postnational Islam in Europe. In: European Association of Social Anthroplogists (Hg.) Book of Abstracts, 8th Biennial EASA Conference, Wien.
Sant-Cassia, Paul (1982) Property in Greek Cypriot marriage strategies 1920-1980. In: Man: The Journal of the Royal Anthropological Institute, 17/1982/4, 643–663.
Sassen, Saskia (2003) The Feminization of Survival: Alternative Global Circuits. In: Morokvasic-Müller, Mirjana/Erel, Umut/Shinozaki, Kyoko (Hg.) Crossing Borders and Shifting Boundaries, Vol.1 Gender on the Move, Leske + Budrich, Opladen, 59–77.
Scheler, Max (1915) Der Genius des Krieges und der Deutsche Krieg, Verlag der Weißen Bücher, Leipzig.
Schiffer, Sabine (2005) Der Islam deutschen Medien. In: Aus Politik und Zeitgeschichte, 20/2005/17, 23–30.
Schindler, Christoph (2003) Hello Digital Europe. Europäisierungsprozesse im audiovisuellen Sektor am Fallbeispiel Zyperns, unveröffentlichte Magisterarbeit, Institut für Kulturanthropologie und Europäische Ethnologie, Johann Wolfgang-Goethe-Universität Frankfurt am Main, Frankfurt/Main.
Schultz, Helga (2003) Schwierige Nachbarschaft an Oder und Neiße. In: Breysach, Barbara/Paszek, Arkadiusz/Tölle, Alexander (Hg.) Grenze – Granica. Interdisziplinäre Betrachtungen zu Barrieren, Kontinuitäten und Gedankenhorizonten aus deutsch-polnischer Perspektive, Logos, Berlin, 36–48.

Schwencke, Olaf (2006) Das Europa der Kulturen – Kulturpolitik in Europa. Dokumente, Analysen, Perspektiven von den Anfängen bis zur Gegenwart, Klartext, Essen.
Seel, Martin (2001) Inszenieren als Erscheinenlassen. Thesen über die Reichweite eines Begriffs. In: Früchtl, Josef/Zimmermann, Jörg (Hg.) Ästhetik der Inszenierung. Dimensionen eines künstlerischen, kulturellen und gesellschaftlichen Phänomens, Suhrkamp, Frankfurt/Main, 48–62.
Seifarth, Katja (2007) Arts and Politics – A Contradiction? Bi-communal Artist Activities and the Significance of European Cultural Programmes and Projects in Cyprus. Abschlussbericht einer Studie im Lehrforschungsprojekt “New Europeans. Cyprus after EU Accession”, Institut für Kulturanthropologie und Europäische Ethnologie, Universität Frankfurt am Main, Frankfurt/Main. Als elektronisches Dokument in: https://bscw.server.uni-frankfurt.de/pub/bscw.cgi/d616882-3/*/*/*/wp/downloads abstracts/AbstractKatja.pdf, (Zugriff 20.1.2008).
Shaelou, Stéphanie Laulhé (2004) Higher Education in Cyprus Before and After Accession: Legal and Financial Prospects, Policy Paper 1/2004 of the Research and Development Centre, Intercollege, Nicosia.
Sharma, Aradhana/Gupta, Akhil (2006) Bureaucracy and Governmentality. In: Dies. (Hg.) The Anthropology of the State, Malden u. Oxford, 165–168.
Shore, Cris (2002) Introduction. Towards an anthropology of elites. In: Shore, Cris/Nugent, Stephen (Hg.) Elite Cultures. Anthropological perspectives, Routledge, London u. New York, 1–22.
Shore, Cris (2000) Building Europe. The Cultural Politics of European Integration, Routledge, London u. New York.
Shore, Cris (1997) Governing Europe. European Union audiovisual policy and the politics of identity. In: Shore, Cris/ Wright, Susan (Hg.) Anthropology of Policy, Routledge, London u. New York, 165–192.
Shore, Cris (1993) Inventing the “Peoples” Europe. In: Man: The Journal of the Royal Anthropological Institute, 28/1993/4, 779–800.
Shore, Cris/Black, Annabel (1994) Citizens' Europe and the Construction of European Identity. In: Goddard, Victoria A./Llobera, Josep R./Shore, Cris (Hg.) The Anthropology of Europe. Identities and Boundaries in Conflict, Berg, Oxford u. New York, 275–298.
Shore, Cris/Wright, Susan (1997) Policy. A New Field of Anthroplogy. In: Dies. (Hg.) Anthropology of Policy. Critical Perspectives on Governance and Power, Routledge, London u. New York, 3–39.
Simion, Stefania (2006) Cianura face legea la Rosia Montana, Revista 22/2006, 10.11. 2006. Als elektronisches Dokument in: http://www.revista22.ro/html/index.php? art=3213&nr=2006-11-10, (Zugriff 14.2.2008).
Smith, Valene L. (Hg.) (1977) Hosts and Guests. The Anthropology of Tourism, University of Pennsylvania Press, Philadelphia.
Soysal, Levent (1999) Projects of Culture: An ethnographic episode in the life of migrant youth in Berlin, UMI Dissertation Services, Ann Arbor, Michigan.
Spuler-Stegemann, Ursula (1998) Muslime in Deutschland. Nebeneinander oder Miteinander, Herder, Freiburg u. a.
Stauch, Karimah Katja (2004) Die Entwicklung einer islamischen Kultur in Deutschland.

Eine empirische Untersuchung anhand von Frauenfragen, Weißensee, Berlin.
Steinbach, Udo (2005) Euro-Islam: Ein Wort, zwei Konzepte, viele Probleme. Als elektronisches Dokument in: www.qantara.de/webcom/show_article.php?wc_c=469&wc_id=325, (Zugriff 19.1.2009).
Stevenson, Nick (2003) Cultural Citizenship. Cosmopolitan Questions, Open University Press, Maidenhead.
Tanase, Stelian (1996) Revolutia ca esec. Elite si societate, Polirom, Iasi.
Tatur, Melanie (1998) Ökonomische Transformation, Staat und moralische Ressourcen in den post-sozialistischen Gesellschaften. In: Prokla. Zeitschrift für kritische Sozialwissenschaft, Heft 112, 28/1998, 339–374.
Theodossopoulos, Dimitrios (2002) Troubles with Turtles. Cultural Understandings of the Environment on a Greek Island, Berghahn, Oxford u. New York.
Theodossopoulos, Dimitrios (1997) Turtles, Farmers, and 'Ecologists': The Cultural Reason Behind a Community's Resistance to Environmental Conservation. In: Journal of Mediterranean Studies, 7/1997/2, 250–267.
Thomson, Mark (2006) Migrants on the edge of Europe. Perspectives from Malta, Cyprus and Slovenia, Sussex Centre for Migration Research, Working Paper No. 35, Juni 2006. Als elektronisches Dokument in: http://www.sussex.ac.uk/migration/1-3-3.html, (Zugriff 16.2.2008).
Tibi, Bassam (2005) Mit dem Kopftuch nach Europa? Die Türkei auf dem Weg in die Europäische Union, Primus, Darmstadt.
Tibi, Bassam (2001) Der Islam und Deutschland. Muslime in Deutschland, Deutsche Verlags-Anstalt, Stuttgart u. München (2. Auflage).
Tibi, Bassam (1998) Europa ohne Identität? Die Krise der multikulturellen Gesellschaft, Bertelsmann, München.
Tibi, Bassam (1996) Der wahre Imam. Der Islam von Mohammed bis zur Gegenwart, Piper, München u. Zürich.
Todorova, Maria (1999) Die Erfindung des Balkans. Europas bequemes Vorurteil, Primus, Darmstadt.
TRANSIT MIGRATION Forschungsgruppe (Hg.) (2007) Turbulente Ränder. Neue Perspektiven auf Migration an den Grenzen Europas, transcript, Bielefeld.
Trimikliniotis, Nicos (2001) The Location of Cyprus in the Southern European Context: Europeanisation as Modernisation? In: The Cyprus Review. A Journal of Social, Economic and Political Issues, 13/2001/2, 47–73.
Trouillot, Michel-Rolph (2002) The Otherwise Modern: Caribbean Lessons from the Savage Slot. In: Knauft, Bruce M. (Hg.) Critically Modern. Alternatives, Alterities, Anthropologies, Indiana University Press, Bloomington u. a., 220–240.
Trouillot, Michel-Rolph (2001) The Anthropology of the State in the Age of Globalization. In: Current Anthropology, 42/2001/1, 125–138.
Tsing, Anna L. (2005) Friction. An Ethnography of Global Connection, Princeton University Press, Princeton.
Tsing, Anna L. (2002) The Global Situation. In: Inda, Johnathan X./Rosaldo, Renato (Hg.) The Anthropology of Globalization. A Reader, Blackwell, Malden u. Oxford, 453–486.
Tsing, Anna L. (2001) Nature in the Making. In: Crumley, Carol L. u. a. (Hg.) New

Directions in Anthropology and Environment: Intersections, Altamira Press, Walnut Creek u. a., 3–23.
Turlea, Geomina/Mereuta, Cezar (2002) Markets and networks in Romania – life after disorganisation, Working Paper No. 15, Centre for the Study of Economic and Social Change in Eastern Europe, School of Slavonic and Eastern European Studies, University College London, London.
Urry, John (1995) Consuming Places, Routledge, London.
van Winkel, Camiel (2005) The Rhetorics of Manifesta. In: Vanderlinden, Barbara/Filipovic, Elena (Hg.) The Manifesta Decade: Debates on Contemporary Art Exhibitions and Biennials in Post-Wall Europe, MIT Press, Cambridge, 219–232.
Vanderlinden, Barbara/Filipovic, Elena (2005) Introduction. In: Dies. (Hg.) The Manifesta Decade: Debates on Contemporary Art Exhibitions and Biennials in Post-Wall Europe, MIT Press, Cambridge, 13–19.
Verdery, Katherine (1996) What Was Socialism, and What Comes Next? Princeton University Press, Princeton.
Vertovec, Steven (2007) Introduction: New directions in the anthropology of migration and multiculturalism. In: Ethnic and Racial Studies, 30/2007/6, 961–978
Vertovec, Steven/Cohen, Robin (2002) Introduction. Conceiving Cosmopolitanism In: Dies. (Hg.) Conceiving Cosmopolitanism, Oxford University Press, Oxford, 1–24.
Vicente Torrado, Trinidad L. (2005) La Inmigración Latinoamericana en España. Paper presented in the Expert Meeting on International Migration and Development in Latin America and the Caribbean. Population Division, Department of Economic and Social Affairs, United Nations Secretariat, Mexico City, 30. November till 2. December 2005.
von Osten, Marion (2007) Eine Bewegung der Zukunft. Die Bedeutung des Blickregimes der Migration für die Produktion der Ausstellung Projekt Migration. In: TRANSIT MIGRATION Forschungsgruppe (Hg.) Turbulente Ränder. Neue Perspektiven auf Migration an den Grenzen Europas, transcript, Bielefeld, 175–192.
Waldren, Jacqueline (1996) Insiders and Outsiders: Paradise and Reality in Mallorca, Berghahn, Oxford.
Webber, Frances (1991) From Ethnocentrism to Euro-Racism. In: Race and Class, 32/1991/3, 11–17.
Welz, Gisela (2007) Europäische Produkte. Nahrungskulturelles Erbe und EU-Politik. Am Beispiel der Republik Zypern. In: Hemme, Dorothee/Tauschek, Markus/Bendix, Regina (Hg.) Prädikat ‚HERITAGE'. Wertschöpfungen aus kulturellen Ressourcen, Band 1, Studien zur Kulturanthropologie/Europäischen Ethnologie, LIT, Berlin u. Münster, 323–336.
Welz, Gisela (2006a) Europäisierung als qualkulatives Regime. In: Poehls, Kerstin/Vonderau, Asta (Hg.) Turn to Europe. Kulturanthropologische Europaforschungen, Berliner Blätter: Ethnographische und ethnologische Beiträge Bd. 41, LIT, Münster, 11–26.
Welz, Gisela (2006b) 'Contested Natures': An anthropological perspective on environmental conflicts. In: Papadakis, Yiannis/Peristianis, Nikos/Dies. (Hg.) Divided Cyprus. Modernity, History and an Island in Conflict, Indiana University Press, Bloomington IND, 140–157.

Welz, Gisela (2005) Ethnografien europäischer Modernen. In: Binder, Beate/Göttsch, Silke/Kaschuba, Wolfgang/Vanja, Konrad (Hg.) Ort. Arbeit. Körper. Ethnografie Europäischer Modernen, Waxmann, Münster u. a., 19–31.
Welz, Gisela (2001) "One leg in the past, and one leg in the future". Diskurse einer Übergangsgesellschaft. In: Welz, Gisela/Ilyes, Petra (Hg.) Zypern. Gesellschaftliche Öffnung, europäische Integration, Globalisierung, Kulturanthropologie Notizen Bd. 68, 225–244.
Welz, Gisela (2000) Multiple Modernities and Reflexive Traditionalisation. A Mediterranean Case Study. In: Ethnologia Europaea, 30/2000/1, 5–14.
Welz, Gisela (1998) Small Entrepreneurs in the 'Economic Culture' of Tourism. An Ethnographic Approach. Paper presented at the Department of Social and Political Science, University of Cyprus, 31. März 1998 [unveröffentlicht].
Welz, Gisela/Andilios, Nicholas (2004) Modern methods for producing the traditional: The case of Making Halloumi cheese in Cyprus. In: Lysaght, Patricia/Burckhardt-Seebass, Christine (Hg.) Changing Tastes. Food culture and the processes of industrialization, Schweizer Gesellschaft für Volkskunde/The Department of Irish Folklore, University College Dublin, Basel, 217–230.
Wenders, Wim (1994) Lisbon Story, Reverse Angle Library, Berlin.
Wengeler, Susanne (2007) Besuch in Barcelona. Special Junge Zielgruppe. In: Buch Markt März 2007, 174–176.
Werbner, Pnina (2006) Vernacular Cosmopolitanism. In: Theory, Culture & Society, 23/2006/1–2, 496–498.
Werbner, Pnina (2002) Imagined Diasporas among Manchester Muslims.The Public Performance of Pakistani Transnational Identity Politics, Currey u. a., Oxford u. Santa Fe.
Werbner, Pnina (2000) Divided Loyalities, Empowered Citizenship? Muslims in Britain. In: Citizenship Studies, 4/2000/3, 307–324.
Werbner, Pnina (1999) Global Pathways. Working class cosmopolitans and the creation of transnational ethnic worlds. In: Social Anthropology, 7/1999/1, 17–35. Als elektronisches Dokument in: http://p.werbner.googlepages.com, (Zugriff 31.12.2007).
Widgren, Jonas (2002) New Trends in European Migration Policy Cooperation, Presented to the Migration Seminar Series at MIT, Cambridge, 19.November 2002.
Wurm, Maria (2006) Musik in der Migration. Beobachtungen zur kulturellen Artikulation türkischer Jugendlicher in Deutschland, transcript, Bielefeld.
Zinganel, Michael u. a. (2006) Kulturtransfer über ostdeutsch-tirolerische Migrationsrouten, Revolver, Frankfurt/Main.

Kulturanthropologie NOTIZEN

Bd. 79 * 2009
Kulturtourismus. Ethnografische Recherchen im Reiseraum Europa. Ramona Lenz und Kirsten Salein (Hg.).

Bd. 78 * 2009
Projekte der Europäisierung. Kulturanthropologische Forschungsperspektiven. Gisela Welz und Annina Lottermann (Hg.).

Bd. 77 * 2009
projekt:wissen. von datenbergen, informationsströmen und wissensgenerierung. Martin Deschauer, Julian Meyer, Janine Seitz, Tina Wernicke (Hg.).

Bd. 76 * 2008
Fast Food. Slow Food. Ethnographische Studien zum Verhältnis von Globalisierung und Regionalisierung in der Ernährung. Regina Römhild u. a. (Hg.).

Bd. 75 * 2005
Stadt ohne Eigenschaften. Frankfurt. Einsichten von außen. Heinz Schilling und Peter Klös (Hg.).

Bd. 74 * 2005
Gesunde Ansichten. Wissensaneignung medizinischer Laien. Gisela Welz u. a. (Hg.).

Bd. 73 * 2004
Kultur als Beruf. Erfahrungen kulturanthropologischer Praxis. Heinz Schilling und Peter Klös (Hg.).

Bd. 72 * 2004
Lega Nord. Regionalnationalismus im Alltagsleben einer italienischen Stadt. Julia Schaaf.

Bd. 71 * 2003
Global Heimat. Ethnografische Recherchen im transnationalen Frankfurt. Sven Bergmann und Regina Römhild (Hg.).

Bd. 70 * 2002
Kulturwissenschaft und Öffentlichkeit. Amerikanische und deutschsprachige Volkskunde im Dialog. Regina Bendix und Gisela Welz (Hg.).

Bd. 69 * 2002
Welche Farbe hat die Zeit? Recherchen zu einer Anthropologie des Wartens. Heinz Schilling (Hg.).

Bd. 68 * 2001
Zypern. Gesellschaftliche Öffnung, europäische Integration, Globalisierung. Gisela Welz und Petra Ilyes (Hg.).

Bd. 67 * 2000
Frühpensionierung bei Führungskräften. Zwischen Corporate Identity und Identität. Jörg Pauli.

Bd. 66 * 2000
Jugendkulturen. Recherchen in Frankfurt am Main und London. Johannes Moser (Hg.).

Bd. 65 * 2000
Peripherie. Lokale Identitäten und räumliche Orientierung an der Grenze. Heinz Schilling (Hg.).

Bd. 64 * 1999
Kreuze am Straßenrand. Verkehrstod und Erinnerungskultur. Andrea Löwer.

Bd. 63 * 1998
Frankfurt am Main. An Anthropological City Guide. Ina-Maria Greverus, Johannes Moser, Heinz Schilling und Gisela Welz (Hg.).

Bd. 62 * 1998
Frankfurt am Main. Ein kulturanthropologischer Stadtführer. Ina-Maria Greverus, Johannes Moser, Heinz Schilling und Gisela Welz (Hg.).

Bd. 61 * 1998
Öland. Lebenswelt und Konstruktion kultureller Identität auf einer schwedischen Ostseeinsel. Milena Sunnus.

Bd. 60 * 1998
Auf Inseln leben. Rügen und Usedom. Ina-Maria Greverus und Kirsten Salein (Hg.).

Bd. 59 * 1997
Nebenan und Gegenüber. Nachbarn und Nachbarschaften heute. Heinz Schilling

Bd. 58 * 1997
Muslimin werden. Frauen in Deutschland konvertieren zum Islam. Gabriele Hofmann.

Bd. 57 * 1997
Eisenerz. Eine Bergbaugemeinde im Wandel. Johannes Moser.

Bd. 56 * 1997
Virtuelle Realität. Eine Herausforderung an das Selbstverständnis des Menschen. Ute Süßbrich.

Bd. 55 * 1996
La beurette. Vom Aus der Vorstädte ins Herz der französischen Gesellschaft? Margit Hübner.

Bd. 54 * 1996
Natur im Kopf. Stadtentwicklung zwischen Plan und Vermittlung. Das Projekt Grüngürtel Frankfurt. Kirsten Salein.

Bd. 53 * 1996
Selbstbefragung. Kommunistische Denkwirklichkeiten nach der Wende. Biographische Interviews. Anja Steffens.

Bd. 52 * 1995

Fachfrauen Frauen im Fach. AG Fachfrauen (Hg.).

Bd. 51 * 1995
Leben im Asyl. Netzwerke und Strategien einer afghanischen Familie in Deutschland Renate Holzapfel.

Bd. 50 * 1995
Region. Heimaten der individualisierten Gesellschaft. Heinz Schilling und Beatrice Ploch (Hg.).

Bd. 49 * 1995
Kultur : Culture. Zum Verhältnis zwischen Deutschen und Franzosen. Marita Zimmermann.

Bd. 48 * 1994
STADTgedanken aus und über Frankfurt am Main. Ina-Maria Greverus, Johannes Moser und Kirsten Salein (Hg.).

Bd. 47 * 1994
Fieldwork. Kulturanthropologische Recherchen in Europa. Ein Fotoalbum. Heinz Schilling (Hg.).

Bd. 46 * 1994
KULTURTEXTE. Festschrift zum 20jährigen Bestehen des Instituts für Kulturanthropologie und Europäische Ethnologie. Ina-Maria Greverus, Johannes Moser, Beatrice Ploch, Regina Römhild, Heinz Schilling und Marietta Schult (Hg.).

Bd. 45 * 1994
Über den Zaun geguckt. Freizeit auf dem Dauercampingplatz und in der Kleingartenanlage. Gabriele Hofmann (Hg.).

Bd. 44 * 1993
WeiblichkeitsDilemma. Zur kulturellen Wirklichkeit von Frauen in Männerberufen. Cornelia Rohe.

Bd. 43 * 1993
StudentinSein. Station Uni Frankfurt/M. Ina-Maria Greverus (Hg.).

Bd. 42 * 1993
Jacob's Ladder. Einfluß der Religion auf das Alltagsleben einer Old Order Amisch Gemeinde in Ohio/USA. Jutta Knauf.

Bd. 41 * 1993
Familie und Alltagskultur. Facetten urbanen Lebens in der Türkei. Werner Schiffauer (Hg.).

Bd. 40 * 1992
KULTUR MACHT IMAGE. Frankfurter Banken als Sponsoren. Nicola Dischinger.

Bd. 39 * 1992
Reisen und Alltag. Beiträge zur kulturwissenschaftlichen Tourismusforschung. Dieter Kramer und Ronald Lutz (Hg.).

Bd. 38 * 1992
Zen und Sinn. Westliche Aneignung, Interpretation und Praxis einer buddhistischen Meditation. Katja Werthmann.

Bd. 36 * 1991
Street Life. Alltag in einem New Yorker Slum. Gisela Welz.

Bd. 35 * 1991
Kulturentwicklungsplanung für eine Kleinstadt. Analyse, Bewertung, Konzept. Beatrice Ploch und Christoph Zens-Petzinger.

Bd. 34 * 1990
Urbane Zeiten. Lebensstilentwürfe und Kulturwandel in einer Stadtregion. Heinz Schilling (Hg.).

Bd. 33 * 1990
Spirituelle Wege und Orte. Untersuchungen zum New Age im urbanen Raum. Ina-Maria Greverus und Gisela Welz (Hg.).

Bd. 32 * 1990
Histourismus. Fremdenverkehr und lokale Selbstbehauptung. Regina Römhild.

Bd. 31 * 1990
Leben in neuer Sachlichkeit. Zur Aneignung der Siedlung Römerstadt in Frankfurt am Main. Heike Lauer.

Bd. 30 * 1989
Kultur anthropologisch. Eine Festschrift für Ina-Maria Greverus. Christian Giordano, Werner Schiffauer, Heinz Schilling, Gisela Welz und Marita Zimmermann (Hg.).

Bd. 28 * 1988
Kulturkontakt Kulturkonflikt. Zur Erfahrung des Fremden (2 Bände). Ina-Maria Greverus, Konrad Köstlin und Heinz Schilling (Hg.).

Bd. 27 * 1987
WeibsBilder. Frauenvorstellungen nichtseßhafter Männer. Ronald Lutz.

Bd. 26 * 1987
Kultur und Alltagswelt. Eine Einführung in Fragen der Kulturanthropologie. Ina-Maria Greverus.

Bd. 21 * 1985
Kulturinnovatoren in der Provinz. Individuelle Motive und öffentliches Handeln einer ländlichen Kulturinitiative. Thomas Michel.

Bd. 15 * 1983
Kulturinitiativen – Initiativkultur. Reportagen aus dem Land um Frankfurt. Heinz Schilling (Hg.).

Bd. 14 * 1983
Versuche, der Zivilisation zu entkommen. Ina-Maria Greverus und Erika Haindl (Hg.).

Bd. 9 * 1979
Zigeuner und wir. Ina-Maria Greverus und Heinz Schilling (Hg.).

Alle lieferbaren Kulturanthropologie NOTIZEN auf einen Blick:
http://www.uni-frankfurt.de/fb/fb09/kulturanthro/documents/Notizen-Gesamtliste.pdf

Notizen